人民调解工作辅导丛书

幸福密码

XINGFU MIMA

调解进行时

TIAOJIEJINXINGSHI

韩咏秋 主编
寇锦 庞英 副主编

法律出版社 LAW PRESS · CHINA

本书编委会

主　　编：韩咏秋
副 主 编：寇　锦　庞　英
撰　　稿：庞　英　吕　悦　王　刚　杜江涌
　　　　　胡　兰　陈志林　唐舒楠　胡雅云
　　　　　莫　桑　周美辰　周永胜　曹　玲
　　　　　何智慧　马晶晶　秦　韬
案例提供：庞　英　周宋智　邓　康　张　琳
　　　　　左　渝　王　丹　张希杨　李胜林
　　　　　袁　平　张庆杰　柳　柳　崔俊萍

序　言

寻找生命本能的力量

做电视调解节目，是一件有趣并有一定意义的事情。

300平方米的演播室，几张椅子，几只话筒。你会在其中看到很多的人，听到很多的事。那些走进调解室的人，大多忧伤、痛苦、激动、彷徨。来调解成了他们在当下望不到尽头的源源苦难中可以全力以赴的事情，所以当有了表达的可能，他们的情绪爆发的激烈程度往往让人震惊。

放射、接收、交换、激发、融化和长时间的谈论占据着整个演播室。

一方面，演播室如同大型的吸尘器，无私地回收着废气。

另一方面，演播室也好似离子碰撞机，让心灵与心灵的交流更具有激情与魔力。

从起初的好奇到深入其中发现事情的原始面貌与发展变化的曲线，那些人生河流中的暗涌、礁石、汹涌、惊涛、激荡……那些比收视曲线还要峰回路转的故事，构成了电视上跌宕起伏的节目片段，也让作为记录者的我们在那些大大小小的矛盾中，体验了无数次别人的人生。

吸毒、绑架、杀人……各自在牢狱中度过了漫长岁月的父子，关系该如何破冰？

出生即被抛弃，后来身怀夫家骨血，却在临盆之际被扫地出门的孕妇，我们该为她争取一个什么样的未来？

一对早已将生死置之度外的叔侄，在情与法的纠结中，在利益的黑洞面前，调解的死结又能否被打开？

一个连嫁三次的女人，她该如何抛开死亡阴影，变为一个正常的母亲。

从受虐者变成施虐者，从“屠龙者”变成“恶龙”。突然离婚的八旬老者，隐藏了什么秘密？

临死前写下的神秘赠与协议，10日后看似蹊跷的死亡，死者与独身女人之间发生了什么故事？

……

都是离奇的故事和背后令人震惊的真相。

而试图勾勒走进演播室的当事人群体是危险的，因为对于一个复杂的世界、一个复杂的人性来讲，用有限的文字来定义一个群体，难免会流于肤浅与偏颇。

弗洛伊德总结道：人的欲望随时可能冲破文明的束缚，相比于这些被掩藏的欲望，人类的文明是何等脆弱。

没错，人性就是如此的丰富与斑斓。

每个生命的艰难侧面，都不足为外人道也。

而越是看到人性的幽暗之处，越是相信它会有出口。

感谢“调解”本身，在这样的故事中充当了最美妙的音符，为当事人提供了对抗现实生活简洁的手段和公正的路径。让他们看到这个“出口”，并得以用凤凰涅槃的姿态谱写生活的新篇章。

人是多么神奇的生物，而人生更是一场奇妙的旅程。

岁月驶过，铿铿闪光。

我们理应让它更美丽。

《将爱情进行到底》是一部青春偶像剧，这部播出于1998年的电视剧，在20年后的今天来看，那一句畅快淋漓的口号恰恰道出了我们面临的困境——正走在慢慢失去爱情的路上。

开发商卖房子，会拉着大横幅告诉男性购房者，这是丈母娘让你开口叫妈的唯一机会；女生叫嚣着宁愿在宝马车里哭也不在自行车上笑，一夜之间变成了网红……

优雅的爱情到哪里去了？很多人似乎忘记了爱情本来的模样。

而对爱情的渴望和执着，原本就是人类的天性与本能啊！

作为一档电视调解节目，我们努力地在演播室里，在聚光灯下，把人类天性中最美好的部分唤醒。在寒冷的两性关系中寻找和煦，在残酷的婚姻家庭中争取柔和，把这样的精神一点点地渗入到每期的节目当中，深入到每一个当事人的内心，告诉他们，学会努力寻找生命中最核心的东西——本能的力量。

因为急性脑膜炎智商倒退到只有4岁的乔雪琼，在猛然看见婚纱照时清晰地说出了“丈夫”这两个字，并悲伤地失声痛哭。而她的丈夫早已在她出院后没了踪影。

一心离婚的章蕙，在丈夫失去劳动力近20年，儿子患上精神分裂症的时候，她依然渴望爱情，她的委屈、欲望、痛苦那么明显，却又难以开口。

苏倩丽，被吸毒弟弟打瞎了一只眼睛，在不知情的情况下嫁给了吸毒的男人，离婚后却依然愿意复婚，并帮助前夫走出毒品泥潭。

爱情，让每一颗温柔的心都蕴含着莫大的力量。

爱情，让每个置身其中的人，都愿意用干净的念想，抵达一个光明的理想。

就像节目中嘉宾说的："不放弃，就会有奇迹。"

每一对通过调解化解了感情危机的男女，他们和好的刹那，都会触动调解室里的所有人，以及电视机前的人们。

毕竟这个世上幸福的人儿，从此又多了一对。

调解是一种方式，希望两方都幸福。我们敬畏每一个当事人朴实而真实的经历，我们感恩每一场调解中温柔而敞开的沟通。于是我们在聚光灯下付出种种努力与实践，并最终以文字奉献这些经验。

所以，我们希望翻开这本书的你也可以从这些故事中，找到自己本能的力量，不让爱情轻易流逝于生活。

现在已经很少有人通过阅读《红与黑》来感悟人性，通过阅读《红楼梦》来体验中国式关系，通过阅读《资本论》来了解经济学……网络的普及便捷让电脑和手机变成了大的热闹的学堂，各类信息排山倒海般纷至沓来。

于是媒体人肩负起了构建现代人精神殿堂的重任。我们不断地做出思考，除了内容的甄选，更重要的还有传递方式的选择，即什么样的写作方式能让读者更快更准地了解到核心要义。

《墨客挥犀》里写道：白乐天每作诗，令老妪解之，问曰解否，妪曰解则录之，不解又改之。说的是唐朝诗人白居易每作一首诗都要念给不识字的老太太听，老太太能听懂的，就留下，听不大懂的，就改，改后也听不懂的，就不留。

一千年后的叔本华在谈写文章时提到这样一个观点："像伟人一样思考，像普通人一样说话。"

两个伟人表达的观点大抵是一致的，即用最朴实的语言，表达最深刻的道理。

于是在构思《幸福密码——调解进行时》这本书时，我们就做了这样的坚持，甚至在一些篇章中直接还原了当事人或嘉宾的原话，力求让每一个阅读者都能毫不费力地走进书中人的生活，体会他们的喜怒哀乐，理解调解团队的思路，懂得解决矛盾的思路与技巧。

歌德说：阅读是读者与作者间的一次合谋。

如果能读到此行，说明你已经与这场“合谋”建立起了链接，希望你能怀着一颗善良智慧的心读完此书。

如果有幸能破译幸福的密码，那么这一生，无论你走到哪里，幸福的能力都将与你同在。

幸福并不在身外之处，唯有在心内寻得。

谨以本书献给所有从我们调解演播室走出去的当事人（为了保护他们的隐私，本书中的所有当事人都是化名）。

所有对本书做出过贡献的人。

所有相信爱并且对这个世界温柔以待的人。

山高水长，愿你在文字之中有所收获。

编　者

2018 年 8 月 21 日

目　录

第一章

一个人性格的养成

性格的养成，受先天的因素和原生家庭的影响，也有后天的自我发展，当然，社会环境的影响也不容忽视。世上没有两个一模一样的人生，所以每个人养成的性格也不一样。

婚姻生活是人生性格养成的真枪实弹的演练场。我们带着不同的性格走进婚姻，面对新的关系，面对复杂的家庭环境，突如其来的诸多的不适应会让我们集中爆发各种各样的矛盾冲突和家庭危机。

家庭冲突，处理得不好，就是危机；处理得好，那就是机会，就能走向家和万事兴。

因此，追本溯源寻求每个人性格的形成过程和方式，不仅治标，更能治本，也是挽救整个家庭危机的重要方法。

危机来，我们不害怕，因为每一个发生在我们身上的危机，或许都是一个经过仔细包装的礼物。只要我们愿意面对它有时候有点丑恶的包装，带着耐心和勇气一点一点地拆开包装的话，我们会惊喜地看到里面珍藏的礼物。

这个礼物，就是丰富多彩的人生。

1. 被扫地出门的孕妇

【当 事 人】

妻子何南英：28 岁，化妆师，调解时怀孕 8 个月，待业。

丈夫左文明：31 岁，曾经是工厂生产线小组长，目前待业，准备做生意。

【调解诉求】

妻子何南英：希望跟丈夫和好，等待孩子的出生。

丈夫左文明：希望说服妻子打掉胎儿并离婚。

她身怀夫家骨血
却在临盆之际被扫地出门
冤屈　悲愤　纠缠
她用尽各种方法
依然无法换得丈夫的爱与怜悯
而这一切皆与她的成长脱不了干系
她究竟背负了怎样的秘密
竟走出了这样的情感之路

我是谁？

我从哪里来？

这是个哲学命题。我们每个人在年幼时，都会这样痴痴地问起这个问题。

当幼年的何南英问出这个问题的时候，往往会很尴尬。

因为何南英是一个弃婴。

而这几乎是一个公开的秘密。

调解前情提要

这是一个怀孕 7 个月的孕妇与丈夫前来调解的故事。在调解之前，原本丈夫左文明的父母也答应要来，后来调解前一天反悔了。妻子何南英和丈夫左文明已经有一个月没有见面了。调解当天，妻子何南英手里拿着一件长外套，背上背着一个破烂的双肩包，挺着大肚子独自走进了演播室。在等待调解开场的时候，两人之间并没有交流，何南英去厕所，左文明也并没有起身为她拿包，似乎在刻意营造一种距离。这样的冷漠，让旁观者看了有一点点不忍。直到调解开始，两人之间都没有互看一眼。

二

如果有时光机，何南英最想回到的是重庆梁平某个村小学二年级的课堂，告诉自己，赶紧走，别回头。

那是二年级刚开学不久，何南英班上转学来了一个姓徐的小男生，他是隔壁村的，因为隔壁村小学成了危房，所以小男生的父母就把他转到了离家相对较近的，也就是何南英就读的这个村小学。

很快，谣言就开始了。

说何南英不是何家的，而是徐家的。因为何南英跟这个小男生长得一模一样，再加上何南英比正常孩子读书要晚读两年，人也长得瘦小，跟小两岁的小徐站在一起，晃眼一看，还以为是双胞胎。

有时候，谣言其实就是最真实的语言。

在谣言传遍了两个村之后，何南英的父母对何南英坦白了，其实她就是个弃婴，生下后不久就被抛弃在何家门口。当时，何家的年轻夫妇没有子女，看着这个可怜的女婴起了怜悯之心，直接收养了她。他们最初对孩子虽算不上掌上明珠，但也是呵护备至了。可后来何家夫妇生了一个儿子，对何南英的态度慢慢就有些变了，到了何南英该上学的年龄也没让她去上学，而是帮着带弟弟和做农活。而何南英以前一直认为这种变化是有了弟弟之后，父母重男轻女的思想造成的。

她压根没想到过自己是个弃婴。

而更可笑的是，亲生父母就在隔壁村，走路不到半小时的路程。

10 年来，亲生父母居然从来没有探望过她。

一次都没有。

是死是活总该问一下吧？

可当时才 10 岁的何南英根本没想到这么多，得知一切之后，她很兴奋地跟着这个姓徐的弟弟回了一趟徐家。

徐家是真穷，不穷的话当初也不会丢弃自己的女儿。何南英还有两个姐姐，她出生的时候，徐家父亲一看又是个女婴，直接就让亲人抱到隔壁村扔了。徐家父亲还专门叮嘱了一下，要找个看上去稍微好一点的房子再扔。

不是狠心，只是不扔的话，真没法养。因为徐家一直想生个儿子，已经有了两个女儿，第三个又是女儿，实在没信心再养了，也交不出罚款。好在徐家女人第四胎生的就是儿子，否则又要再抛弃一个女婴。

时隔 10 年，看着长得健健康康而且跟徐家最受宠的小儿子读一个班级的何南英，徐家父母还是挺欣慰的，也让何南英给养父母带了点礼物回去。

何南英就这么不假思索地把亲生父母捎的小礼物带回去了。

很多时候，我们只看到养父母抚养非血缘孩子的可敬之处，却很少发现他们的可怕之处。

当何南英拎着一小袋礼物回家之后，何家父母大发雷霆，明确告知何南英不准再去徐家。

你是我们养大的，现在翅膀硬了要飞吗？

那我们岂不是白养了，10 年的米钱谁出？

其实何南英并没有回到亲生父母身边的意思，因为亲生父母根本也没这打算，更没邀请。但是这样一来，在生了儿子之后原本就有些怠慢何南英的何家父母，之后对何南英就更冷漠了。他们觉得，这个女儿不知道什么时候会走，以后也说不准会不会孝敬他们，对她这么好，还有必要吗？

于是，从跟弟弟成为同窗的那一刻起，何南英就成了彻底的爹不疼娘不爱的人。

何南英时不时地会偷偷跟徐家小弟弟回徐家玩，吃顿饭什么的。但是这样的事情一旦被何家父母发现，免不了就是一顿吵和好几天的冷脸色。

因为徐家小弟弟一直跟她同班，所以从小学到初中，同学经常都会阴阳怪气地看着何南英说，哎呀你姓徐，你叫徐南英。这样的阴影一直伴随到何南英初中毕业。初中毕业之后何南英再也不愿意读书，转身就南下深圳打工去了。

走得越远越好，越远就越听不到嘲笑。

二

去了深圳的何南英没有了心理包袱，再加上勤快，所以很快就在工厂找到了工作，包吃包住一做就是 4 年。4 年之后，年满 20 岁的何南英不甘心一辈子站在工厂流水线上，于是辞职去了一家小公司做文员。

命运的转折就此开始。

跟何南英一个办公室的还有个做出纳的小伙子，姓殷名海，福建人，比何南英年长 6 岁，他看上了这个有着进取心的小姑娘，并很快就追到手，两人开始同居。同居之后殷海告诉何南英，文员不可能做一辈子，人趁年轻需要学一门手艺，他让何南英出去学会计，并且掏腰包给何南英报了一个全脱产的会计培训班。何南英很快辞职，每天早出晚归坐公交穿越大半个城市去上课，殷海照常在公司上班，挣钱养两个人。

几年后的何南英回忆起来，这段上课的时间应该算是她不可多得的快乐时光吧。

一学期的课程还没有结束，何南英就意外怀孕了。但当时的她并没有思想准备做一位母亲，一是她已经辞职没有收入，现在怀孕更没办法出去找工作，而殷海做出纳员的工资在深圳这个地方是很难支撑起一家三口吃住行的；二是何南英也没达到法定结婚年龄，两人连结婚证都领不了，所以思来想去，两人决定打掉孩子。

打掉孩子之后的何南英感染了很严重的妇科病，每天都要去医院进行治疗，而殷海有乙肝，同样也需要钱治疗，就这样几个月后，殷海借了十多万元的外债，两人生活捉襟见肘。

霉起冬瓜灰的何南英妇科病还没来得及治好，又遭遇了车祸，一只胳膊直接断掉。医生说需要上钢板。这时两人才发现，他们连住院的门槛费都交不起了。

何南英说，干脆回重庆吧，在老家梁平动手术，便宜一些。

殷海二话不说请了假，两人很快就回到了重庆。

那是 2009 年，殷海从深圳出发前找亲戚借了 3 万元，到了重庆梁平之后很快联系医院给何南英安排了手术。

在等着动手术的那几天里，何南英发现殷海偷偷用手机上网重新找工作，看出租房。而这一切都没有告诉她。何南英明白这个男人有了抛弃她的心思，她不知道该怎么办，只能装傻，等着这一切发生。

果然没等到做手术，殷海就回了深圳。

从此音讯全无。

三

那时是 2010 年，做完手术出院时的何南英身边一个亲友都没有，窘迫的生活，失恋的痛苦，被抛弃的挫败感接踵而至，她发现天下之大，但是居然没有她可以待的地方。

何南英患上了抑郁症，到了需要用药物来控制的地步。

药量还很大。

前男友殷海留下来的 3 万元，还剩几千元没有用完，何南英不敢用来租房子，她把钱仔细保管好，然后回了养父母家，小住了一段时间，等待自己的心情和身体慢慢好转。

就在这段无所事事的期间，何南英认识了另外一个男人。

她生命中的第一任丈夫，彭顺。

彭顺家在离何南英养父母村子很近的一个镇上，两人是赶场的时候认识的。

彭顺比何南英大10岁，他对这个身世坎坷、情路曲折的女人非常好，何南英第一次有了被宠爱的感觉。

两人很快结婚，何南英住进了彭顺家里，一年后，生下一个活泼可爱的女儿。

女儿会走路的时候，彭家人迎来了一个好消息。

这些年最希望听到的消息之一，就是自己家要拆房子了。

彭家很快被拆迁，共分到5套房子，彭家老父亲统一进行了分配。彭顺有个哥哥，彭大哥娶了一个二婚的女人，这个女人嫁进彭家的时候带了一个孩子进来，婚后又生了一个。想到大儿子有两个孩子，所以彭家老父亲给了大儿子两套房子，给彭顺留了一套，自己和老伴留了两套。

何南英不乐意了，她觉得丈夫的哥哥有个孩子根本不是彭家的血脉，凭什么大哥就要多得一套房子，而自己将来是要再跟彭顺生孩子的，要多得一套也应该是自己。

何南英的枕头风吹了一遍又一遍，但是没有奏效。彭顺默许了父亲的分配方式，根本不去跟父亲唱反调。

那就只能自己上了。

何南英找到公公大闹了一场，公公反指她贪图彭家钱财，居心叵测。

听到这些指责的何南英很受不了，但是她的反击方式实在是太简单粗暴了，直接就抄起一根木凳跟公公打起来了。

结局是公公被打进了医院，住院一个星期，花掉8000多元。

出院后的公公不仅没多给彭顺一套房子，反而让彭顺的名字从房产证上抹掉了，改成了公公自己的名字，并扬言，彭顺一天不离婚，这房子一天都不会是彭顺的。

"除非我死了，彭顺才能得到这个房子。"公公这句话有些狠。

彭顺哪里敢等到自己父亲死的那天，因为他深知自己的哥哥不是个吃素的角色，一旦父亲过世，说不定家里要引发一场遗产争夺大战，自己恐怕到时候连半套房子都分不到。

而自己的父亲那么厌恶自己的妻子，肯定也不会给自己留下什么的吧。

彭顺开始给何南英做工作，劝妻子和自己假离婚，等父亲把房子重新过户给自己，两人再复婚。

何南英也清楚自己闯下的祸，善后工作怎么着也要配合吧。

2013年，在公公出院后两个月，彭顺和何南英平静地办理了离婚手续。根据离婚时的约定，何南英去了重庆主城打工，挣来的钱邮寄回来给彭顺带女儿用。

去了几个月，何南英就发现不对劲了，她有时候抽空回来见不到女儿，彭顺要么说孩子在爷爷奶奶那里，要么就说孩子走亲戚去了。而且那段时间何南英很难打通彭顺的电话。

弄假成真，何南英很快意识到，假离婚已经变成了真离婚。

前夫在外面有人了。

何南英连哭的时间都没有，因为她必须更加玩命地打工养活自己，并且胳膊里的钢板需要动手术取出来，这又是一笔钱。

在接下来的几个月里，疲于打工的何南英没有回前夫家看一眼女儿。或许她也知道，这样探视对于挽救破碎的婚姻来说，毫无用处。她疯狂地加班打工，然后很快就存够了手术的钱。

手术很顺利。

然而，手术后在病床上醒来的何南英感受到的，却是比第一次手术之后更深的绝望和更彻骨的寒冷。从入院到手术完成，整整半月之久，除了徐家的小弟弟来过一趟，给她手术单上签字之外，没有一个人来关心她。痛苦之中，何南英给前夫打电话，希望他能够过来关心她，看望她。但是，她得到的是冰冷的拒绝。

前夫只有一句话，你好自为之。

或许，天无绝人之路，她的窘迫和困境被另外一个男人看在了眼里，还放在了心上，殷勤之意溢于言表。

这个人是她的病友。

出院之后不到一周，这个人就成了何南英的第二任丈夫。

对于这段速配的婚姻，何南英坦诚，她纯粹是为了刺激她的前夫，想让前夫知道，即使没有他的眷顾，自己依然能收获爱情，依然能风光地嫁出去。何南英希望前夫能够回头，她也委婉地在电话中表达了这样的意思，就是如果你想我回来，我随时可以离婚回来。

但这样的刺激只是加速了前夫与新女友婚姻的进程，在何南英婚后一个月，前夫也再婚了。

何南英彻底死心，她看着身边这个相识不到两个月的第二任丈夫，只觉得可悲又可笑。两人之间相互都不了解，性格差异也大，根本就没有爱情，甚至连感情都无从培养。

对于第二任丈夫，何南英从头至尾都没有提过他的名字，一直以“那个人”称呼。

很快，两人就离婚了。离婚的时候，甚至婚纱店连两人拍好的婚纱照都还没来得及洗出来。

不到半年，何南英连失两婚。

或许真正的人性有时就是虚伪与冰冷的。这里会出现很多灰姑娘，但结局往往不会穿上心爱的水晶高跟鞋，她看着王子背信弃义另投温柔乡，却无法用言语刻画出内心的痛苦与苍凉。没有爱情的滋润，没有家人的眷顾，没有朋友的呵护，那种他人难以触及的失魂落魄，只有身处其中的人才能体会。

四

在艰难中起飞，在阴暗中降落。

流产后又连失两婚的何南英已经耗尽了所有力气，她甚至连想去刺激的人、想去攻击的对象都没有，“困兽之力”都毫无用武之地。

感情变为一场彻头彻尾的独角戏，也应该算是悲剧了吧。

是从头再来，还是独自平静地过下去？何南英还没有把这个问题考虑清楚，就迎来了人生的第四段感情。

因为无事可做，离婚之后的何南英频繁地参加同学会。有一个同学得知了何南英的处境之后，就把她介绍给了一个叫左文明的同学。

那是 2015 年 6 月，一段令人哭笑不得的感情就此拉开了序幕。

左文明是荣昌人，当时在南京打工，两人经同学介绍，相互加了 QQ，就这样聊了大约一个月，两人在 QQ 上确立了恋爱关系，左文明随后就请假来了梁平，准备带何南英出去旅游。

“我当时在网上听她说了她作为养女的身世，很可怜，我就想保护她。所以很快我就安排好工作跟她见面了，见面后我听她又说了一遍她的身世，她边说边哭，我也跟着掉眼泪。”

左文明觉得这是一个值得他去爱和保护的可怜的女孩。

但是在这个时候，左文明丝毫不知道何南英结过婚，甚至生过孩子。何南英担心知道实情的左文明不会喜欢她，所以对自己的所有过往都进行了隐瞒！

被蒙在鼓里的左文明决定去四面山玩一趟。旅行的第一天两人四处逛逛看看很开心，到了晚上，睡进了一个被窝的左文明觉得有些不对劲，他摸到何南英的肚子上有条伤疤，左文明怀疑那是一条剖宫产的伤疤，但是他也不好意思问。

“当时觉得生孩子是大事情，她绝对不可能骗我。所以我就想会不会是阑尾炎的伤口之类的。”

几天的旅行很快就结束了，左文明要回南京上班了。他再次表达了对何南英的爱意后，就踏上了返程的火车。

何南英觉得这或许是她人生的最后一张好牌了。她绝对不允许这样一个没有婚史、单纯且善良的小伙子从她的眼皮子底下溜走。

随后一个礼拜，何南英辞掉了工作，退了出租房，把原本就不多的行李寄放一部分到徐家弟弟那里，就买了一张火车票去了南京。

很快，两人就开始了正式的同居生活。

不到半个月，左文明就有些发蒙了。

因为他从来没遇到过脾气性格如此乖张暴躁的女朋友。

他上班的时候，何南英出门忘记带钥匙，等他下班回来的时候，发现何南英已经用钉锤把门锁锤得稀烂；如果两人吵架，何南英就会用手机微信摇一摇，摇出同一个小区不同的男人去喝酒，喝个通宵才回来，事后好几天，何南英的手机都会响个不停，全部都是陌生男人约她的消息，左文明觉得实在无法接受行为如此放荡的女朋友；而在某次大吵之后，两人或许都觉得这段感情维系不了多久了，于是何南英将自己的过去和盘托出，堕胎、染病、抑郁症、结婚生子、离婚、赌气闪婚、再离婚……

左文明彻底傻了眼。

他连夜打电话给当初介绍何南英的那位同学质问核实情况，得到的答复却是，“我也不太清楚，你们自己慢慢了解啊”。

左文明捶胸顿足，悔不当初。

按理说，事情发展到这里，就应该是结局了，两人肯定会分手。

但是，生活就爱开玩笑。已经开始打包行李的何南英突然发生了晕厥，送到医院去一检查，原来怀孕了。分手一事就这么耽误下来了。因为孕妇不主动离开，左文明也没辙。

怀孕后的何南英脾气并没有柔和半分，一言不合，依然是又吵又闹。因为已经和盘托出了自己的过去，所以何南英说话越来越没有顾忌，她一再抱怨左文明不如自己的第一任前夫。有一次两人因为家务琐事爆发冲突，何南英又开始吵架，因为顾忌到对方是孕妇，左文明不想跟她吵，就去了车库坐在车上想躲避一阵。结果何南英后脚就跟着来到车库，用脚踹车门，踹不开，转身走了。不到五分钟又回来，手里多了一把钉锤，几下就把车窗砸碎了，然后捡起地上的碎玻璃就往左文明的头上划。

瞬间血流如注。

当时，被鲜血迷糊了双眼的左文明脑子里只有两个字：分手！

气头上的左文明从医院缝完针回来，当天晚上就谈好了分手，说好赔偿给何南英 1 万元，先付 5000 元去打胎，打完了再付剩下的 5000 元。

第二天一大早两人就开着缺了一扇车窗玻璃的车去医院打胎。

没当过爹的左文明低估了母爱的力量。

到了医院排队的时候，何南英就反悔了，她当着整个走廊病人的面给左文明下跪，希望他留下孩子，给孩子一条生命，而她一定会改正所有的坏脾气，好好地做一个母亲和妻子。

只是纯粹的母爱，没有考虑自己，也没有考虑孩子的父亲。

当时看着跪在地上泪流满面的何南英，左文明也心软了，他觉得经过这么一闹，何南英说不定会懂事，曾经历过破碎婚姻的她在改邪归正之后，或许会蜕变成一个好妈妈和好妻子呢。

婚姻不都是磕磕碰碰磨合出来的吗？

经历了分手风波的何南英也确实消停了一段时间。

很快就到了春节，何南英的肚子也渐渐大起来了，左文明决定辞去南京的工作，带何南英回重庆荣昌老家举办婚礼，然后静待孩子的出生。

事情也是这么发展的，不过，左文明向父母隐瞒了何南英曾经结过婚生过孩子的事情。而左文明的父母，虽说很意外儿子突然带回来这么一个来路不明的大着肚子的媳妇，但是想到马上就要抱孙子了，也还是开心。他们把二楼的房间腾出来给小两口居住，并且照顾何南英的起居，负责一日三餐。

如果左文明的父母能够预料到仅仅两个月后他们就会把何南英扫地出门的话，那是打死也不会同意两人结婚的。

2016 年 2 月 15 日，左文明和何南英结婚了，两人在大年初五办的结婚酒席。因为大冷天穿了婚纱，何南英感冒了，然后就一直都在断断续续地输液。原本医院说要输半个月，但是左文明的母亲说输了三天差不多就别输了，于是三天之后就没再输，结果回家不到三天又感冒，又来输液，然后左文明的母亲又不按照医生的嘱咐多输几天，输了三天又让何南英回家，然后回家又感冒，又去医院输液，这样反反复复了好多次。何南英觉得，这分明就是婆家舍不得花钱，所以才不让她输液的。小小一个感冒拖了这么久，反复输液十几天都没好，何南英很害怕对胎儿造成不好的影响，对婆家的怨气渐渐加重。

再加上输液期间，公公也来了几次医院办事，居然也没有去看望她。出院之后，何南英对婆婆说想吃鱼，但是遭到了婆婆的拒绝。何南英在卧室里抱怨了几句，结果被正好来家里做客的亲戚听到，就打了小报告。于是何南英的公公婆婆就到楼上来对质，很快就升级到骂战。三人之间一对骂，什么都顾不上了，什么难听捡什么说。婆婆说何南英无媒妁之言就嫁过来，婚前就怀孕，不是好女人；何南英说对方小气抠门，导致多次输液，他们对不起肚子里的孙子。

对骂了一阵之后，考虑到还有亲戚在，公公婆婆就下楼了，结果不到五分钟，就听到楼上噼里啪啦一阵乱响。冲上去一看，何南英把房间里的电视机、电脑、衣柜全部砸个稀烂，房间惨不忍睹。

别说丈夫了，此刻就是连菩萨也保佑不了何南英了。

公公婆婆气得发抖，直接发话："滚！"

连左文明也挨了一顿骂："看你带回来的什么女人！"

当天晚上，挺着大肚子的何南英就闹着离开了左家。左文明随车把她送到了娘家所在的梁平，安顿在一家宾馆里，然后头也不回就走了。

第二天何南英的银行卡上多了 3 万元，是左文明打过来的。

在收到钱之后何南英去了网吧上网租房，就这样过了几天终于找到了合适的出租房，这才安顿了下来。

而这个时候，何南英已经有 7 个月的身孕了。

随后，更让她绝望的事情发生了，左文明全家都把她拉入了手机黑名单，半个月过去了，何南英无法联系到婆家的任何一个人，发过去的短信如石沉大海。而梁平到荣昌路程颠簸，何南英想回婆家问清楚，却有心无力。

此时，何南英才刚结婚一个多月。

五

童话的梦幻与向往，青春的悸动与张扬，爱情的美好与感伤，现实的无奈与苍凉。

何南英曾经觉得自己就是一只丑小鸭，但是总有一天会变成白天鹅。但是在这么多年的分分合合中，爱情的得失、爱人的反目……告诉了何南英生活其实很残酷、很现实。绝望的何南英十分渴望有一个家，以至于遇到左文明之后，就匆忙而草率地作出决定——"我们结婚吧"。在她与左文明的感情中，没有纯粹的爱，更多映射出她一路走来背后浓重的黑，体现出年少时候"爱情、梦想、信仰"的支离破碎。

这样的感情，又怎么可能终老。

但是何南英并不是孤身一人，她也有养父母，那也算是她的娘家。

在确定无法回到婆家之后，何南英给农村的养父母打了电话，告诉了自己的遭遇，养父母却在电话中告诉她，自己年事已高，无法帮忙带小孩，希望何南英不要回到养父母家生产，尽量跟婆家缓和关系，与丈夫和好。

养父母的态度让何南英有些难受，她随后通过徐家小弟弟跟自己的亲生父母联系上了，亲生父母的表态跟养父母的差不了多少，都是让何南英回婆家去生产。

“他们都不可能帮我。”在调解现场，何南英谈到两家的父母都不愿意接纳自己时，流下了伤心的眼泪。

亲生父母尚且如此，那婆家的态度就可想而知。

不过奇怪的是，仅仅发生了这么一次矛盾，就会被扫地出门吗？

何南英说，这已经不是双方第一次爆发矛盾了，这样的争吵在婆家频频发生。双方的积怨早已经很深，因为婆家父母是传统的人，希望儿子可以明媒正娶，而不是突然就带着一个大肚子女人回来，第一印象不好，所以始终看不惯她。

何南英说自己从踏进婆家门的那一刻起，就觉得被婆家赶走也是迟早的事情。

但在调解之前的电话沟通中，左文明的母亲告诉栏目组编导，其实自己和丈夫没有赶她走，是何南英吵架之后自己走掉的，并且就在她走了的当天晚上，左文明的母亲想想不妥，还专门让左文明给何南英转账 3 万元，便于她过几个月住院生子。

“我们可以给钱，但是既然她已经走了，我就绝对不会再允许她住进来了。我的家被她砸个稀烂，继续住下去，不知道她还会搞出什么事情来。我和老公都有高血压，我们经不住她这样惊吓。”

左文明的父母给左文明说得很清楚，孩子可以自己养，老婆更是可以换，这个女人无论如何也不准再进家门了。

“如果你要继续跟这个女人过，那就请你们自己出去租房住，跟我们就断绝关系好了。”

其实在何南英回到梁平之后，左文明心里很矛盾，一方面是何南英肚子里的孩子，另一方面是被伤透心的父母，他无法作出决定，于是就把何南英手机号码拉入了黑名单，但毕竟还是会收到短信，何南英每天都会给他发二三十条短信，都发誓自己会改正，不再乱发脾气。

透过这些文字，他似乎能看见何南英那张楚楚可怜的脸。

但是每天临睡前当左文明闭上眼睛，想起的都是在车库被何南英用碎玻璃划破头皮，自己流得满脸是血的样子，太可怕！

心有戚戚焉。

这样的女人跟定时炸弹有什么区别？

当时的左文明不接何南英的电话，并且也不回短信。他希望自己能够彻底地冷静下来，好好思考两人的未来。

用了两个星期的时间，左文明就思考清楚了，他想离婚，跟这个女人彻底分开。至于还没有出世的孩子，左文明希望何南英打掉。

已经7个月的胎儿了，如果此刻出世，已经可以存活了。但是这个女人给他带来的对未来生活的恐惧，超过了新生儿带来的喜悦。

在作出决定之后，左文明给何南英打了一个电话，告知了他自己的想法。何南英左右权衡了一下，她理性地认识到如果没有左文明，她一个人是绝对无法抚养孩子的。伤心之余何南英去了医院准备打掉孩子。

医生说孩子太大，没办法引产了，最后可能需要剖腹取死胎。何南英心想，横竖都要挨那一刀，倒不如生下来。在犹豫不决之际，那孩子又在何南英的肚子里动了一下，何南英突然很舍不得，她想到现在肚子里的尚是一条生命，如果打了那一针，这孩子就死了。何南英于是决定留下孩子。

从医院回到出租房之后，何南英给左文明发了一条很简短的短信，告知自己的想法。短信发过去之后，何南英再也没接到任何来自左文明的信息和电话。

无助之下，她拨打了栏目热线电话，要求栏目组帮忙联系左文明及其家人，进行调解。

六

整场调解何南英都在喃喃自语中讲述了一个又一个小故事，左文明的脊背一阵阵发冷，他这是第一次听妻子这么侃侃而谈她自己过去的故事。他发现，他对这个女人的认识还仅仅只是停留在初级阶段。他更是从来不知道妻子的抑郁症有这么严重，并且服药了这么多年。

随着调解的进行，左文明越发坚定了自己离婚的决心。

而何南英也一再表示，第一任男友和第一任老公是对她最好的，最宠她，最替她考虑；而左文明对她却是漫不经心。在南京怀孕最初的那几个月，左文明宁可整晚整晚打游戏都不陪她说话，更不会带她出去玩。春节在荣昌输液的那段时间，左文明即使在医院陪着她，也是只顾着玩手机，很少搭理她。

但是左文明却说，何南英是一个很难伺候的人。在医院的时候，何南英说想吃皮蛋瘦肉粥，自己跑了一整条街都没买到，就买了其他的蔬菜粥和小笼包子，但是何南英一口都不吃。于是自己又下去买，走了半个多小时都没有找到，最后回到医院的时候何南英还是不依不饶。

左文明觉得从头到尾，何南英都把自己当成了佣人在使唤，他十分忍受不了这样的家庭地位和没日没夜活在妻子前任们的阴影里，也无法对这样一个喜怒无常的女人做到百般迁就。

他明确表示希望何南英去做流产手术，自己愿意承担所有手术费用和术后的营养费用。

坐在调解场上的何南英肚子已经很大了，此时已是 8 个月的身孕，加上最近情绪波动较大，环境变迁等影响，其实随时都处于生产边缘，甚至在说到激动处，泪流满面的时候，场上所有嘉宾都捏着一把汗，生怕她动了胎气。所以点评的言辞都尽量地顾忌到不要太刺激她。

唯一没有丝毫顾忌的，想啥说啥的是左文明。

当听到左文明亲口说出要离婚的时候，何南英并没有痛哭流涕，她很平静地表示同意，即使离婚依然会生下孩子。当主持人再次与她确定的时候，她又反悔，表示不想离婚，希望和好。

就在何南英的反复与左文明的坚持中，调解进入到合议阶段。

调解合议现场

调解员王刚：我们现在合议一下，看他们这段感情该怎么走。特别是女方还身怀一个胎儿。

画家侯耘：当然我不主张离婚，虽然女方肯定有问题。女方说离婚的那些话，那是她在硬撑。她怎么离婚，有什么条件面对离婚？所以我还是想他们和好。

心理专家曹玲：他们应该和好，然后我们应该给女方指出来，她个人必须要学会成长。应该给这个胎儿去做一个全面的检查，因为女方在孕期做了一些疾病的治疗。

律师杨梅：我也赞成和好，确实现在离婚的话，对女方及胎儿是不好的。其实我们现在有很多渠道，或者说一些学习的机会，可以帮助一个女性的成长。我觉得我们可以往这方面去引导她。

大学教师何智慧：要强烈谴责一下这种弃婴的行为，这种重男轻女，或者其他的情况导致的这种弃婴行为。这是一个活生生的例子，在我们的生活中，因为被抛弃给一个人的一生带来多么大的影响，而且这种影响是不可逆的伤害。观众应该特别要知道这一点，无论怎样都不能做这种抛弃孩子的事情。

心理导师莫桑：其实今天这个女士，她不是不独立，她是不想独立。因为独立对于她来讲，意味着孤独。所以相对来讲我比较悲观，因为我觉得这不是一两句话就让她能够明白了一些道理，她就能改变的。他俩还在一起的话，这孩子一出生，那么他们的问题根本上是没有办法解决的，那就可能会把战火燃烧到孩子的身上。有远见地往后看的话，真是希望他们俩能够分开。

调解员王刚：今天我们首先应该解决的，我觉得应该是未来的孩子，也就是这个胎儿的健康问题和女方的心理障碍的问题。就算是要离婚，首先也要解决这两个问题，才能够解决婚姻的问题。第一个方面，我觉得现在根本是没有条件去谈离婚的。第二个方面，我觉得双方应该考虑胎儿的健康问题。

合议方向

1. 建议何南英尽快去做一个全面的产检，了解胎儿的健康情况。如果情况良好，则两人应放下个人的爱恨情仇，共同对孩子出生后的情况进行调解规划。

2. 左文明必须对孕产期的何南英尽到陪伴照顾的义务。

在单独调解中何南英表示，左文明给的 3 万元因为租房和购买营养品已所剩无几。而她目前和生产后一段时间都无法工作，所以希望左家继续在经济上资助她，她也同意在生产之后继续进行抑郁症的治疗。

调解过程中，何南英情绪反复很大，她一会儿同意继续在梁平租房居住直到生产，一会儿要求回到婆家所在的荣昌租房居住，一会儿同意左文明每周来探望她一次，一会儿又坚持左文明必须与她一起租房居住。实在无心与何南英继续纠缠的左文明几度欲放弃调解，最终是那丝隐约存在的父爱，让他留在了调解室。

调解后左文明同意暂时放弃离婚想法，但他依然坚持不允许何南英回到婆家待产，他愿意每个星期去一次梁平看望何南英，等到孩子出生之后，对产妇和孩子都尽到照顾义务，尽量修复感情，如果实在无法修复，也必须等到条件成熟的时候，再与何南英理智地商量离婚事宜。

最后，调解团队特意询问了何南英关于大女儿的事情，希望何南英在生产之后，能够跟第一任前夫家改善关系，在力所能及的情况下对大女儿尽到照顾的义务。

何南英平静地接受了调解团队的所有建议。

调解结果

双方签订调解协议，内容如下：

1. 当事人系夫妻关系，因双方草率结婚，现女方怀孕 8 个月，双方同意暂不离婚。

2. 男方在就近区域另行租住房屋，男方在女方怀孕期间及哺乳期间给予女方陪伴及护理。女方必须控制情绪，保持心情平和，有助于胎儿的顺利生产。

3. 男方已支付的 3 万元，保管在女方处，用作女方的生产费用，以及双方的共同生活费用，不足时由男方提供经济保障。

T 调解链接

本场来调解的当事人是一对夫妻，要分析问题根源，解决矛盾就要从爱情着手。

新时代更需要爱情的纯洁性。

异性相吸，女士总体上更容易被男士所吸引、所爱恋，至少在男欢女爱的最初阶段是这样，这与女士的矜持和男士的勇气有关。一个女士在感情上的回旋余地看上去会大一点。但这是有限的优势，不能滥用，一旦滥用，优势就会变为劣势。

本案中的女士就是这样，她仅仅 28 岁，和一名男士同居过两年，又三度结婚，最后又再次陷入离婚大战。这次闹离婚女士还怀着孩子，男士坚决要离婚，此时女士表现出更复杂的想法，这种状况，是应该理解为女士的不幸呢，还是应该理解为她的滥情呢？也许两者都有，但这个事例更能说明感情专一的价值，爱情纯洁性的宝贵。离开了感情基础，离开了纯洁性，夫妻关系就容易风雨飘摇，就经不起风吹雨打的考验。

同时，这名女士如此多样的婚恋经历，如此频繁的情感变化，使她成了一个恋爱婚姻随心所欲的不良示范者。她在复杂的情感经历中已经完全迷失了方向，对纯洁性的本质和表现形式已经完全陌生。如果她不能重新补上这一课，即便真的还有一颗纯洁的心向她靠拢，也可能会被她改变，即使恋爱婚姻中她占据主导，这样的结果也是维持不久的。

现在的人们，不要被眼花缭乱的因素所迷惑，其实每对男女只需要慎重注意一个方面就行了，那就是珍惜爱情的纯洁性。这种纯洁性包括真诚、善良、担当、宽容、体谅等。这些是一对夫妻生死不离、白头偕老的决定性因素。

当然，人们在任何时候开始学习都为时不晚，像这次矛盾中的女士，虽有过迷乱的感情生活，但一旦醒悟，并加强自身修养，在未来的夫妻生活中保持爱情的纯洁，依然可以得到幸福。

对幸福生活的向往是人性的自然反映，每个人都有权利去获得幸福。但在缺爱的环境中长大的何南英，对爱的渴求显得有些强烈和无度，也导致了她此后情路上的种种波折。她只有正视自己对情感的需要，才有机会获得真正的爱情，并最终收获亲情。

而这样的正视，需要智慧，更需要自律。

情感链接 Q

何南英养父母在得知何南英跟亲生父母见面之后是什么心态？他们这样的态度会对何南英产生什么心理影响？

何南英养父母在得知何南英跟亲生父母见面之后反应强烈的原因是：害怕何南英失去控制，即“你是我养育多年的弃婴，你应该事事都听我的，没有我的同意，你不能去做这样的事”。同时，由于血缘关系的不可逆性，养女和其亲生父母见面可能导致养女与自己的情感产生裂痕。而养父母都有反哺心理，即养儿防老，期望自己年老后能够得到她的照顾，如果这个时候何南英离开他们，当他们老了以后就可能得不到她的照顾。

当然其间也有经济因素和情感因素影响，即养育多年，如果这样就走了，不是就白养了吗?

养父母这样激烈的反对态度，给养女带来强烈的心理冲突，有可能使之不能或不敢直接表达自己的情感或粗暴简单地表达自己的情感。这样反而会造成养女对养父母的反感，影响彼此的感情。

F 法律链接

1. 徐家父母扔掉亲生孩子的做法是否违法?

弃婴是一种极不道德的行为，也属违法行为。

根据我国《未成年人保护法》第 10 条的规定，禁止遗弃未成年人，禁止溺婴和其他残害婴儿的行为。法律是严肃的，家庭经济能力薄弱等因素不能成为违法的借口。

我国《收养法》第 31 条第 2 款规定：“遗弃婴儿的，由公安部门处以罚款；构成犯罪的，依法追究刑事责任。”根据我国《治安管理处罚法》第 45 条的规定，遗弃没有独立生活能力的被扶养人的，应处 5 日以下拘留或者警告。我国《刑法》第 261 条规定：“对于年老、年幼、患病或者其他没有独立生活能力的人，负有扶养义务而拒绝扶养，情节恶劣的，处五年以下有期徒刑、拘役或者管制。”

我国刑法对遗弃罪的入罪标准是需要达到情节恶劣的程度，徐家父母丢弃女婴的行为，虽没有达到刑事犯罪的严重程度，但确属违法行为，父母应承担起自身责任，给孩子一个安全稳定的生存环境。

2. 何家父母收养何南英是否合法?

收养需经法定程序，何家父母私自收养弃婴的行为不受法律保护，亦不产生养父母子女关系。

根据我国《收养法》的规定，收养应当向县级以上人民政府民政部门登记。收养关系自登记之日起成立。收养查找不到生父母的弃婴和儿童的，办理登记的民政部门应当在登记前予以公告。

何家父母出于怜悯之心收养弃婴，其心虽好，但却未履行法定程序。发现弃婴，首先，应及时依法向当地公安机关报案，不得自行收留和擅自处理。其次，对查找不到生父母和其他监护人的弃婴，申请公安机关出具弃婴捡拾证明。最后，向收养登记机关提交弃婴捡拾证明及其他收养所需的材料办理收养登记。

根据民政部网站有关收养问题的问答，我国目前收养登记的办理程序如下：第一，提交收养材料。收养关系当事人应当亲自到收养登记机关办理成立收养关系的登记手续，并提交相应的收养材料。夫妻共同收养子女的，应当共同到收养登记机关办理登记手续；一方因故不能亲自前往的，应当书面委托另一方办理登记手续，委托书应当经过村民委员会或者居民委员会证明或者经过公证。第二，审查。收养登记机关收到收养登记申请书及有关材料后，应当自次日起 30 日内进行审查。审查时，收养登记机关可以进行有关的调查，对当事人进行必要的询问，调查应当制作调查记录，询问应当制作询问笔录。收养查找不到生父母的弃婴、儿童的，收养登记机关应当在登记前公告查找其生父母；自公告之日起满 60 日，弃婴、儿童的生父母或者其他监护人未认领的，视为查找不到生父母的弃婴、儿童。公告期间不计算在登记办理期限内。第三，发证。经审查，对符合《收养法》规定条件的，为当事人办理收养登记，发给收养登记证，收养关系自登记之日起成立；对不符合《收养法》规定条件的，不予登记，并向当事人说明理由。

3. 彭家父亲处理拆迁房的方法是否合理？

拆迁安置的产权调换是根据每户家庭的原人均面积和人口数进行综合判定的。以户主为单位接受拆迁安置后，再进行家庭成员内部的分家析产。

彭家父亲作为户主接受了拆迁安置后，就取得的安置房，应当根据家庭成员实际安置面积进行分配，而不是采用家长制，擅自进行不公平的处理，引发家庭矛盾。

拆迁安置具有强烈的人身性，涉及每一个被拆迁人的居住权和补偿权，当出现不合理分配的情况时，可以对拆迁补偿安置的具体面积进行核实，分家析产。因拆迁安置房的分配问题发生纠纷时，各方应该协商解决，协商不成可采取民事诉讼的方式解决。

4. 如果左文明在结婚前对何南英过去的婚史和生育史都不知情的话，那么何南英的行为是否构成骗婚？

何南英隐瞒自己的婚史和生育史，虽有欺瞒行为，但不构成法律意义上的欺诈。我国《婚姻法》第 10 条规定了四种无效婚姻的情形：重婚的；有禁止结婚的亲属关系的；婚前患有医学上认为不应当结婚的疾病，婚后尚未治愈的；未到法定婚龄的。《婚姻法》第 11 条规定了可撤销婚姻："因胁迫结婚的，受胁迫的一方可以向婚姻登记机关或人民法院请求撤销该婚姻。受胁迫的一方撤销婚姻的请求，应当自结婚登记之日起一年内提出。被非法限制人身自由的当事人请求撤销婚姻的，应当自恢复人身自由之日起一年内提出。"何南英的欺瞒行为不属于上述几种情形之一，她与左文明之间的婚姻既不属于无效婚姻，也不属于可撤销婚姻。

虽然结婚的一方因受他方欺骗，结婚意思表示存在瑕疵，但二人办理结婚登记时均是自愿的，形式上并不违背二人的意思表示，因此不宜作为无效婚姻或可撤销婚姻处理。按照现行法律规定，何南英虽然隐瞒了自己的婚史和生育史，但是尚构不成欺诈，她和左文明缔结的婚姻也是合法婚姻，受我国法律保护，婚姻存续期间存在夫妻间的权利义务关系。一方如果认为婚姻违背其真实意思，夫妻感情确已破裂，可以通过离婚的方式来寻求救济，夫妻二人离婚时也须依法解决财产分割和子女抚养问题。

需要说明的一点是，我国法律没有明确何为“骗婚”，也没有规定“骗婚罪”，但如果行为人通过婚姻或者假借婚姻的名义骗取他人钱财构成犯罪的，可以按照诈骗罪追究其法律责任。

5. 左文明抛弃孕妇不闻不问的行为是否违法？

左文明作为丈夫，在夫妻关系存续期间抛弃怀孕妻子的行为存在不妥之处，违反了法律的规定。

根据我国《婚姻法》第 20 条的规定，夫妻有互相扶养的义务。夫妻相互扶养是法定义务，夫妻双方均应自觉地履行，特别是在一方年老、多病、丧失劳动能力或者没有固定收入、缺乏经济来源的情况下，有负担能力的一方，更应主动承担扶养义务。

尽管何南英自身存在过错，但这并不能成为丈夫抛弃妻子的正当理由。处理家庭矛盾时，应多些包容、少些意气，遇事冷静沟通，妥善处理。

6. 孕期分居，丈夫需要对胎儿或者妻子尽到哪些义务？分娩后继续分居的话，丈夫又应该如何支付抚养费，尽到哪些法律义务？

根据《婚姻法》第 20 条规定，夫妻有互相扶养的义务。左文明并未与何南英解除婚姻关系，对已怀孕且无任何经济来源的何南英，左文明应当尽到扶养照顾义务。

根据《婚姻法》第 21 条规定，父母对子女有抚养教育的义务。因此，小孩出生后，即使与何南英处于分居状态，左文明也应承担起抚养教育子女的义务。《最高人民法院关于适用〈中华人民共和国婚姻法〉若干问题的解释（三）》第 3 条规定：“婚姻关系存续期间，父母双方或者一方拒不履行抚养子女义务，未成年或者不能独立生活的子女请求支付抚养费的，人民法院应予支持。”即在分居期间，由一方抚养的子女，另一方应负担必要的抚养费。在父母不履行抚养义务时，未成年的或者不能独立生活的子女，有要求父母给付抚养费的权利。至于抚养费该如何支付这一问题，可以由当事人协商解决。

需注意，我国《婚姻法》第 34 条明确规定，男方在妻子怀孕期间、分娩后一年内或中止妊娠后 6 个月内不得提出离婚。

编导后记

热线电话是何南英打来的，我征求几方意见时，原本左家的父母和何南英的养父母都要来，但是到了调解的前一天，双方父母都决定不来了。左家的父母是害怕丢脸，甚至要求左文明来调解的时候一定要戴上帽子和墨镜。在左家父母看来，左文明这个婚是肯定会离的，如果被曝光，害怕影响以后的姻缘。而在何南英的养父母看来，如果来了调解现场，而小两口又没有办法恢复感情的话，那么何南英生产和照顾事宜很有可能会落在自己头上，他们并不愿意承担这个责任。对于这个养女，他们其实也是有感情的，但是这么多年，长大后的何南英并没有给他们带去什么好处，反而在男女关系上让他们蒙羞，所以他们对这个孩子基本就不管了。

无论是作为弃婴的何南英，还是她肚子里那个一开始就不受待见的胎儿，作为生命的存在，从来就不是多余的。尽管会有痛苦、会有忧愁，但更多的应该是快乐，不仅是快乐自己，更是快乐别人。但可悲的是，这种因为自己存在而能够给别人带来快乐的特质，正是何南英身上最为缺乏的。

因为工作关系，我加了何南英的微信，后来在朋友圈里看到何南英抱着小婴儿在草地上玩耍的相片，旁边穿裙子的是她的大女儿，何南英写道：

“我的天使们，因为有了你们，妈妈好快乐！”

很欣慰，通过这场调解何南英找到了自己存在的快乐，那就是作为母亲的存在。无论她的婚姻状况如何，希望何南英能够将母亲的角色很好地扮演下去，并好好享受生命的这份馈赠。

2. 女大学生与民工大叔的离婚事件

【当 事 人】

前夫张明：43 岁，工地临时工，右手有残疾。

前妻陈慧：32 岁，会计，侏儒症。与前夫离婚一年，育有两个孩子，一个 8 岁，另一个 4 岁，孩子体格均正常。

【调解诉求】

申请人陈慧：希望前夫能够送回小女儿，并按时支付抚养费。

被申请人张明：希望前妻能让自己多探望孩子。

调解前情提要

家住大学城的陈慧给栏目打来热线电话，离婚一年的丈夫在半个月之前突然到家里把两个孩子都抱走了，并且拒绝跟陈慧通话，这让陈慧痛苦万分，她找到栏目，希望能跟前夫调解。

编导也及时联系上了张明，询问抱走孩子的缘由。原来，张明抱走孩子是因为前几天听大女儿说，陈慧带了一个叔叔回来，住在家里，甚至还把那个叔叔的弟弟也喊到家里来住，本来家里是三室一厅，陈慧一间，陈慧父母和小女儿一间，现在那个叔叔的弟弟住一间，大女儿就只有睡客厅的沙发了。这个消息让张明很是生气，他觉得陈慧根本不配带孩子，而且他从孩子的口中得知，这已经不是陈慧离婚后第一次带男人回来住了，张明觉得陈慧混乱的私生活会给两个女儿造成非常不好的影响，于是带走孩子，并且希望更改抚养权。

据了解，张明右手有残疾，少一根指头，他大陈慧 11 岁，陈慧大四的时候，两人在公交车上偶遇认识。因为陈慧有侏儒症，身高只有一米三多，从小就受尽了旁人异样的眼光，尽管在学习上她对自己的要求很严格，成绩一直不错，但是在爱情上，却从未有过收获。所以当张明向他表达爱意之后，陈慧很感动，一年后两人就迅速结婚了。婚后张明一直是在工地打工，陈慧不愿意分居，索性生了孩子之后也把孩子带到工地上的临时住处，小孩子夜哭，导致张明晚上无法休息，有一次工作的时候差点从工地上掉下来。张明觉得妻子实在是太黏人，两人的矛盾就这样慢慢出现了。

为了图个清静，张明后来都在外地的工地打工，陈慧还是在重庆的工厂里工作。然后就有很多的闲言闲语传到了张明耳朵里，说陈慧在厂里耍朋友，换一个厂就换一个男朋友。而且有一次大女儿从陈慧的衣柜里翻出来一个避孕套，张明觉得自己都没有在重庆居住，为什么妻子会有避孕套呢？随着流言蜚语越来越多，张明越来越无法承受。

而在陈慧看来，离婚是因为张明的出轨，张明曾经说要去广西看工地，跑出去了半个月，后来还是大女儿无意中从手机里翻出了张明和一个女人的照片，陈慧再三追问两人关系，张明都不承认。到了 2014 年的时候，张明还把这个女人以朋友的身份带到家里来暂时居住，陈慧还做饭给这个女人吃，结果有一天，陈慧因为厂里停电，提前回家，结果发现两人非常暧昧地从床上下来，陈慧从这时开始就觉得问题严重了。此后两人争吵不断，导致最终协议离婚。

离婚之后的陈慧自立自强，作为一个残疾人，她在工厂打工做财务，另外还在不断地上课深造学习财务知识，希望以后能提高收入。因为陈慧从小有残疾，一直是家里最不受宠的孩子，但是陈慧的父母在关键时候还是帮了她一把，在她离婚之后父母也从忠县老家搬到了重庆，跟她住在一起，帮忙照顾孩子。但是在张明看来，陈慧并不是一个好母亲，因为在离婚协议上，大女儿是归张明的，所以陈慧每次买新衣服都是只给小女儿买，从来不给大女儿买，张明觉得陈慧的爱很偏心，并且张明觉得陈慧频繁更换男友的做法不适合孩子的成长，所以希望能够更改抚养权，把孩子接到自己身边来住。

对于张明的诉求，陈慧一家坚决不同意。当初两人是协议离婚，约定好孩子一人一个，考虑到张明在工地上租房子打临工，没有条件带孩子，所以陈慧就一个人拉扯两个孩子，约定由张明一个月支付 1000 元的生活费。但是自从 2015 年 1 月离婚之后，张明最多只给了 2000 元就再没给过扶养费。这段时间，陈慧找张明讨要这一年欠下的抚养费，张明不愿意给。所以在陈慧看来张明这次带走孩子就是为了不给抚养费。

调解团队考虑到张明目前的生活住所不稳定，再加上孩子已经习惯与母亲家人生活在一起，所以暂时不考虑改变孩子的抚养权和居住地。另外希望已经离婚的两人放弃私人恩怨，从做父母的角度看待彼此之间的关系，合力做好父母。经调解之后，双方也达成了一致协议。

调解结果

双方签订调解协议，内容如下：

1. 双方离婚时在民政局登记的离婚协议内容保持不变；

2. 基于男方现在的经济困难，女方也表示谅解，暂时性地男方每月支付大女儿生活费 300 元，其他的条款不变；

3. 如果男方做不到按时支付抚养费，那么女方可以根据原离婚协议内容，依法代表未成年的孩子向人民法院起诉，追索抚养费；

4. 男方探视孩子提前要通知女方和女方家人，并且对于带走的天数，也要和女方提前进行协商。

Q 情感点评

两人相遇的时候，张明还未婚，一个 30 多岁有着残疾的农村男子对于爱情肯定是非常渴望的；而另外，20 岁出头有着侏儒症的陈慧对于爱情也有着强烈的渴望。因为从小到大，患有侏儒症的她受尽了异样眼光，也从未享受过爱情的滋润，所以高材生的她才会接受这个比自己大这么多的残疾的农民工做丈夫。就是源于内心的自卑感，觉得自己不配拥有更好的爱情和伴侣。而他们的心里在某种程度上，是既看不起自己，也看不起对方的。

一个女孩在自己年龄不大的时候，找一个比自己大得多的男性结婚，也与她从小身患残疾不得宠或者缺少父爱有关。陈慧的潜意识中一直在寻找一个能够给予她父爱的男人，但一直没有找到潜意识中所期望的男人，于是离婚后的她也一直在不断地寻找。

回过头来说当年，在还没有充分了解的基础上两人就结婚了。感情没有经历太多考验，也就意味着韧性是不足的，遇到困难的时候，就会让人措手不及。张明满足不了陈慧对爱的渴望和需求，加上工作的原因他就更想逃离。在他们之间，距离没有产生美，却先产生了怀疑，信任危机就此展开。陈慧为了缓解爱的需求，就有可能寻找老公的替代品，老公也需要寻找情感的补充，信任危机就上升到出轨问题。两个人由爱生恨，最后又把这种情绪放在孩子身上，区别对待孩子，想去惩罚对方。

只能说，这两个在身体上有着残疾的人，在婚前的情感经历上也严重不足，他们对爱的盲目渴求，对婚姻理解的偏差，导致他们在感情上都不够成熟。两人的离婚与文化水平和身份地位的差异其实关系并不大，而是在青春的成长经历中缺少了关于爱的正确指引，长大后没有正视自己情感需求造成的。离婚后希望双方可以放下个人恩怨，增强责任心，合力做合格的父母。

3. 不懂事的我，成为生育工具

【当 事 人】

丈夫小平：35 岁，学历低，工地工人。

妻子小琴：29 岁，在雇主家里帮人做饭。

【调解诉求】

申请人小平：希望妻子不要再闹离婚，一家人要和睦相处。

被申请人小琴：希望丈夫同意离婚。

调解前情提要

2015 年 10 月初，家住合川的小平给栏目打来热线电话，说自己的妻子小琴从 2015 年 6 月开始消失，还将自己的电话号码列入黑名单，给妻子的电话永远打不通。小平希望得到栏目调解团队的帮助。

据小平讲，虽然两人岁数不大，但结婚已经 10 年，并且生下了 4 个孩子，最后一胎是双胞胎。对于小琴的消失，小平十分纳闷。2015 年年初，小平和小琴都在重庆打工。小平在渝北的工地上工作，小琴在华岩帮人做饭，两人平时很少见面。突然有一天小平发现再也找不到小琴了，最后是通过小琴的表妹才联系上，而回来之后的小琴提出离婚，并承诺给小平 10 万元作为 4 个孩子的抚养费。提出离婚后的小琴第二天就一走了之了。

小平表示两人的积蓄只有几千元，小琴一定是在外面有了外遇，才有底气说出 10 万元的话。但妻子小琴却说，自己想离婚并不是因为外遇，而是历史原因。因为小平的父亲过世得早，母亲又有重病在身，家庭条件不好。所以当初两人结婚时，小琴的父母非常反对。小平也因此而记了仇，即使后来结婚了，小平对小琴父母及姐妹的态度也都不好，路上遇见也不会搭理一声。结婚后的小琴需要带孩子就没有出去工作，由小平打工养家。第二个孩子出生的时候，家庭的经济压力增加，两人为此开始了无休止地吵架。在争吵中小琴又第三次意外怀孕，怀上了双胞胎，本想将孩子打掉，但去了医院又舍不得，只好生下来。

2015 年过年时，小平提出让小琴和他出去一起打工，无奈之下小琴只好放弃照顾孩子出去打工，当时小琴就暗暗下决心，只要自己能挣钱了，就要与这个男人离婚。而在外打工的时候，小平对小琴漠不关心，让小琴再次起了离婚的心思。而在谈离婚的当天，小平又对小琴施加了家庭暴力，这让小琴对这段婚姻完全绝望了。

因为考虑到小琴夫妻的 4 个孩子尚且年幼，而双方的感情并未完全破裂。所以调解团队采用了因果互换法和疏解委屈法两种调解办法进行调解。首先通过梳理因果关系，让两人懂得产生今天这样的结果，就是最初匆忙的结合造成的，问题出在两个人身上，并不仅在某一方。而再追溯的话，两人对感情的不善经营，也是因为在原生家庭没有得到过正确的爱的引导，和亲密关系的培养。这样的分析让两人的情绪平复下来。调解员再针对小琴用疏解委屈法进行沟通，让她不要害怕，遭受了家庭暴力，调解团队肯定会给她申冤，帮她教育这个丈夫，也请小琴看在孩子们的份上，维持家庭的完整，并通过努力改善经济环境，从而修复夫妻感情。小琴和小平对调解团队的建议也欣然接受。

调解结果

双方签订调解协议，内容如下：

1. 女方愿意暂时放弃离婚的诉求，以 3 个月作为考察期，并打工继续维持家庭生活，常回家看孩子，多与丈夫沟通；

2. 男方调整对女方及孩子的方式，多赞扬体贴女方，在女方打工期间，不去单位纠缠，以免影响其形象；

3. 双方认真履行抚养、教育孩子的义务，禁止虐待孩子，为和谐家庭共同努力。

Q 情感点评

小平的父亲过世得早，母亲又重病在身，所以，在亲密关系这一课上，小平是缺失的。他从小在他的原生家庭里，就没看到过正常夫妻相处的模式，小琴抱怨他不懂得如何与自己娘家人相处，见面不打招呼，其实她没想过或许是小平压根不知道如何处理这样的关系。

一个在这样的家庭出生，在农村长大的男孩，打架或许是他当年唯一与这个世界沟通的方式。这个习惯小平保持到了婚后。但暴力沟通无疑是拉开夫妻距离的直接杀手。一个女人如果在有四个孩子的情况下，仍然选择离婚，对于她来讲，是多么艰难的一个决定，她的心里一定承载了太多的痛与无奈，才会作出这样的选择。

而丈夫小平也许并不知道自己给妻子造成的伤害，他主动要求节目组帮助他，他用暴力阻止小琴离婚，可以看出他心里对小琴是有爱的，对这个家是有爱的，只是行为和表达与心理严重偏差。所以，爱是感情可以修复的基础。

亲密关系很重要的一点就是沟通，两人长期不能生活在一起，缺乏沟通，缺乏理解，甚至缺乏必要的夫妻生活，这样的生活状态很难达到和谐，所以，如果有条件，建议双方能够尽可能地生活在一起，共同面对生活的压力，共同养育孩子，也多创造一些交流的机会，让相互更加理解。

4. 丈母娘的离婚计

【当 事 人】

母亲何大姐：52 岁，贵州人，曾务农，现在重庆照顾女儿。

女儿小罗：33 岁，贵州人，有轻微癫痫，表达正常，但自己认为头脑有时不清楚。共生育 3 个孩子，后面两个是跟丈夫小杨所生。

女婿小杨：47 岁，江津人，进城务工人员，为人忠厚老实。目前没有工作，在家带两个孩子。

【调解诉求】

申请人何大姐：希望女儿跟女婿离婚。

被申请人小杨：不想离婚，希望通过调解让妻子小罗回家。

调解前情提要

家住江北的何大姐在 2014 年 7 月给栏目打来热线电话，她说希望通过调解让女儿小罗跟女婿小杨离婚。

原来小罗的情况有些特殊，她从小就体弱多病，后来五六岁的时候又得了癫痫，智力方面显得比同龄人要低一些。何大姐一直精心呵护女儿小罗。但是小罗18 岁的时候发生了意外，被一个铜梁籍的男人骗到外地打工，一年后就生了一个儿子。男方后来发现了小罗的病，随即分手。儿子被铜梁的婆婆公公接走抚养，从此小罗很少见到儿子。

走投无路的小罗只能回到娘家，2003 年，她再次外出福建打工，很快就跟一个姓杨的江津籍的男子同居了，这个男人比小罗要大 14 岁，很快小罗就又生了一个女儿。生下女儿之后，小罗和小杨回到了贵州小罗的父母家，但是小罗的父母十分反对两人的交往，于是小杨随后又把小罗带回了老家江津，并且领了结婚证，婚后不久小罗又生下一个儿子。

到了 2013 年，小罗离家出走，原因是不堪忍受婆婆和姑子的打骂，例如，污蔑她偷人之类的。这样的谣言经婆家人又传到小杨耳朵里，小罗又会招来一顿打骂。忍无可忍的小罗直接回到了贵州娘家，从那之后，她再也没有跟丈夫和孩子见过面，甚至连电话都没有打过。

老婆走了后小杨自然是焦急万分，他多方寻找无果之后终于确定妻子是回了贵州娘家。但是在 2013 年到 2014 年这一年中，他连续六次来到贵州的丈母娘家，却始终没有见到妻子小罗。丈母娘何大姐要么避而不见，要么就是当面责骂，甚至把小杨拿给她的钱都当面扔掉。

小杨十分焦急，他希望通过这次调解能够见到妻子，并且成功地劝说妻子回家。然而何大姐的心思却与小杨恰恰相反，她希望女儿小罗能顺利离婚，并且带走两个孩子。因为何大姐觉得小杨第一太穷，第二还比小罗大太多，第三不珍惜婚姻，打骂小罗成常事，第四从不拿钱给小罗看病。直到 2013 年女儿回娘家之后，才发现女儿胃溃疡已经到了很严重的地步，经过一年多的治疗，病情才逐渐有了好转。小罗也一再对调解团队表示，因为丈夫容易听信谣言，时不时就会动手打人，所以她实在不愿意继续跟丈夫在一起，希望尽快离婚。

小杨不愿意离婚，他说自己讨个媳妇不容易，之所以造成这样的局面是因为小罗性格内向不爱说话，受了婆婆和姑子的气也不爱说，所以才造成了这些误会。因为小杨的母亲最近身体不好，所以无法帮忙带小孩，小杨也没法出去打工，只能在家带孩子，靠微薄的存款过日子。他希望能够挽回妻子的心，一起回到江津，然后小罗继续在家带孩子，他出去打工，挣钱养家。而编导在走访中发现，小罗的两个孩子，其中一个也有癫痫，身体也都不是太好，并且他们非常想念母亲小罗。

小罗和母亲何大姐如今已经从贵州到了重庆主城租房居住，小罗在一家洗衣厂打工，一月有3000多元的工资，她觉得这样离孩子更近一点，离婚之后也可以带孩子。

调解团队认为两人是可以复合的，一是小杨对小罗依然有感情，二是两人的孩子尚小，需要母亲的陪伴。在调解过程中，调解团队也一次次试图唤起小罗内心的母爱，让她回归家庭。为了防止小罗受其母亲的影响对婚姻作出错误决定，调解团队两次单独与小罗沟通，但是因为小罗及其母亲何大姐的离婚态度都过于坚定，所以调解并未能让两人当场和好。

调解结果

小罗坚持离婚，并坚持不签署离婚协议就不回家看孩子。但是小杨觉得两人的感情尚可恢复，不同意离婚。双方决定下来之后再自行商量解决。

情感点评

一个有着特殊病史的女性，需要得到更多的呵护，包括情感与心理上的支撑、爱、包容与理解，身体对外在环境的不适反应，让她的内心更加脆弱，有时候她甚至也没有能力更好地保护好自己。所以她的妈妈才会站出来替女儿说话，替女儿的婚姻做主，相信妈妈在女儿身上寄予了太多的爱与关注，她想要保护好自己的女儿。但是从另一个角度来讲，妈妈如果从小不是用倾注的方式来照顾她的女儿，而是给予更多的信任、放手和让孩子自己做一些决定，也许成人后的小罗也是有能力处理好她自己的婚姻的。任何一段关系都是可以修复的，但前提是当事人愿意修复。

5. 带着孩子结婚又被抛弃的女人

【当 事 人】

小敏妈妈：49岁，家庭主妇。

小敏：28岁，洗脚城上班，性格内向，善良；未婚，育有一子。

李天兵：29岁，饭店厨师，系小敏儿子的父亲。

【调解诉求】

申请人小敏妈妈：希望李天兵承担抚养责任，每个月支付小孩抚养费，直至成年。

被申请人李天兵：希望对方能够考虑到自己的实际困难，减少抚养费。

调解前情提要

家住南川的小敏和她 8 岁大的儿子在妈妈的带领下找到我们《凡人有事》栏目组，希望通过我们的调解，能让孩子的爸爸担起对孩子的抚养义务。

据小敏向我们介绍，她从小就生活在一个比较传统的家庭里面，父母也都是老实本分的人，从而造就了她内向的性格，不善交流。因为小时候曾遭受猥亵，甚至受到性侵，使小敏的内心留下了巨大的阴影，但又无法向父母明说，只好藏在心里。18 岁的时候，外出打工的小敏身边出现了一个叫李天兵的男人，他明确表示不会介意小敏的过往，这让小敏十分感动，很快两人开始同居。

两年后，小敏怀孕了，生了一个儿子。随后小敏在家带孩子，李天兵在外上班挣钱，虽然生活过得有点紧，但小敏还是觉得很幸福。可是没过多久，李天兵好逸恶劳的一面就展现出来了，开始催促小敏出去上班。更让小敏难以接受的是李天兵竟然要求她靠出卖身体来挣钱，两人最终分手。分手后，两人的儿子由小敏带着。8 年来，身为父亲的李天兵给的抚养费微乎其微。因为李天兵在酒店打工，工资并不高，抚养费很多时候没办法按时支付，再加上现在李天兵的女朋友也怀孕了，面临的实际压力更大。所以很多时候就忽略了和小敏所生的孩子。

在和李天兵分手后，小敏认识了一个各方面条件都比李天兵优秀的男士，经过几番接触，双方确定了恋爱关系，并最终步入婚姻殿堂。结婚后，小敏与李天兵的这个孩子，就逐渐成了小敏的“拖油瓶”，婆家人开始嫌弃这个孩子，并把这份厌恶转移到小敏身上。每当小敏给孩子买点东西，婆家人就认为这个女人是败家。最终向小敏提出，鱼和熊掌不可兼得，要求她在孩子和丈夫之间，只能选择一个。可还没等小敏作出选择，婆家人就不耐烦了，小敏的哺乳期一过，婆家人就向法院提出了离婚，孩子归男方抚养。这又一次给小敏内心造成巨大伤害。

就这样 28 岁的小敏，经历了两段感情，生下了两个孩子，却没能有一个稳定幸福的家庭。这一切让小敏的母亲心痛不已。现在为了自己的独生女的新生活，她提出了一个解决方法：小敏与李天兵的儿子由她们二老来抚养，抚养费由李天兵、小敏及外公外婆三方来共同承担，可现在李天兵却不愿意承担这份责任，所以小敏妈妈找到了《凡人有事》栏目组，希望李天兵能够每月按时付抚养费，同时也希望《凡人有事》栏目组的心理嘉宾能够帮助女儿疏导心理问题，缓解她的心理压力。

在本案的调解过程中，调解员运用了情法互动的方式，既要唤醒李天兵心中的父爱和隐藏的愧疚感，也要让他意识到不抚养孩子是违法行为，在情与法的互动下，李天兵对调解团队的建议欣然接受。

调解结果

双方签订调解协议，内容如下：

1. 双方的非婚生子，抚养权归女方；

2. 男方每个月支付600元的抚养费，在儿子上初中的时候，每个月支付1000元的抚养费，如果遇到其他的重大开支，双方可以根据实际情况进行协商；

3. 男方每个月至少应该探视儿子一次，女方应该给予相应的配合。

Q 情感点评

小敏的成长经历正是造成她此后情感婚姻屡屡失败的“元凶”。性格内向，又遭遇猥亵性侵的女生通常有着严重自卑的心理阴影。如果在恶性事件发生之后没有及时正确地进行心理疏导，这个阴影会对其以后的情感生活造成很大困扰。在人生的十字路口，这些阴影甚至会诱导小敏作出错误的选择。就比如小敏匆忙地选择了第一段情感和第一段婚姻，并且在两段关系中，都没能很好地处理亲密关系，导致以分手收场。

分手后独自养育着孩子，对于一个女人来讲是非常不容易的。而带着孩子再婚，又经历了婆家的嫌弃与抛弃，这无疑是雪上加霜。心灵的孤独、无助、强烈的无力感都会让小敏身陷于深深的绝望中，而面对孩子，小敏又必须得让自己坚强起来。内心的煎熬会让本来内向和不善表达的小敏感觉不到爱，感觉不到自己存在的价值，甚至在今后的生活中，一直处于低自尊的状态中。此时，小敏最需要的是一个心理与情感的支持，让她有力量活下去！她需要提升的是内在的自我价值感与力量感，所以如果可以，建议其选择专业的心理辅导。

F 法律链接

1. 什么是同居关系？

男女双方一见钟情，确定恋爱关系后，未办理结婚登记手续双方居住在一起，我们通常把这种关系称为同居关系。

2. 法律对“同居关系”是如何规定的？“非婚生子女”的法律地位如何？

第一，关于同居关系的处理，《最高人民法院关于适用〈中华人民共和国婚姻法〉若干问题的解释（一）》第5条规定：“……（一）1994年2月1日民政部《婚姻登记管理条例》公布实施以前，男女双方已经符合结婚实质要件的，按事实婚姻处理；

(二) 1994 年 2 月 1 日民政部《婚姻登记管理条例》公布实施以后，男女双方符合结婚实质要件的，人民法院应当告知其在案件受理前补办结婚登记；未补办结婚登记的，按解除同居关系处理。”

第二，非婚生子女问题：经登记结婚而生育的婚生子女是男女双方在依法确立婚姻关系后所生育的子女；而非婚生子女则是在依法确立婚姻关系前或婚外行为所生的子女，如非法同居、婚前性行为、姘居、通奸乃至被强奸后所生的子女。

第三，非婚生子女与婚生子女，其法律地位是相同的，具有相同的权利和义务。我国《婚姻法》第 25 条规定：“非婚生子女享有与婚生子女同等的权利，任何人不得加以危害和歧视。不直接抚养非婚生子女的生父或生母，应当负担子女的生活费和教育费，直至子女能独立生活为止。”

【延伸阅读】

左右人生的黄金定律

1. 刺猬法则：保持合理距离，创造和谐人际关系。

刺猬法则说的是这样一个十分有趣的现象：在一个寒冷的冬季，两只困倦的刺猬因为冷而拥抱在了一起，但是无论如何它们都睡不舒服，由于它们各自身上都长满了刺，紧挨在一块就会刺痛对方，反倒睡不安宁。因此，两只刺猬就离开了一段距离，可是又实在冷得难以忍受，因此就又抱在了一起。折腾了好几次，最后它们终于找到了一个比较合适的距离，既能够相互取暖又不会被扎。这也就是在人际交往过程中的“心理距离效应”。

启示：刺猬法则强调的就是人际交往中的“心理距离效应”。按理说应该是交往得越深，就越容易相处，人际关系也越好，可事实上并非如此：有着亲密关系的人更容易发生摩擦和矛盾。许多家庭成员、热恋中的情侣、闺蜜、铁哥们常常相互埋怨，正是这种情况的表现。正因为相处甚密，对方的缺点就日益显露出来，你就会不知不觉中改变自己原有的感情，甚至变得失望与讨厌。夫妻、恋人、朋友概莫能外。为什么会如此？正是由于心理学上的刺猬法则——心理距离效应使然。

刺猬法则告诉人们一个真理——“距离产生美”。能把握好距离，爱和友谊长存；如果不知道距离为何物，亲密关系就会时而被演绎成天堂，时而又会被搞成人间地狱。

2. 破窗理论：勿以善小而不为，勿以恶小而为之。

破窗效应是犯罪学的一个理论，该理论由詹姆士·威尔逊（James Q. Wilson）及乔治·凯林（George L. Kelling）提出。

美国斯坦福大学心理学家菲利普·津巴多（Philip Zimbardo）于 1969 年进行了一项实验，他找来两辆一模一样的汽车，把其中的一辆停在加州帕洛阿尔托的中产阶级社区，而另一辆停在相对杂乱的纽约布朗克斯区。停在布朗克斯的那辆，他把车牌摘掉，把顶棚打开，结果当天就被偷走了。而放在帕洛阿尔托的那一辆，一个星期也无人理睬。后来，辛巴杜用锤子把那辆车的玻璃敲了个大洞。结果呢，仅仅过了几个小时，它就不见了。

以这项实验为基础，政治学家威尔逊和犯罪学家凯琳提出了一个“破窗效应”理论，认为：如果有人打坏了一幢建筑物的窗户玻璃，而这扇窗户又得不到及时的维修，别人就可能受到某些示范性的纵容去打烂更多的窗户。久而久之，这些破窗户就给人造成一种无序的感觉，结果在这种公众麻木不仁的氛围中，犯罪就会滋生、猖獗。

启示：任何一种不良现象的存在，都可能导致不良现象的无限扩展，同时必须对看上去偶然的、个别的、轻微的“过错”高度重视，如果熟视无睹、纠正不力，就可能会纵容更多的人“去打烂更多的窗户玻璃”，就极有可能演变成“千里之堤，溃于蚁穴”的恶果。

在生活中，包括在家庭生活、情感生活中，我们不仅不能做第 N 次打破窗户的人，我们还要努力做修复“第一扇窗户”的人。或许环境无法选择或难以改变，但我们可以努力使自己不要成为一扇“破窗”。

3. 蘑菇定律：战胜苦难，突出重围。

蘑菇定律是 20 世纪 70 年代由国外的一批年轻电脑程序员总结出来的。是指初入世者常常会被置于阴暗的角落，不受重视或打杂跑腿，就像蘑菇培育一样还要被浇上大粪，接受各种无端的批评、指责、代人受过，得不到必要的指导和提携，处于自生自灭过程中。蘑菇生长必须经历这样一个过程，人的成长也肯定会经历这样一个过程。

这就是蘑菇定律。

启示：每个人在其成长过程中，都注定会经历不同的苦难和坎坷，只有适应环境，忍受生活的平庸，战胜苦难，跨越坎坷的人，才能突出重围，获得成功。

4. 踢猫效应：理智对待错误，有效控制情绪。

踢猫效应是指对弱于自己或者等级低于自己的对象发泄不满情绪而产生的连锁反应。

踢猫效应源自这样一个故事：一父亲在公司受到了老板的批评，回到家就把沙发上跳来跳去的孩子臭骂了一顿。孩子心里窝火，狠狠去踹身边打滚的猫。猫逃到街上，正好一辆卡车开过来，司机赶紧避让，却把路边的孩子撞伤了。

“踢猫效应”描绘的是一种典型的坏情绪的传递，一般会沿着等级和强弱组成的社会关系链条依次传递，是一种心理疾病的传染。

启示：愤怒的情绪对人的身心健康是不利的，同时还可能引发其他不理智的害人害己的行为。因此，人们不要拿别人的错误来惩罚自己，并有效控制情绪。

5. 苏东坡效应：杜绝主观，剔除盲点，正确认识自己。

“不识庐山真面目，只缘身在此山中”，这是北宋苏东坡非常著名的诗句。其意思就是说，人们对“自我”这个犹如自己手中的东西，往往难以正确认识；从某种意义上讲，认识“自我”比认识客观现实往往要更为困难。社会心理学家将人们这种难以正确认识“自我”的心理现象称为“苏东坡效应”。

启示：一个人最大的劣势是不能客观地认识自己，有时候借助别人来认识自己，往往更为客观、公正。同时，想要认识自己，就要与自己良好地“对话”。

6. 肥皂水效应：批评建议有技巧，建言献策有绝招。

肥皂水效应是由美国前总统小约翰·卡尔文·柯立芝（John Calvin Coolidge，Jr.）提出的。意思是将对他人的批评夹裹在前后肯定的话语之中，减少批评的负面效应，使被批评者愉快地接受对自己的批评。以赞美的形式巧妙地取代批评，以看似简捷的方式达到直接的目的。肥皂水效应源自这样一个小故事。

小约翰·卡尔文·柯立芝总统有一位漂亮的女秘书，工作中常因粗心而出错。一天早晨，柯立芝总统看见秘书走进办公室，便对她说：“今天你穿的这身衣服真漂亮，正适合你这样漂亮的小姐。”这句话出自柯立芝口中，女秘书顿时受宠若惊。此时，柯立芝接着说：“但也不要骄傲，我相信你同样能把公文处理得像你一样漂亮的。”果然从那天起，女秘书在处理公文时很少出错了。一位朋友知道了这件事后，便问柯立芝：“这个方法很妙，你是怎么想出的？”柯立芝不乏得意地说：“这很简单，你看见过理发师给人刮胡子吗？他要先给人涂些肥皂水，为什么？就是为了刮起来使人不感觉痛。”

启示：批评有技巧，一味地指责可能适得其反。若态度诚恳，否定寓于肯定之中，效果或许更佳。

7. 避雷针效应：堵不如疏。

避雷针效应：在高大建筑物顶端安装一个金属棒，用金属线与埋在地下的一块金属板连接起来，利用金属棒的尖端放电，使云层所带的电和地上的电逐渐中和，从而保护建筑物等避免雷击。

启示：善疏则通，能导必安。

8. 杜根定律：自信比什么都重要。

杜根定律是美国职业橄榄球联合会前主席 D. 杜根提出的：强者不一定是胜利者，但胜利迟早都属于有信心的人。换句话说，你若仅仅接受最好的，你最后得到的常常也就是最好的，只要你有自信。一个智力正常的人胜任一件事，85% 取决于态度，15% 取决于智力。

启示：信心决定成败。一个人的成败取决于他是否自信，假如这个人是自卑的，那自卑就会扼杀他的聪明才智，消磨他的意志。

【思维导图】

（本章思维导图见本书第 323 ~ 324 页）

第二章

结婚应做好哪些准备？

结婚是一个幸福的决定，是两个有情人的牵手，是三生石上不变的承诺，是四世同堂最美的梦境。

走进婚姻后，人们便开始在决定自己后半生的这座围城里，精心地经营着自己的婚姻。经营婚姻成功的人们赞美它，经营婚姻失败的人们诅咒它。

婚姻本就是一门大学问，需要充分地学习，充分地磨合，需要不断认识自己，认识他人，承认差距，满怀期待……方有可能善始善终。

祝福每一对因爱情而缔结的夫妻，婚前需要做足准备，包括物质条件的配备，心理的准备，相关知识的储备，婚后也要相互包容、理解，不断调适，唯有如此，才会在平凡的锅碗瓢盆交响曲中，过得有滋有味、有声有色。

1. “接盘侠”的不甘与不舍

【当 事 人】

妻子罗莉：37 岁，二婚，与前夫和前男友分别育有一女，现打临工。

丈夫李成：38 岁，头婚，原来在杀牛场杀牛，现在在南滨路一家小餐厅做保安。

【调解诉求】

妻子罗莉：希望迅速离婚。

丈夫李成：首先希望和好，如果无法和好，则要妻子赔偿几年来养育非亲生孩子的抚养费。

暗恋多年郁郁寡欢
原以为终身无缘
却不料女神突然来电求爱
狂喜之下他却发现
女神早与他人珠胎暗结
这个“盘”是接还是不接
最终他选择了喜当爹
然而仅仅五年
结局就发生了反转
被扫地出门的“接盘侠”
该如何捍卫自己的权益

调解前情提要

热线电话是罗莉妈妈打过来的，在电话里，她气急败坏地说：“我的女儿罗莉嫁给了一个‘人渣’，就在打电话当天下午女儿被这个‘人渣’女婿痛打。”罗莉妈妈强调现在必须想办法尽快让她女儿离婚。为了表现自己所言非虚，在挂了热线电话之后，罗莉妈妈用手机给编导发来了罗莉被打之后拍的相片。一张肿胀的脸，眼睑上还带着些许的血迹，根本看不出罗莉原本的模样了。

调解当天来到演播室的罗莉，脸已经消肿，有些淤青还没散，不需要和主持人对话的时候，她常常放空，眼神在空中飘来飘去，似乎在找一个同样不固定的点。

一

爱情中，得不到的永远都是最好的。所以我们总顾着留恋别人的美好，却很少学会珍惜自己拥有的。这便是欲望，让人们很难快乐。在这种原罪的驱使下，人们不断向前，或许唯有教训之后，才能认清并驾驭好自己心底的那片黑洞。

但是10年前的李成，根本不会承认，罗莉就是他内心深处黑洞里最大的那个欲望。

那时的李成28岁，初中毕业后就没再念书的他，从铜梁的农村走出来，在社会上已经闯荡了很多年。他做过餐馆的小工，也在朝天门做过搬货的棒棒，后来经同乡介绍，去了南坪的一家屠宰牛的店里帮忙。

杀牛是李成做得最久的一份工作。在充满血腥味的操作间里，在那些即将被分解的尸体里，李成一丝不苟地对内脏进行着分拣打包。在这种过程中，李成慢慢体悟到，很多东西只有打破外层，才能了解其内里的结构，看到一个身体真正的支撑点在哪里。这种反向的认知方式，听起来有些幼稚，甚至多年后不再杀牛的李成想到这里都会觉得讽刺。

因为他终将发现，无论他斩杀多少只牛，理清多少内脏，他都无法理清自己和一个女人之间的关系。

那个女人叫罗莉。她比李成小一岁，从见第一面开始，她就勾走了李成全部的魂儿。

如同下蛊。

那时的李成，作为一个年轻小伙子，整天埋头在白刀子进红刀子出的杀牛工作中，难免觉得压抑和烦闷。所以一有空闲就喜欢去酒吧感受年轻人本该拥有的活力氛围。

直到有一次在酒吧遇见了罗莉。

当时的罗莉，长发披肩唇红齿白穿着得体，特别是眼神中那抹挥之不去的忧郁，让从没谈过恋爱的李成很是心动。可是，想想自己存款折子上可怜的数字，再看看自己身上套着的还隐约透着血迹的T恤，李成咽了咽口水，根本不敢靠近罗莉。

他只能在酒吧昏暗的灯光中远远地望着罗莉。

但是，机会总会来的。

罗莉当时独自在酒吧，像是在等什么人，但是等了很久都没有等到。旁边有陌生男人找她搭讪，罗莉不理，对方反而靠得更近，甚至揽了揽罗莉的肩膀。罗莉应该是十分反感，因为她的表达方式有些激烈，她大叫了一声。

这一嗓子吼醒了李成，也给10年后的罗莉吼来了一段孽缘。

李成虽说面对心仪的女人没有自信，但是面对挑事的男人，还是很有自信的。杀牛场多年的工作给了他一副强壮的骨骼和比较灵敏的身手，他三下五除二就扳倒了那个倒霉的搭讪男人。因为闹了事，酒吧也没法待了，于是两人就出去了。

李成从来没有这样单独和一个女人相处过，而且对方又是自己特别心仪的对象，于是在这个有些闷热的重庆夏季的夜晚，他带着罗莉去了大排档，他想请这个女人吃夜宵。

几杯下肚，李成终于知道了罗莉眼神中那抹挥之不去的忧郁是怎么来的了。原来，罗莉刚离了婚，拖着一个两岁的女儿，没有经济来源，靠娘家的救济过日子，对未来生活比较迷茫。

作祟的往往就是同情心。人们在生活中喜欢保护比较弱小的一方，但在当时的情境中，看上去是一个生活混乱的人要去拯救另一个生活更混乱的人。

这条感情的食物链中，罗莉已然处在最低端。一个离异、失业、单亲母亲，她的伤心和烦恼都是那么明显。在旁人看来，她应该算是最可怜的人了吧。可她仍然利用了另一个男人的感情，把那个男人对她的深情当做疗伤的工具，还若无其事地告诉他，把他当成哥哥，或是一个可以倾诉所有心事的蓝颜知己。

但在认识两个月之后，她最终还是跟这个蓝颜知己发生了关系。

李成的激动无以复加，他从来没想过自己会得到这个女人。哪怕她离过婚，哪怕她有孩子，为了让自己看上去与女神更般配，李成很快就辞去了杀牛的工作，凭着还算帅气的模样，在南滨路的一家餐厅当起了领班。他希望这份稍显正式的工作，能够在拜见未来丈母娘时为他加分。毕竟杀牛这个职业听起来不是那么让人舒服。

未来的丈母娘是见了，不过加不加分倒不那么重要了。

因为对方压根就没看上他。

“一个餐厅的小领班，我女儿当时没有说这是她男朋友，我觉得他虽然比我女儿大一岁，但是并不是很成熟。我女儿这种离过一次婚的，还是应该找个成熟的，年纪大点的，所以当时我就没同意，也给女儿说了，他们不适合。”调解现场，罗莉的妈妈在回忆第一次见到李成时，是这样说的。

不知是不是母亲的话起了作用，还是原本就不怎么喜欢李成，总之，那次之后，罗莉就开始疏远了李成，渐渐的也不再见面了。

“我把你当好朋友。”在面对李成的疑问时，罗莉这样解释到。

李成从来不知道男女之间，还有这么微妙和尴尬的时候。但他心有自卑，总觉得自己配不上罗莉，所以也没有再鼓起勇气追回这个女人。一段露水情就这么不了了之。

后来，通过 QQ，李成隐隐约约得知了一些罗莉的消息，她似乎去了江苏打工，并且没有回来的打算。QQ 上罗莉有时会搭理他，有时又不会。但是哪怕那个小小的聊天窗口能蹦出只言片语，李成都会开心很久。

罗莉时隐时现的 QQ 头像成了李成最深的牵挂。他一直没有交往女朋友，把所有的心思都放在了工作上。那些年里李成加班成了常态，似乎只有在忙碌的状态下，他才不会去想念这段短暂的，但是对他来说却刻骨铭心的感情。

2011 年，同样是一个闷热的夏季夜晚。加完班回到出租屋的李成刚坐下打开电视，手机响了。他拿起来一看，是一个显示地址为苏州的手机号码。

李成头脑里嗡的一下，有根弦瞬间被拨动了。

他忐忑又有些期待地按下了接听键。

听筒那头传来了一个久违又熟悉的声音："李成，是你吗？"

当晚激动得连说话都有些微微颤抖的李成没想到的是，往后 5 年，甚至一生，他都将会为这通电话付出巨大的代价。

二

曾虑多情损梵行，
入山又恐别倾城。
世间安得双全法，
不负如来不负卿。
——仓央嘉措

5 年前的那个夜晚，李成接到的的确是人在苏州的罗莉打来的求助电话。请注意，这是一通求助电话。在短暂的寒暄之后，罗莉开口向李成借钱。数额并不大，5000 元。其实，就算不知道这笔钱的用途，李成也会一口答应，并且火速地打钱过去。

但是李成偏偏就问了："发生了什么事情，你需要钱做什么？"

沉默了半晌之后，李成听到一个遥远的声音在说话："我怀孕了，需要 5000 元打胎。"

女神已经怀孕，孩子的爹是别人。

如果此刻挂了电话，一切都还来得及。

但是李成没有，他几乎没有思索多久就告诉对方："钱没问题，但是孩子的事情我们再商量，你先回来，回来再说。"

罗莉等的就是这句话。

第三天，李成就在火车站接到了罗莉。时隔 5 年，这个女人的相貌几乎没有什么变化，唯一不同的，是裙摆下面隆起的肚子。

孕期已经 5 个多月。

李成在见到大着肚子的罗莉第一眼时，就下了一个决心，无论未来如何，他都会保护这个苦命的女人和她肚子里的孩子，无论她们需要什么，他都会给。

因为李成只想让罗莉知道，在她的身边一直有一个温暖的人在等候，不会舍得让她投身于冰冷的海水中，他会竭尽全力让这个女人回到温暖中来。

“孩子必须留下，这是一条命，生下来，我养你们娘儿三个。”李成拍着胸脯保证。

不知道当时的罗莉作何感想。

反正李成都被自己感动了。

最终，罗莉没有借钱，也没有打胎。或许她内心从来就没有过打胎的计划。这个在感情上迷糊至极的女人，用了一个看上去似乎有些聪明的小技巧，给肚子里的孩子打了一针安胎剂，但是却把自己推向了一个充满了变数的未来。

罗莉是重庆涪陵长大的女孩，独生子女，由于念书成绩一般，所以在初中毕业后直接选择了职高就读。职高毕业，罗莉 18 岁，告别了父母只身从涪陵来到了主城打工。女孩子，没有专长，没有背景，也不太能吃苦，靠打工来养活自己，只能勉强度日。

罗莉生得好看，一双水灵灵的大眼睛，高挑的身材，再加上年纪小，不谙世事，很容易吸引男生的眼光。

很快，一个叫马杰的男人走进了她的生活。马杰是重庆主城人，跟罗莉差不多年纪，但是比罗莉爱玩，也会玩。恋爱之后，马杰带罗莉泡网吧打游戏、喝酒吃肉、看电影，这些都是罗莉以前很少接触到的娱乐方式。

19 岁的罗莉怀孕了，生下大女儿之后，两人领取了结婚证。没有戒指，也没有婚礼。

为什么没有婚礼？

因为马杰的父母早在马杰 18 岁的时候，就宣布跟马杰断绝父子关系。而这些情况都是罗莉在生下孩子之后才知道的。马杰嗜赌，赌运欠佳。读书的时候就敢在外面借高利贷，然后要债的逼上门，差点捅了马杰的父亲一刀。从那之后，马杰的父母就认为，这个孩子将来指不定还要给家里带来什么灾难呢，干脆就断绝往来吧。

“我们放手让你去社会上闯吧，闯到什么程度就看你自己的造化了。父母不沾你的光，但是你也别再回来祸害我们。”后来在跟马杰父母通电话时，罗莉听马杰的妈妈狠狠地说道。

当了父亲的马杰内心依然没有长大，每天打游戏打牌一样不落，也没个正式工作。赚了几个月的钱，觉得够用一阵了，马杰就会辞职在家待着，等到手里的钱用得差不多了，才又去找个地儿打工。如果这中间经济上青黄不接了，马杰会伸手找罗莉要钱。而一个刚生了孩子的家庭妇女，哪有什么钱，打工时存下来一万多元的积蓄花光之后，罗莉就捉襟见肘了。

要不到钱的马杰总觉得罗莉处处都在提防他，两人之间频繁发生争吵。吵多了，也没意思，马杰就开始出门赌钱。孩子两岁时候的那个春节，直到要债的人上了门，罗莉才算是彻底认清了马杰的面目。

看透彻了，就容易想开了。

好歹在离婚问题上，马杰并没有过多地刁难罗莉。两人动作麻利地离了婚。离婚之后，马杰也没有再来探望过孩子，只是每个月往罗莉的银行卡上打 400 元作为孩子的抚养费。除此之外，音讯全无。

离婚后的罗莉欲哭无泪，当时她还不到 23 岁，凑合的爱情最终给了她一个难堪的结局。哀莫大于心死，她的情绪受到了重创。反观周围，她的同龄人，正好是大学毕业找工作的年龄。那些走出象牙塔的鲜衣怒马的少年和笑靥如花的少女，他们朝气蓬勃，对未来充满了信心。与之相比，罗莉的现状就难免显得有些悲凉。

没有一技之长，身边又带着一个小孩，罗莉觉得唯有擦亮眼睛，嫁一个靠谱的好男人，或许才是生活最正确的出路。

下定决心之后，罗莉就开始了她的寻爱之路。离婚之后不久她就认识了李成，尽管她能感受到这个男生的痴情和内心那团熊熊燃烧着的爱火。但是罗莉也清晰地认识到，这个同样年轻的，在杀牛场工作的小男生是没办法让她的生活更上一个台阶的。所以很快，罗莉就放弃了李成。

紧接着罗莉又交往了几个男友，但都不尽如人意。缘分来得快，走得也快。罗莉慢慢地也就不再着急了，她觉得总会有一份新的、健康的、富裕的爱情在等着她。

或许只是缘分还没到吧。

有些女人终其一生都在找寻阳春白雪的真爱，却偏偏不幸地滚落凡尘俗世。你以为的惊世爱情，不过是他人眼里的一丝暧昧色彩；你以为的惊涛骇浪，也不过是他人眼里的一抹毛毛雨。但这其中的冷酷凶险，唯有当事人才心知肚明。

离婚三年之后，罗莉在网上认识了一个苏州男人，这个男人年纪比罗莉大很多，对罗莉非常体贴。两人认识之后，这个男人每天都会给罗莉打很久的长途电话。在电话中，罗莉感受到了从未有过的激情。

当激情让你魂牵梦萦之时，你就会丢了自己。

连自己都丢了，还会有更多的顾忌吗？父母、家庭、子女、责任，现实的需求都放在一旁吧！就让自己在爱中燃烧，痴狂地燃烧！甚至不去计较付出和失去，只求爱得迷醉。

在与苏州男人认识短短两个月后，罗莉把大女儿托付给母亲，就去了苏州，奔向她向往的新生活。而这一去就是七八年。

在苏州的这些年过得如何，调解场上的罗莉只字未提，那个男人的长相、年龄、工作、家境、婚史甚至连名字一直都是个谜。但应该说罗莉对他是满意的吧，否则不会一去就待了那么多年。后来，罗莉发现自己怀孕了。但令所有人奇怪的是，她并没有结婚的打算。

“因为苏州太远了，我不想嫁这么远，而且孩子爸爸的性格不太好，所以我也不想结婚。”

能看得出当时的罗莉是很犹豫的，否则不可能怀孕已经5个多月了才想到给李成打电话，说要打胎。

但已经5个多月了，才想到打胎，还能打吗？

罗莉给李成打电话的时候，真实的想法是真要打胎，还是不想打胎呢？而这个孩子究竟是不是因为李成的一句话而留下来的呢？还是说，罗莉一早就打定主意要生下这个孩子，只是把李成当作了“接盘侠”？

当激情不在了，还是去寻一份踏实吧。还好，还有一个叫李成的男人一直等在这里。

尽管我不爱你，但你是没得选择时的选择！

权作备胎吧。

正是基于这个意外降临的孩子，李成10年备胎终于转正。

谁都不能怪罗莉最后的选择，她太贪婪也太可怜了，终于上苍对她报以冷笑，算是对她荒唐对待感情的惩罚。妄想依靠爱情跳出固有生活圈子的人太多，罗莉只是其中一个过客，拾了心动，落了秋恨。

好在，她还有李成。而李成也很乐意扮演着最终拯救者的角色。

然而，讽刺的是，5 年之后在调解现场听见罗莉与主持人的一番对话，李成如置冰窖。

原来他自我感觉良好的这场大无畏的牺牲和冒险，在外人看起来，却是这么的滑稽与渺小。

调解合议现场

主持人：罗莉，你是什么时候决定留下孩子的，是因为李成的一句话吗?

罗莉：我怀孕没有多久，我父亲就去世了，我妈妈非常支持我生下孩子，所以就决定生下来。我打电话说打胎其实是试探他，并不是真的要打胎，如果他愿意接受孩子，肯给孩子上个户口，我觉得就值得嫁。

主持人：你当时是只给李成一个人打了电话，还是给好几个人打了电话?

罗莉：(犹豫了一番后回答）我给好几个人打了电话，但是其他人只是同意借钱，李成是唯一一个愿意接受孩子的。

主持人：李成你知道 5 年前罗莉准备从江苏回来的时候，给几个人打了电话吗? 你只是她“备胎”中的一个，你清楚吗?

李成：我一直都不知道。我以为她只给我打了电话。

三

或许这就是爱情本来的面目，不合适的时候处处碰壁，狼狈不堪。合适的时候它就水到渠成。大着肚子的罗莉就这么在李成的生活中正式粉墨登场了，那么顺其自然。

也许有人会觉得不忿，为李成打抱不平，骂他太傻，居然替别人养孩子。但殊不知这正是李成让人叹服的一面，因为对这个女人爱得太深，他可以包容对方的一切，接纳一个跟他毫无血缘关系的孩子。

而在接回罗莉之后，李成也没有告诉任何人关于这个孩子的身世，甚至李成自己的母亲都不知道。因为李成不希望罗莉和还未出世的孩子，将来受到旁人一点点带着色彩的眼光。因为上班无法照顾怀孕的罗莉，李成专程去了涪陵，把罗莉的母亲和罗莉的大女儿从老家接上来，一家人住在一起，日子也算其乐融融。

当初你没看上我，现在我接纳了你的女儿和你未出世的外孙女，你总该认可我了吧。

李成有一种扬眉吐气的感觉，而在罗莉的回忆中，那段时间李成把她确实照顾得很好。回到重庆 4 个月后，罗莉生了一个可爱的女儿，这让李成很是开心。

罗莉给小女儿取了名字，姓李，这给了李成从未有过的幸福感与满足感。等到孩子5个多月的时候，两人就去民政局正式领取了结婚证。

“总算有一个家了。从此以后我的打拼都有了意义。”李成回忆当初时，这么说。

“人性”有时候就是这样，总想倾注些热诚，仿佛只有这样生活才具备所谓的“意义”，这样太过用力的生活态度很难说是对还是错。但值得庆幸的是，这么多年在寻爱路上受伤不断的罗莉，开始有所觉悟，觉得应该珍惜“眼前人”。

如果按照普通的剧情发展下去，他们的生活是可以发展成一出温馨肥皂剧的。因为罗莉对李成很好，李成想吃什么她都会尽量给他做，时时嘘寒问暖，跟一般的新婚小夫妻无异。

但是生活远远比戏剧精彩。结婚之后不久，罗莉就发现李成的脾气开始变得很怪。

“有一天我在打麻将，他打电话喊我回去吃晚饭，我说不着急，晚点再回去。他就走到麻将馆来，把牌桌子给别人全部掀了。接着他跑回去就把娃儿举起，当着我的面做起要把孩子摔在地上的样子，威胁我。我说，那我们就离婚吧。”

这个可怕的事情发生的时候，罗莉的小女儿才7个月大，也就是说，结婚才短短两个月，罗莉就想到了离婚。

他们之间究竟发生了什么事？好不容易才娶到心中女神的李成，为何会有这样翻天覆地的变化？甚至用孩子的安全作为威胁？

当然有原因，因为李成怀疑自己被戴了绿帽子。

原来生完孩子出了月子之后，罗莉和母亲带着满月的小女儿去了一趟外地。她们对李成说是去成都散心。虽然带着出生不久的小婴儿出去旅游是有些奇怪，但是李成当时并没放在心上。问题出在回来之后不久，两人因为家庭琐事发生了争吵，罗莉自己说出来的，她们并不是去了成都，而是带孩子回了苏州，去见了孩子亲生的爷爷奶奶。

当然，肯定也见了孩子的父亲。

“你觉得一个男人的心里面，是怎样一个想法？”调解现场提到这件事，李成满脸怒气。“我可以装傻，但是你不能一直把我当傻子耍。”

罗莉反驳了李成的说法，她说早在孩子还未出生之前，孩子的父亲就给她打过求复合的电话，她正是因为很看重李成对她的情义，所以拒绝了那边。后来孩子出生之后，因为孩子父亲的电话一直打不通，罗莉想带孩子回去看看亲生父亲和婆婆。所以才撒谎去了一趟苏州。

当时苏州男方那边愿意接受这个孩子，要罗莉把孩子给他们，甚至愿意给罗莉一笔钱。但是罗莉依然拒绝了对方，再次抱着孩子返回了重庆。

“如果当时晓得他的脾气会变得这么糟糕的话，我就留在江苏那边了，那样的话我现在也不会这么累。”调解现场的罗莉着实有些气恼。

如今的罗莉悔不当初，但是后悔的并不止罗莉一个。在婚后的柴米油盐中，李成渐渐发现脱下了女神外衣的罗莉变成了另外一个女人。

一个似乎在频频给他戴绿帽子的女人。

李成从罗莉的手机记录、QQ 聊天记录里发现了好几个跟她有暧昧关系的男性，这些男人在短信中总是频繁地邀请罗莉去他们那里玩。李成并没有当面问过罗莉，因为在他的判断中，他坚信罗莉赴过约。

这样的女人，多么面目可憎。

从那之后，李成就变了。他从一个滴酒不沾的人，变得爱抽烟，爱喝酒，甚至发展到了酗酒的程度。

“每天基本都是喝得醉醺醺的，我和妈妈不准他喝，把酒给他藏了。他甚至还偷偷用矿泉水瓶子装起白酒，放在窗帘后面这样躲着我们喝。已经无可救药了。”罗莉对李成酗酒的事情很是无奈，她哭过闹过，但是无济于事，事情甚至发展到了更为严重的地步。

从 2014 年起，李成就不再拿钱回家了。

婚后的李成换了一个餐厅工作，从领班升成了经理，工资待遇自然也涨了一些，但是他一分钱都不交给罗莉了。随后发生的事情让李成一直心里的疑窦完全变成了肯定的判断。因为他发现，萝莉的生活质量并没有因他李成一分钱不给而受到了丝毫影响。

“肯定是其他男人在给她钱用。”李成愤恨地想到。

因为罗莉的母亲每个月只有 1800 元的社保工资，罗莉没有工作，要养两个孩子，如果丈夫不给钱，那毫无疑问，肯定是有别的男人在给钱。

此时的李成意识到，罗莉最终是会离开自己的。所以一直到孩子 5 岁了，李成都拒绝给小女儿上户口。夫妻做到这样的地步，还有什么话可说。

其实，最终压垮李成，让李成彻底绝望的是接下来发生的事情。

2014 年 10 月，罗莉怀孕了，这个孩子是李成的。但是短短一个多月之后，她竟然背着李成去医院打掉了这个胎儿。李成发现之后，他内心的最后一个平衡点也失去了，绝望痛苦之下，两人正式分居。罗莉带着母亲和两个女儿搬出了李成的房子，在外租房居住。

他们都清楚，彼此之间已经撕开了一条再也无法愈合的裂口。

此时，距离两人结婚，仅仅只过了5年。

四

“爱是折磨人的东西，却又舍不得这样放弃，不停揣测你的心理，可有我姓名。若不是因为爱着你，怎会不经意就叹息，有种不完整的心情，爱你，爱你，爱着你……”

当莫文蔚的这首名为《爱情》的歌在KTV里响起的时候，李成听得泪流满面。

15年来，李成曾为酒吧里突如其来的艳遇欣喜若狂；也曾为女友的离去黯然神伤。作为一个痴情汉，当多年后终于有了一个机会，可以名正言顺地与心中的女神生活在一起时，他毫不犹豫地一脚踏入了这条名叫爱情的河流。然而可笑的是，这只是一个未婚先孕的女人借由他获得的一个苟延残喘的机会。

5年时间，原来自己上演了一场独角戏，扮演了一个堂吉诃德式的悲情英雄。这个让他重新燃起生活激情的女人，最终给了他当头一棒。

“她带走了一切，包括我带大的小女儿。”李成有种被抽空的无力感。罗莉走后，他沉迷于烟酒，职位也降为了保安。随着时间的流逝，李成积郁成怒，心里当初对罗莉的爱，开始慢慢转化为恨。分居半年之后，他终于下定决心——要找到罗莉好好算账。

他开始四处打听罗莉的消息，而朋友最后带回来的消息，瞬间击倒了他。

“她在外面做小姐。”李成后来很直白地告诉调解嘉宾。

羞耻感扑面而来，怎么能忍？

2015年5月底，李成找到罗莉打工的发廊。众目睽睽之下，他拖出罗莉，拳脚相加，短短几分钟时间，罗莉的脸被打得面目全非。

从爱慕无比到拳脚相加，这个转变的时间，李成用了5年。

半个月后，当两人走进《凡人有事》栏目组的演播室时，罗莉脸上的淤青还十分明显。

调解现场，从头到尾，罗莉离婚的决心十分坚定，包括罗莉的母亲，对李成也没有半句好话。看得出来李成很难过，他的不舍与不甘都明明白白地写在脸上，甚至让人有些不忍直视。即使在调解的最后他对罗莉提出了高额的赔偿要求，也在明明白白地告诉场上所有人：他的故意为难，只是想留住这个女人。

哪怕你不爱我，你背叛我，令我一再难堪，但是我还是想和你在一起。

爱，是恒久忍耐。

爱，从来都没有什么道理。

调解合议现场

因为罗莉的离婚意愿十分强烈，加上双方已经分居半年之久，大部分调解嘉宾都认为双方再无和好可能，故本案调解合议的重点放在了离婚条件的协商上。

调解员王刚：如果要离婚的话，我想讲一下这个抚养费的问题。从法律上来讲，就是一个继子和继父的关系。这个继父和母亲离婚的时候，如果继父要求返还抚养费的话，这个是不支持的。如果是母亲自愿给予一部分的话，我觉得还是可以的。看大家是觉得应该给，还是不应该给。

婚姻家庭导师李安娜：他们的整个状况给人的感觉是，男的确实是付出了很多。

心理导师周美辰：不管女方给不给钱，给不给赔偿，其实给男方要做的工作就是，让他从心里明白他已不能挽回女方，他只有选择离开。

心理专家周永胜：作为一个男人，你要拿得起放得下。你当初既然做了这个选择，那现在该走人就走人，不要想到临走要挖一大坨钱走。

画家侯耘：我的想法可能跟大家还有点相反，我觉得李成还是想把这个女方留住。如果说女方这边，她没想让这个孩子向江苏孩子生父那边叫爸的话，我觉得他们的感情是可以复原的。

情感导师莫桑：如果在法律层面上不能返还抚养费的话，那就谈一个条件，达到这个条件呢，双方就离；但是我在想男方应该也不是想捞一大笔钱。给一点钱意思一下，大概也就求个心理平衡就行了。

心理导师周美辰：其实男方为什么想要赔偿，很大的原因就在于，男方认为自己被利用完了以后，还被蹬。你看罗莉的妈妈说的那句——“你一个烂人”。男方肯定会想：你当初利用我的时候，你怎么不说我是“烂人”呢?

调解员王刚：好吧，我们先来看看男方的条件。

合议方向

1. 双方感情破裂，应和平分手。
2. 罗莉力所能及地给予李成一些人情上的赔偿。

在单独调解中，罗莉坚持了离婚的想法，但她表示大女儿的父亲马杰患了癌症，可能不久于人世。接下来需要她一个人独自抚养两个孩子，经济压力很大，所以只能给男方 2 万元的补偿费。

得知和好无望的李成情绪有些激动和对抗，他表示结婚 5 年来，他对这个家庭一直都有着经济贡献，并且自己的妈妈带了 3 年小女儿，如今却落得人财两空的下场。

李成坚持要罗莉赔偿5万元，少一分都不可以。因为双方数额差距过大，且态度都极为强硬，调解终止。

调解员王刚最终建议两人通过司法途径解决离婚事宜。

调解链接

调解现场，当提到罗莉生了孩子之后背着李成去苏州点燃了李成的怒火，调解员该如何做工作让他平息怒火，以便调解的顺利进行。

此时，调解员首先要弄明白李成发火背后的原因，那就是怀疑自己被戴了“绿帽子”，妻子背着自己跟前男友在一起。但是李成得知这件事情也只是从妻子的口中听说的，并没有所谓的捉奸现场。所以，根据这个事情，调解员就应该采用模糊事实的调解方法。把罗莉出轨这件事给模糊，不能穷追猛打，不能追求真相，真相越模糊越好，有的说成没的，大的说成小的，某些环节，某些部分说不清楚，大家就不要较真了。到最后这个出轨的事实就不存在了，给人感觉罗莉只是去见了个面而已。

这样一来，在场面上也顾及了李成的面子，也让他在现场有个台阶下。李成的情绪就能平复下来。接着再针对这件事情教育双方，夫妻应当互相忠实，互相尊重。虽然罗莉的欺瞒行为存在违背忠实义务的嫌疑，但是，若罗莉只是为了避免误会才选择隐瞒实情，李成则应当给予最基本的信任。无端的怀疑和猜忌只会加深家庭矛盾，和睦、稳定的婚姻关系需要沟通和理解。平复情绪后的李成对于这样的建议，也能接受。接下来的调解才能顺利进行。

调解点评

把男人逼入墙角，对女人总是不利的。

当一个男人爱一个女人时，他可以容忍她的很多很多，因为容忍的苦衷可以通过爱来弥补，这符合一定的逻辑。本文的男主人公就是这样一个男人，只要不是极端，只要爱能得到回报，他可以容忍妻子的一切。他结婚几年的经历就是这样，容忍了继子女，容忍了妻子带小女儿去生父家，容忍妻子过去的情感经历，容忍妻子在社会上的交往，他知道自己驾驭不住她，只希望她适当地顺从就行了，男方被动地接受了这一场带有交易性质的爱情。

妻子一直在两人的家庭生活和情感中占主动地位。多年前的同居，多年的冷漠，又突然的热恋，再后来结婚，现在妻子又提出离婚，男人都随女人的变化而变化。凡是单向主导的事就没有平等，这个男人其实一直处于不平等的夫妻关系之中，在妻子提出离婚之前，这一切并没有超越他所能接受的底线。直到妻子提出离婚，连这种不平等都即将丧失的时候，他才表现出了一个男人本来的特征，他要反抗。

因为这个不平等说到底还是一种交换关系，而离婚就意味着他彻底丧失一切。而一个人若是把对方逼入死角，意味着他自己可能面临更大的风险。这个妻子太丰富太复杂的经历，已使她成为一个没有历史感的女人，任何事情她都可以重新开始，就像第一次面对一样坦然。

这一次究竟为何要离婚，真相看上去是个谜，但透过现象看本质还是可以看出：妻子对男人的积怨较深，否则她不会毅然愿意支付 2 万元的补偿，男人为何不愿接受呢？男人要惩罚她，这又是与维护自己的利益完全不同的表达。

因为 3 万元的价差，调解失败，今后如何呢？其实维持也是一种办法，现在两人就处于这种状态，这对双方都是约束，看谁能打持久战。这对矛盾也是一种缓冲，也会增加矛盾良性变化的多种可能性。最终相对合理的结果是必然会出现的。如果双方理智，无论什么结果都可以接受，但这种理智的沟通，无疑需要女方付出更多的努力，不能让男方委屈，委屈不消就可能转化为恨，恨不消，就容易转化得更复杂。这个时候，历史颠倒了，男方要把握主动了，女方需要做适当的妥协。

情感链接 Q

1. 罗莉当初对李成究竟是一种什么感情？

我们无法界定当初两人到底是什么样的关系，但有一点可以肯定，他们不是情侣更不是爱人。基于各种原因罗莉很早就是一个社会人，她熟谙世事，伤过人心也被伤过心，所以男人在她眼中大多都是一种资源，有价值就持续开发，无价值就渐行渐远。她熟悉男女之间所有的套路，至于情感或许还不及一瓶陈年二锅头。

2. 罗莉在离开马杰之后，想靠嫁人来改变生活、改变命运的想法有什么错误？

罗莉此刻的想法是顺理成章的，换了谁或许都会这样做，被坏男人迷住，被坏男人伤害，找一个好男人疗伤。等伤痊愈，眼前的好男人却如同嚼蜡，又开始思念起坏男人的坏劲。就像甜的吃多了想吃辣，辣的吃多了又想吃甜一样。可你换副碗筷倒是容易，换个人总是容易伤到元气，关键是到最后自己也迷茫了，我到底要什么样的生活？是若干男人的组合？还是断舍离？

3. 年轻人在选择未婚先孕做母亲的时候，应该做好什么样的心理准备？

未婚先孕的选择。除了纯属意外，只要是主观认定而又成为事实的，心理准备要考虑这几点：(1) 养育孩子的经济基础是否具备？(2) 带孩子的时间和能力——有喜欢孩子的能力吗？有带孩子的时间吗？(3) 自己的亲人和好友能认同未婚生育并堂而皇之地带孩子吗？

4. 在选择成为一名继父的时候，男方应该做好哪些心理准备？

也许是身体太饥渴了，也许是多年的单相思，让李成沉浸在今天不费吹灰之力就得到了这个女人的激动中，一口就应承做丈夫与继父。这并不是理智的决定。他单方面认为这个女人就是自己的爱情，自己又认同这个孩子，那么在法律保护下的婚姻关系，自己承担继父的责任是应该的。但李成对继父角色的责任全然不知，根本没有做好充分的心理准备。

5. 当李成发现罗莉跟其他男人有暧昧信息的时候，就变成了一个抽烟酗酒的人，他发生蜕变的心理原因是什么？

家的成立，孩子的诞生，哪怕不是亲生的，都给了李成足够的对未来的期许。但这期许终究是落了空，他可以骗自己说，我只要对她好，她始终会靠岸，我只需不离不弃，她就一定会生死相随。但罗莉是船，不适航的时候，就会找一个避风港歇息调整，等风一停，就会起航。李成不是终点，这一点李成和罗莉都明白得太晚。尤其是李成，他可能会成为任何人心中的英雄，但终究成不了罗莉理想的夫君。因为罗莉心中的那个人始终不是他，而他也并不具备足够的力量来持续性地抗衡随之而来的一切。

所以，李成的蜕变当然是有原因的，那就是：（1）男人对自己妻子婚外的性行为是肯定不能容忍的，这跟男人的社会地位和金钱没有关系。它与人的界限有关——婚姻里男女彼此该遵守和持守的东西。加上婚姻的排他性，这些都决定了婚姻关系的纯正性或者纯洁性。（2）李成没有办法理解和接纳这样婚内出轨的女人，只有折磨自己，积压情绪，导致脾气越来越怪。

6. 既然深爱罗莉，李成为何还会在其没有工作的情况下，断了经济资助？

李成爱罗莉没错，但他渐渐明白罗莉并不爱自己，所以他断了对罗莉的经济资助。他发现这是一段标准的孽缘，两人互相伤害，又若有若无的相爱。因为和爱极其类似的情绪非常多，诸如可怜、好奇、假戏真做、征服、保护，等等，而一旦误认为是爱，最终又没能转化为爱，就像一辆蒸汽式汽车，呜呜前进，等燃料耗尽必然偃旗息鼓。

从另一个层面来讲，李成也在减少投入或者止损，他肯定采取过不同的处理方式——给予经济帮助和不给予。如果他发现两种方式结果是一样的，必然会对更多付出的方式怀疑甚至放弃。

同时，当罗莉一而再、再而三地背叛夫妻情感，做出超出婚姻底线的事时，之前一厢情愿付出体力与金钱的李成，一旦醒悟过来，就会发现这一切都只是在进一步地伤害自己。那种被骗和受伤的感受袭击着他的内心，夫妻情感荡然无存，两人之间的链接只剩下金钱，李成肯定会决绝地停止对罗莉的经济资助。

7. 李成原本就不愿意失去罗莉，在对罗莉挥起拳头的时候，心里想的是什么？

一个男人对女人拳脚相加如果不是酒醉后的放任或者惯性动作，那就是另外两种动机了。

其一是表达愤怒，并丝毫不加以管理和控制，任由魔鬼一样的念头涌上心头，实话说李成早就想这么干了，只是之前有诸多顾忌并且一直忍耐。而如今，他已然接受了自己注定会失去罗莉且不可能有转机的结局，那么这种宣泄就是水到渠成。

其二是一种征服，一种更为原始的直接的武力降服，它往往伴随着性及性的征服。身体上的侵略性会带给压抑已久的李成强烈的快感，同时使罗莉处于相对羞耻的地位，而这种落差造成的心理优势正是李成最后疯狂的战果，他已然准备好毁掉罗莉及自己。

F 法律链接

1. 李成和罗莉结婚，他跟这个没有血缘关系的孩子将是一种什么法律关系？

根据我国《婚姻法》第 27 条的规定，继父或继母和受其抚养教育的继子女间的权利和义务，适用本法对父母子女关系的有关规定。根据《最高人民法院关于贯彻执行民事政策法律若干问题的意见》第 37 条规定，继父、继母与继子女之间，已形成抚养关系的，互有继承权。

继父母与继子女之间的关系一般来说存在两种情况：单纯的直系姻亲关系和形成抚养关系的拟制血亲关系。前一种关系是指继父、母与生父、母结婚时，子女已经成年或者子女虽未成年，但是该继父、母没有抚养过继子女或者该继子女没有赡养过继父母。这一类型的继父母子女关系仅仅是名分上的父母子女关系，并没有父母子女间在法律上的权利和义务。后一类型的继父母子女关系，在法律上与生父母子女关系并无不同。这两种类型的区分标准在于继父母子女之间是否共同生活并形成了抚养关系，形成抚养关系后，继父母要履行对继子女的抚养教育义务，继子女将来也要履行对继父母的赡养义务，并有权利作为法定继承人继承继父母的遗产。

继父母与其抚养教育的继子女之间，虽没有血缘关系，但是否形成拟制血亲，是以事实来判断，无须经法定程序确定，实践中法院判例主要以“共同生活”为判断是否形成抚养关系的标准。因此李成与罗莉结婚，并不会当然导致其与小孩之间形成具有抚养关系的继父母子女关系。但罗莉与李成缔结婚姻关系后，李成对出生的小孩进行抚养教育，其与小孩之间便形成了具有抚养关系的继父子关系，适用法律有关父母子女关系的规定。

2. 在夫妻闹了矛盾之后，李成不再给罗莉任何经济帮助，那么夫妻双方其中一方没有工作，另一方有没有义务扶养？

根据我国《婚姻法》第 20 条的规定，夫妻有互相扶养的义务。

夫妻相互扶养是法定义务，夫妻双方均应自觉地履行，特别是在一方年老、多病、丧失劳动能力或者没有固定收入、缺乏经济来源的情况下，有负担能力的一方，更应主动承担扶养义务。值得注意的是，夫妻一方不承担扶养义务的，另一方可以以诉讼的方式要求其承担扶养义务。

罗莉当时在家照顾小孩，没有经济收入，李成应当扶养妻子。

编导后记

节目播出之后，编导给罗莉的母亲打过电话，想知道罗莉和李成最后是否协商离婚了，罗莉的母亲告诉我们，罗莉正打算起诉离婚。

得与失就像是各置于天秤两端托盘中的物品。一旦取出一端的物品，另一端就会下坠。

得失相依，本就是世间万物的自身规律。

但得失无情，取舍有义。

你可以失去爱情，但不可骗取感情；你可以失去身份，但不可不要人格尊严；你可以失去荣华富贵，但不可失去人性良知。倘若对不该得到的事物巧取豪夺，那才是真正的得不偿失。

这场婚姻，罗莉为了孩子牺牲了自己的真实感受；李成为了迎娶心上人，也接受了“喜当爹”。李成抱着这种牺牲自我的大无畏精神进入婚姻，到后来，妻子变成一个满腹哀怨的女人，而李成到头来变成了一个敏感计较甚至暴力的男人。

正常的婚姻起源于两情相悦，不是牺牲。但如果你不幸有了这样的牺牲情绪，那唯一能对抗的就是感恩的心态。

希望他们能通过这场调解，学会感恩。李成要感恩这个女人带给他一场爱情，罗莉要感恩这个男人在她最无助的时候施予援手。

唯有感恩的心态，能让他们在走过许多弯路之后，以后的路走起来不再那么累。

新加坡歌手许美静唱过同样一首名为《爱情》的歌：

爱总让人如痴如醉，
忘了自己是谁。
迷失在爱情的滋味，
一切都是完美。
爱总让人感觉在飞，

忘了所有的悲。
就算爱情有多危险，
也不能让人后退。
何必在意谁负了谁，
世上无绝对，
爱过以后就不后悔，
受点伤也无所谓。
别将情意往心里堆，
错过难再追。
付出的爱虽不能收回，
一生能回味。

谨以此歌送给所有在爱中受过伤，但依然相信爱情的人。无论怎样，我们都不要忘了自己曾经有多美，忘了自己曾经有多热情，忘了自己曾经对这个世界有过美好的期待。

2. 乖乖女为何遭遇坎坷人生

【当 事 人】

妻子谢花：26 岁，随同父亲在广东生活 10 多年，与徐勇结婚 5 年，有个 4 岁的儿子，目前怀孕 7 个月，希望离婚。

丈夫徐勇：30 岁，铜梁人，从 2016 年年初就没有去上班，赋闲在家，为人特别小气，总是怀疑妻子在外面有不正当的男女关系。自我为中心，是独生子。

岳父谢远中：在广东当包工头 10 多年，此次特意陪同女儿从广东回来调解，希望徐勇不能再有家暴。

【调解诉求】

申请人谢花：要求离婚，但怀着的孩子不知道怎么处置。

被申请人徐勇：不希望离婚，但是也不向谢花认错。

调解前情提要

怀孕 7 个月的谢花，在 2016 年 7 月 11 日，与丈夫徐勇吵架之后，去了广东投奔父母。2016 年 8 月 3 日，谢花父亲谢远中给栏目打来求助电话，眼看孩子就要出生了，他希望栏目组能够解决女儿与女婿的矛盾，让孩子出生后有个完整的家庭。

谢花与徐勇结婚 5 年，两人最为突出的矛盾是徐勇不信任谢花。这里的不信任主要是徐勇怀疑谢花做了对不起自己的事情。尤其是近半年来，徐勇待业在家，谢花也在家养胎，两人朝夕相处，矛盾越发尖锐。

在这半年里，徐勇察觉谢花有太多反常的地方。谢花的通讯录里面，很多是徐勇同事的电话号码，存着的却是徐勇的名字，谢花解释是手机乱码了。徐勇每次去翻看谢花的包包，谢花都会把包包拿到卧室，把门反锁，过一会儿等徐勇的情绪平息下去了再出来。最奇怪的还属谢花手机的锁屏，徐勇原本设置成两人的婚纱照，没多久就被谢花换了，徐勇再换成孩子的照片过几天也被谢花换了，徐勇怀疑谢花这是故意隐瞒结婚事实，有了别的心思。并且 2015 年，谢花有过一次意外怀孕，在没有经过徐勇同意的情况下，谢花把孩子给打了，徐勇至今对此事耿耿于怀，一是怀疑谢花怀的是别人的孩子，二是怀疑谢花不生孩子是为离婚做准备。

徐勇为什么会对谢花如此怀疑呢？因为最初两人是通过相亲认识的，当年谢花特意从广东回到铜梁见的面。然后谢花又回了广东打工。一个月之后，徐勇去广东将谢花接回了重庆，二人很快结婚。而就在结婚前几天，谢花 QQ 上的一个陌生人自称是谢花男朋友，这事被徐勇发现了，从此之后徐勇心里就有了心结，认为谢花滥情，更对自己不忠。

2016 年 7 月，徐勇怀疑谢花与其老表蒋某有来往，因为蒋某在谢花的 QQ 上留言邀约谢花去唱歌。徐勇看到这个信息之后，就怀疑蒋某与谢花之间有不正当关系。谢花解释说是 QQ 系统出现了问题，但是徐勇不接受谢花的解释，这件事直接导致了谢花负气去广东投奔父母。

在谢花看来，与徐勇结婚至今，徐勇从来没有相信过她。以前谢花在厂里上班，徐勇就跑到厂里来闹；谢花在超市上班，徐勇就来超市闹。谢花觉得徐勇的种种猜疑，完全是由他自卑造成的。因为徐勇是一个身高 1.7 米，体重 200 斤的胖子，体型不好看，所以之前的屡次相亲都失败了，这直接导致了徐勇非常不自信。而最让谢花无法忍受的是，徐勇还有着肢体暴力和语言暴力。最为严重的一次是在 2014 年的一次矛盾中，谢花眼睛差点被徐勇打瞎。并且每次打架，徐勇都会毫无底线地乱骂。

现在，面对快要出生的孩子和千疮百孔的婚姻，两人都希望得到调解团队的帮助，理智地处理婚姻问题。

这起案例就是典型的夫妻双方没有做好结婚准备就走进婚姻而留下的后遗症。在结婚之前，两人都应该理清自己的过往，并且要理智看待对方的过往。有怀疑和不认可的事情都应该在婚前就处理好，不要带着疑问走进婚姻。既然找到了问题的所在，调解团队运用了改变认识法和焦点转移法让两人在调解现场缓和了情绪和矛盾。

因为本案中徐勇所有的怀疑都是没有坐实的，并且谢花也没有承认，所以要让徐勇意识到这只是他片面的想法，跟现实无关，是对妻子不负责任的污蔑和诋毁。同时因为调解之时谢花已经怀孕 7 个月，调解团队认为两人此时的焦点不应该聚焦在莫须有的事情上面，所有问题都应该为妻子的安全生产和胎儿的健康让步，要把生活的重心放在如何建设新的家庭，迎接家庭新成员的问题上。这样目前两人的夫妻矛盾自然就缓和了。

调解结果

调解结束之后一个月，谢花与丈夫徐勇两人和好如初。

Q 情感点评

男女双方相亲后就闪婚闪孕，其实并没有建立深厚的感情基础，没有产生足够的信任感，对婚姻的宽容度也会大打折扣，所以婚后一遇到问题就容易产生暴力。幸福的婚姻必须要以感情为基础，而情感的建立需要一定时间的相互了解。闪婚比较盲目有点像赌博，输赢全靠运气，这就为日后的婚姻埋下了隐患。

女方有点像没长大的孩子，一吵架就赌气往娘家跑，想搬救兵的想法也是欠妥的。当两个人吵架变成两家人的冲突时，事情就升级了，矛盾就扩大了，反而不利于问题的解决。父亲严厉的教育和过度的保护也让女儿像温室里的花朵，美丽却不能经受风雨。父母与子女最终会分离，父母必须学会放手让孩子独立，因为没有谁能永远在父母的羽翼下生活。婚姻里出现问题不能一味逃避，必须学会积极面对，多沟通交流，才能互相理解，互相宽容。

3. 妻子怀孕 7 个月丈夫却要离婚

【当 事 人】

丈夫陈先生：51 岁，是一家电梯公司老板。

妻子刘女士：33 岁，与陈先生是二婚，目前结婚 3 年，婚前在售楼部上班。现在怀孕 7 个月，这是她怀的第 5 个孩子，之前打掉了 4 个孩子。

【调解诉求】

申请人刘女士：要求离婚，孩子归自己，男方补偿她 50 万元。

被申请人陈先生：要求离婚，孩子归自己，只愿意补偿女方 30 万元。

调解前情提要

身怀六甲的刘女士打来求助电话，说马上要到孩子预产期了，本是一件喜事，丈夫陈先生却提出了离婚，刘女士没有答应离婚，结果陈先生就在 2016 年 4 月 28 日，丢下她离家出走了。面对马上要出生的孩子，以及这段似有似无的婚姻，刘女士有些不知所措。

编导努力联系上丈夫陈先生了解情况，对于为什么要提出离婚，陈先生解释说是因为妻子刘女士对他百般不信任，让他无法再继续容忍。比如手机定位，随时跟踪他，还有每天要翻看他的手机，陈先生在外面但凡接触到异性，妻子就会怀疑他是否跟她们有不正当的关系。再加上每晚无休止地吵闹，让陈先生根本无法得到正常的休息。如此种种，让陈先生忍无可忍，愤而提出离婚。

那么，刘女士为何会对丈夫如此不信任呢？据了解刘女士与陈先生是在 2013 年 3 月 10 日通过网聊认识的。陈先生比刘女士年长 18 岁，两人见面之后很快发生关系，刘女士就怀上了孩子。因为陈先生特别想要孩子，当时已经离婚 5 年的刘女士也想借此机会能有个归宿。所以不在乎年龄的差距，二人于 2013 年 5 月 20 日结婚。

闪婚的结果就是两人婚后三天一大吵，两天一小吵。因为刘女士发现，丈夫陈先生居然还与前女友有联系，刘女士很是生气，但是为了肚子里的孩子最终容忍了丈夫。从 2013 年结婚到 2015 年的 10 月，刘女士曾怀过 4 个孩子，有 2 个是没有保住流产了，另外 2 个是赌气打掉了。因为刘女士发现，丈夫就是一个名副其实的花花公子，每天在外面泡舞厅、泡茶楼，就连去趟健身房也要跟异性来点亲昵动作，作为妻子的刘女士完全不能容忍丈夫的种种行为。而就在 2015 年 11 月，刘女士准备离婚时，却发现自己再次怀孕，流产了 4 次的刘女士希望能保住这个孩子，所以离婚一事就给耽误了。虽然婚没离，但是矛盾依旧在，到了如今，对彼此都忍无可忍的两人希望得到调解团队的帮助，理智地解决婚姻问题。

本案中的两人，不仅属于没做好婚姻准备的闪婚型，而且还属于年龄差距较大的有代沟的一对夫妻。考虑到两人年龄都不小了，尤其是男方已经年过半百，改性格和脾气不是一时之事。而女方目前处于孕期，也无法做出什么实质性的改变，所以调解团队运用了保留初心法和善良感召法来调解矛盾。让两人回忆结婚时的初心和目的，在一定程度上模糊掉婚后的矛盾。同时让男方体会到女方流产4次的痛苦，唤醒男方内心的善良与爱，然后一起迎接孩子的降生。本次调解在一定程度上缓和了两人目前尖锐的矛盾与对立的情绪，为孩子的安全降临做了铺垫工作。

调解结果

双方签订调解协议，内容如下：

1. 妻子表示要调整好情绪，保持心情愉快，注意身体健康，安全地生下孩子，哺育孩子健康成长；

2. 丈夫表示义不容辞地承担相应的责任，关心妻子，承担孩子的生育费、抚育费、家庭生活费；

3. 两个人同意尽量通过积极沟通，解决双方存在的问题，争取恢复正常的夫妻感情；

4. 双方同意在适当的时候商量离婚事宜，如果要离婚，原则上在孩子满一周岁以后，作出最后的决定；

5. 如果双方今后就如何离婚问题需要帮助，调解团队将继续给予帮助。

Q 情感点评

双方年龄差距18岁，对很多问题的看法有代沟，本来就需要足够地了解才知道是否合适。而他们认识两个月就闪婚，都没有完全了解对方就盲目步入婚姻，实际上就是对婚姻抱着很强的目的性，男方图女方年轻貌美，女方图男方经济收入颇丰。婚姻里如果没有建立深厚的感情基础，相处起来是没有太大的容忍度的，尤其婚后各自的缺点暴露时，就会开始互相抱怨指责。婚姻需要信任，任何无端的怀疑都会造成彼此的关系紧张。女方性格比较偏执，可以因为受不了男方的拈花惹草就赌气去打掉两个孩子。本来就没有多少感情，加上吵架成了婚姻的主旋律，谁都没能在这样的婚姻中感到幸福，彼此失望却又因为怀孕而彼此纠缠。可见，除了要做好婚前的各种心理准备，在婚姻过程中重视感情培养是非常重要的。感情才是婚姻幸福的基石，没有感情何来信任？遇到信任危机也要采取合理的沟通方式，不能采取极端的方式伤人伤己，那样就会留下很多遗憾。

调解点评

这对夫妻需要注意三个问题：第一，优势问题。只是各自看到自己的优势，而没有重视到夫妻之间要白头到老的重要原则，忽视了感情的培养，因而导致两人如今的结果。第二，生活问题。女方尽管今天感觉到很痛苦，调解团队对此也非常同情，因为毕竟是孕妇。但是在整个调解过程中也露出了三次笑容，如果家庭能够保持这样一种常态，丈夫是幽默的，而妻子讲话是动听的，不去纠缠或者斤斤计较，就能有一个很好的家庭氛围。第三，信任问题。丈夫应该注意体谅妻子，慢慢建立起相互信任关系。妻子为什么会关注丈夫工作以外的行为习惯，并非绝对的不信任，可能还是很看重丈夫，不管是监督也好，跟踪也好，关注也好，动机还是希望丈夫不要养成社会上的不良习惯，希望静下心来，两人一起来培养感情。

离婚自由，但是在一定条件下，离婚自由还是要为妻子的安全和孩子的诞生让步，所以说离婚就相对不自由，应该静下心来，关心妻子的身体健康，孩子的成长。

4. 网恋婚姻的解体

【当 事 人】

妻子小齐：29 岁，重庆人。无业，在家带 5 岁多的儿子。

丈夫姚军：39 岁，江苏南通人。刚刚进入一家外资企业打工。

【调解诉求】

申请人姚军：希望与妻子和好。

被申请人小齐：希望尽快离婚。

调解前情提要

家住盘溪的姚军给栏目打来热线电话，说自己为了妻子从外地“嫁”到重庆好几年，现在却走到了被妻子扫地出门的地步。在重庆孤立无援的姚军希望妻子能看在孩子的面上维持这段婚姻。

姚军和小齐系网恋，两人是在 2008 年的时候通过网络认识的，当年小齐 21 岁，生活在重庆，而姚军比小齐大 10 岁，生活在江苏。认识之后不久，小齐就去了姚军的家乡，很快确定了恋爱关系。姚军的家庭条件很差，姚军父母两个人的退休工资加起来才 1000 多元，但是恋爱中的女人根本不会考虑这些，小齐就在江苏很幸福地生活了2年。怀上孩子快6个月的时候，小齐在江苏与姚军办理了结婚手续。办理结婚手续的时候，小齐才发现，原来姚军离过婚，而这个情况姚军之前一直对自己隐瞒着。感到受了伤害的小齐当时就想分手算了，但是考虑到已怀孕6个月，最终还是决定跟姚军过下去。

因为姚军的父母年龄较大没办法帮忙带孩子，而小齐的母亲因为要照顾小齐的外婆，也没办法去江苏帮忙带孩子，所以小齐挺着大肚子回到了重庆待产。孩子生下来之后，小齐就一直在重庆带孩子，没有出去工作。小齐的母亲负担了奶粉钱，姚军每个月最多只寄几百元的生活费过来。

从孩子生下来到孩子3岁期间，姚军一直在江苏工作，每年回重庆最多只有5天。在小齐看来，感情就是在这三年内变淡的。奇怪的是，妻子孩子都在重庆，为什么姚军就不到重庆工作生活呢?

因为当时姚军打工的工厂快要倒闭了，如果职工主动辞职的话就得不到遣散费，必须要坚持到工厂倒闭的那一天才能有遣散费。所以姚军一直坚持着，在2014年，工厂终于倒闭了，姚军得到了6万多元的遣散费。拿着这笔钱的姚军决定到重庆来定居，一是妻子孩子都在重庆，二是小齐的父母有两套房都在一个小区，住房是没有问题的。

姚军过来之后发现两套房有一套租了出去，所以姚军就与小齐和小齐的父母住在一起。一个屋檐下，矛盾难免产生。一是小齐的母亲属于很能干活，但是嘴上不饶人那种，二是姚军的脾气也非常不好，说话经常出言不逊，两人之间时常爆发争吵。在小齐看来，姚军大男子主义比较严重，总是觉得自己是为了女方到的重庆，那么女方家就应该给他介绍工作，保证他吃好喝好。姚军时不时地还要把在重庆结交的朋友带到家里来吃饭，这让小齐的家人十分反感，因为姚军在重庆的一家工厂当临时工，工资很低，也不交钱回家，凭什么还让妻子娘家招待他的朋友。

来重庆之后，姚军就让小齐收回了那套租给别人的房，然后给了小齐5万元装修。2016年6月两人就搬进去住了。小齐搬家之后就做起了微商，在朋友圈卖内衣，经常在外面忙，夜不归宿的情况也有，为了这事两人又多次起矛盾。小齐觉得姚军对孩子也不怎么好，对父母也不怎么好，加上感情发生了变化，所以小齐希望离婚。

姚军觉得这已经是自己的第二次婚姻了，也有了孩子，就不想再折腾了，希望好好地过日子。加上姚军是外地人，如果离婚了他只能回江苏生活，跟孩子就几乎无法见面了，所以姚军想通过调解挽回妻子的心。但小齐离婚决心已定，来调解的目的就是签署离婚协议。

本案是典型的网恋失败例子。而且本案的当事人身上还有着不同地区的文化差异性，两人年龄差距也大，在婚后最重要的磨合期，两人又因为现实原因分居两地。后来即便是团聚了，但是在两人还没有能磨合好的时候，又增加了女方娘家人的矛盾，加之经济的窘迫，自然也就走到了婚姻破裂的边缘。在调解现场，姚军的情绪十分激动。调解团队了解到就在一个月之前姚军甚至还企图带孩子回老家，打算让小齐再也见不到孩子。所以本场调解的重点就在于安抚姚军的情绪，让他不要再做出偏激的对家人和孩子不利的事情。等姚军的情绪缓和下来，再把两人这段婚姻失败的原因理性分析给他听，他也容易接受。

调解结果

小齐决意离婚，而姚军不愿意离婚，如果一定要离，姚军要求小齐支付他6万元作为安慰。小齐拒绝支付这笔款项。两人调解失败，调解团队建议两人通过司法途径解决纠纷。

Q 情感点评

很多人之所以去网恋，本质在于对虚幻性的迷恋和依赖，这也是网络的魅力所在。很多时候，人们会把网恋的对象过于理想化，这会造成自己对对方的了解不够客观与全面。网络只是交友的一个渠道，更深入的了解，还是要在现实生活中进行。任何情侣享受了浪漫的爱情之后，还是要回归柴米油盐的现实生活，经济条件在婚姻生活里确实是很重要的基础。当小家庭的经济非常窘迫时，本案中的当事人选择了依靠女方父母的经济资助，这让父母对女婿无能的抱怨更深了。当父母与丈夫发生矛盾时，原本应该在丈夫和父母之间充当润滑剂和灭火器的妻子，却毫不犹豫地选择和父母站在一边，这也让男方感到非常孤立和无助，矛盾就升级了。婚姻中出现问题要冷静处理，男方想通过带走孩子来威胁女方不要离婚的行为是非常缺乏理智的，也会对孩子造成一定的伤害。任何时候都不能把孩子当成婚姻的筹码，因为不当行为会给孩子留下难以磨灭的童年阴影。

幸福的婚姻需要夫妻双方共同努力维护，学会克制、理解、包容和妥协，才能拥有和谐的夫妻关系。

【延伸阅读】

1. 经典爱情古诗词（节选）

（1）关关雎鸠，在河之洲，窈窕淑女，君子好逑。——《诗经》

（2）死生契阔，与子成悦。执子之手，与子偕老。——《诗经》

（3）得成比目何辞死，愿作鸳鸯不羡仙。——唐·卢照邻

（4）花自飘零水自流，一种相思，两处闲愁。此情无计可消除，才下眉头，却上心头。——宋·李清照

（5）柔情似水，佳期如梦，忍顾鹊桥归路。两情若是久长时，又岂在朝朝暮暮。——宋·秦观

（6）曾经沧海难为水，除却巫山不是云。取次花丛懒回顾，半缘修道半缘君。——唐·元稹

（7）问世间情为何物？直教人生死相许！——金·元好问

（8）在天愿作比翼鸟，在地愿为连理枝。天长地久有时尽，此恨绵绵无绝期。——唐·白居易

（9）此情可待成追忆，只是当时已惘然。——唐·李商隐

（10）我欲与君相知，长命无绝衰。山无陵，江水为竭。冬雷震震，夏雨雪。天地合，乃敢与君绝！——《汉乐府》

（11）衣带渐宽终不悔，为伊消得人憔悴。——宋·柳永

（12）还君明珠双泪垂，恨不相逢未嫁时。——唐·张籍

（13）只愿君心似我心，定不负相思意。——宋·李之仪

（14）忆君心似西江水，日夜东流无歇时。——唐·鱼玄机

（15）天涯地角有穷时，只有相思无尽处。——宋·晏殊

（16）花红易衰似郎意，水流无限似侬愁。——唐·刘禹锡

（17）山有木兮木有枝，心悦君兮君不知。——先秦《越人歌》

（18）君生我未生，我生君已老。君恨我生迟，我恨君生早。——唐·无名氏

（19）凄凄复凄凄，嫁娶不须啼。愿得一心人，白首不相离。——汉·卓文君

（20）人生若只如初见，何事秋风悲画扇？等闲变却故人心，却道故人心易变。——清·纳兰性德

2. 论爱情 ［英］弗朗西斯·培根

爱情比生活中的爱情要美好得多。因为在舞台上，爱情只是喜剧和悲剧的素材。而在人生中，爱情却常常招来不幸。它有时像那位诱惑人的魔女，有时又像那位复仇的女神。你可以看到，一切真正伟大的人物（无论是古人、今人，只要是其英名永铭

于人类记忆中的)，没有一个是因爱情而发狂的人：因为伟大的事业抑制了这种软弱的感情。只有罗马的安东尼和克劳底亚是例外。前者本性就好色荒淫，然而后者却是严肃多谋的人。所以爱情不仅会占领开旷坦阔的胸怀，有时也能闯入壁垒森严的心灵——假如守御不严的话。

埃皮克拉斯曾说过一句笑话："人生不过是一座大戏台。"似乎本应努力追求高尚事业的人类，却只应像玩偶奴隶般地逢场作戏似的。虽然爱情的奴隶并不同于那班只顾吃喝的禽兽，但毕竟也只是眼目色相的奴隶——而上帝赐人以眼睛本来是更高尚的用途的。

过度的爱情追求，必然会降低人本身的价值。例如，只有在爱情中，才永远需要那种浮夸谄媚的辞令。而在其他场合，同样的词令只能招人耻笑。古人有一句名言："最大的奉承，人总是留给自己的"。——只有对情人的奉承要算例外。因为甚至最骄傲的人，也甘愿在情人面前自轻自贱。所以古人说得好："就是神在爱情中也难保持聪明。"情人的这种弱点不仅在外人眼中是明显的，就是在被追求者的眼中也会很明显——除非她（他）也在追求他（她）。所以，爱情的代价就是如此，不能得到回爱，就会得到一种深藏于心的轻蔑，这是一条永真的定律。

由此可见，人们应当十分警惕这种感情。因为它不但会使人丧失其他，而且可以使人丧失自己本身。至于其他方面的损失，古诗人早已告诉我们，那追求海伦的人，是放弃了财富和智慧的。

当人心最软弱的时候，爱情最容易入侵，那就是当人得意春风，忘乎所以和处境窘困孤独凄零的时候，虽然后者未必能得到爱情。人在这样的时候最急于跳入爱情的火焰中，由此可见，"爱情"实在是"愚蠢"的儿子。但有一些人，即使心中有了爱，仍能约束它，使它不妨碍重大的事业。因为爱情一旦干扰情绪，就会阻碍人坚定地奔向既定的目标。

我不懂是什么缘故，使许多军人更容易陷入爱情，也许这正像他们嗜爱饮酒一样，是因为危险的生活更需要欢乐的补偿。人心中可能普遍具有一种博爱的倾向，若不集中于某个专一的对象身上，就必然会施之于更广泛的大众，使他成为仁善的人，例如像有的僧侣那样。

夫妻的爱，使人类繁衍。朋友的爱，给人以帮助。但那种荒淫纵欲的爱，却只会使人堕落毁灭啊！

【思维导图】

（本章思维导图见本书第 325 ~ 326 页）

第三章

良好的亲子关系需要呵护

婚姻关系的缔结，连带着产生了夫妻关系、婆媳关系等一系列新型的人际关系，绝大多数人还会很快遇到另一个重要的关系，那就是亲子关系。

每对夫妻都能通过亲子关系的呈现，映射自己成长的过程，体会到“父母是孩子的榜样”，体会到“养儿方知父母恩”。

亲子关系之所以重要，还在于其开启了父母对于生命觉察的线索。

我们在调解中经常看到，有些亲子关系处理不好的父母把错都归结于孩子，认为是孩子出了问题，比如孩子不上学，孩子早恋闪婚，孩子抑郁……我们经常听到的说辞是孩子不乖、孩子不听话、孩子不争气……

找到“真正的根源是什么”，然后着手去解决，才能更好地建立或者修复亲子关系。一起用爱和智慧来架起与孩子沟通的桥梁吧！

1. 以父之名

【当事人】

儿子张奇：23 岁，小时候是留守儿童，现无稳定工作，童年多与姑姑生活在一起。

父亲张山：48 岁，曾因绑架罪入狱 10 年，江湖牙医，离异一次，现已再婚。

姑姑张秀：40 岁，离异两次，育有两个儿子，现有一个感情稳定的男友，无业。

【调解诉求】

申请人姑姑张秀：希望侄儿能够正常打工，远离社会朋友，跟其父亲修好关系，也希望哥哥张山能够多给侄儿父爱。

被申请人儿子张奇：希望父亲能够接回继母和同父异母的弟弟，一家其乐融融地生活。

被申请人父亲张山：希望儿子能多与自己沟通，接纳这份迟来的父爱。

一个 22 岁小伙子的辞职
引出了这个家族埋藏了 20 年的矛盾与悲痛
吸毒　杀人
绑架　威胁
父子铁窗命运何其相似
一场出生即分离的母子缘分
因一个举动而历经情感波折的姑姑
生命的轮回
命运的凄楚
一段似乎被诅咒的家庭关系
知情人无不咋舌惋惜
短短 5 小时的调解时间
走出铁窗的父子
关系能否破冰

调解前情提要

在调解之前，张山已经很多年没有跟儿子张奇好好谈过话了，甚至一年到头连电话都没有，他也不知道儿子是否愿意见他。调解的当天早上，张山是从贵州坐夜车赶回重庆直奔演播室的。所以最开始镜头里，很久不见的父子俩显得很是别扭和尴尬，相互之间甚至连眼神交流都没有。直到落座开场之后，他们才渐渐放松下来。

一

1992 年，邓小平发表了著名的“南方讲话”。

“当这个时代到来的时候，锐不可当。万物肆意生长，尘埃与曙光升腾，江河汇聚成川，无名山丘崛起成峰，天地一时，无比开阔。”这是多年后，财经作家吴晓波写给这场改革的句子。

这是真正浓墨重彩的一年。从此之后，中国不可逆转地向商业社会转型。以至于 20 多年后坐在调解室里的张山回忆起来，只觉得世景变迁幅度之大，让人恍若隔世。

那一年的张山 25 岁，生活在重庆石柱县偏远的山区里，那里是重庆最穷的山区之一。作为一个年轻的血性男儿，在当时大环境的影响下，张山也想撸起袖子好好地干一场，走出脚下的那片土地，走到外面去，挣更多的钱。

但是，当时张山有着走不掉的理由。因为他恋爱了。对方是来自丰都县的一个镇上的女子，只有 18 岁，来到张山的家里与他同居。时隔多年，留在张山家人印象中的，只剩下这个女子丰满健硕的身材，就如同灌满浆的稻谷，她来了之后很快就怀孕了，肚子一天天地大起来。因为穷，也因为交通不便，女子再没回过娘家，就在张山家里养胎。

生下儿子张奇，待到满月之后，张山带着女人和儿子去对方家里提亲，希望得到祝福，然后等女人到了法定结婚年龄，可以正式结婚。不过，坐在颠簸的中巴车里，幻想着未来幸福生活的张山没想到的是，命运已经编织了一张黑网，静静地等着他一头栽进去。

尽管 20 多年后的张山早已放下往事，但他在回忆起这段经历的时候，依然对儿子张奇这么说道：“我非常恨你的外公！”

因为张奇的外公和张山第一次见面之后，就扣下了张奇的母亲和张奇，软禁起来，并将张山驱赶出门。

为什么？

太穷了。

在张奇的外公一家看来，张山家在大山里，经济落后，除了倒腾泥巴之外，几乎没有别的挣钱的门路，而且交通非常不便利，两家往来，坐车加坐船，要好几天。所以女儿如果嫁到那里去，是绝对没有未来的，并且对娘家来说，也捞不到任何好处。而张奇外公自己所处的地方靠近丰都的码头，能做的事情多，能挣的钱也多。所以，这样的一门下下等亲事，是绝对不可以答应的。

被赶出门的张山，最初以为这只是娘家人给的一个下马威，让他看看脸色而已。所以张山并没有走远，他就在丰都找了一家旅馆落脚，随时打探消息，伺机而动，希望能找到机会救出张奇母子。

然而几天之后，张山打探来的却是张奇的外公扬言要将当时刚满月的张奇卖到福建去的消息，他们甚至还迅速给张奇的母亲安排了几场相亲。

人生地不熟的张山无可奈何，他根本敲不开张奇外公家的门。而镇上的人相互都认识，都帮着张奇的外公，一旦发现张山有何异动，就会立刻告诉张奇外公。张山最后只能独自黯然地回到位于石柱县的家里。

二

张爱玲曾说，“生命是一袭华丽的袍子，爬满了虱子。”

而对于彼时的张山来说，他只有破烂的袍子和一身抖不完的虱子。

短短几天时间，没有了妻子，也没有了孩子。羞愧与痛苦混杂成一团乌云，呼啸而来，让初为人父的张山陷入了深深的挫败之中。他甚至都没有心思和精力去谋划自己的未来。

拿不出主意，那怎么办，难道眼睁睁等着张奇外公联系人贩子，把张奇卖到福建去吗？

就在大家都愁成一团的时候，另外一个女人站了出来。这个女人就是张秀，张山的小妹，当年还没满 18 岁。

张秀很想念这个她看着怀上，看着出生的胖乎乎的有着圆圆脸蛋的侄儿，因为哥哥张山是家中独子，张奇就更是张家的一根独苗了。既然是独苗，怎么能够养在别家呢？

张秀只说了三个字：“抱回来。”

于是，算起来在张奇差不多两个月的时候，张秀、张山还有张山的姐姐张惠三个人坐车从石柱出发，再次去到丰都的张奇外公家。去的时候张秀带着一根麻绳，一张大花布，她下定了决心，即使是最坏的结果也是要把张奇裹着带回来。

他们终于还是获得了与张奇外公家人面对面对谈的机会，几个人面对面坐着，包括张奇的母亲。张山请求可以带走母子，而对方给出的最终的答复是，儿子可以带走，母亲不可以，因为已经许给其他人家了。

为了怕对方反悔，张秀趁所有人都不注意的时候从张奇母亲手里接过孩子，大花布一裹，直接抱走了。返家的一路上，大家轮番抱着张奇，而张秀抱得最多，当时未满 18 岁的张秀有些英雄的感觉，她觉得自己救回了侄儿。但张秀未曾想到，正是这一抱，让她与侄儿的命运相互纠缠，也让她此后的爱情与婚姻，付出了巨大的代价。

这场爱，是孽缘，还是无缘。

或许，缘才是对相爱的人的极大讽刺与愚弄吧。

张奇的母亲，这个女人，没有名字，没有描述，没有任何的具象的东西，她只是一个出生在父权家族里，为了家族利益被牺牲掉的人物。在她家人看来，她的个人感受是微不足道的。

我们无从得知，18 岁初为人母的她被迫与爱人孩子分离时，有着怎样的无助与绝望；刚出月子就被逼与他人相亲，又是怀着怎样忐忑与不安的心情。漫长的岁月里，她又是如何在悲愤中苟活的。

她应该能找到张山的家，在交通发达起来之后，当初足以隔断无数爱情的遥远路程，只需要几小时就可以到达。但是往后的很多很多年，不知为何，她从未来过。

谈起她的时候，张奇只有一句话："我从生下来到现在都不知道我妈长什么样，我连她的一张照片都没有。"

三

活着比死更可怕的是，活着可以无限制地发展下去，变得更坏，更坏，比当初想象中最不堪的境界还要不堪。

张山有一个姐姐和一个妹妹，姐姐张惠早已嫁人，住在婆家。妹妹张秀年纪尚轻，张山也还没来得及成亲分家，所以他和妹妹张秀一块都住在父母家里。

自打去丰都把儿子张奇抱回来之后，张山就和母亲、妹妹张秀一起在家带着这孩子。张山帮着父母种地，养活着孩子。而张秀也乐于扮演这样的"小妈妈"角色。因为家里穷也因为是个女孩，所以初中毕业后张秀也没有再读书了，在家种地，现在更是照顾这个没有母亲的侄儿的主力。在张秀的回忆中，那个时候的侄儿张奇虽说穿的一身破破烂烂，也没钱买奶粉，只能喝米糊，但是也长得胖乎乎的，很是招人喜爱。随着张奇牙牙学语一天天长大，家里的快乐终究还是多过了不快乐。

不过这日子过了几个月，张山就觉得有些不对劲了。因为当时村里的年轻人但凡有点本事的，胆子大点的都已经离开农村去城里挣钱了，最不济的也会在肩上扛着一米长的竹棒，棒子上系两根青色的尼龙绳，沿街游荡揽活，也就是俗话说的“棒棒军”。虽说是当搬运工，下力，但是也能挣下让当时的村里人羡慕不已的钱。回村办事探亲的年轻人偶尔带回来的这些一星半点的飘着铜钱气息的消息，深深浅浅地撩拨着张山的情绪。终于有一天，张山觉得不能再这样守在家里抱着孩子过一辈子，作为一个男人，他应该出去闯社会，他要雄赳赳地去拼搏进取，去圆那个两年前在他还未做父亲时，就蠢蠢欲动的江湖梦。

说到做到，下了决心的张山在风雨摇曳的季节，把儿子拜托给了小妹张秀，跪别了父母，就投身江湖拜师学艺去了。他离开石柱先去了四川，又漂流到了贵州，最终在贵州的集市上拜了一名摆着牙摊的老人为师，学习如何给人安义齿，同时也做一些药材的小买卖。从这个集市到那个集市，张山一方面学习着江湖中的古老智慧，另一方面也迎来了自己新的生活，那是他生命中的第二个女人。这是个贵州女人，也是在集市上做生意的。同样的贫苦出生，同样的江湖经历，讨生活的不易及对命运自我把控的极度渴望，让两个人很快走到了一起。一年之后，两人有了自己的女儿，这个女儿比张奇小两岁。

有了女儿之后，张山很开心，儿女双全，凑成了一个好字。但明显的家庭负担也增加了许多，所以张山回了趟石柱，将女儿拜托给母亲养着，自己还是带着妻子在贵州、四川等地一个个集市上做小生意，努力在江湖中行走着、生活着。日子虽然清贫，但可以维持一家人的温饱，偶尔还有余钱寄回家里给母亲。

与此同时，在石柱的老家里，张秀一边照顾着侄子，一边在附近的煤炭山上捡煤炭去卖，用她能够想到的办法赚些钱补贴家用。而张奇在回忆时，也还记得，自己常年穿着一个补丁重着一个补丁的衣服，吃着百家饭，见不到爸爸，也没有妈妈。但是有一个比他小两岁的妹妹一直陪着他，他总是欺负妹妹。

有些老人这样说过，人的命运在出生的那一刻就写在了一本生死簿上的，此后的一生，不过是照着这簿子演下去。

如果张山能开了天眼看见这生死簿，或许，他能做的也只是仰天长叹，欲哭无泪吧。

在妹妹 4 岁的时候，张山母亲家的隔壁来了一个租户，这个租户是做耗子药生意的。家里总会放着一小袋一小袋的耗子药。张奇妹妹有一次无意中走进了租户的房子，以为那些五颜六色的小袋子是方便面里的佐料包，撕开就吃。等送到医院时，已经无力回天了。

张奇也去了，看了妹妹最后一眼。

“进去看了一眼，她躺在那里，很小一团。我觉得受不了，就出来了。”

这个时常被他欺负的妹妹再也醒不来了，没法陪他玩了。

“与死亡俱来的一切，往往比死亡更骇人：呻吟与痉挛，变色的面目，亲友的哭泣，丧服与葬仪……”——培根《论死亡》。

张山或许比培根更能理解这是种什么样的痛。

夭折的孩子福薄，在当地一般都是火化的。但得知噩耗连夜赶回的张山坚持给孩子打了一副木头棺材，土葬了。

张山保持着理智，他一句话都没有责备母亲，他害怕言语的刺激会让这个已经被巨大祸事吓傻的农村老妇做出傻事。他压抑着自己的悲伤，处理完了小女儿的后事。

有人说，失去孩子的父母是精神上的残疾者，终生无法治愈。

张山的妻子受不了丧女之痛，跟张山的母亲不断发生冲突，在一次大吵之后，张山的妻子带着两人这些年跑江湖辛苦存下的钱消失得无影无踪。

雪上加霜。一夜之间，张山失去了女儿，失去了妻子，也失去了多年来辛苦攒下的所有家当。张山发疯一般四处寻找妻子，他找到了妻子远在贵州的娘家，并把妻子的侄儿带回了石柱老家，让妹妹张秀帮忙照看着，并再三嘱咐张秀，如果妻子找过来，就一定打电话告诉他。随后张山就外出挣钱去了。

果然很快就有人找上来了。

是警察。

因为张山外出打工之前，给妻子的娘家打了个电话，电话里说，如果妻子再不出现，就别想再见到妻子的侄儿。

对方报警。

当时张秀正在厨房给嫂子的侄儿做饭，侄儿在一旁玩得很开心。一群警察突然上门，带走了侄儿，不久便逮捕了张山。

被判绑架罪，有期徒刑10年。

张山被押解至新疆服刑。

回忆往事时，张山坦言自己当初并没想过要害那个小仔，他说那个小仔其实挺喜欢他的，以前他不做生意的时候也经常从贵州把小仔接过来玩。当时自己算是个法盲，只想通过这样的招数把妻子逼出来。没意识到已经犯了法。

10年的时间，张山说自己在牢里数着过。

四

10年牢狱之灾，调解场上的张山一笔带过。

人的命运是被拨弄的，有时完全不由自主，犹如狂暴风雨之中汪洋上的小舟，但心理承受力和对其接受的态度，却是重要的。张山这个在江湖中行走了多年的血性汉子，即使在黑暗中手足并用地艰难爬行，也要寻到光亮的出口，这个出口就是儿子张奇。张山说那个时候他很担心儿子张奇，因为儿子张奇正处于青春期，他担心家庭的突变让张奇无法接受，变得叛逆。而监狱里打电话规定了次数，一个月只能打一次，如果排到你，你打回去，刚好那个时间家里没有人接电话，那么这次机会就作废了，只能下个月再打。联络如此不便，张山只能不断地写信给张奇丰都的亲生母亲，希望她可以管管孩子，但是无数封信件寄出之后，都没有回音。他只能又给自己的妹妹写信，把所有的希望都寄托在妹妹张秀身上，希望张秀可以代替自己照顾张奇。

张山写来的信张秀每一封都会读得很认真，那 10 年里，这是两兄妹唯一的交流方式。她明白哥哥的担心，她也多次去丰都寻找张奇的亲生母亲，当好不容易找到之后，发现对方早已结婚又生了几个孩子，态度也十分冷漠，对张山的遭遇亦毫无反应，也不打算见张奇。

张秀不敢把这些情况告诉哥哥张山和侄儿张奇。那时的张秀成了家里的顶梁柱，面对侄女夭折，哥哥坐牢，母亲年老，侄儿又需要钱读书的局面，张秀觉得捡煤炭已经无法满足这个家庭的需要了。像多年前抱回侄儿的前一晚那样，张秀再次站了出来，只说了一句话：“妈妈，你放我出去打工，我不会给家里丢脸。”

下定决心几天之后，张秀跟随村里同龄的一个男子，一同去广州打工。火车是中午到了广州，出了站台之后的张秀到处打听可以做工的工厂，没钱住旅馆，她就在天桥下跟乞丐睡在一起。几天之后，她在一个小卖部打听消息的时候，遇到了一个四川老乡，这位老乡给她介绍了一份工作。张秀就这样在广州扎下根来，开始努力挣钱。加最多的班，花最少的钱。她很少给自己买衣服，稍微有点空余的时间，她就在寝室里给侄儿和母亲打毛衣，存多了然后一起邮寄回去。

到广州的第三年，张秀跟当时一起坐火车出去的那个同村的男子结婚，怀孕之后，张秀就和丈夫回了石柱母亲家养胎。双双回到重庆之后，男方的收入锐减，张秀因为照顾年幼的儿子和渐渐长大的侄儿，所以开始那几年也没有出去上班，家里的经济十分紧张。但是就算是很紧张，张秀也负担起了侄儿张奇的大部分生活学习开支，余下的那部分就由她的早已出嫁的大姐姐张惠支撑着。而张秀时不时地还要弄点钱给张山寄到新疆去。

但是，这样的次数多了之后，张秀的丈夫不乐意了。原本也是穷苦出身的男子无法忍受妻子对娘家的照顾，两人之间经常为了这些事情吵架，最终发展为严重的家庭暴力。无奈之下，张秀站在了娘家这边，选择了跟丈夫离婚，独自带着儿子。

张秀话不多，她只说："哥哥坐牢去了，侄儿没有人管，我不可能不管他。"

张秀不久之后再次恋爱，她在再婚前跟对方达成了共识，要一起抚养侄儿。得到对方同意的答复之后，张秀又生一个儿子。她原本以为这应该就是她最终的生活模式了，带着两个孩子，有个体贴的丈夫，侄儿也能生活得安宁幸福。

可是再美好的愿望，都要面对不完美的世界。

第二任丈夫在自己的儿子出生之后迅速反悔，不再允许张秀在经济上照顾娘家和张奇，张秀这次连一丝犹豫都没有，她带着两个年幼的儿子，在娘家和侄儿张奇住在一起，迅速地再次离婚。

多年后，因回忆往事泪流满面，悲伤不已的张秀在调解室外，从侄儿张奇手中接过一支烟点燃，丝丝青烟里，她才悟出了命运的玄妙。当年 17 岁的她从说出"抱回来"那句话开始，她的命运就横生出了另外的枝丫，与侄儿张奇的命运，紧紧地缠绕在一起。

五

凤凰涅槃，艰难重生。

10 年之后，张山出狱。

他出狱当天给母亲打了电话，然后就坐火车从新疆赶回重庆。张奇那个时候已经是个中学生了，他也知道了父亲要回来的消息。整整 10 年没见父亲，虽说在入狱之前父亲也在外面走乡串户，没管过他，但是毕竟每隔一段时间也会见上一面。而这已经 10 年了，张奇独自过完了东拼西凑的童年，家里的氛围并不好，小姑张秀的两次离婚让他看到了太多的眼泪，外婆对于小妹妹夭折的无法释怀，也让这个家里充满了无声的压抑。张奇太渴望见到父亲了。所以很早就下楼在院子里等着。

等来的却是父亲的呵斥。

"你下来做什么，快点上去！"

多年之后坐在调解室的张奇回忆到这里时，依然没有释怀，他不理解自己等了一个上午等来 10 年没见的父亲，见面后没有拥抱，没有泪流满面，也没有收到对缺席自己成长的抱歉，反而是凶巴巴的怒喝。当年的张奇按下一肚子话，转身就上了楼。

这一转身，是父子关系彻底决裂的开始。

我独自等待了 10 年，等你回来。

你却如此待我。

就跟那个年代风靡一时的电影《古惑仔》里演的那样，原本就叛逆的张奇此后便开始了肆无忌惮的逃学、打架、吸粉，整日跟石柱社会上的那些小混混在一起吃喝睡，不回家。外面的世界对他的诱惑很大。他手里也渐渐多出一些钱来，用来买亮丽的夹克、牛仔裤、尖头皮鞋、香烟、墨镜。

张山也觉得不对劲，刚出狱之后那段时间他就在石柱附近跑集市重操旧业做点小生意，但都早早地收摊回家，每天都到处去找张奇。遇上张奇偶尔回家睡觉，那么第二天早上张山就一定会骑摩托车把张奇载到学校门口，看他进了教学楼才放心去摆摊。但基本上一到中午，就会接到班主任打的电话说张奇又没来上课。

终于有一次，半夜寻子无果的张山经人指点，在一个网吧找到了张奇，他拉出了张奇，拖上摩托车想开车回家，但是只开了一小段，两人就爆发了剧烈的争吵，张山停车，两人开始打架，已经是大小伙的张奇很轻松地就把父亲按在地上打了起来。

张山当时心里一咯噔，他明白早晚会出事。

命运不知谁说了算，如捻齑粉。

就在张山出狱之后不久，张奇因参与打群架，致人死亡，但因为是未成年人，判刑 3 年。

张奇也进去了。

六

人的命运，确实是会在脸上真实地呈现出来。

调解室的张山，有着一张苦难过后温良的脸，深邃的目光，嘴唇的轮廓很坚硬。这样的命运，也只能交付给这样的人，如果换作他人，或许早已趴下，苟且残活；又或许早已泯灭人性，无恶不作。

张山在监狱里的 10 年，整个社会发生了巨大的变化，经济呈几何数字地增长。商品房房价翻了几番，人们买房的意识由普及变为积极，电商经济开始崛起，传统商场、集市的经营受到很大冲击。而在重庆，当初令不少农村小伙子趋之若鹜的“棒棒军”，也逐渐没有了身影。

历史的车轮如同离弦的剑。

张山在出狱后的重操旧业中，也深深感觉到了这一点，此时他已年过四十，却是上无片瓦，下无寸土的男人。唯一的手艺还是当初远走贵州拜师学会的给人安牙。而江湖已不再是十年前的那个江湖，他也不再是当初席卷着一腔雄心呼啸而来的那个江湖小子了。

面对儿子的入狱，妹妹的两度离婚，母亲的年迈体弱，出狱后的张山没时间收拾心情，没时间考虑未来，他只知道，这个家的责任，以后该由他来扛了。

江湖刀光剑影，还有什么没扛过的？

怕什么，大不了从头再来。

张山再次远走四川贵州的各个集市摆摊做生意。除了安牙，他还跟人学习做中药材生意，慢慢地有些上道了。新的爱情不期而遇，他认识了来自四川的一个女人，两人结婚，就在张奇入狱的第二年，张山又生了一个儿子。

新生命的到来，给这个充满了不幸的家庭总算带来了一丝鲜活的空气，给人注入了力量。

张山不再把孩子交给母亲代养，而是由妻子带在身边，朝夕相处。

一年之后，张奇出狱。为了弥补大儿子 20 年来缺失的父爱，张山决定不再在外面漂泊求生了，他收拾细软回到了石柱，希望跟张奇在一起好好生活。因为新婚妻子的眼睛不好，见到太阳会掉眼泪，不能太操劳，所以妻子带着小儿子就回了四川娘家住着，和张山暂时分居。

而回到石柱的张山生活的节奏明显松弛了很多，熟悉的环境也勾起了他对往事的诸多回忆，时时悲从中来，所以在每天收摊回家之后，他纵情于酒，用酒精来麻痹自己。张奇开始还是按时回家居住，可这样的画面见得多了，张奇也难受，他觉得自己的父亲应该有一个温暖的家庭，应该和继母、弟弟生活在一起。可因为现实的种种原因，张山始终跟妻子分居两地。张奇觉得这样的家庭环境他没有办法待下去，于是张奇渐渐地不回家了，又开始跟以前社会上那些小混混吃喝住在一起。

察觉到苗头不对的张山找到妹妹张秀商量，因为这时妹妹张秀谈了一个主城区的男友，已经搬到了重庆主城居住，于是张山恳请张秀把侄儿张奇接到身边居住，时时刻刻看着他，一定要跟石柱的小混混们隔绝开。

2014 年年初，张奇来到了重庆主城，跟小姑张秀生活在一起，张秀看见张奇无所事事，怕他无聊起来又回石柱，于是就给他找了工作，可是张奇每做几个月就会辞职，要么换工作，要么就在家里一待又是几个月。不到一年的时间已经换了好几份工作了。张秀很着急，因为张奇已经慢慢开始到了谈婚论嫁的年纪，之前的生活原本就有污点，如果再继续不上进，那么以后的日子怎么可能好得起来。

张秀觉得在侄儿张奇的问题上，她有着不可推卸的责任。因为最初侄儿是她主张抱回张家的，尽管他们这 20 年来已经竭尽全力，但依然没能给他一个好的成长环境。如果侄儿此生颓败，对张秀的打击不次于那两次离婚。

整个 2014 年，张秀在大部分的日子里都夜不能寐，整晚抽烟，难过又不知归咎于谁。

“我害怕侄儿的一生，像我这样，或者像我哥哥张山那样，我很害怕他好不起来。”

“而更可怕的是，我已经不知道怎么帮助他们了。”

“或者是，我还能做些什么呢？”

七

有时候，人只有经历悲剧之后，才能真正学会如何相处。

2014 年年底的这场调解，讲述的正是一对父子如何在彼此漫长的苦难中，最终真正地相互了解。

这是关于父子共同成长的故事。

或许他们自己都没料到，在场上可以把愈合的伤口又撕开得那么彻底，往日痛再复来，几欲窒息。张秀哭的不能自已，几次欲走出调解室放弃调解，需要靠抽烟才能冷静。张山的情绪一直很稳定，但他回忆往事的痛苦神情让旁人不忍直视。在说到小女儿去世时，他的眼神很空，语速很慢，停顿了很久。而那时场上的嘉宾们，已经哭成一团。

可 20 年的时间造就的问题，不碎骨重塑，又如何得以新生。

调解合议现场

调解员王刚：我们合议一下，看如何架起他们父子沟通的桥梁？

情感导师莫桑：现在姑姑和父亲都采取不作为的方式，因为张奇这个人已经是成年人了，不再是孩子了。每个人都过自己的日子，就像张奇讲的一样，姑姑把自己的日子过好，爸爸把自己的家庭照顾好。至于他们之间的沟通，我觉得可以有一个什么媒介吧。这个孩子愿意跟他父亲平时打打电话。我觉得用一个间接的媒体，给他们缓和一下，他们父子关系可以慢慢地恢复到一个比较好的状态。

心理导师周美辰：这个时候我反而觉得应该要求张奇每隔一天就要去姑姑家，因为他离姑姑很近，比如说帮忙姑姑洗个碗，或者是看望一下，或者是一周回去一次。

画家侯耘：几个家都要回去看，姑姑的，爸爸的，爷爷奶奶的，都要回去看。

调解员王刚：实际上孩子现在，他也有一个逆反的心理。他可能会进行比较，你觉得我在走弯路，那父亲你没走弯路吗？你不是走了这么多弯路吗？你说不放这个风筝吗？也不行。他要飞，你必须得要放。但是又不能让这个线断了。

画家侯耘：千万不能说，你看，我一放你就出问题。他出问题反而是个好事情，是个沟通的好事情。

心理导师周美辰：这个孩子刚刚在场上已经说了，他现在已经找到工作了。而且他还说过这样一句话，他工作的时间最长都没有超过 3 个月的。这不是一个小混混说得出来的话。

调解员王刚：实际上他很早熟。

画家侯耘：他是一个有担当的人。

心理导师周美辰：他知道自己要养活自己。

调解结果

调解嘉宾一致认为，张奇的家人应放手让他闯世界。在单独调解中，张奇说自己以后会努力工作，挣钱，现在是他回报姑姑、奶奶和父亲的时候了。每周也会给父亲打电话，聊聊自己的工作和生活状况，每月至少回去看望父亲一次。张山依照张奇的想法会将妻子和小儿子接到身边一起生活，给小儿子温暖的家庭环境和正确的教育。如果张奇结婚，张山会支持张奇购房，同时承诺未来尽可能住得近一些，方便彼此照顾。

父子俩在场上第一次握手，这是男人之间的握手，包含了承诺，也包含了对彼此的一种肯定。

张奇认可了张山表面冷漠之下隐藏着的深深父爱。

张山认可了张奇叛逆不羁背后那颗善良的为子之心。

“我的奇儿今天终于长大了。”这是张秀在场上说的最后一句话。

调解链接

1. 如何让上场后对调解抱有排斥心理的张奇在调解现场敞开心扉？

本场调解的关键是张奇，如果张奇不能放下戒备、敞开心扉的话，那么即使配合上场，调解工作也只能停留在表面，无法进入其内心，对他们关系的改善和对张奇人生观的扶正祛邪也将无法达到预期效果。这个问题是调解之初就必须注意的。调解团队了解到，张奇的实际抚养者是姑姑张秀，亲人里面，张奇跟这个姑姑的感情最深，抓住了这个心理侧重点，调解一开场主持人就先针对张秀发问，张秀声泪俱下，哭诉目前的状况以及对张奇的担心和不满，“亲情解怒，亲友攻心”的方法开始奏效，原本内心就对姑姑有着些许歉意的张奇被姑姑的眼泪触动，情绪明显平静了很多，认真倾听场上对话，面对提问，也诚恳作答，调解也得以顺利开始。

2. 调解进行到中场时张秀情绪失控，而张奇依然对父亲不理不睬，调解陷入僵局后该如何打破？

调解技巧关键词：单独调解、间接沟通。

此时三方当事人各有不同的心态，张秀内心有回忆往事的酸楚，有侄儿误入歧途的自责，更有把侄儿交还给哥哥的不舍；而张奇对父亲的心结依然没有打开，不愿意正面与父亲交流；张山虽然愿意敞开心扉，但是却找不到合适的方法和恰当的语言。在这种直接沟通无法进行，场面僵持的情况下，最好采用“背靠背调解”即单独调解的方式，为当事人搭建间接沟通的桥梁。

对情绪失控的张秀——宣泄和安慰：一方面，让她将心中的感情宣泄出来，先倾听她内心的想法；另一方面，安抚其波动的情绪，对她婚姻的不幸表示同情，但是重点要对她的付出和坚强予以肯定和赞扬，并给予祝福。

对不愿表达的张奇——重点在于引导他开口。因为此时张奇对父亲仍有抵触情绪，在引导时，应当采取迂回策略。可以先谈童年或者和姑姑的感情，逐渐引导他说出对父亲复杂的情感和对自我的认识，虽然对父亲有诸多埋怨，但是他渴望得到父爱和家庭的温暖，并将他这种对父爱的渴望转达给其父亲。

对无可奈何的张山——向其传递张奇对他的爱和渴望，鼓励张山主动沟通，对于父爱的缺席向儿子表达歉意，并且回应儿子提出的要求。

3. 本场调解主要使用了什么调解技巧？

这起调解，不是解决单一的某个问题，而是侧重帮助当事人张奇找到未来生活的正确道路。亲情的力量，共同的挫折，相互的鼓励，不仅实现了这个目标，而且使家庭的亲情得以恢复，使彼此忧虑和冷淡的心重新温暖起来。

第一，以情动人法。通过回顾姑妈张秀十多年来对张奇含辛茹苦的抚育，唤醒了张奇对曾经不负责任的生活的深深内疚，他为姑妈而感动，他彻底意识到自己的生活道路不仅影响自己，也牵动着姑妈的情感，他要对得起姑妈对他的付出和希望，这其中已包含了感恩的思想，是内心感动的必然结果，也是张奇积极去改变的一个重要转折。

第二，相互怜悯法。基于父子同样的遭遇，引导双方体谅对方的处境和心情，并愿意为对方的积极改变而付出努力。张山、张奇父子都受到过法律的制裁，这可能是两人相恨的因素，但对这种双方的不幸引导得当，也可以成为相互谅解、同情、怜悯和鼓励的因素。调解团队正是这样让两人从中吸取深刻教训，相互鼓励去开创新的生活，焕发出了人的善意，宽宏大量的胸怀，形成互动，分别成为对方与人为善和严格自律的重要条件。

第三，信心激励法。这起矛盾充满了让人丧失信心，甚至绝望的因素。但调解团队秉持的重要原则，就是让陷入困境的人增强对未来生活的信心，只有积极追求未来的希望才能让陷入困境的人振作起来。大量成功调解的事实证明，生活没有过不去的难关，除了自己的努力，还有亲人的关爱，更有社会国家的帮助，这种意识是张奇最终满怀信心投入新生活的内在动力。

情感链接 Q

1. 张奇的母亲当初为何不要孩子，也不来探望？

张奇的母亲 18 岁艰难产子不但没得到家人的关爱和照顾，反而被父亲责骂，像做错了事的孩子一样选择逃离来避免受惩罚。

而张奇的父亲的软弱并没有给这个已然崩溃的女人半点支撑，她的世界轰然倒塌，等到眼泪流干扬尘落地，于她而言似场梦境难辨真假。

人与人之间是需要互动以爱恨情仇来建立链接的，哪怕是母子这样天底下最亲密的情感也不例外。母子极其短暂的相处不会让其母生出更多的内疚，她只会是可怜自己的命运多舛。当筋疲力尽的张奇母亲重新掉入另一个生活陷阱后，她或许真的无力再去承受过去，唯有一声叹息。

2. 面对长大后叛逆的张奇，姑姑她能不能帮，怎么帮，帮得了吗？

对侄子和哥哥的帮助至少让张秀觉得自己被人需要，自己很重要。从某种程度上来说，不仅仅是张奇父子需要帮助，她也需要借助这种“帮助”来证明自己活着。帮助是一种付出，这种付出能让张秀舒坦一点，让张山轻松一点，让张奇幸福一点。不是物质，也无需言语，只做彼此背后那个支撑，互相取暖。

3. 张山出狱后为何寄情于酒？

在牢里的 10 年，张山想得最多的一定是出狱以后该如何自立，如何养活一家人，如何补偿这 10 年。而如今无论他如何计划思量，还是无济于事，张山也许此刻才开始承认自己真的无能为力，自己改变不了任何东西。承认自己无能是毁灭性的打击，这比被人打倒无数次还要彻底，酒精能暂时麻痹他的神经形成一种依赖，如同身处困境的人总是更容易相信上帝一样。

4. 张山出狱返家看到 10 年未见的儿子时，为何会凶儿子，张奇以后的叛逆是否与本次见面相关？

同样的 10 年，对失去自由的张山来说更为煎熬。张山绝不会像电视剧里一样冲上前去抱头痛哭，就像一个老派的男人在大街上推开一个扑向他的姑娘说回家再说，哪怕内心爱得浓烈。张山的凶悍不过是用最笨的方法掩饰他在孩子面前的慌乱。

这一幕不是导致孩子叛逆的必然，张奇的叛逆其实是一种自我成长和选择坚强来自己应对这个对他不公的世界，当然也包含了对父亲的失望。

5. 当初的张秀为何会两度选择离婚，在自己的婚姻和侄儿之间坚定不移地选择侄儿？

饥寒交迫的人走在大街上，一个是黄色灯光面包店，一个是蓝色灯光的服装店，他必然会走进面包店。张秀一笔带过的这段婚姻应该是没有温度的，否则她至少会有挣扎和纠结。而这温暖她的娘家有，年幼的孩子、年迈的母亲、积弱的哥哥都对她进行着温热的血红色的呼唤。

被人需要是负担，也会滋生一种幸福，让人存在感极强，这虚假的使命感像一个魔咒束缚着张秀，让她不敢重新开始。

F 法律链接

1. 张奇的外公当初声称卖掉外孙张奇，是否涉嫌违法？

2017 年有学者对拐卖儿童类案件的判决进行了分析，发现大部分案件中行为人出卖的是自己亲生子女或拐卖儿童时已取得亲生父亲或母亲的同意，以出卖亲生子女的方式拐卖儿童已经成为了拐卖儿童这一类犯罪的主要犯罪形式。这一现象的出现，其中一部分原因是很多人对于亲生父母、祖父母等至亲出卖自己的子女、孙子女是否构成犯罪不甚清楚。

根据我国《刑法》第 240 条规定，拐卖妇女、儿童是指以出卖为目的，有拐骗、绑架、收买、贩卖、接送、中转妇女、儿童行为之一的行为。此外，关于亲买亲卖的案件，我国出台了相关的文件和司法解释来规制这一问题。1999 年 10 月 27 日最高人民法院在《全国法院维护农村稳定刑事审判工作座谈会纪要》中阐述，以贩卖牟利为目的“收养”子女的，应以拐卖儿童罪处理，对那些迫于生活困难、受重男轻女思想影响而出卖亲生子女或收养子女的，可不作为犯罪处理；对于出卖子女确属情节恶劣的，可按遗弃罪处罚；对于那些确属介绍收养，并经被收养人父母同意的，尽管介绍人数众多，从中收取财物较多，也不应作为犯罪处理。这一纪要指出，对于买卖至亲的案件，要根据出卖儿童的目的和动机区别对待。2000 年 3 月 20 日，最高人民法院、最高人民检察院、公安部、民政部、司法部、全国妇联《关于打击拐卖儿童犯罪有关问题的通知》指出，出卖亲生子女的，由公安机关依法没收违法所得，并处以罚款；以营利为目的，出卖不满 14 周岁子女，情节恶劣的，借收养名义拐卖儿童的，以及出卖捡拾的儿童的，均应以拐卖儿童罪追究刑事责任。因此，对于出卖亲生子女的拐卖儿童的行为，满足以牟利为目的才能构成犯罪，即行为人本身就有“出卖”子女的想法，想要从中获利满足自己的经济需求，若单纯以送养、收养为目的则不构成本罪。据此可以看出，是否以非法获利为目的，是区别民间送养行为与借送养之名出卖亲生子女的拐卖儿童行为的重要标准。最高人民法院、最高人民检察院、公安部、司法部 2010 年 3 月 15 日印发《关于依法惩治拐卖妇女儿童犯罪的意见》的通知，明确了“以非法获利为目的，出卖亲生子女的，应当以拐卖妇女、儿童罪论处”。其中又具体阐述了“非法获利目的”所指代的各种具体情形，包括：“将生育作为非法获利手段，生育后即出卖子女”；“明知对方不具有抚养目的，或者根本不考虑对方是否具有抚养目的，为收取钱财将子女‘送’给他人”；“为收取明显不属于‘营养费’‘感谢费’的巨额钱财将子女‘送’给他人”等。

回到本案，外公作为张奇的至亲，虽然扬言是要“卖”张奇，但其并非以营利为目的，而是以此来迫使女儿答应其相亲的要求。不能认定其具有非法获利目的，从而也不能认定为是拐卖儿童罪。

2. 张奇的生母是否犯有遗弃罪？

我国《刑法》第 261 条规定的遗弃罪，是指对于年老、年幼、患病或者其他没有独立生活能力的人，负有扶养义务而拒绝扶养，情节恶劣的行为。

首先，该罪在主观方面表现为故意。即明知自己应履行扶养义务而拒绝扶养。拒绝扶养的动机是各种各样的，如有的借口已离婚对所生子女不予扶养；有的为创造再婚条件遗弃儿童；有的为了逼迫对方离婚而遗弃妻子或者丈夫等。总之，遗弃者都是出于个人极端自私自利思想或者是其他卑鄙动机。

其次，在判定行为人客观方面是否符合拒绝扶养的条件时，应从以下三个方面考虑：(1) 行为人负有扶养义务；(2) 行为人有能力履行扶养义务；(3) 行为人拒绝履行扶养义务。拒绝扶养的行为包括：第一，积极的遗弃行为，即行为人将被害人遗弃的行为。如将需要扶养的人移置于危险场所。第二，消极的离去行为，即行为人从被害人所在的场所离去，从而使其生命处于危险状态。如行为人离家出走，致使需要扶养的人得不到照顾扶养。第三，单纯不提供必要的照顾的行为。如不给婴儿喂食等。第四，妨碍需要扶养的人接近扶养人。[①] 此外，并不是所有的遗弃行为都构成犯罪，只有达到了“情节恶劣”的程度，才可能构成犯罪。对此，应根据遗弃行为的方式、行为对象、结果等进行综合判断。根据 2015 年 3 月 2 日，最高人民法院、最高人民检察院、公安部、司法部发布的《关于依法办理家庭暴力犯罪案件的意见》第 17 条的规定，负有扶养义务且有扶养能力的人，拒绝扶养年幼、年老、患病或者其他没有独立生活能力的家庭成员，是危害严重的遗弃性质的家庭暴力。根据司法实践，具有对被害人长期不予照顾、不提供生活来源；驱赶、逼迫被害人离家，致使被害人流离失所或者生存困难；遗弃患严重疾病或者生活不能自理的被害人；遗弃致使被害人身体严

① 参见张明楷：《刑法学》(第 4 版)，法律出版社 2011 年版，第 776 页。

重损害或者造成其他严重后果等情形，属于《刑法》第 261 条规定的遗弃“情节恶劣”，应当依法以遗弃罪定罪处罚。

回到本案，张奇的生母自始至终没有体现其不愿意抚养张奇的主观想法，张奇最终是否被带走，仅仅取决于张秀一家人同张奇的外公谈判的结果，张奇的生母没有任何发声的机会。此外，张奇的生母被张奇外公所控制，并没有实施拒绝抚养的行为。如果其不具备遗弃罪的主观构成要件，也没有实施拒绝抚养的行为，则不构成遗弃罪。

3. 张山是否构成绑架罪？

我国《刑法》第 239 条第 1 款规定：“以勒索财物为目的绑架他人的，或者绑架他人作为人质的，处十年以上有期徒刑或者无期徒刑，并处罚金或者没收财产；情节较轻的，处五年以上十年以下有期徒刑，并处罚金。”值得一提的是，本条款中“情节较轻的，处五年以上十年以下有期徒刑，并处罚金”的规定是在 2009 年 2 月 28 日第十一届全国人民代表大会常务委员会第七次会议通过的《刑法修正案（七）》中才增加的。也就是说，在《刑法修正案（七）》颁布之前所犯的绑架罪，起点刑期就是 10 年，而张山实施绑架行为是在该修正案颁布之前。那么本案的焦点就在于张山是否构成绑架罪。

绑架罪的构成要件主要为：

第一，使用暴力、威胁或者麻醉方法劫持或以实力控制他人。这里的他人指任何他人，包括妇女、儿童和婴幼儿乃至行为人的子女或者父母等。

第二，具有非法拘禁的故意，即希望或者放任侵害他人身体安全与行动自由的这一危害结果的发生，且具有利用被绑架人的近亲属或者其他人（包括单位乃至国家）对被绑架人安危的忧虑的意思，具有勒索财物或者满足其他不法要求的目的。

值得一提的是，在最高法公布刑事指导案例第 435 号之前，为了寻找他人而控制人质这一行为的定性，司法实践中存在不同的判决。

本案中，客观方面，张山利用被绑架人即妻子的侄儿的近亲或者其他人对被绑架人安危的忧虑，以实力控制了妻子的侄子，作为人质；主观方面，张山打电话给妻子的娘家人，声称“如果妻子再不出现，就别想再见到侄儿”，暴露了其以人质作为筹码，以期达到其要求的主观故意。放在十多年前，此案判定为绑架罪不能说是一个错案，但放在刑事理论和刑事审判实践发展更为完善的今天，其行为定性为非法拘禁更为合适。

4. 未成年人打群架致人死亡该如何判决？未成年人是否也需要服刑？

这里衍生出了几个法律问题。

第一，承担刑事责任的年龄是多大？

（1）已满 16 周岁的人犯罪，应当负刑事责任，称完全刑事责任年龄。

(2) 已满14周岁不满16周岁的人，只有在犯故意杀人、故意伤害致人重伤或者死亡、强奸、抢劫、贩卖毒品、放火、爆炸、投毒罪的，才应当负刑事责任，称不完全刑事责任年龄。

(3) 不满14周岁的人实施任何危害社会的行为，都不负刑事责任。

此外，根据《刑法》第17条第3款规定，已满14周岁不满18周岁的人犯罪，应当从轻或者减轻处罚。未成年人的身心发展尚不成熟，辨认控制能力较成年人有差距，且比较容易接受教育改造，所以《刑法》对于未成年人犯罪作出了较轻的处罚。根据《刑法》第17条第4款规定，因不满16周岁不予刑事处罚的，责令他的家长或者监护人加以管教；在必要的时候，也可以由政府收容教养。对于实施了侵犯法益行为的未成年人，虽然不给予刑事处罚，但也不能姑息纵容，应该加强教育和看管。

第二，打群架致人死亡这一犯罪行为的定性及处罚。

本案是聚众斗殴致人死亡案件，聚众斗殴是指出于私仇宿怨、争霸一方或者其他非法动机，成帮结伙地聚结互殴的行为。我国《刑法》第292条规定："聚众斗殴的，对首要分子和其他积极参加的，处三年以下有期徒刑、拘役或者管制；有下列情形之一的，对首要分子和其他积极参加的，处三年以上十年以下有期徒刑：

"（一）多次聚众斗殴的；

"（二）聚众斗殴人数多，规模大，社会影响恶劣的；

"（三）在公共场所或者交通要道聚众斗殴，造成社会秩序严重混乱的；

"（四）持械聚众斗殴的。

"聚众斗殴，致人重伤、死亡的，依照本法第二百三十四条、第二百三十二条的规定定罪处罚。"

此处的"依照本法第二百三十四条、第二百三十二条的规定定罪处罚"即是指聚众斗殴致人重伤、死亡的，依照故意伤害罪或故意杀人罪定罪处罚。

本案中，如果张奇不满14周岁，则张奇不负刑事责任；如果张奇已满14周岁，无论司法机关认定是故意伤害罪还是故意杀人罪，张奇均需要负刑事责任。

第三，未成年人在哪里服刑?

根据我国《刑事诉讼法》第253条的规定，对未成年犯应当在未成年犯管教所执行刑罚。

编导后记

这期节目是2014年11月，我休完产假回台里上班做的第二期节目，刚好遇上栏目改版，一切都还在适应之中。

当天的调解开始很不顺利，张奇临阵脱逃，几次想走，被姑姑张秀拦住，后被我劝进演播室，大门一关，任何人都出不来了。调解开始后，张奇很防备，几乎不怎么说话，后来聊到小时候，聊到穿的补丁衣服和吃的百家饭，话匣子才被打开。

这场调解是我经手的所有调解中，嘉宾流泪最多的一次，所有嘉宾几乎全哭了。有个嘉宾的一句话我印象很深，她说“很庆幸你们今天能坐在我的面前，讲述这个故事；也很庆幸在做过那么多期调解节目之后，我还有泪可以流”。

调解的最后，是父子握手言和，姑姑喜极而泣。一家人久久不愿离去，再三感谢调解团队。

节目播出之后，这家人也没有给我打来电话。这个故事便放下了。

2016 年春节，因为要重写这篇文章，我很想知道他们现在过得怎么样，于是翻出当时的选题本，找到张山的电话，给他打去。手机的彩铃是一个做健康产业公司的宣传铃声，响了没多久就接通了，张山的声音厚重而爽朗，比一年以前多了几丝欢乐和轻松。他居然还存有我的号码，很亲切地唤我“庞妹”。张山说一年多前的那场调解效果非常好，儿子张奇改变很大，现在不仅工作稳定，而且也在考虑结婚的事情，准备安家了。张山自己也找到了喜爱的事业，四处讲学，讲孝义，讲健康，他乐在其中。小儿子在身边成长得很健康，张奇很喜欢这个小弟弟。张山说等到张奇自己当了父亲之后，肩上多了责任和担当，或许会更理解他，两人之间的关系还会变得更好。他对那一天充满了期待。

这个男人有着深藏不露的坚韧。

也真心祝愿所有用心用力生活着的人们，此生平安。

2. 藏在伤害背后的爱

【当 事 人】

丈母娘李平：52 岁，打扮时尚，三婚。有一个独生女儿张雪琴。

女儿张雪琴：26 岁，体型很胖，三婚。与前两任丈夫各有一个孩子，与现任丈夫育有一个孩子。

女婿任成义：39 岁，头婚，水电工。

【调解诉求】

申请人张雪琴：希望得到部分房产。

被申请人李平：希望能修复跟女儿的情感。

调解前情提要

2015 年 11 月，重庆的冬天很阴冷，张雪琴和丈夫任成义拖着行李，抱着出生尚不到一百天的孩子，站在楼道里冻得瑟瑟发抖。就在刚才，张雪琴的母亲李平，将他们与尚在襁褓当中的孩子一起赶出了家门。

一个身为母亲、身为外婆的女人，为何会对自己的女儿和外孙如此残忍，在大冷天将这一家人通通扫地出门，这个家庭究竟出了什么问题？

据了解，任成义跟张雪琴 2014 年才结婚。2015 年 8 月底，张雪琴在任成义的邻水老家生下了一个大胖儿子，2015 年 9 月，张雪琴出月子之后，两人带着孩子来到张雪琴母亲李平位于重庆龙头寺的家里居住。没想到不到两个月，就被赶出了家门。而被赶的理由很简单，因为任成义曾经说他在婚前购买有一套商品房，但是孩子都出生几个月了，任成义一直拒绝给丈母娘李平看该房屋的房产证，甚至张雪琴也没见过这个房产证。李平觉得女婿任成义根本没有房子，纯粹就是欺骗自己的女儿。而任成义丈母娘现在住的房子，是几年前拆迁安置的，有一半是应该属于张雪琴的，李平根本没有资格赶他们出去。

但是李平对这个女婿任成义就是始终无法接受。当初张雪琴与任成义是在网络上认识的，张雪琴是个城市女孩，而任成义不仅比张雪琴大 13 岁，而且还是个地地道道的进城务工的农民，在工地上做临工，年近 40 岁，已经秃顶。两人从外貌上看十分不般配。但就是这么一个男人，张雪琴却在认识之后不到一个月就义无反顾地与他结婚。结果两人结婚不到一个月就在大街上打架，被李平的邻居看见了，这样李平才知道原来女儿张雪琴偷偷结了婚。

而令李平感到气愤的是，这已经是张雪琴的第三次婚姻和生的第三个孩子了。张雪琴每段婚姻都生一个孩子，一个孩子一个姓。李平对此十分不满。不过在张雪琴看来，自己前面两段婚姻的失败跟母亲脱不了干系。第一次结婚的时候，母亲李平就百般挑剔，嫌对方穷，张雪琴的这段婚姻很快就在母亲李平的挑剔和教唆中离婚了，离婚后大儿子给了对方，从此就失去了联系。而第二段婚姻的解体则是因为张雪琴觉得丈夫对母亲不孝顺，为了母亲的晚年生活着想，张雪琴主动选择的离婚，带着二女儿独自生活。与任成义的这第三段婚姻，张雪琴自己挺满意，反而是母亲逮着房产证问题不停地挑剔，导致两人之间也有了矛盾。张雪琴认为自己能嫁给任成义已经是不错的选择，因为对方还抚养着自己跟第二任丈夫生下的女儿，张雪琴觉得母亲做法太过。

李平同样结过三次婚。李平第一次离婚是因为丈夫日嫖夜赌，所以在女儿张雪琴一岁的时候就离婚了。离婚后的李平把孩子拜托给父母，就外出打工挣钱了。1993 年的时候，李平再婚，这段婚姻持续了 20 年，最终还是离婚了，李平觉得都是女儿脾气太怪跟对方合不来，所以离婚了。到了 2013 年，李平再一次结婚，可没想到的是，女儿仍然跟这个继父合不来，总觉得这个继父会来霸占娘家的房产，也逼着母亲离婚。李平觉得，自己已经为女儿牺牲了第二段婚姻，如今年过半百，这第三段婚姻是无论如何也不能再走散了。

但是在张雪琴看来，自己之所以感情这么不顺，正是跟母亲李平的第二次婚姻有关。在张雪琴的回忆中，当时的继父趁母亲不在的时候对自己进行了性骚扰，可当自己把这一切都告诉母亲之后，母亲居然丝毫没有责备继父。更恐怖的是几年后，继父和母亲合伙开了招待所，继父还不断教唆张雪琴去做小姐，这让张雪琴对家庭产生了一种恐惧感，所以她高中尚未毕业就选择了辍学在社会上流浪。也正是这样认识了第一任和第二任丈夫，之后便是闪婚闪离。

三段婚姻，三个孩子，对于今年才 26 岁的张雪琴来说，这个速度的确有些令人瞠目结舌。而母亲李平的三段婚姻也充满了不幸福的元素。母女感情二十多年来都处于割裂边缘，终于在房子的问题上，双方彻底闹僵。如今，张雪琴希望能够通过调解得到属于自己的房产份额，而李平则想修复母女感情。

本案在五个小时的调解过程中，李平从头至尾都流露出浓浓的母爱，而在调解团队看来，张雪琴内心也十分关心母亲。但是因为双方二十多年来都很少在一起生活，所以没有建立起良好的沟通方式和渠道。有爱，但是没有正确的给予方式，所以双方都没能感受到和接受到。因此，调解员们经过合议，为母女双方创设了一个仪式，一个道歉和原谅的仪式，为母女双方搭起一座沟通的桥梁，使双方能够敞开心扉、坦诚沟通，在这个仪式上“一笑泯恩仇”，将过去翻篇儿。同时，针对安置房产权问题，调解员也向各当事人解释相关法律规定，最终双方在这一问题上达成和解。

调解结果

双方签订调解协议，内容如下：

1. 李平位于黄泥磅的还建房有张雪琴一半的份额，待调解结束后的五个工作日内，双方去房管局在房产证上加上张雪琴的名字，并且李平承诺，张雪琴可以随时回来居住，不收取其任何租金；

2. 张雪琴未来随丈夫任成义回临水生活，双方互敬互爱，杜绝家庭暴力。

3. 任成义就婚前财产问题，需要对张雪琴母女做一个诚实的说明；

4. 张雪琴要多回家看望母亲李平，修复母女感情，李平也应主动关心女儿和外孙。

在调解结束后一个月，编导走访了任成义的临水农村老家，得知一周前李平也来过，并待了几天，母女感情呈现出前所未有的亲密。而张雪琴在农村生活得很愉快，二女儿和小儿子都在身边健康成长。对于已经失去联系的大儿子，张雪琴告诉编导，等小儿子满了一岁之后，她将会竭尽全力地找到大儿子，尽可能接到身边生活，一家团圆，让大儿子也感受到这份迟来的母爱。

Q 情感点评

这对母女，有一个共同的特点，把婚姻经营不善的责任都怪罪在对方身上，而且都在用自己认为对的方式干预对方的婚姻。表面上看起来是一种捣乱，其实内心是一种保护和控制，可是自己的能力不够，就只能变成埋怨和冲突。

一个人的婚姻同她的原生家庭有着千思万缕的关系，在婴儿或孩童时期被照顾得足够好的孩子，成人以后的婚姻生活比没有得到足够照顾的孩子要好。而什么是足够好？一个女人对自己成为妈妈的信心、内心的自由、稳定的情绪、对孩子发自内心的喜爱，对自己和别人的尊重，以及有一个爱自己的丈夫，这些都是对于养育一个孩子足够好的重要的条件。显然，在这个案例中的妈妈与女儿，在孩童时期的亲密关系就没有建立起来。而这个妈妈自己的人生其实也是非常可悲的，内心承载着婚姻中巨大的创伤与痛苦，不断地通过追求幸福来获得安全感。她没有办法与自己和解，自然也不知道如何与孩子和解，才导致她心里明明对孩子有的是爱，却通过极端的方式表达出来。

这个家庭同时存在边界不清的问题，互相之间都干涉了另一方的家庭生活，你中有我，我中有你。在家庭人际关系中也是互相轮流扮演着受害者、拯救者、加害者的角色，家庭中每个人都是受害者又是加害者，以致问题表现得很复杂，剪不断理还乱。这种高度的认同也是她们和好的一个基础，我们可以利用这些资源达到家庭和解的目的。

所以建议李平能在真正意义上接纳女婿，在生活中与女儿多一些沟通，了解女儿的不易；同时，作为女儿，也应主动与母亲沟通，增进双方的彼此了解，让生活多一些和谐。

只有这样，双方的心结才可以慢慢打开，幸福才有可能真正到来。

3. 儿子，妈妈是你的提款机吗？

【当 事 人】

儿子陈恳：17 岁，高中生。

母亲赵丽：42 岁，洗脚城老板。

【调解诉求】

申请人陈恳：希望能缓和母子关系，多得到一点母爱。

被申请人赵丽：希望儿子懂事，能够上进，体贴自己。

调解前情提要

17 岁的陈恳给我们打来热线求助，他希望我们能帮助他调解他与母亲之间的关系。陈恳告诉我们，他觉得自己的母亲太忙了，对自己漠不关心，他想要得到母亲的关爱，但是母亲总是躲着他，甚至经常把他的电话列入黑名单，他怎么也打不进去，所以他希望通过调解与母亲修复情感。

陈恳自称自己是个“坏孩子”，因为在他小时候父母就离异了，他跟着父亲生活，母亲则带着妹妹来到重庆。在他的印象中，母亲是个很漂亮的女人，但是母亲只喜欢妹妹，根本不喜欢自己，再加上父亲经常跟他说“你妈妈不要你了”，所以陈恳觉得自己被母亲放弃了，于是就跟着社会上的坏孩子越学越坏。

我们与陈恳母亲赵丽取得了联系，赵丽告诉我们，事情根本不是儿子说的那样，因为前夫是个好吃懒做的人，没钱了就找自己要，如果不给钱就会打人，所以在 9 年前赵丽就跟陈恳的父亲离婚了。离婚的时候儿子判给前夫，自己一个女人带着女儿来到重庆创业，在沙坪坝开了一家洗脚城。离婚后前夫照样也不上班，一直找赵丽要钱用，就最近这两三年，前前后后都要 20 多万元了。赵丽觉得可能儿子一直跟着前夫的关系，学的跟前夫一样的好吃懒做，整天无所事事。2015 年开始陈恳甚至在网上赌钱，没钱了就找自己要，每次最少也要几千块。儿子有时候找不到自己，就跑到自己认识的人那里去要，为此赵丽也多次告诉周围的人不要借钱给他。

赵丽说自己像儿子的提款机，要钱的时候就是妈，不要钱的时候人都看不到。才满 15 岁的时候甚至因为要钱对自己动手，赵丽为此报了警，谁知道刚刚一走出派出所门口，儿子就又给了自己两耳光。而就在前几天陈恳也因为要钱卡住自己的脖子施暴。赵丽觉得自己过得好累，前夫和儿子就像吸血鬼一样一直缠着她。她希望通过调解能让儿子好好上进、懂事。

陈恳说自己并不是不愿意学好，只是他不知道该怎么做，而且这十几年来母亲一直没有管过她，正是因为缺少家庭的关爱，所以他在学校特别注重人际关系的维护，班上差不多一半的同学跟他的关系都很好，所以很多时候，他也需要钱去维护跟同学之间的关系。陈恳也希望通过调解，缓和母子之间日益紧张的关系。

本案的调解有一个优势，就是无论是母亲还是儿子，都是主动要求修复关系，首先他们之间的情绪不是对立的，这就为好的调解结果打下了基础。他们的矛盾看似经济矛盾，其实是一开始的亲子关系出了问题。所以调解团队追根溯源，让两人都意识到是过去岁月的客观原因造成了母亲与儿子的分离，这并不是由谁主观造成的。理解了之后再让双方换位思考，儿子要体谅母亲离婚后之所以忽视了他，是因为需要努力挣钱为生活打拼；而母亲也要体谅儿子在经济上的索求无度，是因为从小缺少了父母的关心和爱。在相互体谅的基础上，本案也收到了一个比较好的调解效果。

调解结果

陈恳意识到了自己的问题，答应不再跟社会上的不良青年来往。而赵丽也意识到了自己以前在教育问题上的失误，比如没有时间陪孩子就靠拿钱跟孩子笼络关系。母子都表示接受调解团队的建议，用一段时间的缓冲期，重新建立健康温馨的母子关系。

情感点评

父母离异确实会给孩子造成不好的影响孩子虽然小，也会有情绪在，加上父亲的添油加醋，情况就会更糟。

陈恳之所以有现在的状态，一方面是父亲的“榜样”引导，另一方面也是其用另一种方式呼唤母亲的关注。父亲经常用借钱的方式，可以跟母亲交流互动。他也模仿用这样的方式沟通，而且能够有效地产生链接，这样一来就会一而再，再而三地继续下去。

当母亲觉察到这个模式有问题的时候，想去断绝这样的方式，陈恳利用周围人或者更糟糕的方式来“要挟”母亲跟他互动。当与母亲见面的时候，他用“打耳光”表现了对她的恨。我们要知道恨的另一面是爱，爱得深，得不到，就会转变为恨。

如果想让孩子改变用金钱和母亲链接的方式，赵女士就必须多与孩子见面，多交流沟通，跟孩子讲清楚自己跟孩子父亲分开的真正原因，并表达出她还是爱孩子的感情。

这是孩子呼唤爱的一种方式，家长一定要理解，否则，未来这个“麻烦”就会越搞越大。

4. 为何生父的爱比不上养母的爱?

【当 事 人】

亲生父亲张华清：60 岁，垫江人，务农。

养母唐富玉：40 岁，残疾人，擦皮鞋为生。

养外公唐顺林：70 岁。

女儿毛燕云：15 岁，内向，不善于表达，有点自闭。

【调解诉求】

申请人张华清：要求孩子回到他身边，以便老有所依。

被申请人唐富玉、唐顺林：要求尊重孩子的选择，不愿意孩子回去受苦。

调解前情提要

今年 60 岁的张华清给栏目打来电话，声称自己 15 岁的女儿，被人骗走了，他想找回女儿。而这个 15 岁的女儿小云现在正住在唐富玉家，而唐富玉的身份比较特别，是小云的养母。唐富玉说是小云自愿留在她家里，不是她强留下的，她更不可能是张华清口中的骗子。

据了解，张华清 45 岁那年生了女儿小云，在小云一岁之后，张华清与小云的母亲发生了矛盾，小云母亲离家出走，再也没有回来过。当时 46 岁的张华清没法带着一岁的女儿去打工挣钱，就把女儿通过他人介绍，交给了唐富玉领养。唐富玉在 13 岁时因为肿瘤而截肢，身体有残疾，结婚 8 年也没有怀上孩子，所以才决定领养小云。当年，双方没有办理领养手续，只是口头约定，张华清有探视小云的权利。

但是 3 年后，张华清从外地打工回家，去看女儿时，发现女儿穿着很破烂，也很瘦小，张华清觉得女儿受到了唐家人的虐待，究其原因，张华清发现是唐富玉在领养了小云之后生了一个儿子。经过几次协商之后，张华清给了唐富玉 4000 元，将女儿接回家，自己精心照料。后来冷静下来的张华清想不明白，唐家人生活条件并不差，为什么要如此虐待女儿，心里对唐家就有了几分怨气，不准小云再与唐家人有来往。

而唐富玉的父亲唐顺林，与小云也一直在一起生活，唐顺林对这个非亲生的孙女有感情，就算小云回到张华清身边，唐顺林也还经常去学校找小云，给她零花钱，给她买衣服。但是唐顺林的这些举动在张华清眼里就是讨好孩子的行为，并且有抢孩子的意图。

在张华清的严加管教下，小云的学习成绩还不错，但是在 9 岁那年，孩子成绩下滑，张华清觉得是因为当时唐顺林去学校看小云的时候，给了 50 元导致小云好逸恶劳变坏了。现在小云成绩不好，张华清也怪罪唐顺林，觉得对方总教小云一些歪门邪道的事情，不想干活就“装晕”，不想上学就“装病”。最让张华清不能接受的是，小云骂他是穷光蛋。2014 年，小云偷了张华清 300 元去买了手机，被张华清发现之后，就吓唬小云说不认错就不准她去上学，就这样小云跑到了唐顺林家，一直不愿回到张华清身边。

小云说，自己的父亲太严厉了，给自己很大压力，对自己不尊重。而在唐家，她就感觉很轻松、很温暖。再加上青春期特有的叛逆，所以久而久之小云就不愿意回到亲生父亲家了。张华清两次到唐顺林家要人，都无果而归。因此在 2015 年 2 月张华清向法院提起诉讼，要求得到小云的抚养权，因为当年没有办理领养手续，法院将小云判给了张华清，可小云还是不愿回到父亲身边。如今张华清一再怀疑是唐家使用了什么手段，强行留住了小云。

小云养母唐富玉，在当年送走孩子之后，去年才第一次见到孩子，她发现孩子从之前的活泼开朗变得沉默寡言，甚至有些自闭，看着让她有些心痛。所以即使家境并不富裕，唐富玉也愿意孩子留在她家里，她声称一切都是为了孩子着想。

这是一场充满了爱的调解，因为无论是申请人亲生父亲，还是被申请人养母，他们对小云都充满了爱。他们缺少的是理智的沟通和冷静的思考，思考为什么孩子会变成这样，变成不听话，变成自己不喜欢的样子。在这场亲子关系中，明显张华清的问题更多一些，但是考虑到他已经是 60 岁的老人，并且已经很久没有见到女儿了，如果严厉地指责和批评他，只会起到相反的效果。所以调解团队用单独交流的方式委婉地批评了张华清，也单独跟唐富玉和小云交换了意见，希望她们谅解已经年老的张华清。最终，在平和的氛围下，三方达成了一致意见。

调解结果

双方签订了调解协议，内容如下：

1. 未成年人小云的监护权，依法属于申请人张华清；

2. 遵循未成年人最大利益的原则，并且征求未成年人本人的意愿，申请人与被申请人均同意将申请人之女寄养在被申请人处，以一年作为时间期限，具体期限为2015年8月6日到2016年8月5日；

3. 在寄养期间，申请人与他的女儿可以随时相互探望，申请人在探视的时候，不得采用暴力方式进行教育，应该尽力修复父女亲情；

4. 寄养期间被申请人保证孩子的人身安全和基本生活，不得有任何打骂或者是暴力侵害未成人合法权益的行为，保护孩子的身心健康；

5. 在寄养期届满以后，申请人与被申请人在征得未成年人同意的情况下，决定是否继续履行寄养协议或者由申请人行使抚养权。

Q 情感点评

因为没有办理收养手续，法院按照血缘关系把抚养权归还给了张清华。然而，事情结果恰恰相反——孩子愿意到唐家去生活，尽管唐家妈妈和外公与之没有血缘关系。这又是为什么呢？

人与人有理由在一起，不仅仅是血缘关系！从这场调解中，我们看到了这样的现实关系：唐富玉及其父亲，在这个孩子的生活中，已经建立起了亲人间的彼此连接，而且这个连接或者关系，正如孩子再次回到唐家所说的，她在唐家“就感觉很轻松、很温暖”，在张家，孩子感到“自己的父亲太严厉了，给自己很大压力，对自己不尊重”。唐富玉愿意孩子留在自己家里，“她声称一切都是为了孩子着想”，这是一个女人此刻的真实表达！这样一个人与人之间真实的关系，足以胜过一切所谓血缘的连接！

小孩偷父亲300元买手机，这个行为可以教育，但其背后的真实原因就是我们看到的：孩子知道今天与人联系的方式就是手机，她要这么去拿钱不过就是想跟继母联系，满足自己的思念之情。对一个未成年的孩子来讲，她需要一个关心和爱自己、尊重自己的长辈。外公多次去学校看孩子，多次给孩子零花钱，力所能及地给孩子买衣服和鞋子。这些点滴的关怀，温暖着孩子。我们看到：孩子在唐家，得到了两代人的爱和尊重！我们也看到：小云的父亲张华清要孩子回家，采取隔离养母和外公的办法；小云的父亲张华清那种通过要孩子给他情感来让自己内心得到满足的不健康的情感索要，令他更加严厉地控制孩子。他不知道，孩子也是人，这个年龄的孩子更需要情感呵护，然而小云的父亲张华清却没有用正确的方式来满足女儿的情感需求。

张华清赢得的是官司，而唐富玉赢得了人心和孩子的情感！唐富玉不战而胜，真实的事例告诉我们世人：人得到人的认可和情感，不是因为钱财，不是因为地位，更不是因为身体健全！唐富玉身残无钱，但她赢得了孩子对自己的认同和接纳！

人只有生活在爱中，人与人只有在彼此的关爱之中，才可以安身立命。这就是这场调解给我们的启示！

5. 父亲逼我生孩子

【当 事 人】

父亲老陈：52 岁，测绘员。

儿子陈钊：26 岁，工地制图员。

【调解诉求】

申请人老陈：希望儿子陈钊能尽快结婚生孩子。

被申请人陈钊：希望父亲不要太干涉自己的私生活，并且想让父亲和母亲和好。

调解前情提要

2015 年 5 月，老陈跟儿子陈钊在家里打了一架，原因很简单，因为陈钊跟女朋友分手了，结婚生子的事情无限期延后了。这事让老陈有些抹不开面子，因为老陈的几个兄弟和同学都当了外公或者爷爷，但是儿子不仅不结婚生子，反而连交往了几年的女朋友都分手了，这让老陈完全看不到近期内抱孙子的希望。对于父亲的逼婚甚至逼生，陈钊很是无奈。因为对于婚姻，他压根就没做好准备。

据陈钊说，小时候他就经常看见父母打架，父亲脾气不好，而母亲也不是省油的灯，两人经常相互殴打，两人打着打着就会变成打陈钊。陈钊基本上天天都是过的这种提心吊胆的日子，父母每个月都会闹到派出所一次。好不容易小学毕业父母离婚了，以为终于能过上清静日子了，但是没多久父母又复婚，复婚又打架，打架然后又离婚，离婚又复婚，复婚又离婚，来来回回折腾了四五次。就在 2015 年，听说家里要被占地，陈钊的父母又去复婚了，所以两人是法律上的夫妻状态，只是没住在一起。而从小母亲也时不时地会在陈钊面前说老陈的坏话，所以在陈钊心里，对父亲的印象也不太好。

而陈钊自己五年前大学毕业后就老老实实地在一个单位上班，住在朋友空出来的房子里，偶尔会分别去看看母亲和父亲。有时候也会在父亲的房子里居住一段时间。但是这几年，陈钊发现父亲老陈的做法越来越离谱了，每当陈钊带了女性朋友回家，老陈总是会偷偷把卧室装扮成蜜月房，安一些很暧昧的小灯，甚至在床边放上两性用品，这些做法让陈钊的女性朋友很反感，所以这些年陈钊的恋情也很不顺。

到了去年年底，更离谱的事情发生了，老陈因为制图工作做得不好，被单位下放到厂里工作，空闲时间就多了很多，他突发奇想地找了一个比自己年轻 20 岁的女人，想自己来生个二胎，最后却竹篮打水一场空，反而变成了众人口中的笑谈，这让陈钊觉得很丢脸。

老陈觉得自己老了，再生孩子不现实了，于是再次把希望寄托在儿子陈钊身上，2015 年 5 月，当得知陈钊跟女友已经分手的时候，老陈恨铁不成钢，见面后情绪一激动就打了陈钊两下，陈钊原本心情就不好，两父子顿时打得不可开交，最后是老陈给栏目组拨打的电话，报名来调解。

老陈希望儿子能够好好生活，找个女人，生两个孩子。而陈钊觉得父亲的婚姻都如此失败，根本没有资格插手自己的私生活，应该把精力用在照顾身体不好的陈钊母亲身上。双方观念不同，见面一言不合就动手，父子矛盾达到顶峰。

整场调解的氛围十分轻松，因为陈钊和老陈其实都是十分有幽默感的人，但是两人为什么就是合不来呢？因为两代人的价值观念不同，加上父亲人生体验的偏差，整个家庭对孩子的影响，都在老陈和小陈的相处模式和各自的行为模式上体现出来。家庭是一个人最踏实的港湾，但是老陈一直都不尊重婚姻和家庭，频繁地结婚离婚，导致儿子的家庭观念也不强，对婚姻也没有希望和向往。调解员通过背对背的调解方式，对父子二人分别进行耐心和细致的开导讲解，在婚姻和家庭观念上动之以情、晓之以理，在家庭暴力问题上，告知相关的法律规定，最终成功打开老陈的心结，让其意识到自己存在的问题。调解达成令人满意的调解结果。

调解结果

双方签订调解协议，内容如下：

1. 老陈尊重儿子的自由恋爱，不再逼他结婚生子；
2. 老陈要学会尊重婚姻，与陈钊母亲和睦共处，多付出关心和爱；
3. 改善自己的婚姻关系，给儿子做一个好的榜样。

情感点评

在这个父亲看来，自己这一生是极为失败的，事业无成，婚姻不幸，儿子也不成才。通过身边的同龄人，父亲的自我审视变成了一种自我审判，他几乎全盘否定了自己的人生轨迹。当沉浸在这种自我否定的“反思”之中时，他比任何人都渴望重生如凤凰涅槃。他觉得要是能重来一次，总能活出个人样，至少一定会比现在更好。可他深深地知道已无此可能，而唯一能如重生般扭转命运的方法，就是新生命的诞生。父亲如此魔怔般渴望新生命的诞生，并非是传统的多子多福观念造成，而是因为这个新的生命，是他如一潭死水般生活中唯一的希望和唯一的光明。

6. 我的心里只有李宇春

【当 事 人】

母亲王大姐：42 岁，工厂打工者。

女儿小丽：16 岁，辍学打工。

【调解诉求】

申请人王大姐：希望女儿不再追星，重拾学业。

被申请人小丽：希望母亲理解自己，多关爱自己。

调解前情提要

来自垫江的王大姐打电话向我们求助，她说自己的女儿小丽在这一年里像中了邪似的，从前乖巧听话的小丽如今变得让王大姐手足无措，她如今不知道该如何跟女儿相处了。

王大姐说女儿小丽在这一年里迷恋上了追星，而喜欢的明星则是我们所熟悉的当红歌手——李宇春。据说小丽对李宇春的喜爱甚至达到了一种疯狂的程度，手机屏幕上的照片是李宇春，房间里贴的全是李宇春的海报。小丽还收集了各种关于李宇春的小物件，日记里写的内容多多少少都带有李宇春的影子，甚至连喝的饮料都必须是李宇春代言的。王大姐说女儿小丽像是走火入魔一般喜欢李宇春。这件事让她非常苦恼，她说女儿现在 16 岁，为了追星放弃了学业，经常离家出走，曾经为了见李宇春一面在一家印刷厂打工挣路费钱。王大姐还提到女儿在网上认识了很多同样喜欢李宇春的“粉丝”，在父母不知情的情况下私自跑到成都去参加所谓的“玉米”聚会。说到这里王大姐很是伤心，她觉得自己对女儿已经无能为力，希望栏目组能够帮助她的女儿，让女儿“走出来”。

通过跟王大姐的接触，我们了解到小丽是王大姐跟前夫所生，王大姐在多年前就与前夫离婚，离婚后小丽跟着父亲生活。而王大姐在 2004 年组建了新的家庭，跟现在的丈夫育有一子。王大姐认为女儿会变成这个样子跟女儿的生活环境有着很大的关系。她说前夫有很严重的暴力倾向，以前经常对自己拳脚相加，并且前夫给女儿找了一个后妈，后妈跟女儿关系不好，才导致了这种情况发生。

通过王大姐栏目组也找到了她的女儿，这个女孩看起来很文静，不像是那种叛逆的孩子，她向我们倾诉，自己喜欢李宇春是因为在自己很低落的时候听了李宇春的一首歌，她爱上了那首歌的同时也爱上了李宇春这个人，从那时候起她开始了自己的追星之路，变得一发不可收拾。由于自己从小就缺乏父爱和母爱，也导致她把李宇春当成了自己的精神寄托。

王大姐希望我们帮助女儿小丽走出现在的困境，重新上学，恢复之前的正常生活，摆脱成长的烦恼。

调解团队在本案的调解中更多的是倾听，因为小丽的性格比较内向，而母亲再婚之后母女之间也一直没有很好的沟通，所以调解团队运用了书信交流法，在调解的过程当中，由一位文笔较好的调解嘉宾以母亲的口吻写了一封“道歉”信给女儿，在单独调解的时候给女儿看，再加上调解嘉宾的耐心劝导与沟通，调解最终达到了满意的效果。

调解结果

在嘉宾团队的沟通下，母女之间打开了心结，最后女儿在演播室现场演唱了一首李宇春的歌曲《似水年华》，母女关系破冰，母亲承诺将会用亲情引导孩子找到回家的路。

Q 情感点评

每个人都有过追星的经历，只是程度不同而已，这是年轻人的一种美好向往。

对于王大姐的女儿而言，她之所以这么喜欢李宇春，是因为李宇春传达出来的一种信念，让她内心感觉到了温暖。仔细想想，一个经常被家暴的孩子，还不叛逆的话，她的情绪出口在哪里呢？憋肯定会有问题，之所以没出问题，是因为“李宇春”的作用。

孩子把所有的精神寄托，都放在李宇春身上，这样才让她能坚强地活下去。这根本不是什么成长的烦恼，而是孩子得不到家的温暖，甚至还被家人伤害，没有办法只能选择通过追星来给自己希望。这是孩子选择的解决缺少关爱的方式。

这并不是她的困境，而是大人定义了的。这反而是她活下去的唯一希望，断绝了，可能就真出大事了。所以，想把孩子拉回来，一定要有个温暖的家，她心中的神——李宇春，才会走下神坛。

【延伸阅读】

1. 宽严相济，勿纵勿弃——摘自《围炉夜话》 （清）王永彬

【原文】

子弟天性未漓，教易入也，则体孔子之言以劳之，（爱之能勿劳乎），勿溺爱长其自肆之心。子弟习气已坏，教难行也。则守孟子之言以养之（中也养不中，才也养不才），勿轻弃以绝其自新之路。

【译文】

当子弟的天性还没有受到不良习气的影响浸染时，教育培养比较容易，那么就应该按照孔子“爱之能勿劳乎”的方式去教导他勤劳，不要过分溺爱而助长了他自我放纵的心。当子弟已经养成了不良习气时，教育他就比较艰难了。那么就要依照孟子“中也养不中，才也养不才”。（以父兄的中道教导子弟，使之归于中道，以父兄之才培养子弟，使之不才变为自觉自发）的方式来养他，不要轻易放弃而断绝他改过自新之路。

2. 爱子七不责——摘自《呻吟语》 （明）吕坤

【原文】

卑幼有过，慎其所以责让之者。对众不责，愧悔不责，暮夜不责，正饮食不责，正欢庆不责，正悲忧不责，疾病不责。

【译文】

卑幼的人有过失，在责备的时候应该慎重：众人面前不责备，惭愧后悔不责备，夜晚不责备，吃饭不责备，正在欢庆时不责备，正在忧伤时不责备，正在患病时不责备。

【点评】

对待地位比自己低下或年龄较小的人，在批评教育前，更应慎重地选择方法。在大庭广众的场合不宜斥责他，在对方已经认识了错误后不宜训斥他。因为这样会损伤对方的自尊心，加深对方的逆反心理。若在大家欢庆时，也不应批评他，这样既大煞风景，又无意中拉大了他与众人的心理距离；在他就寝前、进食时或伤感时也不宜训斥他，因为这极不利于他的身心健康发展成长。总之，要考虑到他的承受能力。批评

方式因时因地因人而异。

3. 论孩子 ［黎巴嫩］纪·哈·纪伯伦 冰心 译

你们的孩子，都不是你们的孩子，
乃是“生命”为自己所渴望的儿女。
他们是借你们而来，却不是从你们而来，
他们虽和你们同在，却不属于你们。
你们可以给他们以爱，却不可给他们以思想，
因为他们有自己的思想。
你们可以荫庇他们的身体，却不能荫庇他们的灵魂，
因为他们的灵魂，是住在“明日”的宅中，那是你们在梦中也不能想见的。
你们可以努力去模仿他们，却不能使他们来像你们，
因为生命是不倒行的，也不与“昨日”一同停留。
你们是弓，你们的孩子是从弦上发出的生命的箭矢。

那射者在无穷之中看定了目标，也用神力将你们引满，使他的箭矢迅疾而遥远地射了出去。

让你们在射者手中的“弯曲”成为喜乐吧；
因为他爱那飞出的箭，也爱了那静止的弓。

【思维导图】

（本章思维导图见本书第 327～331 页）

第四章

家庭利益纠葛，情理法孰轻孰重？

清官难断家务事，这种夹杂利益的亲情问题，盘根错节，错综复杂，调和难度大。

在家庭生活中，学会清晰地沟通与表达，明确权利与义务的边界，显得尤为重要。忽视、迁就、置身事外、情绪化表达，只会让结果越来越糟。“亲兄弟也要明算账”，经济问题理清楚，亲情才能更好地得以维系。

1. 利益的黑洞

【当 事 人】

舅妈左欣：39 岁，家庭妇女。

舅舅许亚文：42 岁，曾坐牢，后帮侄儿张嘉义做生意，现在工地打临工。

侄儿张嘉义：40 岁，曾是装饰安装公司老板，生意失败后公司倒闭，现为失业人员。

【调解诉求】

舅舅许亚文：希望侄儿尽快还清所有欠款。

侄儿张嘉义：希望舅舅不要逼债，放过自己和家人。

一个时常徘徊在学校门口的身影
一个隐藏在快递里的“凶器”
一场即将上演的生死决斗
两个早将生死置之度外的男人
正在酝酿着悲剧
而这一切
都是因为一笔无法偿还的债务
当债务与利益难分难解
当情与法纠葛在一起
这场处处皆为死结的调解
该如何进行下去

调解前情提要

这场调解从接到电话到安排演播室出像，因为种种原因，中间大概隔了有一个月的时间，这期间张嘉义几乎每天都会给编导打电话，有时说着说着就会在电话里哭起来。他说自己压抑痛苦到想自杀，觉得生活没有盼头。他内心的孤独和无助在电话里听起来，特别明显。调解当天，他们三人是一起来的，并没有激烈的对立情绪，都想好好地通过调解解决问题。张嘉义进了演播室的密室，他说自己以后还想继续做生意，所以不想让自己的相貌曝光。隔着密室的玻璃墙，调解就这么开始了。

钱里有乾坤，借贷就是江湖。

尽管在各地上演的民间借贷悲剧的情节有所不同，但人性对金钱的贪婪却是造成这一悲剧的共因。

在现实生活中，因为银行借贷手续烦琐，所以越来越多的人选择了民间借贷。它相对于银行贷款来说，具有灵活、简便、快速等优势。民间借贷有着异常顽强的生命力和破坏力，是把“双刃剑”，可以杀人亦可以救人，很多时候也会被人称为“高利贷”。

曾经的小老板张嘉义就在这借贷江湖中，经历了他人生迄今为止最大的一场风波。

爱、恨、情、仇、义，多少事，醉过方才知酒浓。

一

人生得意需谨慎，小心才能过万年。张嘉义用了两年时间，才真正理解到这句话的含义。

2013 年，张嘉义 38 岁，妻子如玉，女儿如花，自己一手创办的装饰安装公司生意也过得去，手下有十几个员工，日子小康且稳定。

2013 年 5 月初，张嘉义打听到一个小项目，是做一笔跟钢材有关的生意，但是这笔生意需要先垫资 30 万元。张嘉义一时之间拿不出这么多现金，如果放弃，那么损失的不仅仅是这个小项目能挣来的钱，还有长期合作的大客户。张嘉义左右为难，夜不能寐。

他想到了借钱，但他是个要面子的生意人，对朋友开不了口，怕被人看低；去银行贷款又担心手续烦琐，项目拖久了也不好。

张嘉义的难处被公司一个员工看在眼里，这个员工叫许亚文，比张嘉义大两岁。许亚文的身份很特殊，他是张嘉义的表舅舅，因为年龄相差很近，所以两人也跟从小一起穿开裆裤长大的兄弟似的，感情特别好。

这个许亚文跟侄儿张嘉义不是一路人。许亚文早年不学好，初中毕业后就出去混社会，尤嗜赌博，没混出个人样来，反而因为打群架伤人被判入狱几年。好不容易熬到出狱，也 30 多岁了，家里人担心他再入歧途，就赶紧张罗着给许亚文介绍了一个媳妇。

这个媳妇叫左欣，跟许亚文差不多岁数，是个二婚女人，带着一个女儿嫁过来的。因为前夫是个赌棍，所以左欣面对说媒的人时，就只强调了一点，对方只要不沾赌就成。

当时的左欣对许亚文还是挺满意的，一是许亚文没结过婚，没孩子没负担；

二是当时刚刚从监狱出来的许亚文，有一种改邪归正，浪子回头金不换的决心和朝气。

生活，婚姻，全部重新来过，说不定还能走出一条新路。

两人很快结婚并有了孩子。这时问题来了，左欣带孩子无法出去打工，而仅仅靠许亚文一个人打临时工的那点工资是没有办法养活一家四口的。

穷则思变，许亚文的邪恶神经又开始跳动了，他竟琢磨着去贩卖毒品。

张嘉义就是在许亚文准备大踏步走上死路的时候，把他招进自己公司的。张嘉义觉得从情感上说，有义务盯着这个仅比自己大两岁的小舅舅，拉他一把。从道义上讲，自己经济条件好得多，也有能力帮他。

许亚文知恩图报，这些年在侄儿的公司里，是既当司机，又当采购员，拿的工资自然也比一般员工要多，算是张嘉义的左膀右臂。

所以当看到张嘉义眉头紧锁的时候，许亚文主动开口，他问张嘉义在为什么事情发愁。张嘉义一五一十地说了这个项目，也说出了自己的难处。

最后，张嘉义说了一句事后令他悔断肠的话：

“你那里方便借钱吗？”

许亚文听了之后，拍着胸脯说了句，“钱的事情你不要担心”。

果然。

24 小时不到，30 万元的存款就存进了张嘉义的银行账户。

许亚文自己并没有这笔积蓄。这笔钱是许亚文与妻子左欣做担保，向左欣在农村的哥哥左先生借的。左先生是当地的一名赤脚医生，自己也并无积蓄，但是人脉广、可信度强。这笔钱是由左先生牵头，向当地沾亲带故的村民集资得到的，许亚文和左欣将自己唯一一套住房的房产证抵押给了左先生。

24 小时之内，许亚文总共通了五个电话，第一个告知妻子此事，第二个打给妻子的哥哥左先生，第三个是左先生回话钱已经筹到，第四个是打给张嘉义商量利息事情，第五个是确认钱已到账。

当时左先生跟许亚文在电话中说好这笔钱是高利贷，算 4 分的月息，只借 3 个月，3 个月之后需要张嘉义共归还 33.6 万元。

当得知这笔钱顺利到账的时候，许亚文萌生了一股英雄豪情，觉得自己一直都依赖侄儿工作生活，现在终于可以发挥自己的主观能动性了。如果公司因此而拥有一个长期稳定的大客户，那他做的这些事情就更有意义了。

许亚文压根没想从此事中牟利，他甚至在欠条上，签的还是自己跟妻子的名字。

他更没有想到的是，当他给妻子的哥哥打通电话的一刹那，就已经给自己挖好了一个坑，现在他已经穿戴整齐站在坑里了。

而张嘉义把这 30 万元从银行里取出来的一刹那，其实也跳进坑里了。但他浑然不觉，怀着对许亚文的感激，他一头就扎进了项目的运作中。

二

高利贷，是“一念之差”就可以让人游走在天堂或者是地狱的资本游戏，这是财富生长与毁灭的生死线。张嘉义借的那笔 4 分月息的 30 万元是个什么概念呢？

意味着从到账的那一天开始，每个月张嘉义都要支付 1.2 万元的利息给左欣的哥哥左先生。

这是银行同期贷款利率的 8 倍！

而那笔 30 万元的项目当时在运营中出了一点问题，有一次对方发错货了，所以，3 个月之后，按张嘉义的说法，他悲催地发现这笔生意不仅没赚到钱，而且 30 万元的本金中还亏了 20 多万元。眼看借款时间到期，张嘉义心急火燎地找到许亚文商量怎么办，当时许亚文说的是，资金如果确实周转不过来，那就每个月先把利息付了。

不过后来许亚文发现，有些地方张嘉义是在撒谎，当时垫支 30 万元的那个项目，他其实只亏了 8 万多元，借款到期的时候，他是有能力把 30 万元本金还回来的。但是张嘉义想的是慢慢做点小生意，慢慢存钱，然后应该用不了多久，就可以把这 30 万元的窟窿填回去。

现实很快就给了张嘉义一记漂亮的耳光。

刚好那一年生意都不太好做，张嘉义找了很多朋友想借钱周转一下，但都没有借到。

“我一直等着机会翻身，但是一直都没有等到这个机会。”

很快，张嘉义就体会到了高息的可怕。每个月 1.2 万元，真金白银给出去，是会让人肉痛的。

2013 年 10 月开始，许亚文就再没领过一分公司发给他的薪水。因为公司已经没有任何资金，发不出工资，员工也都各自散去。张嘉义不敢轻言放弃，能接的小业务，只要不垫支的他都干，没有工人就临时去外面请工人。因为每个月 1.2 万元的利息必须按时支付，张嘉义感到压力巨大。

从 2013 年 5 月 24 日到 2014 年 11 月 24 日，18 个月的时间里，张嘉义共支付利息 21.6 万元。但是，按时支付利息并没能保证生活的风平浪静。因为最开始借款的时候说好只借 3 个月，而 3 个月之后，当一些村民发现本金没有如约归还，就有意见了，他们担心最后本金收不回来，所以就不断找到左欣的哥哥左先生要钱，左先生也就不断地把压力施加给了妹妹左欣和妹夫许亚文，希望他们尽快还钱。

许亚文知道公司的情况，也知道张嘉义的现状是根本没办法拿出这笔钱的。为了不让左欣夹在当中为难，又因为当初的这个借条写的就是许亚文和左欣的名字，许亚文做了一件尽管后来两人关系恶化，但让张嘉义想起来都很感动的事情。

许亚文把自己唯一的一套住房抵押给银行，贷出了 23 万元，准备还给左欣的哥哥。但是这种做法风险极大，因为许亚文根本没有能力还抵押贷款给银行，最后就只能眼睁睁地看着银行来收房子。

得知这一切的左欣彻底发飙了，左欣觉得冤有头债有主，这笔债就应该由张嘉义来偿还。几天之后，左欣就追到公司来跟许亚文大吵了一架。张嘉义知道原委过后，既感动又为难。感动的是许亚文愿意付出这么多来帮助他；为难的是，现在他也没有钱帮许亚文赎回房子。

这样的日子多拖一天都是受罪。

许亚文抵不过左欣的脾气，最终还是把钱还给了银行，保住了自己的房子。

尽管没能解决燃眉之急，但是张嘉义还是挺感动的，自己落魄到如此境地，小舅舅许亚文还能够挺身而出，这份亲情足以让他铭记一辈子。

到了 2014 年春节的时候，公司有了一笔 20 万元的汇款。许亚文当时想让张嘉义把钱还了，但是张嘉义不同意。许亚文认为，张嘉义肯定有自己的想法和打算，所以也没有深究。

就这样一直到 2014 年 11 月 24 日，张嘉义和许亚文之间的关系都十分牢固。

三

天下之事，分久必合，合久必分。

很快，张嘉义和许亚文两人都感觉到一切都不对劲了。

因为从 2014 年 11 月 24 日张嘉义支付了最后一笔利息之后就再也没钱支付了，紧接着引发了一连串的连锁反应。

首先是一年多来，当初集资放款的村民原本心里就不踏实，总是害怕自己的本金收不回来，但是好在每个月张嘉义都按时支付了利息，所以村民们的情绪都还好，并没有催促还款。但是从 2014 年 12 月起，村民们就再也收不到利息了，两个月之后，村民的情绪集体爆发。

当初参与了筹钱的十多个人，频繁地找到左欣的哥哥要账，屡屡要不到之后，甚至打砸了左欣哥哥的小诊所。左欣的哥哥也没有办法，只得打电话找左欣求助。左欣和许亚文开始慢慢意识到了问题的严重性。

到了2015年1月，被村民频繁骚扰，不堪重荷的许亚文找到了张嘉义，询问原因。却意外得知早在一个月前，张嘉义就与妻子离婚了。

在两人的离婚协议中，房子、现金、公司全部都归张嘉义妻子所有。

许亚文此刻除了恨，还是恨！

“我为你赴汤蹈火，砸锅卖铁，你却‘暗箱操作’，转移资产。”

当我吃素的不成！

从2015年1月开始，许亚文做的就只有一件事，那就是紧盯张嘉义，催款。

张嘉义也做得绝，关机，消失。

因为在给了18个月的总共有21.6万元的利息之后，张嘉义突然察觉到一丝不对劲。经过一番打探之后，张嘉义更是勃然大怒！自己被耍了！

原来，张嘉义私下多方打听之后，居然发现他一直给的月息4分的利息，针对左欣的哥哥转手吃掉一半，然后给村民的仅仅只有2分利息。

在张嘉义看来，他完全陷入了一个圈套，这个套就是左欣和许亚文给他下的。张嘉义把这一年多来的事情前前后后地想了一遍，越想越不对劲。第一，当初是许亚文一口就同意借钱，并且不到24小时就把钱打给了他，这个速度实在太快；第二，当资金3个月后回笼的时候，许亚文言语上还很支持他再去投资做生意，并没有强制性地要求他还钱。

张嘉义把这两点结合在一起，得出了一个结论：许亚文一家合伙骗取利息，以此牟利。

“他们应该是巴不得我不还钱，然后他们就可以一直收利息钱。这个利息这么高，而且他们家经济又很困难。”

想到这里，张嘉义此刻除了恨，还是恨！

他把自己的公司倒闭归结于许亚文的阴谋。认为看透了事情本质的张嘉义对人性感到失望，他办理了离婚手续。

“因为我也不知道以后会发生什么，有事情、有危险就让我一个人来扛吧。”

离婚后的张嘉义基本上处于半消失状态，电话有时通，有时不通，同时他也离开了与妻子共同居住的房子，在外租房居住。许亚文发疯一般地找他，但是始终找不到。

张嘉义死活都不告诉许亚文自己在哪里，甚至让前妻和女儿都搬了家，一点行踪也没透露出来。

30 万元的债务和每个月欠下的利息钱把许亚文和左欣逼得喘不过气来。两人之间频繁地吵架，左欣怪许亚文要去管闲事借钱，现在把自己也套进去了，到了 2015 年初，两人在一次大吵架之后，也离了婚。

现在两个家庭都离婚了。许亚文也开始一不做二不休，当年滋事坐牢的痞子气又出来了，他开始在亲戚当中放言，如果春节见不到张嘉义，那么就要杀他的女儿，杀他的前妻，放火烧他和前妻的房子。在所有亲戚的劝导下，2015 年的春节，张嘉义最终还是出来跟许亚文和左欣见了一面。

时隔半年的见面，昔日情分早已烟消云散，但两人之间还没到剑拔弩张的地步，简单的寒暄之后便直奔主题。当时双方约定张嘉义尽量筹钱归还，哪怕分期都行，每次还几万元。

张嘉义提出自己已经支付了 21.6 万元的利息，如果还要求他返还 30 万元的本金，他觉得有些过分。但是许亚文不认可，在许亚文看来，这笔利息当初是你张嘉义自己同意了的，并且向村民作出了承诺，这是必须遵守的，一直要支付到本金还完为止。

双方各怀心思，不欢而散。

公司倒闭，婚姻破碎的张嘉义哪里还有心思去打工，他蜗居在出租房里，整日借酒消愁。生活费全靠兄弟姐妹救济，根本就没有一分多余的钱来还债。

正是在这个困难的时候，村民那边出事了，其中一个出了 5 万元的村民意外过世了，他的家人唯恐张嘉义赖掉这笔钱，多次找到左欣的哥哥闹事。

整个春节，许亚文家鸡飞狗跳地乱作了一团。

左欣好不容易电话联系上了张嘉义，约好大年初九见面谈还钱的事情，但是到了初九，许亚文脖子都等长了，也没等到张嘉义。

兔子急了都要咬人。

春节过后，小学开学了，许亚文天天堵在张嘉义女儿的小学门口，放言要弄死孩子，给张嘉义好看。张嘉义只得跟前妻商量不让女儿去上学，就在临时的出租房里看书。在学校门口蹲守了几天没守到人的许亚文有些失去理智了，他到处打听到张嘉义孩子的住处，又开始在小区门口蹲点，并且托亲戚告诉张嘉义，一旦孩子出现的话，他连送孩子的人都要一起杀。

张嘉义觉得自己走投无路了，他好几次走到江边想一跳了之，但是想到孩子尚且年幼，他还是退缩了。随后，张嘉义在淘宝上买了几把菜刀，然后拨通了许亚文的手机，告诉他一周之后在出租房里见面，决一死战。

许亚文在接到电话后只对张嘉义说了一句话。“你活着累，因为你不要脸；

我活着也累，因为我要面对债主。所以就在不影响任何人的前提下，我们两个人单独了结了吧。”

许亚文也做好了同归于尽的准备。

眼看着悲剧就要发生，左欣欲哭无泪，她拨打了栏目的热线电话，请求调解。

四

欠债还钱天经地义，事出有因情有可原。如果借贷人和放贷人，都能做到有事好好商量，不走极端的话，这社会上又会少了许多矛盾。

一场因高利贷引发的波折让张嘉义和许亚文从亲密无间的亲戚，变为了仇人。自从 2013 年借钱之后，他们几乎没有睡过一个安稳觉，两人各自的婚姻也随之破碎，可谓一场悲剧。

他们是 2015 年 4 月来到调解现场的，张嘉义要求进密室，他说自己还想东山再起，在处理了这个事情之后，想把公司做起来，所以不希望被人看见自己的样子，怕会对未来的生意产生影响。而许亚文和左欣也同意他这样做。

很明显，其实两人亲情还在，只是被金钱和仇恨蒙蔽了眼睛。

但是一开场，在提到这个春节因为村民闹事而过得惶惶不可终日的事情时，许亚文情绪激动，左欣一度哭泣崩溃；而提到自己租房居住，与前妻女儿无法见面，甚至连春节都不敢回家，一个人在外面过时，张嘉义也在密室里哭得不能自已。

他们都是这笔高利贷的受害者。

这场风波里，没有赢家。

尽管这是一起借贷关系非常明确的案例，但是如果只讲法不讲情的话，反而不利于事情的解决。唯有亲情修复了，借贷的问题才会迎刃而解。调解团队在厘清了此案的所有细节之后，调解进入合议阶段。

调解合议现场

调解员王刚：今天我们这个事情还不是单纯的一个情感纠纷。

情感导师莫桑：我觉得没有情感。

画家侯耘：就是一个利益。

调解员王刚：更多地涉及一个借款合同的问题。所以说今天这场调解，还是一场考验。

律师张婷婷：如果说对方真的起诉的话，我觉得这个问题倒是比较简单了。因为只需还本金和正当的利息就行了。如果对方还是不起诉的话，那我就建议他们和对方协商，必须要调低利息，否则根本负担不起。

情感导师莫桑：要告诉侄子这边，因为他这个钱我相信没有全部挥霍掉，也没有投入到什么生意里面去，这个钱他应该能够拿出来一部分，但是这个数额肯定要有减少。再者要跟舅舅这边讲，叫他不要去死咬住他心里面想的这个利润，该认栽要认栽，双方往中间走，这个债务才能解决。

情感导师郑州静：一个是要化解舅舅心中的戾气，另一个是要化解侄儿心中的怨气，把这两气消化掉。

画家侯耘：但我觉得侄儿至少要表示拿一部分钱出来。我真的不相信他手里一点钱都没了。

调解员王刚：如果说他们今天都愿意的话，我们通过调解协议的方式，最后让他们双方都申请进行司法确认，这样的话侄儿就赖不掉账了。所以说，这个是解决的办法。另外一个就是，希望舅舅这边还是像刚才莫桑老师所说的一样，要回归到一个正常的利息上来。

合议方向

1. 许亚文和张嘉义应该缓和敌对情绪，不要出现伤人伤己的不理智行为。
2. 张嘉义不应再躲债，应积极面对，想办法偿还债务。
3. 关于利息的问题，双方要依照法律规定执行。

在嘉宾们确立了调解思路之后，调解便进入到单独环节。张嘉义走出了密室，与许亚文和左欣面对面地讨论具体的还款事宜。虽然调解没有办法帮张嘉义解决多挣钱的问题，但双方能够清楚明白地知道法律对于高利贷的底限是什么，能理性地共同面对难题。对于这场调解来讲，这就是胜利。

调解结果

双方签订调解协议，内容如下：

1. 张嘉义于 2013 年 5 月 23 日向许亚文和左欣借款 30 万元，约定 3 个月后还本付息。该笔借款许亚文和左欣已于 2013 年 5 月 24 日向被申请人交付完毕。

2. 由于双方约定借款利息过高，现双方同意将该笔借款的利率确定为中国人民银行同期同档贷款利率的 4 倍。

3. 2013 年 5 月 24 日至 2014 年 11 月 24 日张嘉义已经向许亚文和左欣偿还 21.6 万元，其中含借款本金 128,485 元，利息 87,515 元。

4. 双方确认张嘉义于2015年5月23日前向许亚文和左欣偿还剩余本金171,515元及相应利息。

5. 双方对该协议的内容均无异议，共同在30日内向重庆市九龙坡区人民法院申请司法确认。

该协议签订一周之后，左欣、许亚文、张嘉义相约前去九龙坡区人民法院做人民调解协议效力的司法确认。然而到了法院调解室，左欣突然反悔，她坚持让张嘉义按照跟村民的口头协议支付高额利息。在法官的耐心劝说下，左欣依然坚持己见，三人不欢而散。不料一个月之后，左欣给编导打来电话，说已经想通并接受现实，同意当天的调解结果，希望再次去法院对人民调解协议效力进行司法确认。

第二次去进行司法确认的时候，三人情绪都很稳定，妥善办理了相关手续，并表示对这样的结果很满意，三人握手言和。

一场由民间借贷引发的家庭风波就此结束。

T 调解链接

这是一场非常有难度的调解，双方当事人都被债务逼得遍体鳞伤，在长时间的彼此博弈中，背叛、吵闹、威胁等将人性的丑陋面展现得淋漓尽致。亲情、爱情此时都显得无比苍白。为了债务，双方都失去了应有的理智，他们对这个世界深深的无力感及绝望感成为此次调解的阻碍。从本次的调解中可以看出，许亚文尽管以前不务正业，但是对张嘉义却是有情有义，在对方需要资金做项目时，挺身而出。最后张嘉义项目亏损了，眼看就要还不上钱了，还愿意将自己的唯一一套住房拿去银行抵押，替张嘉义还钱，这份亲情确实让人动容，如果不是心中有着一份一起长大的情谊，确实很难做到这个地步。最后事情发展到彼此要同归于尽，也是爱之深责之切，实属被债务逼向绝境的无奈之举。

在整场调解中，调解团队首先确立了先谈情，后谈钱的调解思路。综合运用了“宣泄法”“冷却法”“温情法”“感化法”等调解技巧，通过对亲情往事的回顾，平息双方内心的怒气，并逐步扭转左欣和许亚文变得有些偏执和暴躁的心理，让他们相信侄儿张嘉义并非故意欠钱不还，而是出于想打翻身仗的心理，所以陷入了越想赚钱越要亏的恶性循环。而许亚文一家也并非故意给张嘉义下套赚取利息钱，而是真心帮忙，但因为面对直接债权人的欠条是许亚文一家所写，所以债权人的逼债行为，让许亚文一家难以应对时，才在一怒之下会说出威胁人身安全的话。因为借款中双方约定的利息远远超出了年利率24%，甚至超出了年利率36%，有法律不予保护的部分，所以调解员通过“软硬兼施”的方法，让许亚文一家认识到，继续追讨利息是违法行为。

调解团队首先是用“宣泄法”谈目前的处境，让一上场的双方都把自己的委屈愤怒发泄和哭诉出来；其次用“冷却法”谈法律关系，稳定了许亚文一家的情绪，让双方的谈话归于冷静和理性；再次用“温情法”让双方回忆当初有难同当、有福同享的日子，从人情出发让双方意识到他们之间仍有亲情；最后用“感化法”把双方的情绪归一，就是要共同担起这个欠债责任，一起努力还债，迈过这个坎。这些调解方法加之调解员对相关法律的讲解和依情依理的劝说，纠纷化解便水到渠成。

情感链接 Q

1. 为什么一直到 2014 年年底，在经历了房子抵押风波之后，许亚文和张嘉义的关系还没有决裂？

人之初，性本善。知恩图报，也是人性的一部分，再加上血缘上的信任，舅舅愿意为侄儿分忧，赌上这份亲情不会“骗人”。

从客观上讲，舅舅是依附在侄儿这边养家糊口，自然也是会尽量有求必应，在共同利益和风险面前也会认为两个人是一个共同体，要共同进退。

然而，这次的项目风险，远远超出了他们能够承受和控制的范围。很显然，利益的诱惑过大，让他们都很难停下来。付出越多，期待回报就越大。总是认为坚持一下，就可以看到希望。

当项目风险成为两个人正常生活的威胁时，舅舅是没有支付能力的，必须要和侄儿绑定在一起，风雨同舟。侄儿，在这个时候，同样是进退两难，陷入困境，也需要舅舅的支援。所以此刻张嘉义和许亚文关系没有决裂，甚至还会更坚固。

2. 张嘉义离婚时是什么心态？

趋利避害，是人的本能之一。在共同利益不能达成的状态下，两个人必须尽量减小自己的损失，保护自己的家庭不要受到太多牵连。

当风险已经超出控制和支付能力的范围，两个人开始互相猜忌，这样就造成了信任的危机。舅舅的做法，简单直接，就是催债；侄儿的做法，也很简单直接，协议离婚，净身出户。

从这个阶段开始，两个人已经不是利益共同体，而是债主与借债人的关系了，形成了对立关系。两个人都希望把承担风险的责任甩给对方，为求自保。然而，这样的做法，并不能消除或减少债务，反而随着时间推移，让债务越滚越大。

两个人只好撕破脸，破罐子破摔，拼不了硬实力，就只能互相伤害了。

3. 许亚文离婚时是什么心态？

夫妻也是一个利益共同体，当不能共同走向幸福的时候，必然就奔向平静的绝望，或者彻底的决裂。

许亚文和左欣是写了借条的人，承担的压力是最大的。左欣本身没有经济能力，就只能指望许亚文能够为家庭作出正确的判断，左欣对风险的预估也没做好准备。

期望越高，失望就有可能越大。左欣本身的安全感不足，肯定会是最先崩溃的一个。她一个人无法承担这样的责任，而且在这样的现实下，她还要照顾年幼的孩子。这样左欣就会不停地将压力推给许亚文，其实，也是把家庭的希望寄托在许亚文身上。

然而，许亚文也是依附在侄儿公司生存，如果这件事情出了问题，也就意味着自己失去了经济来源，自己也无法承受这样的压力。既然都不能顾全，许亚文肯定选择先处理最重要的问题，放下其他无法承受的麻烦。

选择离婚，只是许亚文想为解决问题争取一些时间和空间的无奈之举。

4. 许亚文和张嘉义为什么都会有轻生的念头？

两个人轻生的念头，多半是为逃避责任，也是面临绝境的最后挣扎。婚姻和家庭都没有了，所有的亲人都远离他们，因为债务没有办法解决，而且事态逐渐往更糟糕的方向发展，无法遏制。在整个长时间的彼此博弈中，以前那么亲近的、美好的关系和生活的希望，在这样的债务中消失殆尽，其间彼此的背叛和吵闹及其人恶性的表现，已经让各自的心灵受到极大的伤害。

生活的无望，让他俩几乎丧失了生活下去的勇气，产生轻生的念头也就不足为奇了。

F 法律链接

1. 这笔借款的性质是否合法？

通过银行借贷的手续较为烦琐且借贷难度较大，加之近年来社会闲置资金增多，民间借贷风行。但由于民间借贷属借贷双方意思自治的表现，且有关部门监管难度大，民间借贷普遍存在利息畸高的问题。

自2015年9月1日起实施的《最高人民法院关于审理民间借贷案件适用法律若干问题的规定》第26条规定，借贷双方约定的利率未超过年利率24%，出借人请求借款人按照约定的利率支付利息的，人民法院应予支持。借贷双方约定的利率超过年利率36%，超过部分的利息约定无效。借款人请求出借人返还已支付的超过年利率36%部分的利息的，人民法院应予支持。

这一规定为民间借贷利率划定了“两线三区”。“两线”指的是年利率24%的司法保护线和年利率36%的高利贷红线。“三区”指司法保护区、自然债务区和高息无效区。司法保护区，即借贷双方约定的利率未超过年利率24%，此时的约定合法有效，出借人有权请求借款人按照约定的利率支付利息，利率在24%以下的借贷碰到违约，是法律应予保护的。自然债务区，即借贷双方约定的利率为年利率24%~36%，法院对出借人起诉主张该区间部分利息的，不予保护，但是当事人愿意自动履行，法院不会干预，借款人抗辩要求返还或折抵该部分已支付利息的，法院同样不予保护。高息无效区，即借贷双方约定的利率超过年利率36%，超过部分的利息约定无效，借款人可以请求出借人返还已支付的超过年利率36%部分的利息。

年利率24%就是通常的月息两分，年利率36%即月息3分。毫无疑问，许亚文以自己的名义向左先生借款的性质属于高利贷，超出3分的月息法律不予保护，借款人即使已经支付也可要求返还；2分到3分月息的部分，不受法律保护，借款人可以不用偿还，但如果已经偿还，请求返还得不到法院的支持。2分以下的月息受法律保护。

2. 许亚文当初把自己的房子抵押给银行，然后把钱还给左欣哥哥的这种做法是否属于饮鸩止渴？还会带来什么后患？

许亚文用房屋进行银行抵押贷款，虽能暂时解了民间借贷的燃眉之急，但可能出现因不能按期归还银行贷款导致房屋被银行申请强制执行的后果。

根据《物权法》《民事诉讼法》之规定，抵押人到房地产管理部门办理了房地产抵押登记，抵押权设立，借款人未按期偿还贷款，银行在催收未果的情况下，会向法院申请冻结该房屋，启动拍卖程序。

"债务人唯一一套住房不得执行"这个说法随着《最高人民法院关于人民法院办理执行异议和复议案件若干问题的规定》的施行被正式取消。根据该司法解释第20条的规定，被执行人以房屋系本人及所扶养家属维持生活必需的居住房屋为由提出异议的，申请执行人按照当地廉租住房保障面积标准为被执行人及其所扶养家属提供居住房屋，或者同意参照当地房屋租赁市场平均租金标准从该房屋的变价款中扣除5~8年租金的，申请执行人可以申请执行该房屋。

3. 村民在讨债过程中的打砸行为是否违法？村民应该如何维护自己的权益？

我国《治安管理处罚法》第49条规定："盗窃、诈骗、哄抢、抢夺、敲诈勒索或者故意损毁公私财物的，处五日以上十日以下拘留，可以并处五百元以下罚款；情节较重的，处十日以上十五日以下拘留，可以并处一千元以下罚款。"

《侵权责任法》第19条规定："侵害他人财产的，财产损失按照损失发生时的市场价格或者其他方式计算。"

《刑法》第275条规定："故意毁坏公私财物，数额较大或者有其他严重情节的，处三年以下有期徒刑、拘役或者罚金；数额巨大或者有其他特别严重情节的，处三年以上七年以下有期徒刑。"

村民讨要到期债务本是维护自身权益的正当行为，但讨债行为必须把握住度，一旦超过法律限度，越过法律的红线，村民就必须承担相应的法律责任。村民的打砸行为属于故意毁坏他人财物的行为，侵犯了他人的财产权益，属于违法行为，可能受到治安处罚，并应对损毁的财物照价赔偿。后果严重的，还有可能构成刑事犯罪。

因此，不能以侵害他人权益的不当方式来维护自己的权益，否则得不偿失。维权应当采用合法合理的手段，先行与对方协商，释理明法，如协商未果，可采用司法途径维权。要相信，司法救济是最权威、最规范的一种纠纷解决机制。

4. 如果左欣的哥哥如张嘉义所说，自己收4分利息，只给村民2分利息，他的做法有何不妥？是否违法？

许亚文帮助张嘉义向左先生借款，约定月息4分，属双方自愿达成的借款协议，除部分过高利息得不到支持之外，此借款协议有效并约束借贷双方。

左先生与村民之间达成的借款合同，约定两分利息，属于另一不同的借款合同法律关系，根据合同的相对性，仅约束左先生与村民。

这两个合同是独立的，左先生可以在与村民的借款合同中对于利息达成合意，也可以在与徐亚文、左欣的借款合同中对借款利息作出不同的约定，这两个合同均属于当事人意思自治的范畴，法律并不禁止这一行为。

单独看左先生收取4分利息的行为。根据《合同法》第211条第2款规定："自然人之间的借款合同约定支付利息的，借款的利率不得违反国家有关限制借款利率的规定。"按4分月息将从村民处筹集的钱出借给许亚文这一做法明显不符合《合同法》的相关规定，亦不符合上文所述《最高人民法院关于审理民间借贷案件适用法律若干问题的规定》之规定。所以超过国家规定的利率不受法律保护。

2002年1月31日，中国人民银行发布的《关于取缔地下钱庄及打击高利贷行为的通知》中指出："对经调查认定的各类形式的地下钱庄和高利借贷活动，要坚决取缔，予以公告，没收其非法所得，并依法处以罚款；构成犯罪的，由司法机关依法追究刑事责任。"这一通知明文禁止了高利贷行为。左先生收取的4分月息中高于国家规定的部分属于高利贷，具有一定的社会危害性，被法律所禁止。但是，我国《刑法》并没有将高利放贷行为直接作为犯罪加以规定，予以惩罚。根据最高人民法院的相关批复，发放高利贷的行为也不符合非法经营罪中"其他严重扰乱市场秩序的非法经营行为"的要件，不宜将此类行为以非法经营罪定罪处罚。

5. 张嘉义与左欣和许亚文的民间借贷关系是否等同于张嘉义与左先生的民间借贷关系？

张嘉义于2013年5月23日向左欣许亚文发出要求，希望借款30万元，双方对借款期限、利息率达成合意后许亚文于次日向张嘉义支付了款项。由于借款合同是实践性合同，即出借人支付款项后借款合同方才生效，因此张嘉义与左欣、许亚文于2013年5月24日建立了民间借贷法律关系。值得注意的是，双方约定月利率4分超过了法律规定的上限，超过部分将得不到法律的保护。

左欣和许亚文为了出借30万元给张嘉义，从而向左先生进行借款。值得注意的是，基于合同的相对性，这一民间借贷关系是独立于张嘉义与左欣、许亚文之间的民间借贷关系的。我们不能以最终结果是张嘉义使用了左欣、许亚文从左先生那里借来的款项从而认定是左先生与张嘉义之间直接发生的民间借贷法律关系。左先生不可越过左欣、许亚文夫妇直接向张嘉义主张返还借款。

6. 左先生和左欣、许亚文的担保关系是否成立？

本案中左欣和许亚文将房产证交给左先生的行为不构成担保法律关系，左先生对左欣、许亚文的房屋并不享有抵押权。《担保法》第38条规定："抵押人和抵押权人应当以书面形式订立抵押合同。"《担保法》第39条规定："抵押合同应当包括以下内容：（一）被担保的主债权种类、数额；（二）债务人履行债务的期限；（三）抵押物的名称、数量、质量、状况、所在地、所有权权属或者使用权权属；（四）抵押担保的范围；（五）当事人认为需要约定的其他事项。……"《担保法》第41条规定："当事人以本法第四十二条规定的财产抵押的，应当办理抵押物登记，抵押合同自登记之日起生效。"《担保法》第42条规定："办理抵押物登记的部门如下：（一）以无地上定着物的土地使用权抵押的，为核发土地使用权证书的土地管理部门；（二）以城市房地产或者乡（镇）、村企业的厂房等建筑物抵押的，为县级以上地方人民政府规定的部门；（三）以林木抵押的，为县级以上林木主管部门；（四）以航空器、船舶、车辆抵押的，为运输工具的登记部门；（五）以企业的设备和其他动产抵押的，为财产所在地的工商行政管理部门。"

抵押合同系要式合同（必须以书面方式订立）且必须包括上述五项内容。左欣和许亚文仅仅是将房产证交给左先生，并没有订立书面的抵押合同，并且也没有到房屋登记机关办理抵押登记手续，所以从法律上讲该行为不构成担保法律关系，在左欣和许亚文到期无法偿还款项时，左先生对其房产不享有优先受偿权。

需要注意的是，很多人认为只要将房产证交给债权人就算是设立了抵押权，这种认识是错误的。要想用房屋设立抵押权，必须向房屋所在地的房屋登记机构申请抵押权登记，完成抵押登记之后，债权人才对债务人的房屋享有抵押权。

7. 左先生向村民筹款属于什么行为？

本案中，左先生出借给左欣和许亚文的30万元系其向同村沾亲带故的村民筹资所得。根据这一信息，左先生的集资行为是否为《刑法》中规定的"非法集资"？下面就根据我国《刑法》及其他有关规定进行分析。

《刑法》第 176 条第 1 款规定："非法吸收公众存款或者变相吸收公众存款，扰乱金融秩序的，处三年以下有期徒刑或者拘役，并处或者单处二万元以上二十万元以下罚金；数额巨大或者有其他严重情节的，处三年以上十年以下有期徒刑，并处五万元以上五十万元以下罚金。"

根据 1999 年 1 月 27 日中国人民银行发布的《关于取缔非法金融机构和非法金融业务活动中有关问题的通知》规定，非法集资是指单位或者个人未依照法定程序经有关部门批准，以发行股票、债券、彩票、投资基金证券或者其他债权凭证的方式向社会公众筹集资金，并承诺在一定期限内以货币、实物以及其他方式向出资人还本付息或给予回报的行为。

《最高人民法院关于审理非法集资刑事案件具体应用法律若干问题的解释》第 1 条规定："违反国家金融管理法律规定，向社会公众（包括单位和个人）吸收资金的行为，同时具备下列四个条件的，除刑法另有规定的以外，应当认定为刑法第一百七十六条规定的'非法吸收公众存款或者变相吸收公众存款'：

"（一）未经有关部门依法批准或者借用合法经营的形式吸收资金；

"（二）通过媒体、推介会、传单、手机短信等途径向社会公开宣传；

"（三）承诺在一定期限内以货币、实物、股权等方式还本付息或者给付回报；

"（四）向社会公众即社会不特定对象吸收资金。

"未向社会公开宣传，在亲友或者单位内部针对特定对象吸收资金的，不属于非法吸收或者变相吸收公众存款。"

针对这一问题，律师认为本案的情况不构成《刑法》上的"非法集资"，仅仅是一个普通的向亲朋好友筹资的行为。本案中，左先生仅仅是向同村沾亲带故的村民进行借款，而"同村的沾亲带故的村民"应理解为"特定少数人"而非"不特定对象"的社会公众。同时，左先生也没有虚构事实、隐瞒真相的行为，所以，不构成非法集资，而是普通的借款行为。即左先生与村民之间形成民间借贷关系，在左先生不偿还借款的情况下，村民可以采取民事诉讼的方式要求其偿还借款。

8. 张嘉义与妻子离婚时的对外债权债务该如何承担？

张嘉义于 2013 年向许亚文、左欣借款，于 2014 年与妻子离婚。也就是说，张嘉义向许亚文、左欣借款时，张嘉义与其妻子之间的婚姻关系是存续的。《最高人民法院关于适用〈中华人民共和国婚姻法〉若干问题的解释（二）》第 24 条规定："债权人就婚姻关系存续期间夫妻一方以个人名义所负债务主张权利的，应当按夫妻共同债务处理。但夫妻一方能够证明债权人与债务人明确约定为个人债务，或者能够证明属于婚姻法第十九条第三款规定情形的除外。"《婚姻法》第 19 条第 3 款规定："夫妻对婚姻关系存续期间所得的财产约定归各自所有的，夫或妻一方对外所负的债务，第三人知道该约定的，以夫或妻一方所有的财产清偿。”本案中，并不存在张嘉义夫妻双方约定该30万元借款系张嘉义个人借款且许亚文和左欣知道该约定的情况，所以，张嘉义向许亚文和左欣借款30万元应当认为是张嘉义与其前妻的共同债务，应共同向许亚文和左欣承担还款责任。虽然张嘉义在离婚时将唯一住房分割给了前妻所有，但因该笔债务系夫妻共同债务，在张嘉义与其前妻无法归还该笔借款时，法院仍然可以执行该住房。值得一提的是，实务中有许多夫妻在欠下巨额借款后为了逃避债务，从而办理离婚手续，将财产转移到未签订借款合同的一方名下。法网恢恢，疏而不漏，该种行为无疑是要受到法律制约的，因为夫妻共同债务的认定是以债务产生之时夫妻关系是否存续而非债务到期之时的婚姻状况来确定的。根据我国《民法通则》第58条规定，恶意串通，损害第三人利益的行为无效，以合法形式掩盖非法目的的民事行为无效。表面上协议离婚，以离婚掩盖逃债的非法目的，属无效行为。根据《最高人民法院关于人民法院审理离婚案件处理财产分割问题的若干具体意见》第17条的规定，以逃避债务为目的的财产分割约定，其约定无效。

值得注意的是，2018年1月18日起施行的《最高人民法院关于审理涉及夫妻债务纠纷案件适用法律有关问题的解释》进一步细化和完善了夫妻共同债务的认定标准，该解释第1条规定：“夫妻双方共同签字或者夫妻一方事后追认等共同意思表示所负的债务，应当认定为夫妻共同债务。”第3条规定：“夫妻一方在婚姻关系存续期间以个人名义超出家庭日常生活需要所负的债务，债权人以属于夫妻共同债务为由主张权利的，人民法院不予支持，但债权人能够证明该债务用于夫妻共同生活、共同生产经营或者基于夫妻双方共同意思表示的除外。”这一解释明确了当债务超出家庭日常生活需要时，债权人主张该债务属于夫妻共同债务的，应当承担举证证明责任。这提醒了广大债权人，在债务形成时要尽到谨慎注意义务。在签订借款合同时，要注意借款是否基于夫妻双方共同的意思表示，是否有夫妻双方的共同签字。

9. 因借贷关系威胁人身安全甚至实施过激行为的后果是什么？

本案中还出现左先生的同村村民向许亚文、左欣逼债，许亚文、左欣向张嘉义逼债，甚至威胁张嘉义及其女儿生命安全的情形。这是债权人本身不懂法、法律意识不强的表现。

因讨要借款，债权人容易出现过激行为，下面列举司法实践中债权人常常出现的过激行为及这些行为可能触犯的罪名。

为讨要债务，闯入他人住宅、长期逗留在债务人家中，经债务人要求退出而不肯退出，其行为可能构成非法侵入住宅罪。《刑法》第245条规定：“非法搜查他人身体、住宅，或者非法侵入他人住宅的，处三年以下有期徒刑或者拘役。司法工作人员滥用职权，犯前款罪的，从重处罚。”

为讨要债务，以拘押、禁闭或者其他强制方法，非法剥夺债务人的人身自由，可能构成非法拘禁罪。根据《刑法》第 238 条规定，构成非法拘禁罪的，处 3 年以下有期徒刑、拘役、管制或者剥夺政治权利。具有殴打、侮辱情节的，从重处罚。犯前款罪，致人重伤的，处 3 年以上 10 年以下有期徒刑；致人死亡的，处 10 年以上有期徒刑。使用暴力致人伤残、死亡的，依照《刑法》第 234 条故意伤害罪、第 232 条故意杀人罪的规定定罪处罚。为索取债务非法扣押、拘禁他人的，依照前两款的规定处罚。

因讨要债务无果，未经债权人同意，私自取走债权人财物，可能构成盗窃罪。根据《刑法》第 264 条规定，盗窃公私财物，数额较大的，或者多次盗窃、入户盗窃、携带凶器盗窃、扒窃的，处 3 年以下有期徒刑、拘役或者管制，并处或者单处罚金；数额巨大或者有其他严重情节的，处 3 年以上 10 年以下有期徒刑，并处罚金；数额特别巨大或者有其他特别严重情节的，处 10 年以上有期徒刑或者无期徒刑，并处罚金或者没收财产。

为讨要债务，或者讨要债务未果，出于泄愤，债权人对债务人进行殴打，造成轻伤、重伤，甚至死亡等严重后果的，可能构成故意伤害、故意杀人罪。根据《刑法》第 234 条规定，故意伤害他人身体的，处 3 年以下有期徒刑、拘役或者管制。犯前款罪，致人重伤的，处 3 年以上 10 年以下有期徒刑；致人死亡或者以特别残忍手段致人重伤造成严重残疾的，处 10 年以上有期徒刑、无期徒刑或者死刑。本法另有规定的，依照规定。根据第 232 条规定，故意杀人的，处死刑、无期徒刑或者 10 年以上有期徒刑；情节较轻的，处 3 年以上 10 年以下有期徒刑。

因索要债务未果，出于泄愤，故意毁灭或者损坏债务人财物，数额较大或者有其他严重情节的，可能构成故意毁坏财物罪。根据《刑法》第 275 条规定，故意毁坏公私财物，数额较大或者有其他严重情节的，判处 3 年以下有期徒刑、拘役或者罚金。故意毁坏公私财物，数额巨大或者有其他特别严重情节的，判处 3 年以上 7 年以下有期徒刑。

最后需要提醒广大债权人的是，主张债权应当通过调解协商或司法程序解决，千万不要因一时冲动而做出过激的举动。如若因追债而实施了犯罪行为，并不会因为动机是为了追讨欠款项而免予刑事处罚。

编导后记

近年来，关于民间借贷的债权债务纠纷频发。银行、小贷公司、担保公司等金融机构及自然人提起的因借贷关系产生的案件逐年增加。许多债权人希望获得高额的利息，不惜将自己的血汗钱，甚至从亲朋好友处筹钱来借给一些公司或个人。但是许多借款人因无法承受高额的利息或经营状况发生恶化，导致无法归还借款，从而让债权人蒙受巨大损失。但从另一个角度来讲，每一个投资人都应当尽到审慎义务，对自己的投资行为面临的风险作出充分的评估，不要因为利息率的诱惑而作出不理性的投资决定，从而造成血本无归的悲剧。本案中，我们应当厘清各自之间的法律关系，一方面是为了更为清晰地剖析整个案件，更好地将法与理相结合；另一方面也是为了给读者立体地呈现法律思维、提供法律建议，因为法治建设是需要人人参与的。

2. 大哥，你的千万资产究竟该不该有我的一份？

【当 事 人】

大哥李老大：52 岁，奉节人，小煤窑老板。

三哥李老三：47 岁，奉节人，经营客车。

【调解诉求】

申请人李老三：希望能从大哥那里拿到煤窑的分红。

被申请人李老大：不会给钱，希望老三不要继续骚扰自己。

调解前情提要

李老大与李老三，本是一对同根生的兄弟，李老大已到知天命的年纪，而李老三也离天命之年不远。按理说，这兄弟几十年，肝胆相照都过来了，也都到了该享福的年纪，却不想两兄弟在最近几年有了嫌隙，并且李老大还摆明了让李老三去法院告自己。两兄弟怎么就走上了决裂的道路呢？

原来，2000 年李老大与李老二合伙搞了个煤窑，当时，李老大没有钱，便找李老三借了 4.5 万元。2002 年，李老大赚了钱，就把 4.5 万元还给了李老三。原本，李老大以为他和李老三的账从此就清了。却不想，李老三近五年来，却不断找李老大的麻烦，并说当初自己给李老大的 4.5 万元不是借的，而是入股。如今，李老大赚钱了，就该给他分红。两兄弟目前就这 4.5 万元究竟是入股还是借，产生了分歧，说法不一。

李老三说：当年借钱的时候是写过条子的，但是出于对李老大的信任就撕了，没有了。后来到 2010 年上半年，李老大在不知李老三撕毁凭据的情况下，承认李老三入股，并拿出 15 万元给李老三作为分红。但是李老三看对方经济状况不是很好，并且抱着下半年让李老大多给 5 万元，凑足 20 万元分红的想法，就拒绝了李老大之前给的 15 万元。然而，2010 年下半年，当李老三向李老大提出这 20

万元的想法时，李老大却不再承认李老三有什么入股了。

对于李老三的上述说法，李老大完全否认。在李老大看来，三弟就是贪得无厌。事实上，自2000年之后长达15年的时间，三弟死咬着自己的煤矿有他的入股，只想着分红，却在这么多年来，对煤矿的一切经济状况、所遇到的困难及债务毫不过问。如果是股东，怎么能只想着分红而不承担风险呢？况且，李老三所借的4.5万元，只发生在2000年至2005年自己与李老二承包煤矿期间，那期间自己根本没赚什么钱。2005年，承包期结束。2006年，李老大与李老二的再次合作算新的开始，李老三又凭什么再闹着分红呢？2013年，李老大曾经给过李老三30万元，希望兄弟俩的矛盾就此了结，然而李老三得到30万元后，并没有满足，依然继续纠缠李老大。兄弟之间势如水火。

在调解过程中，李老三与李老大之间的怨气相当重，调解团队必须在化解了双方的怨气之后，才能给双方做调解工作。调解团队让两人都回忆初心，李老大创业也为了整个家庭都好起来，李老三借钱也是为了帮助老大。如今这状况，总比李老大创业失败，连4.5万元都还不了要好吧。所以提到初心，两人的情绪就都平稳下来了。毕竟是同胞兄弟，彼此之间依然有亲情存在，故调解几个回合之后，双方都对对方的处境表示理解，最终达成了一致意见。

调解结果

双方签订调解协议，内容如下：

1. 李老三放弃调解诉求，双方共同建立团结和睦的家庭关系，过好自己的生活。

2. 李老大代表家人感谢李老三这么多年的支持。

3. 双方关于借款的权利义务，全部了结。

最后，李老三终于放下了心中多年的执念，双方化干戈为玉帛，不再计较经济利益，重拾兄弟情。

Q 情感点评

在多子女的家庭中，老大往往会承担更多的家庭责任，无论他的年龄与自己的弟弟或者妹妹有多么相近。老幺因为出生最晚，往往会得到更多的关注和照顾，这种关怀不仅来自于自己的父母，还来自于自己的哥哥或者姐姐。正是由于这种情况的普遍存在，子女中的老大会不自觉地将自己被分走的父母的爱归咎于自己的弟弟或者妹妹。而作为最晚出生的老幺，会因为受到了更多的宠爱而显得骄纵。当两者之间产生冲突时，冲突本身会逐渐隐去，而逐渐变成对父母的爱的争夺。随着年龄的增长甚至父母的逝去，这种争夺便以其他形式呈现出来。无论采用哪种形式进行争夺，这种争夺越是强烈，在调解中就越要时刻提醒他们拥有共同的血脉，共同的悲欢。当他们能看透这争斗背后的含义，自然就能化干戈为玉帛了。

李老大与李老三的纠纷，并不在于李老大向李老三借了 4.5 万元，而是是否以入股的形式获得的这 4.5 万元。如果是入股，在生意已经取得利润的前提下，就意味着有更多的利益需要分配。也不难看出李老大给李老三的远不止最初所借的 4.5 万元。一个愿意在哥哥经济困难时进行帮助，另一个在取得成功后愿意给予更多的回报，这正是两兄弟间关系密切、血浓于水的铁证。让李老大与李老三看到对方对自己的理解与支持，是解决他们经济（实际为情感）纠纷的关键，而且李老二应该能起到较大的作用。

3. 女儿陷入了裸贷

【当 事 人】

张大姐：50 多岁，残疾人，吃低保。丈夫杨大哥已去世。

女儿小杨：26 岁，有工作。

【调解诉求】

申请人张大姐：希望女儿能意识到自己的错误，修复母女情，度过这次危机。

被申请人小杨：希望母亲帮助自己解决贷款纠纷。

调解前情提要

张大姐是个单亲妈妈，腿有残疾，一直吃低保，独自带着女儿生活很不易。可从 2015 年起，女儿小杨突然跟母亲说自己欠了别人 8 万元，当时张大姐护女心切，还告诉女儿不要着急，由母亲来想办法，为了还债张大姐将家里唯一的一套住房都卖了。张大姐以为事情过去了，但没想到从 2017 年 5 月起，女儿又开始欠债，张大姐陆续还了六七次，一共还了将近 11 万元。可前几天家里突然来了几个债主，说女儿小杨欠了他们的钱，甚至还有人将女儿的裸照和裸体视频发到张大姐的手机上，威胁张大姐。这时张大姐才感觉事态严重故而向栏目组求助。

据了解女儿小杨已经在上班，工资有 4000 多元，平时也没有高消费，为何会欠下这么多钱呢？经过几番劝导，女儿小杨说出了实情。原来小杨迷上了 YY 直播平台上的一个男主播，为了赢得男主播的关注，小杨经常送礼物打赏，这些网络礼物也是需要花钱的，并且不菲，小杨把自己的钱花光了就在网上裸贷。

小杨的家庭条件不好，她为何还敢欠下这么大一笔债？难道她就不担心在外借钱后没法还钱吗？女儿说她从未想过这些后果，就是控制不住地借钱。对此张大姐认为可能有两点原因：一是其父亲的遗传，二是单亲家庭长大的女儿缺乏管教。

造成如今局面的原因还得追溯到2010年。当年张大姐的家庭曾经也是一个幸福的三口之家，丈夫杨大哥以前是一名工人，杨大哥有赌博的习惯，也喜欢钻牛角尖。当年家里拆迁，张大姐就和丈夫杨大哥住进了娘家。张大姐的娘家只有张大姐的母亲和姐姐，姐姐瘫痪在床。住进娘家后杨大哥就负责洗碗。有一次杨大哥的姐姐来说了一句，全家人吃饭就你洗碗，此后杨大哥就不舒服。2010年6月的一天，吃完晚饭，张大姐像平常一样叫杨大哥洗碗，没想到杨大哥突然去厨房，随后就听到张大姐母亲的惨叫，原来杨大哥砍死了张大姐的母亲，随后追着张大姐也要砍，张大姐侥幸逃脱后，杨大哥返身回来又砍死了瘫痪在床的姐姐。随后杨大哥被执行死刑。

此后婆家人出于对张大姐一家的亏欠，将张大姐公公的住房给了张大姐。可这一次因为女儿的欠款，害得张大姐卖掉了房子，连家也没有了。张大姐觉得女儿的性格很像父亲，怕重蹈覆辙，希望栏目组能够帮助她解决这次裸贷危机。

这场调解极其不顺利，从调解开始女儿小杨就跑出演播室好几次，每次跑了又被劝回来，从头到尾就是母亲张大姐在场上不停地哭泣。张大姐对女儿是真心实意的爱，但是这样的母爱也需要理性的控制。调解团队从法律和道德方面，让女儿小杨充分意识到了裸贷的危害性，同时也让她明白，除了拿起法律的武器，也要找回并重视亲情，这才是对抗生活唯一的重要办法。

调解结果

女儿小杨认识到了自己的错误，愿意通过打工来偿还债务，对于不合法的债务则通过司法途径解决，同时愿意主动与母亲修复感情。

F 法律点评

“裸贷”一词近年来突然蹿红，成为互联网热词，引发舆论热议。一些女大学生手持身份证的裸照在网上迅速流传，她们其实是一些逾期无法偿还贷款的裸贷借款人。裸贷和其他借贷方式不同，顾名思义裸贷就是借款人用自己的裸照及不雅视频作抵押，以此从出借人手中获得金额不等的贷款。而伴随着裸贷的往往是高额的利息，据相关媒体报道，裸贷周息甚至高达30%，而如果借款人不能按时还本付息，出借人就将借款人这些隐私性内容公布在网上或者发给借款人的家人，以此来逼迫借款人还钱，更有甚者逼迫借款人进行所谓的“肉偿”。

这样一个突破道德底线的借贷创意却如黑色风暴一般在校园肆虐，而其中的主角就是女大学生。一方面女大学生正处于懵懂的躁动时期，对于这个社会缺乏深入的认识，另一方面现在也有很多公众号撰写“毒鸡汤”，比如女孩儿趁年轻一定要美、要懂得消费、买贵不买廉价货、鼓吹购买奢侈品等，这在一定程度上让现在的女孩儿更加爱慕虚荣。大学生没有收入来源，如果家境不富裕又抵制不了物质的诱惑就很有可能走上裸贷之路。这部分女大学生自己也会觉得裸贷并不光彩，所以一般都会瞒天过海，不告诉自己的亲人和朋友。当面对高额的利息时，又存在侥幸的心理，认为自己有能力还款。即便是还不上，借款人也不敢将自己的不雅信息公布于众。现实中，她们往往高估了自己，低估了利息，所以到了还款日时，她们并没有偿还能力，只能是拆东墙补西墙，陷入裸贷的怪圈。最终债务越滚越大，自己不能承受，从而误入歧途，最终以惨剧收场。

现在除了裸贷，还产生了苹果贷等形式多样的贷款方式，但是其本质都是将自己的个人信息作为抵押，包括裸照、裸视频、苹果手机ID、自己通信录等隐私。而这些借款附带高额的利息，一旦借款人无法按时还款，放贷者往往会进行暴力追债。公布裸照只是其一，放贷者还会采取持续电话骚扰、入侵通信录、打电话给家长与同学、网上以老赖名义公布当事人身份证及通讯信息等方式，威胁恐吓借款人，让借贷人不胜其烦，内心崩溃，无法正常地工作、生活。

裸贷给借款人带来的伤害是无法用语言表达的，但是借款人不能一味地逃避，而应当直面裸贷事件，拿起法律的武器维护自己的权利，让自己回归到正常的工作和生活当中。

司法实践中大多数观点认为：裸贷是以裸为贷款的前提条件，这个违背了《合同法》第7条规定的公序良俗原则，该合同应自始无效，利息不应支持。根据《合同法》第58条的规定，合同无效或者被撤销后，因该合同取得的财产，应当予以返还；不能返还或者没有必要返还的，应当折价补偿。有过错的一方应当赔偿对方因此所受到的损失，双方都有过错的，应当各自承担相应的责任。所以裸贷中的利息得不到法律的支持，只需要返还本金即可。

相信裸贷者通过自己的努力工作及家人的帮助，能够彻底摆脱裸贷带来的困扰。如果出借人将裸照或者裸视频公布到网上，将其传播、出售可能构成传播淫秽物品罪或者传播淫秽物品牟利罪。另外，如果出借人以个人隐私威胁借款人支付本不应该支付的高额利息和并不存在的逾期利息，还有可能涉嫌敲诈勒索。

裸贷或者是苹果贷等这种拿自己的个人隐私换取贷款的做法是非常不明智的，往往让自己处于被动地位，而一旦陷入裸贷的魔掌之中，给自己和家人都会造成伤害，所以我们要远离裸贷，对自己负责对家人负责，更需要执法部门的严格执法、监管机构的严格监管，这样才能让裸贷行为得到根除。

4. 两条狗离奇死亡背后的家族矛盾

【当 事 人】

二儿子林先生：44 岁，货车司机。

前儿媳龙女士：45 岁，无业，育有一女一儿，女儿 21 岁，大学生，儿子 12 岁，智商轻微低下。

母亲张婆婆：65 岁，以前做烟摊生意，现在无业，与前夫育有三个儿子，一个女儿。

父亲林公公：70 岁，在帮别人做临工。

【调解诉求】

申请人张婆婆：希望儿子林先生能够给自己道歉，并且把修好的鱼塘填平还给自己，另外每个月要给自己 400 元的赡养费。

被申请人林先生：希望母亲在自己经营鱼塘这件事上不再横加干涉，并且能够支持自己创业。

调解前情提要

2012 年张婆婆修了一栋房子准备开农家乐，旁边有块地是荒着的，她当初口头承诺给二儿子林先生。2014 年林先生想着正好拿来修鱼塘，和农家乐相互帮衬着做做生意也不错。于是在跟母亲打了个招呼之后的第二天就开工了。在修鱼塘的过程中，林先生用了母亲张婆婆修农家乐剩下的堆在旁边的石头一共 2200 块。不过让他没想到的是，鱼塘还没修好，母亲的口风就变了。母亲说那块地是属于大儿子林老大和二儿子林先生共同所有的，如果大儿子也同意一起做这个鱼塘生意，那么就不收他们的钱，如果大儿子不做这个生意，那么她就要收二儿子的钱，这个钱包括修鱼塘用的石头的钱和土地租赁费。林先生跟大哥商量了之后，大哥表示不掺和这个生意，那么就意味着林先生需要给钱了。林先生在修鱼塘的时候用了母亲2200块石头，按照市场价格是10元一块，然后母亲给他算成1600块石头，价格优惠到5元一块，算下来需要林先生支付8000元。林先生觉得自己给这个钱实在是冤枉，因为那些石头都是母亲当年修农家乐挖地基的时候挖出来的石头，本来就堆在旁边闲置了好几年，没用的东西还要卖给自己，林先生实在是想不通，母子之间也为此吵了好几次。

2014年9月，鱼塘修好后就开业了。生意好的时候，林先生一天也能赚个好几百元。但是林先生随后发现母亲和父亲似乎眼红他的生意，处处跟他作对，有游客来问哪里能钓鱼的时候，他们也不告诉，有时父亲告诉了被母亲听见后，父亲还要被骂。因为林先生修鱼塘的钱都是向朋友借来的，所以林先生的经营压力也比较大，对父母的抱怨情绪也比较重。在一次激烈的争吵中，林先生的妻子表示不愿意再过这样的生活，当天就和林生生去办理了离婚手续。

离奇的事情还在后面，离婚第二天，林先生的鱼塘就被人用榔头砸了个口子，第三天，林先生养在鱼塘边的两条狗也死了，一条是被毒死的，另一条是被拴着链子丢在鱼塘里淹死的。林先生觉得这一切都是母亲张婆婆背地里做的事，现在他离婚了，白天睡觉，晚上就买醉，投资了10万元的鱼塘也没心思经营了，打算找个时间把鱼塘的鱼捞光，然后把水放了。

被认为是导致儿子和媳妇分手元凶的张婆婆大呼冤枉。她说离婚根本就是一场阴谋，是二儿子和儿媳妇为了逃避赡养老人的责任所以离婚的。她已经65岁了，没有任何经济收入来源，平时全是大儿子、小儿子和女儿在帮忙拿钱买东西，这个二儿子一分钱都没孝敬过她。而且自己的丈夫马上就要满70岁了，也无法打工了，需要几个子女孝顺，这个二儿媳妇也是怕让她拿钱出来，所以干脆就离婚了，得了所有财产后，把孩子都留给林先生，想让别人都觉得林先生生活压力大且经济拮据，这样就可以逃避赡养父母的责任。

张婆婆觉得自己对这个儿子已经仁至义尽了。早年儿子门分家的时候，她就已经公平地照顾到了几个儿子，家产都是平均分配的，只有二儿子没发展起来。后来二儿子又去合川做生意，做生意不老实，坑人还被人追杀，都是母亲张婆婆出面拿钱给他摆平的。鱼塘的事情，张婆婆也是想在几个子女之间做到公平而已，免得以后其他的孩子说闲话，所以才让二儿子拿钱。

张婆婆和丈夫觉得应该让二儿子担负起赡养他们的责任，一个月至少给400元的生活费，如果不赡养，那么鱼塘该怎么给租金就怎么给租金，如果不给租金就把鱼塘填平了归还自己。而二儿子和前儿媳则希望能让婆婆消停些，让一家人能过点平静日子。

整场调解都充满了负能量。在调解团队看来，这个鱼塘事件不是钱的事，而是情的事。四个子女都来到了调解现场，询问之下得知没有谁在赡养这老两口。张婆婆65岁的人了，还在外面打工，其丈夫林公公70岁了有时候还去工地抬石头挣钱。虽然这老两口的脾气是有些大，心态是有些扭曲，但是他们的扭曲和子女有很大的关系。正是因为子女在赡养方面做得不够，所以母子关系和父子关系才闹得这么僵。找到了解决问题的钥匙之后，调解团队运用了搁置争议法，让两位老人先讲述自己当年抚养孩子的艰辛，以此唤醒二儿子林先生心中的反哺之情，只有等亲情修复了，矛盾自然就能够化解了。

调解结果

在单独调解环节中，张婆婆一会儿同意让二儿子给租金，继续经营鱼塘；一会儿又不同意儿子继续经营，甚至要求儿子必须把鱼塘填上，完璧归赵。经过两轮调解，最终两代人无法达成一致协议。调解失败。调解团队建议张婆婆和儿子回家分别冷静一段时间，再来协商此事。

Q 情感点评

这个家庭表面是上关系不和谐，其实深层次原因还是经济的问题。如果张婆婆有退休金，如果二儿子有独立经营的能力和本金，不需要借用张婆婆的地盘，一切矛盾就不会产生。

根据过往的经历，我们看到张婆婆已经对二儿子做了很多包容和退让，然而这个儿子做的事情和产生的结果，却一直让她很失望，让张婆婆没有了安全感。而且，张婆婆也会觉得这个儿子是个无底洞，总要自己去填坑。

毕竟老人家有一种“养儿防老”的传统思想，总希望得到儿子们的照应。她付出的越多，期望的回报就越大，牺牲了自己的当下，为的是未来的安稳。当老人家认为不可能得到相应的回报时，张婆婆就会锱铢必较，这是人性，也是可以理解的。

对于儿子而言，他的婚姻这么容易就破裂，说明是自己对感情经营不善，与张婆婆关系不大。

二儿子这样的性格培养，估计也是在小时候过于被宠爱，什么事情都让着、哄着造成的，不愿意面对困难，而是选择性逃避造成的。现在是时候让这个儿子长大，承担起自己幸福的责任了。同时，也要对母亲和父亲尽到法律上的赡养义务。

5. 买房该写谁的名？

【当 事 人】

丈夫钟杰：31 岁，司机。

妻子李丽：30 岁，家庭主妇。

【调解诉求】

申请人钟杰：希望在新购买的房子上，加上自己的名字。

被申请人李丽：不希望新购买的房子上有丈夫的名字。

调解前情提要

2014 年，李丽与钟杰相识相知相恋，当时两人无车无房，属于裸婚。婚后两人租房居住，小日子过得简单却幸福。

2015 年，李丽家拆迁安置，获赔了 40 万元。眼看小两口步入“有房一族”的日子指日可待，但是如今却为了房子署名的事情闹得不可开交。因为钟杰执意要在房产证上加上他的名字，而李丽不同意，认为男方没有出钱就不可能加名。

丈夫钟杰却说，自己之所以要求加上自己的名字，是因为自己没有安全感。两人是在网上认识，李丽是二婚，与前夫还有一个孩子，而钟杰是初婚。当初两人在一起时，钟杰的家人是非常反对的，但是李丽拼命追求钟杰，再加上钟杰考虑到自己家里也比较穷，而李丽家经济条件还不错，所以就同意了。不料结婚之后，钟杰发现李丽并不厚道，干什么事都不愿意拿钱出来，并且连跟前夫所生孩子的生活费都要钟杰付。加上这一次李丽家拆迁买房、看房、付房款都没告诉钟杰。钟杰担心李丽有离婚的心思，为了避免将来人财两失，钟杰希望在房产证上加上自己的名字。

本案的两个当事人钟杰与李丽两人都比较理智，调解过程中也比较冷静。针对两个当事人的性格特质和这个矛盾的特殊性，调解团队运用了分析事实法，通过摆事实、讲道理、说法律的方法，让两人明白了在法律上各自的利益究竟如何分配。当事实讲清楚之后，两人对于调解团队的建议，也自然是坦然接受了。

调解结果

双方签订调解协议，内容如下：

1. 双方系夫妻关系，因为信任缺失产生情感障碍，经心理疏导，双方同意和好，修复夫妻关系。

2. 婚内购买的巴南区房屋，首付 27 万元，系女方婚前的安置补偿款，故该房屋登记在女方名下。男方同意办理银行按揭，由夫妻双方共同偿还银行按揭。因此共同偿还的银行款项，及该部分房屋的增值，属于夫妻的共同财产。

3. 双方共同的儿子所获得的安置补偿款 23 万元，由双方共同监管，用于儿子的生活教育等花费。

Q 情感点评

夫妻双方应是独立且平等的关系。然而现实生活中，不同的社会地位、经济收入、学历水平等情况又会让原本应该平等的关系发生微妙的变化。当这些条件发生剧烈变化时，原本平衡的婚姻关系必然会受到猛烈冲击。优势方会获得更多的婚姻的控制感，而弱势方就会丧失更多的婚姻控制感。双方必然会进行新的博弈，来重建婚姻关系中的新平衡。钟杰与李丽裸婚后能幸福度日，却又因为获得巨额赔偿而闹得不可开交就是这个道理。钟杰希望在房产证上加上自己的名字，无非就是希望增加自己的话语权，增加对婚姻关系的控制感。而李丽曾经有过失败的婚姻，当有了强大的经济力量时，自然会希望通过牢牢地把握住经济命脉从而对婚姻有绝对的控制权。双方都想控制这段婚姻，这便成为他们情感的共同点和矛盾的激发点。

对于这对夫妻，他们争执问题的核心其实是对更为牢固的夫妻关系的渴求。当他们情感诉求得到满足后，也就是对自己的婚姻关系有了更多的信心了，此时房产证加不加丈夫的名字，也就不再显得那么重要了。

F 法律点评

2001 年《婚姻法修正案》所体现的立法理念和精神已经打破了以往把女方当成一种弱势群体去保护，让一方通过婚姻的方式，去依赖于另一方的理念和精神。《婚姻法》规定夫妻在家庭中的地位平等。夫妻对共同所有的财产，有平等的处理权。夫妻一方的婚前财产，为夫妻一方的财产，除非双方另有约定。

至于本案例中这个名字该不该加，对这个问题的回答分两个层面：第一，如果女方信任彼此的情感，自愿加上男方的名字，这视同为我们法律上的一种赠与，这个在夫妻之间、在亲朋好友之间都是可以的。第二，如果女方不愿意在房产证上加男方的名字，男方也不能强求，更不能强迫女方加名。

6. 情侣式的合伙人

【当 事 人】

男友孙先生：40 多岁，与前妻有一个女儿。

女友蔡女士：40 多岁，与前夫有一个儿子。

【调解诉求】

申请人孙先生：分手，并且希望蔡女士给自己应得的分红。

被申请人蔡女士：不分手，也不愿意给孙先生分红。

调解前情提要

孙先生给我们打来电话，他说他与女友在一起 5 年，两人共同投资开了一家辣子鸡店，一年的利润有 20 万元左右，前几年女友蔡女士还分利润给孙先生，但从 10 月起蔡女士就不干了，不给孙先生钱又想让孙先生干活。孙先生想离开蔡女士但蔡女士又不同意，两人就这么僵持着。

既然是一起做生意，蔡女士为何不分利润给孙先生？事情的经过是这样的，2010 年孙先生与蔡女士经人介绍相识，孙先生和蔡女士都是离异人士，两人都想有个家。那时蔡女士刚接手了弟弟的辣子鸡店，刚开始的时候生意很差，入不敷出。蔡女士和孙先生谈恋爱后，孙先生经常去帮忙。

2012 年春节，孙先生投入 15 万元，按孙先生的说法这是投资。2012 年孙先生基本每个周末都去帮忙，2013 年孙先生就长期在店里帮忙。但蔡女士认为孙先生给的 15 万元是作为恋人间的赠与，所以这笔钱不算投资。2013 年的时候辣子鸡店开始有了盈利，孙先生心里就不舒服，到 2014 年春节，蔡女士连一点经济上的表示都没有，孙先生很失望，就决定不做了，去自己女儿那里躲了起来。

2014 年 6 月的时候蔡女士腿摔伤，店里缺人，没办法只好求孙先生回去，答应分 45% 的利润给孙先生，一共分了两年。到了 2016 年，两年的利润都分到位了。蔡女士觉得理应结束这种分成的方式，今后给孙先生一个月 5000 元工资。但孙先生却觉得自己拿了钱投资，而且店铺管理也靠自己一个人撑着，没有自己店铺不会有这么好的发展。所以孙先生坚持要按之前的比例分红。两人由此产生矛盾，恋爱关系也受到了影响，需要通过调解来厘清情感和财务问题。

因双方都比较理性，所以这场调解进行得极为顺利。调解团队运用了推心置腹法使他们明白，这场合作是建立在情感的基础上，只要情感理顺了，那么无论什么生意两人都是可以很好地合作下去的。

调解结果

双方签订调解协议，内容如下：

1. 双方自愿登记结婚，共同安度晚年；
2. 双方婚前财产，属于双方婚前各自所有；
3. 婚后的饭店收益归女方所有，女方每个月支付男方5000元生活费，男方应力所能及地帮助女方打理生意；
4. 自本协议签订后，双方之前的债权债务结清；
5. 婚后在双方建立信任，并且女方在店铺收益增长后可以与男方协商，提留一部分作为养老基金。

Q 情感点评

情侣是非常亲密的关系，合伙人也是非常紧密的关系，但牵涉更多的是利益关系。如果既是情侣又是合伙人，这样的关系处理就复杂多了。但是无论是恋人还是合伙人要长久地在一起就必须要懂得让步，任何太过斤斤计较的算计都会让感情或者合作受到极大的负面影响。

男女双方对于他们的恋人关系之外关系的认识也是冲突的，男方觉得是合伙人，女方觉得更多的是雇佣关系。如果他们已经结婚，婚后赚的钱都是夫妻共同财产，可能也不会这么计较了。婚姻给人以法律关系的确定，有了法律对财产的保证，人的内心也会有更多的安全感和认同感。

谈恋爱时间长了有人会产生错觉，仿佛和夫妻也没有什么差别，但是实际上心理的认同度是不一样的，夫妻需要荣辱与共，而谈恋爱一旦不合就可以说分开就分开。恋爱双方到最后都希望有稳定的关系，都希望能和爱人携手走过夕阳红。最后男当事人终于明白女当事人还是非常渴望婚姻的，勇敢地进行了现场求婚，所以说恋爱最好的归宿就是婚姻。

F 法律点评

情侣关系的合伙人应该注意哪些问题和边界，才能防患于未然？

情侣之间合伙比一般的合伙要稍显复杂，正是由于存在情侣这样亲密的身份，以及共同生活在一起等因素，一旦感情出现问题，就很容易在金钱上产生纠纷，所以情侣合伙一定要注意下面几个问题：一是要签订书面的合伙经营协议。双方的出资方式、出资份额、利润的分配方式、债务的承担方式及违约责任如何承担等内容，都应当尽可能详细地约定在合伙协议中，以备之后产生了纠纷，可以据此来维护各自的权利。二是合伙企业的财务方面要有相应的规章制度。账目不可混乱，要有严谨的财务制度，避免收支不清等问题。三是尽量将合伙企业的财产和自身的财产相分离。另外情侣之间同居，难免会在金钱上有所交叉，而在我国同居是不受法律保护的，随时可以解除同居关系。普通同居关系中，男女双方不存在任何有效或无效的、可撤销的婚姻登记，男女双方同居期间取得的财产是否为共同共有财产，根据最高人民法院《民事审判指导和参考》的有关内容，首先应当区分该财产是否双方共同购置或共同经营所得，其次要考虑双方出资份额、所做的贡献等公平合理因素，才能确定同居期间取得的财产是否应予分割、如何分割。所以最好的方式就是情侣在同居期间也能对同居期间的财产问题作出一个详细的约定。

7. 孙女的困惑

【当 事 人】

侄女陈静：42 岁，主城打工者。

四姑陈丽华：60 岁，退休人员。

【调解诉求】

申请人陈静：希望四姑可以配合签字，让自己顺利办理房产证。

被申请人陈丽华：绝不签字，主张自己得到一份母亲的房产。

调解前情提要

42 岁的陈静最近几个月有点烦恼，在她看来，原本应该就属于自己的房子，因为家中长辈的横加阻挠，现在房产证一直办不下来。

据了解，陈静想落到自己名下的房子跟她的奶奶有关，奶奶跟陈静的妈妈还有陈静和陈静的孩子在一个户口簿上，这个户口地址的房子是陈静母亲结婚后自己拿钱修起来的。在 2011 年的时候，房子拆迁得了一笔拆迁补偿款，这笔钱不多，总共几万元，就归了陈静的父母。到 2014 年 11 月还建房就下来了，因为户头上有四个人，每个人有 30 平方米，于是陈静家就要了两套房子，每套各 60 平方米。但是奶奶在房子分下来之前不久就过世了。陈静于是想把属于自己的那套房子写成自己和孩子的名字，剩下那套是妈妈的名字，但是当她去办手续的时候，工作人员告诉她，这房子有 30 平方米是属于奶奶的，如果要把名字换成陈静和她小孩的，必须让奶奶的几个子女都来签字声明放弃继承。

问题就出在这里，除了陈静的父亲愿意签字放弃外，陈静的几个姑姑都不愿意签字。奶奶虽说有五个子女，但是因为爷爷过世得早，所以从陈静记事开始，奶奶就是住在她家里的，赡养问题基本上都是由陈静的父母负责解决。在陈静眼里，这几十年来，奶奶基本没去其他几个子女家住过一天，而其他几个子女来看望奶奶的次数也少得可怜。所以，陈静觉得属于奶奶的这部分份额，自然就应该属于他们家。

在陈静的那几个姑姑心里，这个房子应该属于奶奶的遗产，几个子女都应该有份的，所以如果要签字放弃，绝对是不可能的。在几个姑姑的回忆中，陈静的父亲当年结婚就提出分家，陈静父亲选了自己的母亲来赡养，而把父亲推给了另外一个兄弟赡养，就是存有私心的，因为婆婆的腿脚有残疾，陈静父母以为她活不长久，所以才选了她。结果没想到分家后不久，陈静的爷爷就过世了，奶奶反而活到了九十多岁，一直到 2014 年才过世。这几十年当中，姑姑们都说自己是尽到了赡养义务的。奶奶的衣服基本上都是几个姑姑买的，每年每个姑姑都给了奶奶 1200 元当作孝敬钱。

所以几个姑姑觉得自己的母亲过世了，几个子女都应该分一点遗产，留个念想。如今这个房子已经分下来快半年了，陈静希望能和家中几个长辈就这个事情平和地调解，并能早日解决。

或许是因为长辈已经过世了，几个姑姑们与侄女陈静的情分并不深，并且双方来调解的目的性都十分明确。所以在调解现场双方争执得很厉害。为了控制现场情绪，调解团队几次中断调解进行私下沟通，但是效果并不明显。调解团队给了陈静几种建议：一是把属于奶奶的房子份额的价格核算出来，以货币弥补的方式给几个姑姑；二是陈静放弃完全占有房子，在房产证上写上大家的名字，但是陈静可以跟姑姑们协商自己拥有使用权。

调解结果

因为姑姑们所要求的货币补偿金额过大，而陈静也不愿意在房产证上写上大家的名字，经过多番劝导，双方仍无法达成一致协议，调解中止，建议陈静走司法程序解决此事。

情感点评

家庭中对父母遗产的分配不仅体现对赡养父母的一种肯定，也是对父母的“爱”的最后一次分配。因此无论是一个多么有道理的遗产分配方式，在忽略了家庭成员对感情的需求的情况下，都是很难取得共识的。更何况在家庭关系中，很难说某一方拥有绝对的道理，就算有也会因此形成对其他成员的一种道德压制，进而造成情感上的疏远。更进一步，在多子女的家庭环境中，兄弟姐妹间的摩擦往往具有印证血脉连接，促进关系发展的象征性意义。其他儿女明确提出“母亲的遗产几个子女都分一点，留个念想”，充分说明了这不仅仅是一个简单的遗产分配问题，或者说经济问题，也体现了兄弟姐妹们对父母及彼此间情感的不舍。母亲已经故去，但兄弟姐妹还在，彼此间的情分并未消散。只有当兄妹间的情谊更加稳固时，对父母的思念才会逐渐淡去。陈静需要更多地与长辈接触，当与长辈的关系足够密切时，长辈或许也就不会再需要心中那点对于母亲的“念想”了。

【延伸阅读】

- **《钱本草》**　（唐）张说

【简介】

《钱本草》系唐朝名臣张说仿古传《神农本草经》体式与语调撰著而成。作者总结人生整整七十年的阅历，苦心孤诣用仅仅二百余字便把钱的性质、利弊、积散之道描写得淋漓尽致，以钱喻药，诊治时弊，晓以利害，颇富哲理，堪称奇文。

【原文】

钱，味甘，大热，有毒。偏能驻颜采泽流润，善疗饥寒，解困厄之患立验。能利邦国、污贤达、畏清廉。贪者服之，以均平为良；如不均平，则冷热相激，令人霍乱。其药，采无时，采之非理则伤神。此既流行，能召神灵，通鬼气。如积而不散，则有水火盗贼之灾生；如散而不积，则有饥寒困厄之患至。一积一散谓之道，不以为珍谓之德，取与合宜谓之义，无求非分谓之礼，博施济众谓之仁，出不失期谓之信，入不妨己谓之智。以此七术精炼，方可久而服之，令人长寿。若服之非理，则弱志伤神，切须忌之。

【译文】

钱，味甜，性热有毒，却能预防衰老，驻容养颜。可以治疗饥饿寒冷，解决困难，效果明显。可以有利于国家和百姓，可以污损贤达，只是害怕清廉。贪婪之人服用以不过分为好，如果过度，则冷热不均，引发霍乱。这味药，没有固定的采摘时节，无理采摘的使人精神损伤。这种药一旦流行，既能召唤神灵，也能与魔鬼为伍。如果只积攒不发散，会有水火盗贼等灾难。如果只发散不积攒，会有饥寒困顿等祸患。一积攒一发散称为道，不把他当作珍宝称为德，取得与付出相适宜称为义，使用正当称为礼，接济大众称为仁，支出有度称为信，得不伤己称为智，用这七种方法精炼此药，才可以长久地服用它，便可令人长寿。如果不这么服用，则会智力减弱精神损伤，这点需要特别注意。

【点评】

本文中，张说指出，钱“能驻颜，善疗饥，解困厄”“利邦国，污贤达，畏清廉”，要想驾驭金钱，不为所迷，不为所害，应当精炼“七术”，即“道、德、义、礼、仁、信、智”七种方式。用现在的话说就是“积存使用要有度，这就叫‘道’；不把钱看做珍宝，这就叫‘德’；获得与付出相适宜，这就叫‘义’；不求非分之财，这就叫‘礼’；乐善好施，这就叫‘仁’；交易不违约，这就叫‘信’；不让钱伤害自己，这就是‘智慧’”。如果不能做到上述七术，金钱就会令人“弱志伤神”。

在现实社会中，《钱本草》这篇文章对于那些盲目崇拜金钱的人仍不失一剂灵丹妙药。

【思维导图】

（本章思维导图见本书第 332 页）

第五章

恶之花，成瘾行为之祸

人类与成瘾行为似乎总有着不解之缘
烟瘾、酒瘾、毒瘾、赌瘾、网瘾、盗瘾、性瘾
这些隐藏在生活中的诸多之瘾
一旦深陷
则幻化为捆绑我们心灵的绳索
让人行为不端
让人精神麻痹
让人漠视法律
让人蔑视生命
但这些都是表象，而不是根源，根源在于人类心灵的污染
戒瘾者戒心
这才是上策
否则，犹如抱薪救火，而火势更猛
找到成瘾者的心结
并逐一开解
让心灵明亮起来
祝福所有曾被黑暗笼罩的心灵
最终都有阳光的结局

1. 毒　之　祸

【当 事 人】

大儿子沈蓝：44 岁，二婚，无业，曾吸毒，劳教两次，有一个 6 岁的孩子。

儿媳妇苏倩丽：36 岁，二婚，茶楼工作人员。

小女儿沈茵：42 岁，结婚离婚 4 次，无小孩，与男友一起摆摊卖酥肉，戒毒 7 年。

母亲李尚知：64 岁，车管所退休干部，几年前患上直肠癌，现在康复医院帮忙照看病人，做护理工作。

父亲沈城：65 岁，退休工人。

【调解诉求】

母亲李尚知：希望儿子沈蓝不要再来骚扰自己，双方都能过正常生活。

儿子沈蓝：希望母亲把房产过户给自己的儿子沈小新，或者给出一定的经济补偿。

半夜的骚扰电话
撕开了这个家庭隐藏最深的伤疤
母子成仇
兄妹反目
昔日学霸沦为小偷
阳光美女成了风尘“三陪”女
这一切都是因为毒品
一个被毒品控制了二十年的家族
一群在黑暗中挣扎的灵魂
他们还能否走上阳光大道
当事人齐齐现身说毒
调解团队该如何为他们
剜去心灵的腐肉
置之死地而后生

调解前情提要

这不是栏目组第一次调解吸毒人员的家庭矛盾了，但是这次参与调解的家庭算是最为坦荡的一家人。无论是调解之前的沟通，还是调解现场的谈吐，他们没有任何的顾忌，甚至在面对镜头时，拒绝了栏目组提供的帽子、墨镜，拒绝使用化名，全家就这么真实地、赤裸裸地曝光在屏幕上，那些过去的阴暗面、糜烂面、堕落面、痛苦压抑、委屈愤怒……都在长达 6 小时的调解中一一展示出来。

随后，有灵性的人类用毒品把自己变成了笼子里的小白鼠，然后举起镰刀腰斩生命，从此开始走上自杀之路。

自从有了第一个 DIY 的瘟疫之后，毒品仿佛幽灵一般，通过各种黑暗的途径，游走在这片热土之上。它们扼住吸食者人生的咽喉，使人鸠形鹄面，用极其痛苦的方式向自己的生命告别，使人自甘堕落，踩着法律的底线，用足尖在悬崖边起舞，使人泯灭了人性。

很多人无法再回到现实的家庭生活。死亡，成为很多吸毒者最终的逃脱。

那些美丽的罂粟花，像玉米一样被种出来，像糖果一样被包起来，像其他工业产品一样被分装出去。只是，它带来的，是毁灭一切的力量。

如果你还在吸毒，你可能会在这个故事里，找到自己的影子；如果你没有吸毒，也请你看看这个故事。

一

李尚知今年 64 岁。4 年前，她被诊断患上了直肠癌。动了手术，保住了命。医生说，多静养，有好处。所以李尚知家里连电视都很少开，就是想清静。但是从 2015 年 10 月开始，李尚知却连睡个踏实觉都困难了。因为每晚半夜 11 点到凌晨 2 点，家里的座机都会响个不停。

这样明目张胆的骚扰，一直持续了近两个月。

半夜打来电话的，一直都只有一个人，那就是李尚知 44 岁的儿子沈蓝。沈蓝每天半夜几乎都会打 20 多个电话，坚持不懈的背后，只有一个目的，那就是利益。沈蓝希望母亲把她名下的房子过户给自己 6 岁的儿子沈小新。

沈蓝底气很足，因为他的儿子沈小新是沈家唯一的一个孙子，“家产自然都是他的，不如现在就过户”。沈蓝一直这么觉得。

但李尚知不同意，因为李尚知和丈夫沈城名下，就只有这一套房子，并且在李尚知患癌之后，面对不菲的医药费，老两口三年前就已经把房子租出去收租金，随后租住了一间租金便宜一半的老式楼梯房，如此就能省下几百元差价做生活补贴。

跟李尚知夫妇住在一起的，还有两人的女儿沈茵。所以半夜的电话骚扰，惊动的不仅有李尚知，还有沈茵。无休止的骚扰让兄妹俩屡次在电话中破口大骂，沈蓝也不止一次破门而入，光是“110”就惊动了四五次。后来沈茵索性把当地派出所的座机号码抄在墙壁上，抄了好几处，方便随时报警，沈蓝这才消停了一些，不再上门了，但电话骚扰从没断过。

李尚知觉得这样下去不是办法，因为儿子沈蓝盯上她的房子已经10多年了，她深知这个矛盾靠拖延和回避是没办法解决的。

当年李尚知结婚之后，跟丈夫沈城住在一栋老式的楼房里。这栋房子一直都是属于李尚知的。2003年，这种老式的楼房终于迎来了拆迁。当时的户口簿上有4个人，李尚知、沈城、沈蓝、沈茵，所以最后分下来的是四套一室一厅的房子。李尚知心想儿女们将来都是要结婚的，房子大一点比较好，于是又通过补钱的方式，把其中两套换成了两室一厅，每套补贴了大约3万元。但是后来因为种种原因又退回了一套两室一厅给国家，退回去的这套房让李尚知得了6万元的货币补贴，于是李尚知就用这6万元钱装修了其中的一套两室一厅，并把这套房子许诺给了女儿沈茵。然后，老两口和当时尚未结婚的沈茵就搬进了一套一室一厅的房子，还空着的那套一室一厅的房子就归儿子沈蓝。

但是三套房子的房产证上写的都是李尚知的名字。

李尚知很知足，她觉得自己老两口一套房，儿女又各有一套，这日子也算没有后顾之忧了。不过，李尚知没想到的是，她的这种安排为将来母子矛盾埋下了一个巨大的隐患：因为三套房子全部写的都是李尚知的名字，并且留给女儿沈茵的那套是两室一厅，明显大于留给儿子沈蓝的那套一室一厅。而更奇怪的是，李尚知在做这一切安排的时候，压根就没有征求过儿子沈蓝的意见。

因为沈蓝在监狱里。

是因为吸毒进去的。

李尚知亲自打的报警电话。

二

人在幸福的时候，眼里是放光的，而那些光会蒙蔽你的双眼，让你看不到未来可能发生的危险。

李尚知年轻的时候是单位领导，管理百来个人，口才了得。所以在相亲的时候，就相中了一个老实的沉默寡言的沈城。李尚知觉得性格互补，婚姻才能长久。婚后也果然如她所愿，沈城一门心思主内，丝毫不参与家庭与外界联系等事务，甚至连工资都只有李尚知的1/5，所以家里的大小事情，沈城都听从李尚知的安排。

婚后很长一段时间，李尚知都很风光。丈夫对自己服服帖帖，一心一意，下班就回家，承包了所有家务。膝下还有一双儿女，两个孩子在长相上继承了李尚知和沈城的优点。稍大一些后，女儿沈茵出落得亭亭玉立，儿子沈蓝也长得英俊帅气。锦上添花的是，沈蓝还是个学霸，成绩非常不错。从小到大两兄妹的感情也十分好，看电影都是手牵手，成年以后，不知情的旁人还以为他俩是一对情侣。

李尚知对儿子和女儿的期望很大，她希望他们都能像她一样能干，能在家庭中挑起大梁，走到社会上也能独当一面。她决定着子女们每天该穿的衣服，该交的朋友，该吃的饭菜，该做的家务，该读的学校……以至于10多年之后，在调解现场的沈蓝回忆自己的童年，他只是淡淡地说了一句："母亲太强势了，我们做任何事情都必须按照她的要求来，她根本不会在意我们的想法。"而可悲的是，当时的李尚知和现在的李尚知都丝毫没有意识到这个问题。

谈起那些年的生活，哪怕如今到了恶症缠身，矛盾频发的地步，调解现场的李尚知都依然面带微笑，因为对于一个妻子和母亲来说，她从这个她一手撑起来的家里，得到过太多快乐和满足。也正是那些年慢慢积攒起来的快乐，给了她未来面对厄运时的强大力量，不至于那么快就轰然倒下。

很快，李尚知和她的家庭就走到了命运的拐角。

这一拐，就拐进了无尽的黑暗里。

三

"人为什么会吸毒，究竟是空虚恐怖，还是毒品恐怖？"——电影《门徒》。

有人说，人25岁以前是可以放纵的，只要25岁以后能拐回来。

十多年后的沈蓝再次听见这句话，只会无奈地摇摇头，他是过来人，知道这是一个彻彻底底的谎言。

20世纪90年代，沈蓝以学霸身份高中毕业，被中学推荐到当地街道做团支部书记。这是沈蓝人生中的第一份工作，他穿上母亲李尚知为他定制的西装衬衣，规规矩矩地做了一段时间的团支书。褪去稚嫩外表的他觉得自己在慢慢成长为一个男人，而与他成长不匹配的是他的收入，微薄且看不到上升的希望。

而那个时候有一个职业非常吃香——出租车司机。只需要转转方向盘，一月就能挣上好几千元，甚至上万元的收入。沈蓝开始心动了，他渴望挣钱，渴望成为母亲那样撑起一个家的人。沈蓝鼓起勇气向母亲李尚知提出了自己的想法，而一向强势的李尚知唯独在这件事情上支持了儿子，同意他辞去正式工作，去驾校学开车。

很快，沈蓝如愿以偿地成为一名出租司机。收入还不错，每天除去份子钱，最少都有几百元的收入。原本沈蓝就长得不错，有了钱之后打扮起来就更显得英俊。那个时候沈茵还在学校读书，她生得漂亮，性格又外向，一些社会小青年就爱来找她玩。外面的世界开始慢慢向沈茵展现出精彩的一面，沈茵体会着呼朋唤友的江湖豪情，而这些是她在家里从来没有体会过的。在外玩的时间多了，书自然也就读不进去了，沈蓝也教育过她，收效甚微，也就没再管了。

世间的一切都是有因果联系的。

用“如果……就……”的关联句式来造句的话，这个家庭的句式应该是这样写的。

如果沈茵长得不那么好看，就不会有那么多的社会朋友。

如果没有那么多的朋友，就不会有接触到毒品的可能。

如果李尚知没有那么强势，沈蓝也不会如此渴望挣钱。

如果沈蓝没有当出租司机，沈茵也就不会那么轻易地要到钱。

如果当初兄妹感情差一些，这个家庭也不会陷入如今的矛盾痛苦之中。

……

我们每个人的生活都被种种因果与如果包围。每一段对话，每一个选择，每一个决定，都会让我们的未来彻底改变。

一切都不可预期。

体会到赚钱乐趣的沈蓝对妹妹沈茵很大方，有求必应。所以当他突然意识到这个还不满 20 岁的妹妹为什么每天都会找他要 50 块钱的时候，都已经是几个月之后了，而那个时候的沈茵已经在朋友的诱惑下，成为一名彻头彻尾的瘾君子。

察觉到事情不对的沈蓝开始追问沈茵这些钱的去向，无奈之下，沈茵坦白相告，自己沾染了白粉。这让对毒品一无所知的沈蓝产生了强烈的好奇心。而另一方面，沈茵不愿意失去哥哥这个经济靠山，她决定带着沈蓝一起吸食白粉，很快，兄妹俩就都对毒品欲罢不能了。

刚开始，沈蓝的这份出租车司机的工作，还可以支撑两兄妹吸毒，到了后来，由于吸毒剂量渐渐加大，沈蓝整日昏昏沉沉根本无法集中精力开车，不仅交不了每天公司规定的份子钱，甚至很多时候都昏睡在家，整天都无法出门。这份出租车司机的工作自然也就干不下去了。

沈蓝成为失业人员。

沈茵也没有工作，不到半年，没有任何经济来源的两人就吸光了沈蓝之前做出租司机存下来的存款。钱没有了，毒却断不了。在这个尴尬的时候，沈茵选择了结婚，对于这个丈夫，这些年来沈茵一直闭口不谈，因为她很快就离婚了，随后远走广州打工。

“她哪里是去打工，她只是去离家远一点的地方，做小姐而已。你以为她能做什么工?”调解现场沈蓝一脸的嘲讽。

从21岁到35岁，沈茵独自在广州待了15年。那些风尘痕迹，都刻在了她的眼角眉梢里。做的是站街女?还是发廊小妹?沈茵沉默，只字不提。但那时候的沈茵应该还是渴望回归到正常的家庭生活中的，因为她在广州又结了三次婚，可惜每段婚姻都不长久。

她一生的波折跟毒品都脱不了干系。

那一小撮白粉代表的是叛逆，是自由，是一旦打破常规就会被唾弃的悲剧命运。

人生一步踏错，步步皆错。

沈茵总共离了4次婚，没有生育过子女。

四

每个人或多或少都曾体悟过无言的伤痛或无奈的现实！有些人黯然淡忘，有些人执着坚守。沈茵的选择是转身离开，她的选择不能用对错衡量，只是她在离开之前，做了一件事，而正是这件事，让沈家整个家族的命运都发生了彻底改变。

沈茵在去广州之前，给沈蓝介绍了一个女人。这个女人生得同样好看，开着一家小小的服装店。早已不上班赋闲在家“职业”吸毒的沈蓝在见到这个女人之后，重新燃起了对生活的希望，他觉得或许一切都可以往欣欣向荣的方向发展。沈蓝跟这个女人很快结婚。李尚知也希望沈茵走后，家里能多点人气，所以就劝说新媳妇和沈蓝干脆搬进来和他们老两口住在一起，一家四口人，日子果然也是热热闹闹的。

最早发现不对劲的是李尚知。

每当她做好早饭叫儿子媳妇吃饭时，从来都叫不醒他俩，有时候要到中午，两人才会起床。而媳妇的那个服装店也处于三天打鱼，两天晒网的状态，媳妇根本无心挣钱。

原来，这个儿媳妇是沈茵的毒友，吸毒史甚至比沈蓝还要长。

当得知这一切，沈蓝只能长叹一声，无言以对。

他以为未来会踏上乐土，却不料迷雾散去后，露出来的，只是一片废墟。

因为吸毒远走他乡的女儿。

因为吸毒失去工作的儿子。

隐瞒吸毒史嫁进家门的儿媳妇。

2003年，李尚知曾经引以为傲的家已经混乱阴暗到了如此地步，李尚知觉得该她出手了。

李尚知打了报警电话，把沈蓝和儿媳妇统统送去了戒毒所强制戒毒。而正是这个时候，家里的经济开始出现转机，那栋居住了几十年的老房子面临拆迁，通过一系列的活动，李尚知给自己争取到了三套房子。她给远方的女儿留了一套，给戒毒所的儿子留了一套。她希望这样的计划能让游走在社会边缘的儿子和女儿回家之后心理上多个依靠，也多点面对未来生活的底气。

这时的李尚知已经从单位退休，因为沈蓝多年无工作，所以李尚知就在大坪摆了一个固定的摊位卖现炸的酥肉补贴家用。分量足味道好，生意也还不错，一个月能挣万把块钱。半年之后，沈蓝戒掉了毒瘾，从戒毒所出来了，也过来帮忙。因为每天都会接触到钱，心魔重现，沈蓝又开始复吸。有一次，在得知儿子出门是去购买毒品的时候，李尚知再次拨打了报警电话，亲手把沈蓝送进了监狱。

沈蓝坐牢的这些年，沈蓝的媳妇其实已经从戒毒所出来了，但她没脸再回到这个家。这时李尚知以前的同事告诉了李尚知一个消息。在广东的一个小城市，私人可以承包出租车，收入还挺可观，这个同事提醒李尚知，要想让沈蓝彻底戒掉毒品，就必须远走他乡，跟这里的一切人和事断绝联系。2008 年，出狱之后的沈蓝认可母亲同事的建议，他也渴望得到母亲支持，去远方重新开始正常的生活。

李尚知只说了一句话："要我出钱可以，这个婚必须离。"

吸毒的儿媳妇始终是李尚知心里的一根刺。李尚知深知，不管她多努力帮助儿子挣钱，只要这个媳妇存在一天，生活就像是一个无底的黑洞，黑洞会吸走所有的光和热。

这根刺，必须拔出来。

对于这个隐瞒了吸毒史的妻子，沈蓝并无半点留念，两人很快离婚。在拿到离婚证的那一天，李尚知雷厉风行破釜沉舟，迅速地将家里的三套房子抵押给银行，贷款 30 万元。她带着沈蓝和丈夫沈城出发前往广东，开始了背井离乡的新生活。

落脚之后，李尚知找到了出租车公司，办理好了贷款买车手续，并租好房子，很快安顿下来。白天她和丈夫在家做饭，让沈蓝后顾无忧。已经年过 30 的沈蓝也争气，只要有精神就会出门开车，几乎从不歇息，似乎想要把过去被毒品荒废的时间统统找回来。看着儿子渐渐恢复正常，努力打拼生活，李尚知很是欣慰。

好消息接踵而至。

当初告诉李尚知有出租车承包消息的那个老同事，打电话到了广东，说是要给沈蓝介绍一个女朋友。而这个女朋友做事似乎比李尚知更雷厉风行，在跟沈蓝通了电话之后的第三天，她就买了机票飞到广东。当天就和前来接机的沈蓝住在了一起，一个月之后便怀上了沈蓝的孩子。

沈蓝在婚姻和事业上都打了一个漂亮的翻身仗。李尚知很满足地离开了广东，她觉得儿子终于有了另外的女人接手照顾，她可以试着松松手，跟丈夫过自己的生活了。

从李尚知手里接过沈蓝下半生的女人，叫苏倩丽。

苏倩丽有着一个长期吸毒的前夫和弟弟，几年前她的一只眼睛被前夫打瞎，无奈离婚。离婚之后回娘家居住，又被一直居住在娘家的弟弟嫌弃，在认识沈蓝之前，苏倩丽差点被弟弟赶出家门露宿街头。

这是一个从烂泥里走出来的苦命女人，宿命中与毒品有着千丝万缕的关系。

她的出现，让李尚知未来的生活都不得安宁。

五

“如果这次顺利结婚，那么从此以后我也有自己的家庭了。”——苏倩丽。

激进的手段，纯真的目的。

苏倩丽怀上孩子之后，沈蓝也靠开出租车存够了足以将重庆的三套房子从银行解押出来的钱。合计之后，他们决定转让出租车，离开广东回到重庆生活。

2009 年回到重庆之后不到一个月，苏倩丽生下一个胖儿子。新生儿带来了新的希望，李尚知很高兴，她几乎一人承担了这个孙子所有的开销。但是她也渐渐发现这个儿媳妇不是一个省油的灯，总是找各种借口让沈蓝来要钱。为了避免大的矛盾发生，在孙子 6 个月的时候，李尚知告知沈蓝夫妇，希望他们搬到属于沈蓝的那套一室一厅里面居住。

祸从口出。

因为属于沈茵的那套两室一厅，是李尚知当年花了 6 万元精心装修的，并且闲置着，而沈蓝的那套一室一厅，则明显要差很多，需要添置很多东西才能入住。苏倩丽觉得婆婆不仅偏心，甚至故意刁难。一气之下，苏倩丽带着 6 个月大的孩子和沈蓝，搬回了娘家。

心结就此结下。

而苏倩丽的娘家因为有个吸毒的弟弟，住着也并不安生，双方频频发生矛盾。沈蓝心情压抑，在孩子未满一岁的时候，就走上了复吸之路。

沈蓝复吸的那一年是 2010 年，同年，沈茵结束了她的第四次婚姻，从广州也回到了重庆。或许是心疼女儿的坎坷与波折，李尚知把当时做得顺手的酥肉摊交给了沈茵，这个生意虽然累，但是一个月也能稳定有万把块钱的收入。而苏倩丽在得知了这一消息后，她表示希望共同来经营这个酥肉摊，一家做半个月。体恤到哥哥好不容易有妻有子，沈茵同意了。

合作持续了一个月，双方因利益分配不均，以打架散伙宣布告终。

苏倩丽认为自己是两个人，而沈茵只有一个人，所以希望分得 2/3 的利润，沈茵拒绝，双方从此不相往来。

从那之后，李尚知就不断接到苏倩丽打来的电话，大意是让沈茵不要再生孩子了，沈蓝的孩子沈小新就当是沈茵的孩子，让沈茵把房子留给沈小新。同时，李尚知还被告知，做婆婆的就应该把钱拿给媳妇保管。

等到了 2011 年，沈蓝和苏倩丽逼着李尚知去签字，卖掉了属于沈蓝的那套一室一厅。卖房的 33 万元现金，揣入了苏倩丽的荷包。当时两人说想去另外购买新房，但并没有付诸行动。而这笔钱，至今不知去向。

李尚知慢慢觉得，事情有些不受控制了。

因为分钱的事情兄妹俩闹翻了之后，沈茵不再卖酥肉，再次远走去了江苏打工。孩子沈小新稍大一些后，苏倩丽就去茶楼上班了，工资不高，但也算有个工作，而沈蓝就有一搭没一搭地替人做代驾。

风平浪静的背后，是暗流涌动，甚至是彻底的疯狂。

李尚知手里有个秘密账本，记录着 2013 年到 2015 年沈蓝向李尚知要钱的记录，密密麻麻的账目，一次几百元到几千元不等，总共是 64, 800 元。这些钱，李尚知没让任何人知道。从 2012 年开始，因为查出有癌症，李尚知就没有再卖酥肉了，一个月仅有 1500 元的退休工资。为了满足儿子沈蓝每次要钱的要求，李尚知就在家附近的一家医院给其他的癌症病人做护理，一天挣 160 元的工钱。

因为李尚知明白，儿子疯狂要钱的背后，一是儿媳妇在怂恿，二是儿子需要这些钱去吸毒。但是她拖着病躯，早已不是十多年前，勇敢拨打报警电话，把儿子和儿媳送去戒毒所的那个正义凛然的李尚知了；也不是能一咬牙抵押三套房产，远赴广东帮儿子从头再来的那个不计付出的李尚知。

她只是一个被儿女所累的可怜的母亲。

另外，她的女儿沈茵在苏州陷入了传销组织，从 2011 年到 2015 年的 4 年时间，李尚知汇去了 4 万元。这笔钱，李尚知也没让丈夫和儿子知道。否极泰来，在新的环境，新的人际关系中，沈茵告别了以往的生活方式，反而彻底戒掉了毒瘾，回归了正常人的生活。2015 年，沈茵告别了过去的一切，回到了重庆，和父母住在一起，将酥肉摊重新张罗起来。

用沈茵的话说：“妈妈太苦了，我希望能陪妈妈过一个平静的晚年。”

李尚知心存焦虑，又徒唤奈何。“我是一个失败的母亲，我儿女都吸毒，只能救完一个再救一个。”

2015 年，沈蓝也曾试图努力挣钱，就像当年他从街道团支部书记的位置上辞职下海开出租一样，沈蓝在重庆市沙坪坝区的三峡广场看上了一个小门面，他决定做餐饮外卖，给附近写字楼里的上班族送工作餐。他向母亲李尚知借了 5 万元做租金和成本，可是多年吸毒已经让沈蓝的身体有了很大的损伤，他无法从事这样劳累的工作，仅仅三个月时间，外卖生意就赔了两万多元，沈蓝只得关掉了餐馆。

李尚知托关系把沈蓝送进了工地打工，但是因为对建筑行业丝毫不懂，没过几天沈蓝就自己打道回府了。

这个世界上天天都会有浪子回头金不换的故事发生，但是吸毒的浪子要回头，哪有那么容易！

可这样痛苦地活着，又多么苍白与无力。

六

一个男人心里的波澜，只有他自己才知道。

餐馆的关闭，打工的艰难，让沈蓝对重入社会一事感到绝望，他彻底放弃了对命运的反抗，不再有自信。身高 1.8 米的他，体重还不到 110 斤，肩不能抗，手不能提。因为复吸，沈蓝又和十多年前的毒友开始了联系。他们当中有些人频繁地进出监狱，有些人已经妻离子散，有些人失去生活的目标，白天在外当小偷，晚上就用偷来的那点钱换取一点点白粉。

沈蓝也开始和一个老毒友搭档，当起了小偷，在菜市场和公交车上偷钱包手机，偷来的钱他回家就交给苏倩丽。他自知余生堕落，无法担起一个做丈夫和做父亲的责任，于是在 2015 年年底，沈蓝和苏倩丽办理了离婚手续，他希望无论自己将来做了什么错事，都不要连累到妻子与儿子。

“如果我注定是一个烂人，那就独自烂透吧！”

“但是不要忘记，我依然有自己想要保护的人，我会尽力而为。”

此后，沈蓝便盯上了母亲手里的那套房产，他频繁电话骚扰，一定要让李尚知把房子名字过户给孙子沈小新。因为在沈蓝看来，那是他作为父亲，唯一可以给儿子争取到的财产了。

李尚知第一次感到害怕，担心复吸之后疯狂的儿子对自己纠缠未果，会盯上沈茵的那套房，做出对沈茵不利的事情。于是，在2015年底，李尚知火速卖掉了留给沈茵的那套两室一厅，然后重新按揭购买了一套新房，写上了沈茵的名字。李尚知觉得这样心里才踏实。但是这件事情最终还是被沈蓝知道了，随后，沈蓝提出了一个新的要求：补偿9万元差价。

沈蓝觉得母亲不公平，因为妹妹的那套房子比自己的要大一间屋，当初就是添了3万元换购的，而且又花了6万元装修，沈蓝觉得如果母亲把房子通过卖了再买的方式，变成妹妹沈茵的名字，那么就应该把这9万元的差价补偿给他。在沈蓝看来，当初国家补偿房子的时候，他是有一份的，大家都应该是平分的，沈茵的房子最开始就不应该比他大。

面对变着花样要钱的儿子，父亲沈城伤心绝望，这个老实了一辈子的男人，终于站出来表态，希望儿子好自为之，他们不会再继续支付给他一分钱。

只有李尚知明白，儿子这是走投无路了，他的毒瘾断断续续仍在发作，有钱的时候就会吸几口白粉，没钱的时候就吸食美沙酮。离婚后的沈蓝并没有和苏倩丽分开，吃住都继续依靠苏倩丽的娘家。他唯一还能看见的财产，也只剩母亲名下的这套房子和口中那个不公平的差价。

而李尚知此刻只恨一个人，那就是苏倩丽。李尚知觉得这个当初走投无路的女人就是贪图自家的房子，所以才那么迅速地嫁过来，而她的嫁入并没有让沈蓝变得更好，反而让当时已经逐渐开始正常工作的沈蓝再次堕落成了一个瘾君子和小偷。

李尚知甚至怀疑连那个孩子都不是沈蓝的种。

“这个女人成天打牌，根本不做事，就指使我儿子出去偷钱来养她，2011年卖房的那33万元，肯定被她输光了。”

调解现场，李尚知积攒多年的新仇旧恨终于爆发了。

而场下的苏倩丽毫不示弱，直接对骂，“这世上估计只有我还愿意待在你儿子身边，作为母亲你居然还不懂感恩。”

“我是妻子，你是母亲，我们各安天命，为何要互相责怪。”

两人爆发激烈争吵，调解只能暂停。

七

不一定所有的罪恶都集中在一家人身上。

不一定所有不幸都发生在同一个人身上。

但个人命运的悲剧或者人类的劣根性的确每天都在上演。

毒品是人类自己制造的瘟疫，最“致命”的是，它能带给人们快感。目前，全世界吸食各种毒品的人数高达数亿。小小的白色粉末，它浓缩着人们的欲望，结晶着人们的兽态，掺杂着人们的疯狂。快感成为这场瘟疫的病毒细胞核，它入侵的是人们的人性，让人们逆着进化树狂奔，从而返祖成为愚昧的野兽。一旦跟毒品沾边，哪怕只是一个旁观者，你的生活都将因此而改变。

沈家的故事，只是被毒品毁掉的千万个家庭中的一个小小缩影。他们在调解场上所表现出来的痛苦，或许也只是他们所经历的痛苦中的一部分。

沈蓝对生活是有希望的，他的希望来自于他 6 岁的儿子沈小新。沈蓝见过这个社会最阴暗的角落，最痛苦的感受，所以他不愿意他的儿子再经历这些，哪怕他被所有亲戚朋友唾骂，他也想给儿子多争取一些经济上的保障。而李尚知对儿子沈蓝依然是爱护的，基于这样的血缘之爱，调解进入到合议阶段。

调解合议现场

调解员王刚：这样的一个家庭，就老夫妻而言，他们自认为还是比较和谐的，但怎么会两个子女都吸毒，让人有些诧异。面对这样一个特殊的家庭矛盾，我们应该给他们出一些建议，让他们能够恢复到一个正常的关系中。特别是沈蓝的这个三口之家该如何正常生活？即使已经离婚了，但是我们暂时可以把他们看作一个家庭。

婚姻家庭导师李安娜：看一个人的行为，很多时候要看原生家庭的状况。实际上在沈蓝的原生家庭里面，父亲沈城也没有一个独立的人格，很多的时候都是母亲李尚知说了算。他父母之间并没有真正的平等。所以这样的夫妻关系实际上往往给孩子心里面留下一个印象，妈妈很强势，爸爸很懦弱。就像你看沈蓝为什么会打电话说他爸爸很懦弱。实际上从小他是看不起他爸爸的。沈蓝之所以今天会走上这样的路，从根源上来说，与他母亲从小对他的教育方式，满足他的方式，是有关系的。太强势的母亲，通常会养出一个思想叛逆而又行为懦弱的儿子。

律师杨梅：沈蓝觉得他的父母，对他和他的妹妹除了偏袒之外，对这个孙子真的是漠不关心。根本就比不上孩子的外公外婆给孩子的。那么在这一点上，我们能不能做一下沈蓝的母亲的工作，就是说能不能通过其他的方式，给这个孙子一点什么。

职业培训师朱洁：子女肯定不能像这样赤裸裸地要母亲的财产，但是我可以想象，李尚知对这个孙子的关照，比对沈蓝的关心，某种意义上是要少一些。

婚姻家庭导师李安娜：他们对这个孙子是肯定缺少关心的，为什么？不是不关心这个孙子，而是因为情感的问题。是因为情感受阻了，对儿子和儿媳妇的这个情感成了障碍，她很难去关心她的孙子。

情感导师莫桑：刚刚讲的这个，以前是学霸，毒品这种东西，最核心最可怕的是，帮助你形成一种条件反射。条件反射这种东西，人是抗拒不了的。所以在我看来，关键问题，还是做沈蓝本人的工作。但是我坚持的一条底线就是，我觉得父母自己那套一室一厅的房子，一定是留给自己的。

婚姻家庭导师李安娜：我们可以在沟通的时候说，你今后从感情的角度来讲可以分一些给孙子，但是我们不能要求她在儿子面前做承诺，说我非要给孙子什么。

情感导师莫桑：她觉得这个儿媳妇就是凭着这个孙子来跟她婆婆叫板，我给你生了一个孙子，你当婆婆的就应该把财产给孙子。

调解员王刚：这一家人主要的矛盾还是婆媳之间的矛盾，真的还需要把财产的问题处理好。如果不处理好的话，我觉得情感没办法流动起来。他们情感流动的方式现在就是语言暴力。对于财产的问题，我还不能主张说给孙子什么样的安排。但是现在沈蓝因为吸毒被劳教，丧失了一技之长，他的就业可能确实存在一定的问题。如果说家庭也不管他，父母不管他，我想将来儿媳妇这边，也是会把他推向社会的。

情感导师莫桑：沈蓝这边做的工作就是要更强调一下，房子就是他们老人的。

调解员王刚：既然沈蓝夫妻感情好，他认为是母亲干扰了他们的婚姻自由，那他们可以选择复婚。复婚的话他们也可以发展自己，是吧，才卖了房子，33 万元放在那里的，也可以去工作或者创业。

合议方向

1. 李尚知的最后一套房产始终属于李尚知，子女无权夺取。
2. 李尚知夫妇需要对沈蓝多一些情感上的关爱，鼓励其重新燃起对生活的希望。
3. 沈蓝夫妇需要重新审视自身情感和婚姻，尽快复婚。

通过调解团队耐心细致的劝说，在单独调解环节中，沈蓝表示理解父母的经济条件，也不再要求过户房产，只是因为当初沈蓝在卖掉自己的那套房子时，李尚知拿走了 3 万元，声称是当年用来补增加的那 15 平方米的钱。沈蓝觉得原本妹妹的房子就比自己的好，再加上之后自己劳教去了，出来后又去了外地打工，那套房子在那些年是被母亲李尚知出租出去的，房租一直是母亲在收。鉴于此，沈蓝表示只希望母亲归还那 3 万元。对于儿子的要求，李尚知表示同意。

李尚知一下子拿不出 3 万元，她希望沈茵能够理解她的做法，帮助垫付 3 万元，她对女儿说："你是我的女儿，你应该理解我。我不可能不管他，他毕竟是我的儿子，还有我的孙子。"沈茵表示理解，愿意替母亲支付给哥哥沈蓝 3 万元。

调解团队认为，要让沈蓝重新站起来，积极健康生活的唯一方法，就是来自于亲人的爱与关怀，除了与原生家庭的家人和谐相处之外，更需要来自妻子的爱与鼓励，所以调解团队将两人复婚一事作为了领取 3 万元的条件。如果沈蓝和苏倩丽一周之内复婚，复婚之后再由李尚知支付 3 万元。

苏倩丽一口答应复婚。

“虽然你吸毒，虽然你在很多人看来是个败类，但是你对我来说，却是一个好丈夫，而你也在努力做一个好爸爸。这就够了。”苏倩丽最后的表态让人动容。

调解结果

双方签订调解协议，内容如下：

1. 沈蓝和苏倩丽已经离婚，但并非因感情破裂而离婚，而是因为婆媳不和所导致。经过本次调解，沈蓝与苏倩丽同意于 2015 年 12 月 21 日去民政局办理复婚登记，同时母亲李尚知同意他们复婚以后，赠予其 3 万元。

2. 坐落于沙坪坝区的房产是属于李尚知的房产，在李尚知、沈城夫妻二人生前，沈蓝和苏倩丽不得要求父母过户给自己，且不得再因此骚扰父母的正常生活。

3. 在父母需要赡养的时候，沈蓝必须履行法定的赡养义务。

4. 本次调解协议达成一致以后，李尚知夫妇与沈蓝夫妇不存在任何的债权与债务关系。

调解结束一周之后，李尚知打来电话，告知编导沈蓝和苏倩丽已经复婚，并带上了结婚证来看望老两口，3 万元当场就支付给沈蓝了。家庭的关系开始慢慢融洽，李尚知决定重出江湖，带领儿子一起另外摆一个酥肉摊，她知道自己或许时日无多，但也希望能够尽可能多陪在儿子身边。

“这样我等到将来闭眼睛的那一天，我才闭得上眼睛。”李尚知在电话里这样说道。

只有亲情与真爱，才是抵抗毒品的最有效方法。

T 调解链接

1. 在调解现场讲述到最初因受妹妹误导而吸毒一事时，沈蓝有些情绪，他把所有的不如意都指向了场下的沈茵，因为在沈蓝看来，自己的这一生都被沈茵毁了，如何平复沈蓝的情绪，让调解得以顺利进行？

要平复沈蓝的情绪，就需要发现他情绪失控背后的诉求，就是沈蓝需要把责任都推到妹妹沈茵的头上，然后才可以冠冕堂皇地以一个受害者的身份向母亲索要钱财。

弄清了沈蓝的心理，调解员接下来就用到焦点转移法让沈蓝把怨恨的焦点转移到自己身上，让他意识到，人生走到如今这步，并不能完全怪沈茵，沈蓝自己也要负一定的责任。按照常理作为哥哥的沈蓝在发现沈茵吸毒之后，本应引导、劝诫妹妹让其迷途知返，走上正途，可其非但没有加以阻止反倒助纣为虐。倘若当时沈蓝做出的是一个正确的举动，又何以酿成今天的这场悲剧，最终不至于使自己受好奇心的蛊惑也走上吸毒这条不归路。所以归根结底，是沈蓝意志不坚，难以抵制诱惑，其必须为自己的行为“埋单”。

调解员通过这样的情绪控制、焦点转移和理性分析的办法，让沈蓝的情绪很快恢复了平静，使调解得以再次顺利进行。

2. 调解现场，李尚知拿出秘密账本，怒指儿子沈蓝向他疯狂借钱；沈蓝却指出母亲偏心，明明背地里给了做传销的沈茵同样多的钱，却从不记账；沈茵认为，母亲有权利选择把钱给哪个子女，沈蓝没有资格指责。场上场下顿时吵成一片。如何平复双方情绪，让调解顺利进行？

调解现场，面对曾经的吸毒人员，尤其要防止极端的事情发生。所以调解员要时刻关注当事人的情绪，有了苗头就要及时扑灭。此时在账本问题上，三方吵成一团，这是因为这个家庭当中的边界不清造成的。需要让他们明白自己在这个家庭中处于什么角色及所应当承担的责任。

调解团队迅速将三方分开，防止肢体冲撞的意外发生。然后，通过分别交流让他们意识到，原本风光的家庭如今矛盾重重，家庭中的每一位成员都难辞其咎。李尚知作为母亲，在处理子女问题时没有考虑周全，导致家人之间心生嫌隙；沈蓝作为儿子，根本没有意识到自己对父母应尽的义务，而只是一味地要求享受权利；沈茵作为女儿，应作为李尚知和沈蓝之间沟通的桥梁，缓和双方关系，而不是推波助澜加深误解。

根据我国《物权法》的规定，公民有权对自己享有所有权的财物自主支配。李尚知如何处分自己的财物，沈蓝没有权利干涉，但出于对家庭和谐稳定的考虑，李尚知在处理财物时还是应尽量做到公平。家庭成员之间不要事事针锋相对，遇事要冷静沟通，勇于承担自己应尽的义务，只有这样才能建立良好的家庭关系。

在分开单独沟通之后，三方的情绪都有所缓和，再加上理性的分析，三方都表示希望继续调解。调解也得以再次顺利展开。

3. 调解现场，苏倩丽和李尚知爆发了激烈的矛盾，调解一度无法进行。此时应该采用哪种调解方法，才能缓和双方情绪，继续调解？

婆媳关系是一种比较特殊、比较难处理的人际关系，它既不是婚姻关系，也无血缘联系，而是以两种关系为中介结成的，婆媳关系融洽与否直接影响着整个家庭的关系。因此，对于婆媳关系在调解过程中尽量采用情绪的冷却法，让双方明确家庭关系的边界，各归其位。

李尚知认为苏倩丽觊觎其家产，心怀不轨，便从不以平常心相待，导致误解和矛盾愈演愈烈，稍有争端便大动干戈；苏倩丽作为晚辈，对待长辈没有基本的尊重，缺乏关心和理解，甚至恶言相向，加深了婆媳矛盾。

T 调解点评

围绕吸毒者的矛盾应该怎么调解？这是留给所有调解工作者的一道难题。

吸毒，是矛盾发生和发展、今天和未来都绕不开的因素，也促使我对这个矛盾及类似矛盾进行更深入的思考。

第一，矛盾一时解决，未来并不确定。

这种还未彻底戒掉吸毒的当事人，如果 3 万元用完，如果他最后一直未能完全戒毒，会怎么样？会给家庭带来怎样的问题，这是不确定的。这种不确定并不是个人的忧虑臆想，而是由毒品危害决定的。

当然，不确定也不意味着会更差更糟糕，也有另外一种可能，就是彻底戒掉毒瘾重新恢复正常生活，我们依然以鼓励的态度去鞭策当事人，希望他们对未来幸福有强烈的渴望，为彻底戒毒注入力量。

第二，吸毒危害巨大，不能减轻负罪感。

对当事人吸毒的问题，我们始终严肃批评，强化吸毒的巨大危害性。把生活中因吸毒家破人亡的惨痛教训传递给他，并对戒毒的巨大困难性做了充分论证。虽然也要注意方式，但态度上要旗帜鲜明，因为吸毒是人性的悲剧，是人类社会的悲剧，我们不希望任何人出现悲剧。但人的自我毁灭是难以完全避免的，吸毒就是毁灭自己，社会帮助戒毒，就是阻止毁灭，这是异常艰巨的严峻的斗争。吸毒给自己、给他人、给亲友、给社会带来了灾难，只有有强烈的负罪感才可能出现新生。

第三，母亲值得欣慰，方法选择恰当。

母亲在我们的支持下做了两个正确的选择：一是坚决不变更自己的房产，即使不是面对吸毒的儿子，这对其他老人也有积极的启示。全社会都要维护老年人的合法权益，老年人首先要自己维护自己的财产权利，这使未来养老和养老的质量拥有更大的回旋余地和保障。二是她要亲自带这个儿子去做小生意：炸酥肉。她知道只有劳动才能改变一切，包括改变恶习。劳动是这个孩子最终戒掉毒品的希望，母亲和他一起劳动使这种希望更有可能变为现实。

第四，妹妹出手相助，推动家庭和睦。

妹妹代替母亲给了哥哥 3 万元钱，这是调解成功的关键因素。妹妹一举三得，让哥哥放弃不当诉求，主动维护老人的财产权；哥哥与嫂子重新登记复婚，为家庭复兴赢得机会；让母亲和哥哥曾经围绕财产的不满消失，母子共同去劳动开创新的未来。这说明解决矛盾仅仅依靠矛盾双方的努力，有时是不够的。需要争取更好的外部因素，创造各种有利条件。或者说，亲朋好友之间，不管谁遇到矛盾，旁人都要积极地站出来，做些力所能及的事情，成为化解矛盾的积极因素，这也是社会和谐的必然要求。调解工作者就是这种积极因素。

情感链接 Q

1. 如何看待一个家庭中母亲的过于强势？

在生活中，每个人都会按照自己舒服的方式进行选择，这样做会产生安全感。女人之所以强势，是因为强势带来了很多好处，例如家庭的地位、工作的权威、外围的评价等。

过于强势，也就意味着家庭中只允许存在一个声音。李尚知的强势，必定会带来丈夫的弱势，孩子们的绝对服从，同时也压抑了整个家庭其他成员的活力。

然而，在李尚知的眼中，这种强势也是一种牺牲，为所有人操碎了心。付出越多，期望也会越大，抓得就会更紧。为了保证付出有明确的回报，李尚知就需要确认孩子的每一步发展都是可控的、朝向成功的，于是，就剥夺了孩子们自己思考的能力。

这是李尚知缺乏安全感的一种表现，用所谓的强势“控制”住客观世界的不确定性，其实也是控制不了的。所以，她选择控制老公，这是自己绝对控制得住的。从这个角度看，强势的女人也是最没有安全感的女人，自己也是自己强势的受害者，只是她没有意识到。

2. 沈茵当初之所以会成为混社会的“小太妹”，是否也和母亲的强势有关系？

母亲的强势，相对于父亲的忠厚老实，自然看起来更有诱惑力。两个孩子，不一样的发展路径，却同样都是在模仿自己的母亲。

沈蓝更像母亲工作的一面，学习努力，能力突出，又有实干精神，所以很快就能脱颖而出。沈茵更像是母亲社交的一面，喜欢站在舞台中央，呼朋引伴，成为大家的焦点。

两个孩子，都在这种榜样的带领下，发展出了自己的平台。他们必须创造出价值，希望得到母亲的认可，或者说表现得更像母亲，这样才是“成功”的样子。

这是一种压力，也是一种动力，还可以是一种致命的诱惑。因此，不能说母亲的强势直接导致沈茵的沉沦，但是也不能说毫无关系。

3. 沈茵为何频繁结婚离婚？她是在寻找心理的归属，还是希望在婚姻中找到社会的认同感？

沈茵频繁离婚，一是为了吸毒所需的钱；二是需要情感；三是排解异地的孤独与寂寞。然而，婚姻是两个人彼此的联合与达成。这个双边的关系，非常需要考验个体的内在价值感、生命观和各种良好习惯的养成，特别是对待情感的态度和现实的行为表达。在这些考验中，沈茵都是一个在成长中留下许多缺陷的女孩，她在没有爱，只有服从权威的家庭中成长。进入婚姻的二人世界后，诸多的缺乏会让沈茵带给对方许多不舒服的感觉，加上强势母亲所给她展现的女人形象，也会让她在婚姻中成为不受欢迎的那一方。

沈茵父亲这样的男人在社会上又有几个呢？所以沈茵婚姻的挫折和频繁解体是一个必然的结果。

4. 沈蓝复吸的心理原因是什么？

沈蓝复吸原因肯定有多种，但我们观察沈蓝的成长经历就发现，沈蓝在强势母亲一直不顾孩子感受的管理和哺育中，早就失去建立自我的机会了。跌跌撞撞进入成年之后，内心没有稳固的做人根基或者叫独立人格。他一旦陷入人生的挫折和困境中，就容易烦躁不安，很快就会去寻求最好的麻痹自己的东西，或者逃脱现状，怎么容易摆脱自己的困境就怎么做，不愿意承担自己当下的责任。现状是家庭中成天的吵闹和夫妻矛盾，还有襁褓中的孩子需要养育，经济和精神的压力都让沈蓝焦头烂额，再加上此刻母亲对房子的分配不公正，媳妇的抱怨频发。几样事情集结在一起，就让这个在个人成长中缺失了很多因素的男人摔倒了，怎么解脱？吸毒来麻痹自己，以逃脱一切烦恼，因此沈蓝的复吸就成为一种必然。

5. 如何看待沈蓝离婚背后的心理活动？

当母亲已经不是像一手遮天的女神一样的存在，当自己的任何麻烦已经不能吸引母亲的关注时，沈蓝明白了需要靠自己生活，却不知道该如何承担自己家庭和生活的责任，只能选择了自暴自弃的方式——离婚。

从沈蓝的意识层面上看，他认为自己离婚是一个明智的选择：为了儿子和前妻。而从深层次看来，他已经对自己放弃了：面对孩子和妻子不能提供经济和其他帮助，他选择离开；对自己放弃——没有改变自己和继续走上不一样的生活境况的信心和决心；对父母放弃——在他骨子里没有对父母回报的想法和行为！

6. 苏倩丽对沈蓝究竟是一种什么感情？

在上一段感情中，苏倩丽对毒品肯定是恨之入骨，毒品不仅毁了她的家庭，而且还给她带来了身体上的伤害。所以，对于沈蓝隐瞒吸毒这个背景，她肯定也有所记恨，但也没有更好的选择。

苏倩丽自然也会把未来幸福的希望，寄托在这个重新回归正轨的男人身上。入乡随俗，儿媳肯定也需要绝对服从这个家庭的核心——母亲李尚知。她也会发现这个家永远都是母亲说了算，自己的丈夫根本就做不了主，也无权去争取自己的利益。

于是，她选择自己站出来，为自己的家庭和丈夫争取应属于他的东西。然而，当她去触动权威的时候，必然会被收拾。由于长期生活在这个系统之外，她认为既然得不到好处，就要脱离系统独立生活，却没有意识到丈夫是无法脱离开系统而生存的。

既然无法完全得到，又无法面对胡乱的质疑，苏倩丽只好通过丈夫寻求经济方面的补偿，为自己的孩子争取更多的保障。

相信苏倩丽对这份感情还是有美好期待的，只是沈蓝这个丈夫没有成长为她心中的依靠，所以只能靠自己来努力争取了。

F 法律链接

1. 李尚知有把房屋自行分配，并登记在自己名下的理由吗？

李尚知作为一家之主，应该在征询其他家庭成员的意见以后，进行房屋的分配。虽然，李尚知夫妇希望自己的儿女在自己老年的时候能够对自己尽到赡养的义务，为自己增加一分安全感。但是拆迁安置的宗旨，是保障每一个被拆迁人的居住权，保障每一个被拆迁人都能够得到公平合理的分配。公平原则是民法的基本原则，拆迁安置房的分配也应遵循这一原则。

2. 吸毒犯不犯法？

根据我国法律规定，行为人自主决定的吸毒行为是违法行为，但并不涉嫌犯罪。所以对于自主吸毒行为不会受到刑事处罚，但仍会面临一定的行政处罚。在我国对于吸毒成瘾的人员，还可以进行强制戒毒。

根据我国《治安管理处罚法》第 72 条规定，吸食、注射毒品的，处 10 日以上 15 日以下拘留，可以并处 2000 元以下罚款，情节较轻的，处 5 日以下拘留或者 500 元以下罚款。在《戒毒条例》中，对于吸毒人员规定了自愿戒毒、社区戒毒、强制隔离戒毒以及社区康复等戒毒措施。《禁毒法》第 38 条第 1 款规定：“吸毒成瘾人员有下列情形之一的，由县级以上人民政府公安机关作出强制隔离戒毒的决定：（一）拒绝接受社区戒毒的；（二）在社区戒毒期间吸食、注射毒品的；（三）严重违反社区戒毒协议的；（四）经社区戒毒、强制隔离戒毒后再次吸食、注射毒品的。”

另外，值得注意的是，虽然自主吸毒行为不构成犯罪，但是引诱、教唆、欺骗、强迫、容留他人吸毒的行为，可能构成犯罪。我国《刑法》第 353 条规定：“引诱、教唆、欺骗他人吸食、注射毒品的，处三年以下有期徒刑、拘役或者管制，并处罚金；情节严重的，处三年以上七年以下有期徒刑，并处罚金；强迫他人吸食、注射毒品的，处三年以上十年以下有期徒刑，并处罚金。引诱、教唆、欺骗或者强迫未成年人吸食、注射毒品的，从重处罚。”第 354 条规定：“容留他人吸食、注射毒品的，处三年以下有期徒刑、拘役或者管制，并处罚金。”

3. 购买毒品犯法吗？

根据我国《刑法》的相关规定，购买毒品的行为，需要分析主观方面，由于其主观目的的不同可能会涉及不同的犯罪。如果行为人是因为沾染吸毒恶习后，为满足其吸毒需要而去购买毒品的，则不构成犯罪，但非法购买较大数量毒品的，或者有证据证明行为人不是以营利为目的，为他人代买仅用于吸食的毒品，数量达到较大数量的（非法持有鸦片200克以上、海洛因或者甲基苯丙胺10克以上或者其他毒品数量大的），则构成非法持有毒品罪；如果行为人购买毒品目的是贩卖，或者有证据证明行为人是为了贩卖而去购买毒品的，则构成贩卖毒品罪。

编导后记

最初打来求助电话的是母亲李尚知。在听完整个故事之后，我很担心因为涉及太多隐私，当事人沈蓝和沈茵会不愿意上电视公开调解。但意外的是，在第一次的电话沟通中，他们都很痛快地一口答应愿意过来。

调解之前，我跟他们分别都见了一次面，沈蓝说自己口才不好，没有母亲那么能说会道，担心会影响大家对他的看法，所以熬了两个通宵在家里写了满满十几页的材料，从童年写到现在，对被动吸毒的后悔，对母亲“不公”的怨恨，对妹妹的埋怨，对自己的痛恨。沈蓝的字迹清秀工整，隐约透露出当年学霸的气质。苏倩丽陪着沈蓝在他们小区院子的一棵大树下跟我见的面。交流时，他们都刻意地压低了声音，如果有旁人路过，他们会暂时停止说话，这说明他们内心是不愿意让别人知道自己是吸毒家庭。

与妹妹沈茵和李尚知夫妇的见面安排在一个上午，地点就在他们租来的廉价出租房里，沈茵很照顾母亲李尚知，不时嘘寒问暖，这些动作和话语不像是装出来的。我在家里转了一圈，发现厨房里井井有条地摆放着做酥肉的工具，沈茵说一会下午四点钟就会推出去卖。此刻，这个家庭是充满着亲情味的。

他们很明白自己的痛在哪里，错在哪里，悔在哪里……只是被毒品侵蚀太久，神经早已麻木。沈茵算是自救成功的例子。沈蓝没有这么幸运，至今都没能彻底断掉毒瘾。但沈蓝的内心也是渴望新生的，他渴望在剩下的日子里扮演好父亲这个角色。我们的调解也抓住了沈蓝心中那一簇微弱但依然顽强的火苗，希望点点星火不灭，照亮他未来的路。

唯有亲情与爱，是挽救一切的力量。

这也是最后支持沈茵和沈蓝面对屏幕的原因，他们希望更多的人在听了他们的故事之后，能够拒绝毒品，远离毒品，作为一个正常人过好每一天。

不碰毒品，就不会有伤害。

不放弃爱，一切就都来得及。

2. 藏在山里的神秘人

【当 事 人】

儿子小周：16 岁，在家排行老大，2013 年辍学回家，在家行为异常，不与人沟通，整天睡觉。

父亲周志权：53 岁，农民工，有 4 个孩子。在小女儿 4 个月的时候妻子去世，并因家里修房子，欠债 5 万元，因家境贫穷，没有再婚。

爷爷周大爷：77 岁，在家务农，与孙子小周关系亲密。

幺婶张秀：48 岁，是周志权幺兄弟的媳妇，小周母亲去世之后，经常照顾小周。

【调解诉求】

申请人爷爷、父亲：希望能够治好孩子的心病，重新回到学校上学。

被申请人小周：希望家人能够理解自己。

调解前情提要

坐落在江津的某个村子里，有这样一个人，他三两天出来吃一顿饭，从来不与外界交流。在家里堂屋的三根板凳上睡了一年多，从来不睡床，现在天气冷了，才转到卧室睡。头发超乎想象的长，他也不去打理，已经有两年没有踏出家门，从早到晚做的事情就是睡觉。

当编导走访当地邻居时，邻居们偶尔看到这人出来，发现他脸色苍白，有人猜测他生病了，常年卧床不起；还有人说这个人是不是受了什么刺激，主动跟他打招呼，他也不理不睬；也有邻居猜想是不是家人不关心他，他自暴自弃了。邻居们纷纷开始担忧这个人到底怎么了。

为了探究事情的来龙去脉，编导去了当事人家中，有位 53 岁的中年男人称这个行为怪异的人正是自己 16 岁的儿子。中年人叫周志权，他说 2013 年的某天，在读初中的儿子小周突然回家，不言不语，并且之后就再没有回学校上学。在这两年的时间里，儿子小周萎靡不振，行为异常。两年来，周志权没有与儿子说上一句话。因为经常叫小周吃饭，他发现小周经常躲在被窝里看手机，对于儿子目前的现状，周志权怀疑儿子“中毒”了，中了“手机毒”。

跟小周同住一个屋檐下的爷爷说，小周在 2013 年之前都是一个特别懂事，成绩也特别好的孩子。他不知道小周遇到了什么事情，整天不出门，不言不语，他担心小周的人生就这样毁了，更担心再这样下去，孙子会不会去做傻事。同时，编导在一间散发出异味的房间里，确实看到小周在床上睡觉，偶尔偷偷拿出手机玩耍。到了中午吃饭的时间，不管父亲和爷爷怎么喊，小周都置之不理，干脆把门给反锁了。经过调解小周坦白，自己的确爱打游戏，沉迷于其中，因为旷课两三年了，自己现在也不想回到学校读书，对于未来更没有安排。小周的情况让他的家人非常担心，家人希望通过调解和心理疏导让小周能够变回一个“正常人”。

通过小周在调解现场的表现，可以看出他是一个很聪明也很善良的孩子，但是他说的话大都是零碎的，也是随机的，所以他的话还不能作为调解团队解决问题的充分依据，调解团队采用了正面鼓励的方法分别跟孩子和家长进行了沟通。

第一是鼓励孩子在未来的生活中追求快乐，让他尽量地从目前“网瘾的快乐”中走出来，到社会生活中追求更大的快乐；第二是孩子不太受得住委屈，告诉孩子不管是遇到什么挫折和不公平，都要有一种正确的处理态度，更不能成为一个认为自己不好的客观原因。另外，调解团队也与小周的爷爷和父亲进行了沟通，强调要对孩子持续的鼓励，他们要为孩子未来走上社会创造条件，比如说他要打工，要参加培训，肯定要拿点钱的，这些钱，即使再困难，当爸爸的都要给出。

在正面鼓励下，孩子消除了对立情绪，家长也懂得了回家之后的一些处理办法，调解取得了比较好的效果。

调解结果

双方签订调解协议，内容如下：

1. 支持孩子年满16周岁以后，走向社会参加劳动，通过劳动改变当前的生活状况，为追求未来的幸福生活创造条件。

2. 父亲要从多方面努力帮助孩子实现愿望，尤其要从精神上鼓励孩子健康成长；孩子自身也要努力，不断提高正确认识问题的能力，提高承受委屈的能力，内心要认可父亲和爷爷为家庭的付出。

3. 家庭成员之间要互相尊重，互相鼓励，尊老爱幼，对未来的生活充满信心。

情感点评

可以看到16岁的小周行为发生了严重的退行，两年未能踏出家门，既不打理自己，也不与他人交流，这已经远远超出了正常的范围。首先应该考虑的是将孩子带到医院，由专业医生进行检查和鉴定，排除小周存在生理异常的可能。当确认小周没有生理异常之后，再讨论可能存在于他心中的心病。

小周的行为有着明显的转变，而这个转变也有明确的时间点，因此在时间点前到底发生了什么，或许是我们理解小周行为的关键。虽然小周现在不与他人交流，但是他的同学、朋友、老师或许能提供有价值的线索。如果大胆推测，也许小周母亲的离世对他有重大影响。

至于现在小周整天躲在被窝里看手机，这显然不是中了“手机毒”，而正是小周身上最可喜的地方。首先，能正确使用手机，说明小周的智力正常，没有伴随行为的退行而出现智力的损伤；其次，手机已经成为当今社会重要的社交工具，小周很有可能通过手机与外界保持着某种程度的联系，并没有完全将自己与他人隔离；最后，正因为他喜欢玩手机，也是他进行改变的重要动力，即以使用手机为条件让他进行逐步的改变。

需要小周的家人在调解之后，继续观察并努力找到真正导致小周神秘转变的原因，并且积极寻求专业人士的参与和帮助，以便帮助小周恢复正常。

3. 是母亲让我沦为赌徒

【当 事 人】

母亲赵婆婆：78岁，丧偶，育有5个子女，有一只眼睛失明。

二女儿马丽：47岁，离异，与前夫育有一女；年轻时做些小生意，现在无业。

【调解诉求】

申请人马丽：希望母亲搬去敬老院生活。

被申请人赵婆婆：希望女儿归还欠款。

调解前情提要

家住沙坪坝的马丽希望栏目组帮忙一起说服母亲赵婆婆去住养老院。因为她正在卖房子，而母亲赵婆婆始终不愿意搬走，这让她很伤神。赵婆婆表示必须等到二女儿马丽把欠她的16万元还给她了才会走。

原来2014年赵婆婆把名下安置房卖了36万元，因为安置房是属于赵婆婆和小女儿两人共有的，所以赵婆婆就分了20万元给小女儿，自己剩下了16万元。

结果三天之后这笔钱就被二女儿马丽借走，马丽随即安排自己和母亲二人去厦门玩耍。然而在旅行途中，两人发生严重争执，郁闷之中的马丽赌瘾爆发，两天之内，16 万元输得精光。输光了钱的马丽带着赵婆婆回到了自己位于重庆沙坪坝的房子里居住。这一年以来母女之间矛盾频发，赵婆婆时常逼着女儿还钱。

马丽嗜赌，这一切都和她的经历有关。17 年前她的前夫染上赌瘾，两人离婚。离婚后马丽就去了厦门打工，当时她是做股票和期货的好手，没几年时间就挣了几百万元。挣了钱之后马丽就回重庆买了几套房子，把母亲接出来一起住。但是因为婚姻、情感的不顺利，导致她极度抑郁，最终染上了赌瘾，每天只有走进赌场，她才会暂时忘掉烦恼。回重庆后短短几年时间，马丽就输掉了几百万元。没有了大笔现金的马丽稍微消停了一阵。但到了 2007 年，她与男友分手，几次自杀未果，赌瘾再次爆发，之前买的几套房子相继输掉了。

现在马丽在外还欠有不少赌债，所以想干脆卖了房子来偿还这些欠债，并且借此机会让母亲自己去养老院居住，然后她可以用那笔 16 万元的欠债来按月支付养老院的钱，等 16 万元用光之后，再让其他几个姊妹一起来承担母亲的养老。但是母亲赵婆婆不愿女儿卖房，如果女儿执意卖房，她就想一次性拿到女儿欠她的 16 万元，然后自己单独买房居住。两人之间的分歧较大，需要通过调解打开心结。

本案的调解用了结果导向法，因为卖房子的结果是一定的，是两位当事人都同意的，只是在卖房款的使用上两人有分歧。所以在这个基础上，调解团队根据《老年人权益保障法》告诉马丽，欠母亲的钱一定要归还。至于母亲卖房后的居住问题，则属于赡养层面的事情，可以再与几个姊妹一起进行沟通。目前需要解决的就是还款问题。对于调解团队的分析和建议，马丽和赵婆婆都表示接受。

调解结果

双方签订调解协议，内容如下：

1. 双方系母女关系，女儿名下有一套位于重庆市沙坪坝区住房，同时女儿向母亲借款 16 万元未归还。

2. 女儿出售房屋须经母亲同意；同时，出售房屋的合同中应该约定买方优先保障母亲的 16 万元，直接由买方转账 16 万元到母亲的银行卡，剩余房款归女儿所有。

3. 母亲在收到 16 万元的次日，迁出上述房屋，不得干扰女儿的出售与买卖事务。

情感点评

母女之间的纠纷，归根结底大多都是情感的纠纷。只有父母会不计回报地为自己儿女付出，作为儿女也必然希望能回馈自己的父母，这是人类最基本的情感。正是这种情感的存在，才使人类这个生物群体得以繁衍生息，并茁壮成长。即使在母女的矛盾纠纷之中也能看到这种情感。

当马丽挣钱比较顺利的时候，就把母亲接到了自己身边，希望能更好地照顾母亲。现在，即使欠了赌债，想把房子卖掉然后把母亲送到养老院，也是想的用卖房的钱来支付母亲的养老费用，一直到把欠母亲的钱用完了，再找其他姊妹商议。而赵婆婆，当初安置房一共卖了 36 万元，就分给了女儿 20 万元，自己只剩了 16 万元；如今坚决不同意女儿卖房，但要拿到 16 万元现金，也是因害怕女儿深陷赌瘾无法自拔，把最后的希望都一起输掉。她们之间的纠缠无不充满着母女之间的爱。

不过需要注意的是，马丽的行为模式或许存在一定的问题。失败的婚姻就让她沉迷赌博，但又是什么原因让她婚姻失败呢？如果婚姻的失败，是马丽的自身原因，那么沉迷赌博，或许也只能归咎于她自己了。而马丽要想摆脱现状，最为重要的就是意识到究竟是什么导致她走到了今天这一步。只有自己状态的彻底改变，彻底戒掉赌博，与母亲的相爱相杀，才会变成相亲相爱。

4. 没病装病的儿子

【当 事 人】

儿子冉军：40 岁，曾在广州制衣厂打工，最近回到重庆赋闲在家。

父亲冉大爷：63 岁，专职带孙女。

【调解诉求】

申请人冉军：希望父亲能够拿钱出来给自己治病。

被申请人冉大爷：希望儿子不要装病，振作起来正常生活。

调解前情提要

家住忠县的冉军给栏目打来热线电话，说自己明明得了很严重的病，但是自己的父亲却偏偏说自己没病，甚至阻挠自己去看医生，他希望能和父亲好好谈谈。

冉军声称自己从 2008 年开始就有了严重的抑郁症，当时他在广州打工，跟妻子的感情不是太好，总是被妻子嫌弃。生活的各种不顺心，加上经济的拮据，久而久之就得了抑郁症。这个病不发作的时候没什么，一旦发作就心慌难受，全身上下哪儿都不舒服。但是每当他从广州给忠县老家打电话，想跟父亲谈谈心的时候，父亲要么不接他的电话，要么即使接了电话也没个好话，所以冉军觉得自己的病情一年比一年加重。

雪上加霜的是，到了2013年春节，冉军的妻子因为闹矛盾跑了，冉军在广州一个人孤零零的，到了2015年7月，抑郁症再次发作，难受至极的冉军只得回了忠县的父母家，想得到父母的安慰。可他发现，父亲依然还是不管他，坚持说他没有病，不准他去医院。冉军觉得这日子实在是痛苦，妻子看不起自己跑了，亲生父亲也不和自己说话，甚至不关心自己的身体。冉军希望可以好好地做做父亲的思想工作，让父亲可以理解他。

那么冉军的父亲冉大爷就真的是这么一个不关心儿子，又不通情达理的人吗？说起这个儿子，冉大爷气不打一处来，他说儿子天天念叨有抑郁症，他在忠县给他找了一个很好的心理专家，但是儿子嫌不专业不去看，非要到重庆的大医院去看。于是前几天跟母亲一起去了重庆，结果看了之后医生说，这是不锻炼，运动少了导致的毛病。就连儿子说2008年开始生病那次，他还专门让远嫁到台湾的女儿坐飞机到广州把儿子接上又飞回重庆，一下飞机就到新桥医院找的专家看病，专家看了也说没病，啥问题没有。冉大爷觉得儿子是没病装病，归根结底就是思想有问题，因为从小这儿子就不是一个省油的灯。

在冉大爷的记忆里，儿子一直就是好吃懒做的人，从20多岁开始就迷上了赌博，钱没几个，但是赌起来大方得很。2000年的时候他和老伴、儿子一起到广州打工，冉大爷擦皮鞋，冉军打临工，因为喜欢赌博，生活费之类的开销还经常要老父老母贴补。到了2002年，冉军交了个女朋友，是湖南人，冉大爷赶紧拿钱出来给儿子娶了媳妇办了喜酒，心想有个女人管着儿子应该能成器了吧，没想到儿子还是爱赌。

说起这个走了的媳妇，冉大爷很是伤心，2013年的春节，冉军从腊月二十八开始连打了四天麻将，输光了带回来的所有的钱，导致媳妇半夜离家出走，从此再没回来过。只有过年过节媳妇会给老爷子寄点钱，但是跟冉军和两人的孩子就再没联系过。想到这么好的儿媳妇就这样被儿子气走了，冉大爷很心痛。而更让他绝望的是，儿子回到广州之后，依然好吃懒做，去年还从他这里骗了一万多元。冉大爷实在是受不了儿子这样不成器的思想和赌博行为，希望儿子好好生活。

冉军的赌博已经成瘾，并且在一定程度上还有药瘾，始终觉得自己有抑郁症，一定要吃药才能正常生活。所以在调解合议庭中，嘉宾们达成了一致意见，那就是让已经有心理疾病的冉军一定要接受心理治疗，并做一些力所能及的工作，而父亲老冉则是要在给予儿子一定的支持之下，学会放手，让儿子渐渐恢复正常与独立。调解团队运用了价值引领法，给冉军灌输正确的人生观和价值观，引导他渐渐走出低谷，不要让情绪沉迷在抑郁的状态里。

调解结果

在调解团队的沟通之下，父亲愿意重新换个观念正确对待儿子的心病，而儿子冉军也意识到不可以再以生病作为借口，自己需要担当起一个儿子和一个父亲的职责，并且冉军需要戒掉赌瘾和药瘾，尽可能快地恢复正常生活。

Q 情感点评

从冉军的描述来看，并不符合抑郁症的症状，而且从他父亲的描述来看，屡次到医院找专家进行检查和鉴定，都没能查出问题，基本可以排除他有抑郁症的可能。但这并不能排除他真有躯体生病感受的可能，他这种有病的躯体化体验显然与他的性格特点和心理问题直接相关。

首先，他赌博成瘾，并严重影响了自己的工作与生活。对赌博成瘾的研究显示，赌博成瘾的人，往往具有人格上的缺陷。尽管赌博已经对其造成了严重的损害，但其已经深陷其中无法自拔。而这种人格上的缺陷很有可能通过其他方式表现出来，所以说冉军感觉身体不适是有原因的。其次，从冉军与其妻子的相处模式来看，他没有建立起一个健康的夫妻相处模式，对妻子相遇之初是连哄带骗，结婚后就直接家暴，甚至连孩子的出生也未能给他带来任何改变。这也印证了他的心理存在问题的可能。

尽管冉大爷对儿子表现出失望，但从他的行为上来看，对于这个儿子他是十分迁就的，而且也能看出来，他还让女儿为这个儿子付出了许多。很有可能冉大爷对这个儿子冉军从小就十分娇惯，才养成了他好吃懒做，然后又沾染赌博的恶习。

【延伸阅读】

1. 戒赌

赌博自古即为世人所深恶痛绝，劝人戒赌方式亦多种多样。

【戒赌文】

蒲松龄在他的《聊斋志异》中塑造了一些赌徒形象。如其中的《云翠仙》篇写了一个有赌癖的梁有才赌博成性，先是偷妻子的首饰做赌资，后又欲卖其妻为娼续赌，结果受到了狐仙的惩罚，遭到乡邻们的鄙视和唾弃。另有《王大》《赌符》诸篇，亦是通过讲故事劝人戒赌的。

【戒赌碑】

四川广元市发现清代刻的戒赌碑，碑顶刻有“禁止赌博”4个大字，碑文为劝诫赌博的警世之言：“此弊不除，经遭其害。”“有乱于风俗。”“招赌之家，勿图小利；小赌之徒，休入此中。”“地方净弟子贤各务正业，岂不美哉。”路人过往于此，观“戒赌碑”无不深思。

【戒赌谣】

古代有人又赌又抽（鸦片），其时，在闽台地区，流传着这样一首戒赌谣：“鸦片土，吃了人糊涂，日夜都想赌，妻不顾，子不顾，当衫裤，行短路……”还有一首用闽南、台湾方言编的戒赌谣，指出了赌博与犯罪的联系，颇有劝诫力：“一更穷，二更富，三更起大厝，四更卖妻做大舅，五更做贼入狱住。”

【戒赌诗】

（1）赌徒　**清·吴文晖**

相唤相呼日征逐，野狐迷人无比酷。
一场纵赌百家贫，后车难鉴前车覆。

（2）戒赌诗　**清·黄安涛**

已将华屋付他人，那惜良田贻祖父。
室人交谪泪如雨，典到嫁时衣太苦。
出门郎又摇摊去，厨下无烟炊断午。

（3）戒赌诗　**江南民间流传**

其　一

正月雪花纷纷扬，流浪汉子进赌场，
赌起钱来全不顾，输去田地怨爹娘。
二月杏花出园墙，老婆劝赌情义长：
劝侬老公勿要赌，做个安分种田郎。
三月桃花正清明，姐妹劝赌泪淋淋：
劝侬哥哥勿要赌，勿负姐妹一片情。
四月梨花白如雪，大小叔伯劝侄辈：
金山银山双手挣，赌博铜钱勿发财。
五月榴花开满树，丈人丈母劝女婿：
多为老婆儿女想，赶快逃出迷魂阵。
六月荷花闹池塘，娘舅上门劝外甥，

横劝竖劝都不听，手拿柴棍打外甥。

其　二

正月初来是新年，赌博野仔给人嫌，
误却青春和年少，一年挨过又一年；
二月里来是仲春，赌博野仔忧忡忡，
衣裳夹袄都押当，米缸嘴向西北风；
七月里来七夕时，赌博野仔无所依，
光棍想当野和尚，尼姑也嫌太卑鄙；
八月十五值中秋，赌博野仔大出丑，
当面讨债扒衣裤，当街挨骂不知羞。

(4) 劝儿戒赌　**清·施文炳**

贝者是人不是人，只为今贝起祸根；
有朝一日分贝了，到头成了贝戎人。

(贝者合为“赌”，今贝合为“贪”，分贝合为“贫”，贝戎合为“贼”，此乃为赌、贪、贫、贼之四字也。这首诗形象地说明赌徒的结果是十分可悲的。)

(5) 民国戒赌诗　**民间流传**

其　一

我今有忠言，劝君且莫赌；人道赌为安，谁知赌中苦？相对有戈矛，相交无肺腑；赢来随意挥，输了行残酷；顷刻百万翁，转眼就抱股；寝废通宵坐，熬夜揪肺腑；赢输总归谁，流入杂货铺；妻老辛苦来，不幸全家苦。

其　二

天子九，地子九，四人坐下推牌九，输去洋钿九十九，老婆走到房门口：你这个杀千刀的走不走？害你爹，满街游；害你娘，拿棒头；害你儿，去放牛；害你女，做丫头；害你老婆拎篮头。

其　三

丈夫在外赌红了眼，妻子在家哭肿了眼，两个孩子饿昏了眼，梁上绳子正张着眼。

2. 戒毒

【戒毒诗】

(1) 戒毒诗　**无名**

天生毒种太缠绵，劫数原知定在天。
不到此时终不悟，只差一念恨从前。
屋舍田园日渐空，可怜身世叹飘蓬。

烟将志气消磨尽，自问无颜见祖宗。

（2）戒毒打油诗　无名

一吸毒品终世穷，二脚踩入无底洞；
三代受累全家苦，四处借钱债台筑；
五体发抖瘦如柴，六亲不认兽性凶；
七情尽付东流水，八方浪荡两手空；
九死也悔往来世，十分悲痛可怜虫。

【戒毒联】

（1）陋习好改志为鉴；顽症难治心作医。

——张学良

（2）烟枪一只，打得妻离子散，未闻炮声震地；
锡纸半张，烧尽田地房梁，不见火光冲天。

（3）鸦片三分，盖世英雄为绝路；
摊皮四粒，富家子弟入穷途。

（4）自古红颜薄命？如今白粉无情。

（5）恨，恨，恨，上瘾者恨；亡，亡，亡，吸毒者亡。

（6）沾毒三分苦，上瘾一生亡。

（7）昔日虎门付一炬，今朝狮吼惊后生。

（8）香烟，是没有火光的手枪；毒品，是没有声响的火炮。

【思维导图】

（本章思维导图见本书第 333～335 页）

第六章

家庭冲突，危机乎？契机乎？

家庭冲突降临，考验的是整个家庭的整体应对能力。

应对家庭冲突，是惊慌失措，还是勇敢面对，或是回避拖延？需要整个家庭成员全力以赴地去面对和解决。

如果没有感情和信任基础，一家人就会如同一盘散沙，各自保护自己的利益，互相推卸责任，家庭最终会分崩离析；如果能够团结在一起，妥善处理问题，那家庭中的每个人都将会获得极大的安全感和归属感。冲突也就自然能够化解。

家庭是社会的细胞，如果每个家庭都能团结和谐，整个国家就会更有凝聚力，人们的幸福感就会提升。

挑战与机遇并存，家庭冲突既可能成为对家庭的严峻考验，也可能成为家庭成员团结互助，同舟共济的良好契机。

1. 大难来时

【当 事 人】

妹夫岳小桥：28 岁，在外打工，做销售。

姐夫周强：39 岁，以前做煤炭生意，现在在工地当小包工头。

姐姐乔雪海：32 岁，初中毕业就外出打工。

妹妹乔雪琼：26 岁，高中毕业后外出打工挣钱。

【调解诉求】

申请人妹夫岳小桥：希望能够与乔雪琼顺利离婚。

被申请人乔雪海：不同意妹妹离婚，希望妹夫岳小桥负担妹妹的医药费和生活费，并对妹妹尽到照顾的义务。

突如其来的发烧
让妙龄的新婚女
一夜之间沦为弱智女
新郎继而消失
女方父母悲痛欲绝
家中唯一的顶梁柱
却是遭到众人嫌弃的养女
她发誓要替生病的妹妹
找到负心郎
一场施与受的轮回
一场道德与人性的对峙
当消失的新郎来到调解现场
他将如何面对

调解前情提要

这场调解比较特殊，其中重要的一方当事人乔雪琼因病无法与人正常沟通，而她的家人也拒绝带她到现场，说是担心她受刺激。因为乔雪琼已经能够听得懂一些简单的对话，乔家人担心她听见丈夫提出离婚之后会情绪失控，所以就让亲戚在家里照顾她。

基于这个特殊情况，编导在调解开始之前去了乔雪琼的家里，拍摄记录了病中的她及其家人的生活状况，并将这段影像带回了演播室，让调解嘉宾能够身临其境地感受到乔雪琼目前的生活状态。

为弱者尽可能地隔离开一些“恶”的情绪，这也是一种善意与尊重。

生，是为了让爱的人心安；死，是为了让爱的人解放。可是，当生与死狭路相逢时，该如何选择？选择让将死之人生是爱她，抑或选择让将死之人死去是背叛？这是一个难以得到最终答案的问题，拷问着道德伦常与真情大爱。

这个世界注定有一些感情是无法被解释的，但是他们有存在的权利，无论是温暖抑或疼痛，它总有感动我们的一部分。

这是个悲伤的故事，压抑的故事，难以抉择的故事。

但最终都会在亲情的守护下，找到爱的出口。

一

乔雪海从来没想过，有一天她的婚姻会出现问题。

2015 年夏季入伏的那天，气候闷热。下午 7 点，乔雪海从彭水农村娘家回到了彭水县城自己的家。家里空荡荡的，丈夫周强和两个孩子不知去向，家里也没有留下任何便条。乔雪海简单地吃了点东西，随后就拨打了丈夫的手机。电话里，丈夫周强对她说，“你有没有考虑过，我们这样过下去很累。要不，离婚吧？”

这是两年来，两人之间第二次闹离婚。

之前那一次，是乔雪海提出的。

他们这个家庭几年来撑得的确不容易。

乔雪海是一个还在襁褓中就被抛弃的孩子。或许是因为家境实在困难，或许是因为父母重男轻女，30 多年前，刚刚出生才两个月的乔雪海就被父母丢在了彭水偏远农村的一个田埂上。幸运的是，当地村里的一个女人刚好从此路过，便把她捡回了家，当做养女并为她取名乔雪海。

其实，这家养父母也是有私心的，因为他们年过三十，结婚快 10 年却依然没有自己的孩子，多年的不孕不育已经让他们成为村里人背后时不时提及的一个笑话。正在两人心灰意冷的时候，一个弃婴从天而降出现在他们面前。听人说，捡来的孩子会给他们带来好“孕”，于是两人就收养了这个苦命的小姑娘。养父母一家人对她都是疼爱有加，视若掌上明珠。

果然，6 年之后，乔雪海的养母还真怀孕了，十月怀胎，生下了一个女孩，取名乔雪琼。一个白白胖胖，健康爱笑的女婴。

自此，乔雪海在家中的地位一落千丈。

所有亲戚，包括住在家里的奶奶，都对乔雪海横竖看不顺眼。压岁钱新衣服没有她的份；亲戚走门串户带来的好吃的，也不会拿给她吃；就连养母做了好吃的菜想要给她吃，都要背着奶奶在灶台下面悄悄给她，如果被奶奶发现了，连养母都要一起挨骂；夏天睡凉席，乔雪琼睡的就是好的那一面，而乔雪海就只能睡破烂的扎人的那一面……

唯有养父养母待他如初，甚至因为多生了一个女儿，心怀愧疚，所以在有可能的时候，对乔雪海甚至好过亲生女儿乔雪琼。

回忆往事的时候，乔雪海说："养父母对我很好，我生病，手脚长很多脓疮，奶奶跟妈妈说不要我了，把我拿去丢了，是我妈妈强行又把我救回来的。是妈妈用刀把我手脚上的脓疮划开，把脓挤出来，我才好的。"

但总有一些好事的亲戚在背后对乔雪海的养母说，"反正都是别人家的，养不亲，何必对她这么好。"这些话，多多少少也会让乔雪海听到。

所以世间的人情冷暖，乔雪海很早就懂得了。

养父刚过 40 岁就染了病，无法做重活，养母因为营养不良，不到 40 岁，一口牙齿就落得七七八八。所以初中刚毕业，成绩还尚可的乔雪海就决定不再读书了。一是不想再看亲戚的脸色；二是这个善良的女孩想为这个给了她第二次生命，供养她长大的家庭多尽一份力，让其他的亲戚知道，她，一个养女，也是有责任和担当的。

"我知道养父母待我很好，不管旁人怎么说，他们给我的父爱和母爱，并没有因此而减少一分。我很爱他们。"调解现场，回忆往事的乔学海有些动情。

仅仅带了几件衣裳，当年 15 岁的乔雪海就独自搭乘火车去了浙江，投奔在那里打工的老乡，在超市做了一个小工。没有了旁人异样眼光的注视，没有了养女身份的尴尬，第一次离家的乔雪海很兴奋，也很轻松，她第一次知道天地原来可以如此广阔。乔雪海异常珍惜这个岗位，工作上勤奋努力，几年下来成长迅速，并且出落得亭亭玉立。

很快，乔雪海就吸引了一个小伙子的注意。

这个小伙子就是周强，他比乔雪海大 7 岁，重庆黔江人，早年就到浙江打工，在矿上做点煤炭生意，经济算得上是小康。自从在超市见到乔雪海之后，周强就念念不忘，当打听到乔雪海还是单身一人时，周强就发起了猛烈的追求。两人很快结婚。婚后的乔雪海当起了全职太太，并凭借一己之力承担起了养父母和妹妹乔雪琼的生活费。

当初所有说闲话的亲戚应该闭嘴了吧。

几年之后，乔雪海接连生了两个孩子，一儿一女。妹妹乔雪琼高中毕业，到浙江的姐姐身边打工。养父母对此也感到很放心。

只有当不幸突然降临的时候，我们才知道幸福的时间是多么短暂。

2013 年 8 月，乔家出了事。为了帮助娘家，乔雪海与丈夫周强火速回到重庆，定居彭水。因为浙江的生意无人看管，渐渐业务就少了，最终只得草草结束。随妻回到彭水的周强在这个县城毫无人脉关系，创业无门，只能靠在建筑工地承包一些很小的项目来维持生计，而乔雪海因为要照顾孩子也无法工作。双方的老人、自己的两个小孩，还有一个全职的妻子，巨大的经济压力，让不到 40 岁的周强短短 3 个月就头发花白了。加上乔雪海隔三岔五地回娘家，对两人的小家几乎照顾不上。夫妻之间的隔阂渐渐在加深。

乔雪海体谅周强的难处，她也曾想过，干脆离婚算了，自己娘家的担子自己挑。但是周强死活不愿意。而这一次，在外处理工地事故一天一夜未眠的周强回到家之后，发现大女儿从幼儿园接回了小儿子，两个孩子单独在家，一问，才知道乔雪海又回了农村的娘家，因为山里信号不好，手机始终打不通。一怒之下，周强就带着两个孩子出去吃饭了，并且在乔雪海打来的电话中提出了离婚。

乔雪海捧着电话，眼泪簌簌地往下掉。

那么，乔家究竟出了什么事？

是什么灾难会让乔雪海和周强放弃了浙江的一切事业火速赶回，甚至一拖几年都没法解决，反而越来越糟呢？

而乔家的事，为什么会轮到乔雪海这个养女来管呢？亲生女儿乔雪琼在哪里呢？

乔雪琼一直在家里，但是她差不多已经废掉了。

二

人是最聪明最强大的生物，人善假于物，不断超越自然和自我，告别刀耕火种，可以上天入地，可以呼风唤雨……人又是最脆弱的生物，我们没有毛皮庇身，没有尖爪利齿，一场地震一场自然灾害就能让人类生灵涂炭，虽然医学不断进步，面对很多疾病我们依然一筹莫展，只得束手就擒……

当灾难降临到自己身上时，我们又能如何处之？

2013 年乔家的确出了大事。乔雪琼险些死去，被救活后，智商退化到只有 5 岁。

至今乔雪海都无法相信这一切会是真的。

因为乔雪琼从小就很乖，爱劳动，成绩也很好，家里人都很宠爱她。庆幸的是，乔雪琼没有丝毫被娇宠出的毛病，她深知家庭贫困，所以在高中毕业之后，她没有再读书，而是去了姐姐乔雪海生活的浙江打工，希望可以像姐姐一样努力工作挣钱，再嫁个好男儿。

几年时间，乔雪琼就从打工的小超市一步步升为了店长，并成为这个全国连锁超市浙江片区采购部的总监，月薪上万元。有这样一个上进又安分的妹妹，乔雪海和丈夫周强都很引以为自豪。等到乔雪琼20岁出头之后，已经是一个看上去挺美丽的姑娘了，周强几次想要给她介绍男朋友，都被拒绝了。乔雪琼觉得，自己的父母已经年迈，应再多挣几年钱就回去，在彭水按揭买套小房子，把父母都从山里接出来到县城生活。所以乔雪琼自认不便在浙江安家。

直到2012年，24岁的乔雪琼都没有谈过恋爱。

不过缘分说来就来，很快。

就在2013年春节，老家有亲戚给在浙江的乔雪琼打电话，说给她介绍一个叫岳小桥的小伙子，比乔雪琼大两岁，也是彭水县的人，离乔家所在的村并不远，开车只要20分钟。岳小桥当时在广州打工，介绍人说如果两个年轻人都愿意，那就一起回重庆见个面，相个亲。

在外打工6年的乔雪琼看着姐姐和姐夫每天恩爱无比，内心也是希望有个家的。2013年3月，乔雪琼专程回了趟彭水，跟岳小桥见了面。相亲很成功，两个年轻人都心生欢喜。几天的假期很快就过去了，乔雪琼回到浙江继续打工，岳小桥也回了广州。两人约定几个月后就各自结束手里的工作，一起回重庆，从此幸福地生活在一起。

但是，当时乔雪琼的父母是反对两人在一起的，一方面，是因为在父母看来，岳小桥长得有些俊俏，就显得花心，并且岳小桥在广州也只是一个很普通的销售人员，没有乔雪琼的事业发展这么好；另一方面，这对朴实的父母觉得自己还没有到需要女儿贴身照顾的时候，他们也希望乔雪琼能够继续在浙江发展事业。

热恋中的人哪里听得进去父母的话，回到广州的岳小桥立马辞职，然后直接飞到了浙江，很快就让乔雪琼也辞职了，4月，两人就双双从浙江回到了重庆彭水，没几天就领取了结婚证。

木已成舟。

唯有祝福。

新婚后的乔雪琼和岳小桥居住在岳小桥的母亲家。岳小桥的母亲是个苦命人，很早就死了丈夫，一手拖大两个儿子，大儿子眼看着成家了，并且娶回来的媳妇还不错，婆婆也很开心，整天乐呵呵的，也不催促两人出去找工作。而从18岁就开始外出打工拼搏的乔雪琼也很享受这种两人世界的家庭生活，岳小桥偶尔找些临时工做做，乔雪琼则在家闲着，享受着从未有过的舒坦。

如果时光可以停留，乔雪琼和岳小桥一定会希望他们的余生都停留在那段时光里。但是很可惜，人们生活在一个相对的世界里，有甜就有苦，有悲就有喜，有爱就有恨，有生就有死……

病魔说不准什么时候就来了。

2013年7月底的一天，乔海琼发起了高烧，烧到了40度，从小在乡下长大的乔雪琼并没把它当一回事，认为扛过去就好了，就这样持续发烧了整整一个礼拜，丝毫没有退烧的迹象。不过，即便如此，小夫妻俩也没更多的担忧。直到有一次，岳小桥叫乔雪琼吃饭，让她去拿筷子，却发现乔雪琼走到卧室，从衣柜里拿出裤子往头上套！很明显，问题严重了！岳小桥和他的母亲这才赶紧把乔雪琼送到旁边的社区医院。

社区医院一看，治不了，让马上转院。而此时，乔雪琼已经开始说胡话，神志不清了。岳小桥立马给乔雪琼的父母和远在浙江的乔雪海打电话，告知了病情，然后就把乔雪琼转到彭水当地最好的医院，但是体温一直没办法降下来，人也没有了意识，当天就被医院下了病危通知书。

医生说已经尽了全力，希望家属做好后事准备。

岳小桥也打算放弃治疗了。

得知事态严重的乔雪海和周强第二天就从浙江赶回了彭水，一看情形不对，立马从彭水医院转院到重庆三院，进了重症监护室。

重庆三院几天之内连下两次病危通知书，并且明确告知家属，乔雪琼早已错过了最佳治疗期，高烧造成的脑膜炎无法治好，整个身体系统遭受重创，即使能救活，也有可能成为植物人。

乔雪海哭成了泪人，她知道养父母就这么一个亲生女儿，如果有什么三长两短，养父母是决计活不成了。

“医生我求求你，不管付出什么代价，一定要救活我的妹妹。”

整整七天。乔雪琼才彻底退烧。

入院之前胖乎乎的乔雪琼从重症监护室出来的时候只有不到80斤，瘦得一把骨头。然而让乔雪海感到震惊的是，睁开眼的乔雪琼不认识他们当中的任何一个人。

连话都不会说了。

大小便彻底失禁。

生命处于无奈的境地，坚持还是放手？

面对如同初生婴儿般，什么都不懂，也不会说的妹妹，乔雪海扛起了一个姐姐的责任，她安排养母在医院守护着，自己则求助各个医院不同的医生，看能否找到恢复的方法。

“就好像小时候，你刚刚出生，母亲把你抱回来时，那些年我也是这么抱着你，教你吃饭，教你学走路，如今就当这一切重来好了。”乔雪海恍惚中好似回到了童年带妹妹乔雪琼玩的时光。

乔雪琼在医院住了三个月进行康复训练，有了一些起色，能够认得爸爸妈妈，姐姐和自己的丈夫，但最多只能说一两个字。慢慢地，也可以自己站立了，如果有人扶着，还能简单走上几分钟的路。但大小便依然失禁，拿不了筷子，无法梳头，所有的精细化动作都做不了。

“很久以前，我知道自己来到这个家的目的是为了给我的养父养母再带来一个孩子。是的，几年之后我真的有了一个妹妹。虽然现在她的情况很糟糕，但是这都不重要，重要的是，我曾经有一个妹妹，她很了不起。从今往后，我要做一个很了不起的姐姐。”乔雪琼发誓会守护妹妹。

三

生命意义的基础在于存活，从生理上讲，每个生命来到人间都实属偶然——偶然的出生，偶然的存活，偶然的生病，偶然的健康。正是这些偶然，构成了我们全部的人生。

因为丈夫和两个孩子都在浙江，几个月没见面，乔雪海也有些牵挂，于是她把妹妹康复的事情给母亲和岳小桥交代清楚之后，就回了浙江。乔雪海走后的第三天，岳小桥就给乔雪琼办理了出院手续。

“也见不到明显好转，住在医院也没什么用处。”岳小桥这样想。当时他认为乔雪琼已经没有了生命危险，便主张出院在家疗养，但出院的时候，岳小桥并没有将毫无生活自理能力的妻子接回自己家，而是直接送回了彭水农村的丈母娘家。这个做法当时就让乔家人感到一丝心寒：人已经嫁到你们岳家了，为什么生了病就要送回来？

岳小桥有他的难处，已经花掉了 20 多万元的医药费，其中债务高达 10 多万元。因为心疼母亲单身一人拉扯俩兄弟长大的不容易，岳小桥前些年打工的钱都拿来给母亲在镇上买了一套像样的房子，早已没剩多少存款。而岳小桥的母亲也拿出了自己省吃俭用剩下的 3 万元支付了医院账单。这个家庭的难处也是明摆着的。

面对乔家人的质疑，岳小桥这样解释："因为我必须要外出打工挣钱还债，不可能天天就这么照顾她，我得吃饭，也得生活。送回娘家，有她自己的亲生父母在身边照顾，我更放心。"

把乔雪琼送回娘家之后，岳小桥待了一周，就离开了。

乔雪琼就这样回到了娘家居住。没有办法上楼，就被安排住在一楼，母亲挨着她睡。因为意识不到大小便，所以必须用成人尿不湿。咀嚼能力也受到影响，无法吃硬的食物，三餐都要单独做。回家之后，乔雪琼去医院做过一次康复，医生说她的智力只有四五岁孩子的水平。

其实应该都达不到那个水平，四五岁的孩子已经会讲故事，会帮忙做家务，会自娱自乐，并与人结交朋友。

但是乔雪琼不会说话，只能喊出爸爸、妈妈、姐姐，与她对话，会说行、不行，看见喜欢吃的东西会说吃、要。乔雪琼可以简单地表达出自己的想法，扶着栏杆，也能渐渐爬上二楼，吃饱了饭的时候，会自己安静地坐在院子里看一群小鸡跑来跑去啄米吃。

看到女儿现在的样子，乔雪琼的母亲抹不完的眼泪。她担心自己死了以后女儿没人照顾，生活会更难。

"不会走路，不会喊人，现在带她就跟带小娃儿一样。"

但是，这个能把别人的孩子都捡来养大的女人，有着不一般的坚强。守着年迈的婆婆，染病的丈夫，乔雪海的养母依然每天很早起床下地干活，干完活之后再回来伺候女儿吃早饭，给女儿梳头，让乔雪琼每天都是干干净净的。

回到浙江的乔雪海，在电话中得知娘家现状，毅然决然地带着丈夫和孩子举家返回了重庆，在彭水县城租房住了下来。她只要一有时间就会跑回娘家，帮养父母做事，陪着妹妹。

乔雪琼以前的房间在二楼，自从出事之后，这个二楼的房间基本就没有动过了，还保持着两人新婚时候的样子，床上铺着红红的双喜被子。本来墙上挂着结婚照，后来有一次乔雪海带她上二楼玩，乔雪琼突然盯着那张结婚照模糊不清地喊着"丈夫，丈夫"，又指着穿婚纱的那个漂亮女人说"雪琼，雪琼"，一边说，一边剧烈地哭起来。

乔雪琼的过激反应惊呆了乔雪海，从那之后，她就把婚纱照从墙上取了下来，放在床下，不让妹妹看见。

“我根本不知道，原来在妹妹心里是这么深地爱着她的丈夫，她都已经是这个样子了，居然一眼就能认出结婚照上的人。”

原来不管智力退化到几岁，
不管生活遭遇了何等重创，
我还是可以一眼就认出你，
爱之深，记忆就会有多深。

但是，离家打工的岳小桥起初还有会打电话回来，几个月后，连电话都没有了。

彻底失踪。

“妹妹你不要哭，不要哭，我会找到他的，姐姐发誓会帮你找到他的。”在二楼的房间里，乔雪海搂着乔雪琼早已泣不成声。

四

村里开始渐渐有了谣言。

先是村里一个人的亲戚过来串门说，就在彭水看到过岳小桥，穿着打扮很精神。后来陆陆续续也有本村的人说看见过岳小桥，有些人说旁边跟着一个年轻女孩；再后来还有人说，看见那个女孩怀孕了，挺着一个大肚子。

谣言越来越多。

乔家人心里越发的焦急，因为如果谣言是真的，那就意味着岳小桥彻底放弃了乔雪琼。

“我们交给他岳小桥的是一个完整的乔雪琼，他还回来的是一个智力低下，生活不能自理的残疾人，甚至还想不要了，怎么可以这样？”乔家人愤愤不平。

乔雪海发誓要给妹妹讨回公道。从 2014 年春节她就开始了漫漫寻人路。

岳小桥虽然走了，但是母亲和弟弟还在彭水，所以 2014 年的春节乔雪海第一个找的地方就是岳小桥的母亲家。凭着记忆乔雪海找对了房子，但是当来开门的岳小桥的母亲发现是她的时候赶快就把门关上了，再敲，不开，继续敲，终于开了。岳小桥母亲随后表达的意思是儿子因为欠债较多，靠打工一时无法还清，所以没有办法回彭水，手机也不方便时常开着。但是如果回来了，她会及时让儿子跟乔家人联系的。至于那些身边有着怀孕女人的谣言，岳小桥的母亲坚决地否认了。

信？不信？

这一切都要找到岳小桥了才能清楚。

怎么找？

乔雪海开始了漫漫寻人路。只要有人看见岳小桥，大致在什么地方，她就会去找。从 2014 年春节之后，到 2015 年春节，乔雪海找遍了彭水大大小小的地方，其他区县也去找过，但都一无所获。

倒是有一天岳小桥自己打来了电话。他告诉乔雪海，他不在彭水，而是在垫江打工，工作很忙，如果加班的话可以有一笔可观的加班费，所以基本上周末时间他都会加班，他已经很久没有回彭水，也没有跟母亲见面。10 多万元的债务像山一样压得这个 20 多岁的小伙子抬不起头来。岳小桥希望乔家人能够放他一马，让他安静地打工挣钱还债。如果债务还完了，他会拿钱回来给乔雪琼做康复治疗。

打完这个电话之后，岳小桥的手机又无法接通了。

乔海琼生病的时候，岳小桥才 26 岁，两人新婚仅仅几个月，从恋爱开始在一起的时间，加起来也只有 4 个多月。在岳小桥看来，两人的感情其实并不深厚，他更是万万没想到刚结婚就会摊上这样的大事，对此他也一筹莫展。

“我们都还谈不上爱，因为时间太短了，而她的病又来得太快了。”岳小桥一肚子的委屈。

几天时间，活泼能干的新婚妻子就变成智商只有几岁的孩子，如同植物人一样躺在医院，掏光所有积蓄并背负巨大外债的岳小桥只是不明白，为何苍天待自己如此不公？为什么要给我安排一个这样的妻子？

出院之后，岳小桥的母亲明确表态，自己家里不太适合让乔海琼继续待下去，希望把这个苦命的儿媳妇送回娘家。岳小桥照办了，因为他知道，自己的母亲是绝对不可能一把屎一把尿来照顾这个已经病成这样的儿媳妇的。等到了妻子娘家，贴身照顾了几天之后，岳小桥觉得自己前所未有的累。在他出生后的这小半辈子里，从来没有这样伺候过一个状态如此糟糕的病人。看着一无所知，像白痴一样的妻子，岳小桥心里没有了任何的爱意，慢慢地连怜悯都没有了。

岳小桥只想逃离。

他还年轻，才 26 岁，他的人生才刚刚开始，他的未来绝对不应该是守着这样的一个女人度过。

因为这样的生活，没有任何变好的希望。

岳小桥离开了彭水，去了别的区县打工，换掉了电话号码，两年之内，他甚至都不敢给自己的母亲多打电话。

逃离在外的岳小桥过得并不轻松。

心灵的折磨才是最大的折磨。

五

2015 年春节到了。

距离岳小桥的消失已经过去了一年的时间。春节之前乔雪海和丈夫周强去了一趟岳小桥的母亲家，留下话："大年三十，如果岳小桥再不回来，那么大家就走着瞧吧。"

腊月二十九，岳小桥带着表弟来到了乔家。最开心的人是乔雪琼，她一眼就认出了岳小桥，一直围在他的旁边，笑嘻嘻的。回忆起这一幕，乔雪海觉得很伤感，而岳小桥却觉得很恐怖。

因为乔家人把岳小桥叫到了二楼一个房间里，关上门，谈判。房间里除了乔雪琼的父亲、姐夫周强，还有周强从工地上带回来的四五个大汉。坐在房间中间的岳小桥只觉得背后丝丝凉意。

那次还不能叫谈判，因为从头到尾岳小桥都没有发言。乔家人告诉岳小桥，从这个月起，必须按时打钱回来，每个月 800 元。要么就不要打工了，回来照顾乔海琼。

乔家也有难处，父亲有病没有办法打工和种地，母亲要种地，要照顾这样的女儿和 80 多岁的奶奶，也非常吃力。乔雪海虽然时不时可以回来，但是家里毕竟孩子还小，也需要照顾，如果在时间和经济上一味地贴补娘家，乔雪海的婚姻也会产生矛盾。

乔家需要的是钱和劳动力。

岳小桥答应了每个月打钱回来，然后双方就友好地道别了。

但是，半年多过去了，杳无音信。手机打过去，停机。一分钱都没有打回来。

到了 2015 年年底，岳小桥给栏目打来热线电话，要求调解离婚。没有爱的婚姻，也无法保持责任和怜悯，不如结束。岳小桥说自己走到这一步也是没有办法了。一个月辛苦的打工只能有 2000 多元的收入，保证自己吃饭和租房居住之后，已经所剩无几，两年时间他只休了几天假，努力还了 3 万元的债务，但是剩余的债务还有 10 万多元。除了债务，还有来自乔家人的压力，岳小桥希望以离婚的方式，来给这段仅仅正常了 4 个月的感情和婚姻做一个彻底的了断。

"我并不是不管她了，只是不想再以她丈夫的身份来生活。"说出这句话的时候，岳小桥背上似有千斤重担。

当双方如约来到演播室，哭得最凶的人是乔雪海，她从一上场看见岳小桥的那一瞬间就开始哭，整整哭了 5 小时。妹妹的不幸，自己婚姻的矛盾，让这个以养女身份撑起了一个家的女人泪如雨下。坐在场下的是乔家的父母和岳小桥的母亲，都是希望儿女们幸福一生的父母，却不得不面对如此悲痛与尴尬的场面。

在调解现场，当岳小桥把“离婚”二字赤裸裸地说出来的时候，可以明显感觉到乔家人散发出的绝望和愤怒的情绪。当提及拖延治疗导致伤害无法逆转，以及故意消失时，乔家人和岳家母子发生了激烈的争吵，调解几度停止。

乔家父母想不通，一个堂堂男儿，怎么可以抛弃生病的妻子，不拿钱也不照顾，说走就走，说离就离。

周强说：“做男人要对得起天地，对得起自己的女人。”

乔雪海坚持不离婚，让岳小桥把乔雪琼接回家照顾，尽到一个做丈夫的职责。而岳小桥母子则坚持离婚。

在双方都明确表态之后，调解团队决定调解进入到合议阶段。

调解合议现场

调解员王刚： 接下来合议就一个主题，怎么让乔雪琼有个家，有点温暖，有物质上的支持和精神上的帮助。为什么我要这样说，离婚必须要双方亲自到场，乔雪琼没有到场，这是第一。第二，乔雪琼即便是今天到场，基本上也属于一个无民事行为能力的人，她无法正确地表达自己的意志。当然，如果你们觉得有，要离的话，也可以表达这个观点。我把这个大前提先确定下来。

婚姻家庭导师李安娜： 男方提出的一些理由，我们虽然表示了一些理解，但是理解不一定就支持这样的行为。我觉得岳小桥很多地方应该受到谴责。

律师欧顺： 当然这个婚姻关系，我们不能够去强求，其实现在最重要的问题就是，乔雪琼经济上的困难，才是最大的困难。“爱”当然可以给她一定的帮助，但是除此之外可能需要进一步的治疗，包括康复，这些行为才是有实际意义的。

情感导师莫桑： 我是觉得他们分开反而好一点。这个乔雪琼虽然说现在是无民事行为能力人，但是我觉得她还是有感受的。刚刚在片子里面看到的，看到那个结婚的照片她会哭，我觉得如果让他们现在这个状态胶着下去的话，只会让双方加重互相伤害，她的姐姐与岳小桥他们双方就会互相攻击。这种状态，我觉得也会影响到乔雪琼的情绪。

心理导师周美辰：首先大家要坐下来一起面对，让乔雪琼的问题得到一个解决。比如说该怎么样支付费用，或者我们想想办法，社会上有没有一些机构可以帮助做康复？如果有，那么康复费用如何解决？

调解员王刚：莫桑的观点，从法律上来讲，可以走得通。就是要给女方一笔钱，让她未来的生活有一个基本的保障。但现在这个男人连以前生病的账都还没付清，现在哪有钱再给她一笔，这很显然是不可能的。所以说我建议，面对这样的情况，我们还是要先解决眼前的问题。

调解结果

双方签订调解协议，内容如下：

1. 岳小桥与乔雪琼系夫妻关系，婚后妻子乔雪琼身患疾病，导致丧失劳动能力，生活不能自理。因为夫妻感情尚未破裂，所以男方岳小桥放弃离婚的想法。

2. 根据《婚姻法》的规定，男方有法定的扶助义务，因此男方每月给付妻子600元的生活费，由妻子的父母负责护理与照顾。男方在外努力工作，尽可能多地承担对妻子的经济扶助义务。

3. 男方还应该承担起对妻子的精神抚慰义务，每两个月回家探视一次，平时多打电话回家，与妻子进行沟通，帮助妻子进行康复。

4. 妻子的家人在与男方的沟通过程当中，应该保持理性平和，避免发生家庭矛盾，要多给予男方鼓励与肯定。

懂得人性的全部黑暗，但仍然要坚持找出人性的光明。这正是调解的伟大之处。

“百年修得同船渡，千年修得共枕眠，”夫妻之间的关系有时很脆弱，脆弱得就像一把捏成团的湿沙，需要人性中的“善”来维持。假如我们希望这件事情中的关系能向好的方向发展，就得不停地寻找和肯定人性中的善，以期能钳制人性中的恶。

调解很漫长，基于现实情况，不可能让岳小桥不打工回家照顾乔雪琼，毕竟债务是需要偿还的，而且婆家的照顾也无法保障质量。乔雪琼也不可能恢复到一个正常人的状态，也不可能尽一个妻子的义务，给一个家带来温情。但是毕竟是法律承认的夫妻，且乔雪琼尚在病中，岳小桥不抛弃不放弃应是最基本的底限，待乔雪琼恢复到一定的状况，再谈离婚事宜比较合适。

而周强也在这场五个小时的调解中，深深地被妻子乔雪海对养父母和妹妹的感情所打动。周强承诺，会支持妻子为娘家所做的一切。

对于这样的调解结果，双方都表示认可。

生命本脆弱，所以更要让每一个活着的生命都有尊严、都有质量。

考虑每一个人的需求，而不是用道德去绑架谁，这才是成功的调解。

调解链接

1. 当讲述到岳小桥企图放弃治疗的时候，乔雪海情绪十分激动，泪流满面，厉声斥责场下的岳小桥没有人性，岳小桥及其母亲对其指责毫不认可，双方随即掀开了一场骂战。调解团队该如何迅速找到方法平息乔雪海的情绪，让调解顺利进行？

这个时候双方的怒气都是十分重的，只能通过单独交流把双方隔离开，同时对于乔雪海所芥蒂的，岳小桥恶意地放弃治疗，“是否恶意”真相要模糊化处理。因为乔雪琼生病是意外，作为新婚丈夫的岳小桥当时的心理活动肯定是很复杂的，不能单纯地归为不负责任。放弃思想的背后有很多经济、情感方面的因素。所以调解团队采用了模糊定性法，把事情定义为一场意外，既然是意外，那么人的应急反应肯定会不一样，有些选择可能并不是出自本意。同时要让乔雪海看到这个事情的结果，结果就是岳小桥其实后面并没有放弃治疗。这样单独沟通了之后，乔雪海的情绪就缓和了很多，使调解得以顺利进行。

2. 论本场调解的主要思路是什么？

稚嫩的肩膀难担重任。

这个男子与他的妻子一样，都是值得同情的人。同情就意味着有些方面至少是可以谅解的，谅解什么呢？

第一，男子不能说没有承担责任，他已经承担到倾家荡产的程度，还背上了沉重债务，他的经济能力是有限的，当他在经济上拿不出分文的时候，他离开妻子打工还债去了，两年还了 3 万元。他的行为还是情有可原的，不应受到强烈的道德谴责。

第二，按道理他应该留下来照顾自己的妻子，但他在她身边需要一个前提条件，基本的经济支持，而他没有。打工的人不打工就无法生存，过去以为有存款可以过好日子的愿望被重大疾病一下就摧毁了，可人离开了钱，莫说照顾妻子，连他自己也无法生存，他去打工，如果能寄钱回家，那么这种行为也是道德的，甚至是高尚的。所以，我们同时也要鼓励男子振作起来，努力工作，在经济上适当地担起责任，在今后妻子具有处理问题能力的时候，最终再解决两人关系问题。他今天多行善，能感动人，今后再按照自己的愿望解决两人关系时，受到的阻力就会少一些。

第三，这个 26 岁的男人，外出两年打工，虽说还了 3 万元债务，但是没有拿一分钱给妻子用于生活，这是一种极不负责任的态度，是不道德的行为，对此同情与谴责并存。他面对困难时放弃了，对妻子没有尽到责任，他至少应该每个月寄一点钱回来，表达为人夫的基本道义，即便是想离婚，这一点也是应当做的。如果是为了离婚创造条件，那么这种做法就是可耻的。

第四，他的妻子已经是无完全民事行为能力的人，她会受到法律相应的保护，离婚显然不行。这个男人也意识到了这一点，所以表示，暂时放弃离婚的想法，这说明不了什么问题。他表示今后每月寄 600 元生活费，这也不能说明什么，一切都要看以后的实际行动。这个男人注定是要经历一段人生的痛苦了。另外，万一出现奇迹，妻子又正常起来了呢？我们还是要以积极的态度保留这种乐观的预期。

情感链接 Q

1. 乔雪海当年辍学打工的心理状态，是为了摆脱身份尴尬的困境，想要自由，还是真的想为养父母家尽一份力？

乔雪海当年辍学是为了减轻家里的负担，因为养父母都身体不好，家庭收入也不高，她需要出去工作挣钱养家，肩负起一家的重担。作为弃婴，乔雪海对养父母是非常感激的，她深知，如果没有养父母，她估计早已被狠心的亲生父母遗弃路边冻死饿死了，也就没有她的第二次新生。即使后来养父母有了自己的亲生女儿，对乔海雪仍然是视如己出，这份情深义重的养育之恩让乔海雪刻骨铭心，所以她一定要回报他们。

2. 智力退化的乔雪琼在卧室见到岳小桥的相片时，她的内心活动是什么？

因得急性脑膜炎造成头脑损伤的乔雪琼丧失了几乎所有记忆，智力也衰退到几岁孩童的水平。但是她在见到放在二楼的结婚照时，却一眼认出了丈夫，并失声痛哭，那是她最深刻的记忆了。有医学表明，长期、复杂、深刻的记忆往往涉及空间、图像、情感等多个方面，所以在大脑局部损伤的情况下，长期、复杂且深刻的记忆往往得以留存——配偶记忆即为最典型的长期、复杂且深刻的记忆。我忘了全世界，也不会忘了你，就像林忆莲唱的那首感人肺腑的歌曲《至少还有你》："如果全世界我也可以放弃，至少还有你值得我去珍惜，而你在这里，就是生命的奇迹，也许全世界我也可以忘记，就是不愿意失去你的消息，你掌心的痣我总记得在哪里，在哪里……"乔雪琼内心是多渴望见到丈夫啊！她是那么爱他，他们的新婚生活是那么甜蜜，这些都留在了她记忆的最深处，太久没有见到最爱的人了，所有埋藏在内心最深处的思念都在她的失声痛哭里得到了印证。

3. 从生病时第一时间差点放弃治疗，到出院后的失踪，岳小桥的心理活动和心理承受能力究竟是怎样的？

一个 26 岁的小伙子本来可以有个幸福的家庭，有个爱他的妻子，还会有个活泼可爱的孩子。但这一切对于岳小桥来讲，目前都是不可能的事情了，他的生活在一夜之间发生了翻天覆地的变化。4 个月之内恋爱结婚，岳小桥觉得能娶到乔雪琼这么优秀、月薪上万元、当采购部总监的妻子，真的是非常幸运的。正在他们享受甜蜜的新婚生活时，妻子却被突如其来的病魔击倒了。送到医院，就被下了病危通知书，他一下就傻了，为什么会这样？为什么一下子一个活泼能干的妻子说没就要没了呢？那一刻他受的打击非常大，心理几乎处于崩溃的边缘。医院告知错过了最佳的治疗时机，剩下的治疗就算花巨资估计也只能让妻子成为植物人时，他本能地退缩了，看不到未来的绝望笼罩着他，所以他差一点就选择放弃了，因为这样的未来无疑是个熬不到头的深渊啊！后来在乔雪琼家人的坚持下，继续治疗，但照顾这样的像白痴一样的病人确实考验人的耐性。岳小桥为了给妻子治病花了 20 多万元，外债也有十几万元，也在倾其所有，债务的压力让他喘不过气来。他必须出去赚钱还债，自己的母亲也不可能照顾妻子，唯有送回她父母家，才能得到很好的照顾。无论怎么照顾，妻子都是废人一个了，年轻的岳小桥完全不敢想象自己未来的路有多艰难，他只想逃离，于是他换了手机号，逃到异乡去打工，他想斩断所有与妻子有关的一切。只是多少个午夜梦回的时候，岳小桥还是会被吓醒，因为梦里会有乔雪琼往日的笑脸，也会有一张像白痴一样呆滞的脸，交替出现在梦里，他内心受着深深的煎熬！他觉得自己的一走了之是没有办法，因为他没有能力承受这样的压力，没有办法和这样的妻子再在一起生活，可是与妻子离婚他也说不出口，所有的道义责任都不能同意他在这个时候抛弃妻子，可确实也太难了，所以他一直受着良心的折磨。这样的折磨让岳小桥的生活过得非常糟糕，东躲西藏，不敢回家，因为乔雪琼的娘家人会找他，没有家人在身边，唯有孤独寂寞为伴，让他身心俱疲。

F 法律链接

1. 当养父母家庭出现变故，作为养女的乔雪海有没有法律义务照顾家庭，赡养父母或者是照顾姐妹？

先看乔雪海与养父母之间法律关系，根据《婚姻法》第 26 条的规定，国家保护合法的收养关系。养父母和养子女间的权利和义务，适用本法对父母子女关系的有关规定。养子女和生父母间的权利和义务，因收养关系的成立而消除。由于本案中没有明确说明乔雪海与其养父母是否已经到民政部门进行过收养登记。如果未进行过收养登记，其收养关系欠缺合法收养的法定程序要件，这意味着此收养不能得到法律上的认可，乔雪海与其养父母之间并没有法律上的父母子女关系，乔雪海在法律上并没有照顾家庭、赡养养父母的义务。

如果乔雪海的养父母在收养乔雪海时已经进行过收养登记，那么其与养父母之间的关系适用《婚姻法》第 21 条的规定，父母对子女有抚养教育的义务；子女对父母有赡养扶助的义务。父母不履行抚养义务时，未成年的或不能独立生活的子女，有要求父母付给抚养费的权利。子女不履行赡养义务时，无劳动能力的或生活困难的父母，有要求子女付给赡养费的权利。禁止溺婴、弃婴和其他残害婴儿的行为。所以乔雪海对于自己的养父母有赡养的义务。

再看乔雪海与自己妹妹之间的法律关系，根据《婚姻法》第 29 条的规定，有负担能力的兄、姐，对于父母已经死亡或父母无力抚养的未成年的弟、妹，有扶养的义务。由兄、姐扶养长大的有负担能力的弟、妹，对于缺乏劳动能力又缺乏生活来源的兄、姐，有扶养的义务。根据上述法律规定我们可以看出，兄、姐对弟、妹的扶养义务需要同时具备三个条件：父母已经死亡或父母无力抚养；兄、姐有负担能力；弟、妹未成年。本案中乔雪琼已经年满 18 周岁，即使她因为病残等原因不能自食其力，乔雪海也没有法定的扶养义务。

2. 岳小桥放弃治疗是否涉嫌违法？

根据《婚姻法》第 20 条的规定，夫妻有互相扶养的义务。一方不履行扶养义务时，需要扶养的一方，有要求对方付给扶养费的权利。当夫妻中的一方有难时，法律强制性要求夫妻另一方履行扶助的义务。乔雪琼生病之后，其丈夫岳小桥不管是出于道义还是法律规定都应当尽自己最大的力量支持妻子治病，并尽到扶助的义务。本案中岳小桥是否违法，不能单方面简单地评论，还应结合岳小桥自身的能力及主观上的动机等综合判定。

3. 岳小桥在妻子重病且生活无法自理期间失踪，是否构成了犯罪？

根据《刑法》第 261 条遗弃罪的规定，对于年老、年幼、患病或者其他没有独立生活能力的人，负有扶养义务而拒绝扶养，情节恶劣的，处 5 年以下有期徒刑、拘役或者管制。遗弃罪的危害性在于对无自救力的人之生命、身体权益造成威胁。如果扶养义务人不履行扶养义务，那么受扶养人的生命、身体安全将因无法得到其他救助而受到侵害，这一情形下，抚养义务人可能构成遗弃罪。但是本案中，岳小桥将妻子送至娘家之后才与妻子娘家人失去联系，其妻子处在一个安全的环境中，不会因为岳小桥的失踪而受到侵害，所以岳小桥的行为并不构成遗弃罪，仅仅只是对夫妻间法定扶养义务的违反。

4. 家人如何分担乔雪琼生病期间的费用？

不能辨认自己行为的成年人在法律上被称为无民事行为能力人。乔雪琼生病之后智力严重退化，生活不能自理，可以申请法院宣告其为无民事行为能力人。我国对于无民事行为能力人和限制民事行为能力人规定了成年监护制度，参照2017年10月1日起施行的《民法总则》第28条："无民事行为能力或者限制民事行为能力的成年人，由下列有监护能力的人按顺序担任监护人：（一）配偶；（二）父母、子女；（三）其他近亲属；（四）其他愿意担任监护人的个人或者组织，但是须经被监护人住所地的居民委员会、村民委员会或者民政部门同意。"第34条第1款：监护人的职责是代理被监护人实施民事法律行为，保护被监护人的人身权利、财产权利以及其他合法权益等。可见，无民事行为能力或者限制民事行为能力人的监护事务涉及人身和财产两方面，在被监护人生病期间，监护人应当尽职地照顾被监护人生活，保护其身体健康。乔雪琼的第一顺位的监护人为其丈夫岳小桥，岳小桥应该承担起乔雪琼的医疗费。

根据《婚姻法》第21条的规定，父母对子女有抚养教育的义务；父母不履行抚养义务时，未成年的或不能独立生活的子女，有要求父母付给抚养费的权利。根据《最高人民法院关于适用〈中华人民共和国婚姻法〉若干问题的解释（一）》第20条规定，《婚姻法》第21条规定的"不能独立生活的子女"，是指尚在校接受高中及其以下学历教育，或者丧失或未完全丧失劳动能力等非因主观原因而无法维持正常生活的成年子女。由于乔雪琼属于"不能独立生活的成年子女"，其父母对乔雪琼负有抚养的义务。

从法律上来看，乔雪琼的父母和丈夫均应承担起其在生病期间的费用。但司法实践中认为，配偶应作为第一顺序的扶养人，在配偶确有困难无力扶养时，才由有能力的父母给予一定的扶养帮助，婚后的扶养义务人应为配偶。本案中，由于岳小桥债台高筑，乔雪琼的父母年事已高，关于乔雪琼生病期间费用的承担问题，可以由岳小桥、乔雪海、乔雪琼的父母协商解决。

5. 社会上有没有相关机构是可以对这种患重大疾病的当事人给予经济帮助，或者医疗帮助的？求助渠道有哪些？

可以向民政部门申请城乡困难居民大病医疗救助。城乡困难居民大病医疗救助是对患有重大疾病并造成医疗和家庭生活困难的城乡居民，给予限额资金救助，使其享受医疗优惠政策；对特殊困难群体（包括城市低保对象、农村低保对象、农村五保对象、城镇特困职工及其家庭成员）给予医前救助，并资助其分别参加城镇居民医疗保险或新型农村合作医疗制度。

另外也可以向社会上的一些慈善机构求助。

6. 岳小桥若还想离婚，可以通过什么途径？

在我国，离婚有两条途径，即诉讼离婚和协议离婚。根据《婚姻登记条例》第12条的规定，办理离婚登记的当事人属于无民事行为能力人或者限制民事行为能力人的，婚姻登记机关不予受理。从上述法条可以看出，无民事行为能力人的离婚只能通过诉讼实现。

岳小桥可以到法院起诉离婚，但是因为离婚案件中乔雪琼是无民事行为能力人，所以在离婚诉讼程序中或离婚诉讼程序前，必须通过一个民事诉讼法所规定的特别程序，确定乔雪琼是无民事行为能力人。如果乔雪琼最终被法院确定为无民事行为能力人，就存在一个法定代理人资格的变更问题。《民法通则》规定配偶应当作为第一顺序监护人，但是在离婚诉讼中，配偶作为法定代理人代理无民事行为能力人与自己离婚，显然对于无民事行为能力人不利。所以要在其他有监护资格的人中重新确定乔雪琼的法定代理人。最后如果查明夫妻之前的感情确实已经破裂的法院可以判决离婚。

我国《婚姻法》规定，男女一方要求离婚的，可以直接向人民法院提起离婚诉讼。法院判决离婚是根据当事人双方的婚姻状况和法律相关规定予以判定的，并不以双方当事人意思达成一致为前提条件，因此无民事行为能力人可以作为离婚案件的被告参与诉讼，审判实践中对此没有争议。因此，岳小桥可以向法院提起离婚诉讼，若法院认定夫妻二人感情确已破裂，可以判决二人离婚。

编导手记

这场调解里最打动我的是乔雪海，这个乔家的养女。其实在她成家之后，就已经开始在背地里寻找自己的亲生父母，就在 2013 年年底有朋友找到了乔雪海并告诉她其亲生父母就在彭水，隔乔家大约半小时车程的地方，有一家人跟她长得很像，而巧合的是那家父母三十多年前在彭水农村遗弃了一个女婴。经济条件好了之后，那家的弟弟一直在寻找自己的姐姐。朋友把那家弟弟的相片拿给了乔雪海看，两个人一看长相其实就可以判断出是姐弟。捧着那张相片的乔雪海哭了好几宿。

这么多年，终于找到了自己的根，太不容易了。

因为那个时候正好是乔雪琼生病之后不久，乔家上下一团乱。乔雪海几番思索之后拒绝了让弟弟来认亲，也拒绝了跟亲生的父母见面，并且对乔家人隐瞒了这一消息。乔雪海觉得如果在这个时候认亲，养父母会担心她离开，这对两位老人来讲是再一次的沉重打击。因为如今这个家没有她是不行的。除非妹妹完全康复了，她才能够去认亲生父母，享受她一直以来都渴望的血缘亲情。

善是有轮回的，30 年前，乔家父母对这个被遗弃的女婴倾注了无私的爱，30 年后，这个养女用自己的方式对这份爱进行了报答。

唯有爱，才是生命最珍贵的礼物。希望本案中的乔雪琼能早日康复。

2. 无奈的出轨

【当 事 人】

妻子徐素：49 岁，北碚人，在一家餐厅打工。

丈夫杨大来：49 岁，因双侧股骨头坏死导致残疾，失去工作能力。

女儿杨娟：25 岁，北碚人，与母亲在同一家餐厅打工。

【调解诉求】

申请人妻子徐素：希望与分居 10 年的丈夫离婚。

被申请人丈夫杨大来：不想离婚，希望妻子能够继续支付给他扶养费。

调解前情提要

2015 年，家住北碚的徐素在分居十余年之后，向丈夫提出了离婚。她的丈夫杨大来是个残疾人，双侧股骨头坏死已有十二三年了，走路都要拄着拐杖，平常人二十多分钟就能走完的路程，他要走上一个多小时。病痛的折磨让杨大来看上去比同龄人要老很多。这些年来他一直无法工作，与年迈的八十多岁的父母住在一起，靠吃低保为生，生活十分拮据。

在邻居们看来，杨大来是个可怜人。他年轻的时候也能挣钱，媳妇徐素那时也肯留在家里带孩子做农活。后来杨大来生病了，媳妇徐素就跑了。那么徐素就真的是这么一个见异思迁，不能同甘共苦的女人吗？

据杨大来自己回忆，他和妻子徐素是在 1990 年的时候经人介绍认识的，同年结婚并生下女儿。最初两人感情很好，杨大来是打石匠，有手艺也能挣钱，所以徐素大部分的时间是同公公婆婆在一起带孩子。这样平静的日子过了 10 年。到了 2000 年 2 月，杨大来去了浙江打工，结果只待了三个月就打道回府了。回来的时候，杨大来就已经受伤成了一个跛子。杨大来解释说，是因为出去打工的那段时间江浙地区很寒冷，他双腿泡在水里打井，导致寒气入骨，所以就跛了。受伤回来后第一年杨大来还能做些简单的活，到了第二年就不太能做事了，到了第三年就彻底不能做事情了，到了第四年，徐素就离开了这个家。当时徐素声称自己是出去打工养家，每年可以给家里 2000 元。但是到了现在，整整 10 年过去了，徐素一分钱都没有拿回家。杨大来对此也无可奈何。

徐素的姐姐就住在杨大来家附近，两家相隔的路程也不过走路十来分钟的样子。外出打工的 10 年期间，徐素会在节假日回姐姐家玩，但从未回过杨家。就连女儿杨娟结婚，徐素也只是来看了看就走了。

2014 年，徐素曾托人来跟杨大来谈离婚，杨大来的离婚条件就是希望徐素能给自己 4 万元，但徐素没同意，这事情就拖着了。而徐素外出打工的 10 年期间，一直被村里人热议的就是徐素的出轨。不少村民都反映，徐素跟一个男人同居，甚至还有传言说两人已经在外面买了房子。

那么，徐素真的是找到了好归宿，所以要离婚抛弃病重丈夫的吗？

谈及往事，徐素泪流满面。她说很多年了，都是自己在扛着这个家。孩子一岁的时候，她就外出打工，一年才回去一次。后来打工的地方离家近了些，可以一个月回去一次了，却发现丈夫杨大来跟二嫂居然在一起当起了临时夫妻。当年的徐素十分生气，她提出要么离婚，要么就好好地过。后来这场闹剧就以二嫂的老公抓了两人的现行，杨大来向对方下跪认错结束。但此事给徐素和杨大来之间埋下了不信任的隐患，两人经常因为琐事吵架，结婚证、相片等都被撕烂了。

而说起杨大来的病，徐素也有怀疑，因为杨大来的男女关系作风一贯不好，当年村里有四五个人一起去浙江打工，只有他出去三个月回来就成了个跛子，其他人都没事。徐素怀疑杨大来是在外面偷人被别人老公打的。

而最让徐素看不惯的是杨大来的自暴自弃。因为身体原因无法再做打石匠的杨大来，从来没想着去摆个地摊挣钱，给家庭减少负担，甚至在没有收入的情况下他还烟酒不断，不管女儿读书教育，不管年迈的父母，也不管妻子生活得是否快乐。那个时候女儿杨娟刚上初中，也正是用钱的时候，徐素被逼无奈才外出打工。

徐素在外出打工后不久，就与别的男子好上了，靠着那个男子的救济和自己打工的微薄收入，供养丈夫与女儿。随后杨大来从邻居口中得知真相，碍于自身情况，他默许了妻子的出轨，甚至一再跟妻子建议，要找一个住得离杨家近的男人，方便徐素照顾家里。然而好景不长，几年之后徐素在外找的情人就明确表态不愿意继续负担杨大来的生活费了，再加上徐素几次回家欲商讨离婚事宜，却面临杨大来和公公婆婆的刁难甚至殴打。所以后来徐素就彻底断了跟杨家的联系，也没有再给杨大来一分钱。独自生活在农村老家的杨大来拖着残疾的身体，靠着年迈父母的救济度日，以酒消愁。

而给栏目打来热线电话的是他们的女儿杨娟，她觉得这些年母亲一个人打拼过得很辛苦，杨娟希望母亲能有一个幸福的归属，如果父母还在这样名存实亡的婚姻中消耗下去，对双方都不好，不如早点离婚让母亲早一些自由。杨娟还希望离婚后的父亲能够自强自立，到可以招收残疾人的工厂去打工，或者摆个烟摊之类的，至少解决一部分自身的生活费问题，至于其他不够的部分，杨娟会负责。

这场调解嘉宾团队的争议很大，一部分嘉宾支持两人离婚，另一部分嘉宾反对两人离婚，在人性、情感、婚姻、法律、责任等诸多方面进行了深入的探讨。最终调解团队在分别征求了徐素和杨大来的意见之后，在各自纠结痛苦了10年之后，两人在调解团队的努力下，最终选择了平静地离婚。调解结束之后，双方在女儿杨娟的陪同下，顺利地办理了离婚手续。

调解结果

双方签订调解协议，内容如下：

1. 双方系夫妻关系，因双方分居多年，夫妻感情名存实亡；经调解无效，双方无和好的可能，故双方自愿离婚。

2. 因男方丧失部分劳动能力，女方一次性给予男方2.5万元的经济帮助，此款在30日之内双方到民政局办理离婚登记时支付。

3. 双方无其他夫妻共同财产、债权、债务。

情感点评

夫妻关系是男女双方在情感基础上建立起来的家庭角色关系。夫妻双方各自只有自觉分享自己所有，帮助和成就对方需要的义务，没有要求对方按照自己期望满足自己需要和做对方行为判官的权利。当夫妻关系和谐的时候，夫妻双方相互依靠、帮助、支持，共同在这段关系中获益。当夫妻关系不和谐的时候便会相互疏离、埋怨甚至攻击，一起在这种关系中受到伤害。

杨大来与徐素的夫妻关系经历了由好到坏的变化，而这种变化体现了他们之间婚姻基础——感情的改变。感情的建立与改变不仅仅是夫妻双方人格上的相互吸引，也包括对社会地位、经济条件等现实因素的考量。当外在因素发生改变时，情感因素也会随之发生变化。这种趋利避害的选择模式虽然被扣上了“世俗”的帽子，但对个体而言具有自我保护，促进个体环境不断改善的现实意义。

当杨大来受伤回家后，原来的经济支柱成为了经济负担，他与徐素的感情也发生了微妙的变化。在他们之间的，不仅仅是客观条件的变化，还有感情本身的改变。双方都指出对方有出轨的行为，这是对他们婚姻最根本的伤害。在10年的时间里，双方情感状况都发生了彻底的改变，两人继续维系婚姻关系的基础已经荡然无存。与其讨论谁来承担关系破裂的责任，倒不如讨论如何让他们好聚好散反而更为现实。

3. 对妻儿见死不救的男人

【当 事 人】

妻子郑敏：34 岁，重庆主城打工。

丈夫李兵：38 岁，重庆主城打工。

【调解诉求】

申请人郑敏：希望离婚。

被申请人李兵：希望妻子郑敏能够通情达理，一家人和谐相处。

调解前情提要

郑敏是湖北姑娘，为了恋爱多年的男友毅然离开父母从湖北远嫁到重庆，还好婆家待她不错，让郑敏并不后悔这番远嫁。可是自从怀孕过后，郑敏就觉得日子过得有些不对劲了。

郑敏是前置性胎盘，所以孩子还没有足月她就发生了大出血，被送到医院等待救治。可是当郑敏躺在手术台上时，丈夫却拿不出足够的钱交医疗费，最后郑敏只得求助远在湖北的娘家。丈夫不作为的举动让郑敏寒心不已，她觉得就算丈夫没有钱，他也可以找婆家人借，难道要让妻子孩子等死吗？不过，针对这件事，丈夫却有自己的说法，自己工资低，确实出不起医疗费。但是郑敏却当着婆家人的面数落自己，让婆家人觉得自己无能，正是因为这样他才没脸找婆家人借钱。

孩子出生以后，郑敏觉得丈夫李兵和婆家人常常因为一些小事责备自己，甚至婆婆还会打骂自己，这让郑敏患上了产后抑郁症。但是李兵却觉得这都是郑敏在装病。在李兵的眼里，曾经的郑敏是通情达理的好姑娘，可是生了孩子以后，郑敏对自己家人处处挑三拣四。婆婆明明在尽心尽力地帮忙照顾孩子，但是郑敏却嫌婆婆把孩子带得很脏，这让婆家人怎么能不生气！

郑敏解释，自己很爱孩子，只是希望能给孩子最好的成长环境，比如丈夫姐姐给孩子买 20 元的塑料奶瓶，郑敏觉得塑料奶瓶开水一烫会变形，产生毒素对孩子身体不好，就想给孩子买贵一点的玻璃奶瓶。就因为这样，婆家人就生气，认为郑敏瞧不起人。而最让郑敏寒心的是每次两人吵架，李兵就给郑敏父母打电话，语气充满了抱怨，对老人一点也不尊重，而且丈夫这样的骚扰电话，只会让郑敏远在湖北的父母更加操心。

种种事情让郑敏对丈夫感到绝望，她决定离婚。但李兵并不同意离婚，他希望郑敏能调整心态，恢复成以前的那个懂事的好姑娘。

本案的这对夫妻婚前恋爱多年，感情基础并非不牢靠，但是为何如今面临离婚？原因就是在怀孕这个“意外”事件面前，双方的反应都没有让对方满意。所以调解团队对妻子采用了正面激励法，鼓励了她为爱情、为孕育新生命的付出；同时对丈夫采取了委婉批评法，让他明白自己在处事方面欠妥的地方，比如手术当前，是筹款要紧还是置气要紧？同时，调解团队还对丈夫李兵普及了产后抑郁症的知识。通过调解团队的努力，李兵终于意识到自己在妻子怀孕和产后期间没有照顾好妻子的情绪，并决心改变。而郑敏也决定重拾初心，表示以后要用心经营婚姻。

调解结果

双方签订调解协议，内容如下：

1. 男女双方放弃离婚的念头。

2. 男女双方各自调整自己的思想观念和行为模式，积极做出改变，修复夫妻感情；男女双方应相互沟通，加强小家庭的独立性，当家庭出现矛盾时，要通过协商、调解或合法程序解决，不能动人打人或骂人。

3. 家庭成员之间应相互帮助，相互关爱，和睦共处，主动履行家庭义务。

Q 情感点评

孩子本应该成为一个家庭关系更加紧密，夫妻更加和睦的重要因素。然而在郑敏和李兵之间孩子似乎成为他们矛盾的导火索。其实他们之间的矛盾和孩子无关，只是他们婚姻关系原本的不稳定因素或者说被忽略的问题，因为孩子的出生而凸显了出来。

不难看出，当郑敏背井离乡远嫁重庆时除了对感情的渴望外，也希望通过自己的牺牲能换来一个公平的回应。这种回应包括物质条件的改善，男方家庭对其牺牲的认可，等等。而李兵因为客观条件有限，并未在物质上满足妻子内心的需求，而他本人也因此自卑且敏感，所以当孩子的降生使物质条件问题变得更为突出时，双方的矛盾就开始激化了。当物质条件无法满足需求时，男方家庭成员的理解和包容或许能使问题得到缓和，然而郑敏为了爱情的自我牺牲并未得到他们的认可，因此他们在行为上也就没有特殊的关怀，这使郑敏更觉凄凉。孩子目前是这对夫妻最重要的情感纽带，也是他们感情改善的关键点。无论他们的矛盾有多大，都是希望孩子能过得更好，能够更加健康地成长。

4. 患癌之后

【当事人】

妻子赵女士：40 岁，家庭妇女。

丈夫王先生：42 岁，物管公司电工。

【调解诉求】

申请人赵女士：希望丈夫同意卖房支持自己治病。

被申请人王先生：希望妻子能够有一个好的心态面对疾病和家人。

调解前情提要

40 岁的赵女士患了癌症，需要救治，但让她心寒的是，她的丈夫拒绝继续让她接受化疗放疗。

据了解，赵女士离过婚，与前夫育有一女。经过上一段失败的婚姻，赵女士现在只想有一段稳定的感情，找一个老实本分、收入稳定的结婚对象。同样离异的王先生正好符合赵女士的结婚要求。结婚一个月之后，王先生就让赵女士辞职在家当全职主妇，赵女士对此也十分满意。可一个偶然的机会，赵女士听说了一件往事，让她对丈夫的看法有了改变。

据朋友所说，当年王先生与前妻离婚的时候，王先生还曾经去拦前妻的车，就为了让前妻赔钱。至于王先生前妻是否赔钱，赵女士不想知道，可是这件事与王先生老实本分的形象出入太大，说明王先生不像是一个老实人，反而像是一个贪图小利，过河拆桥的小人。这件事情于是成了赵女士的心病。

两人的儿子出生之后赵女士发现，其实王先生根本不喜欢孩子。这让高龄生子的她十分伤感。而后不久，赵女士被不幸地查出患有宫颈癌，需要为化疗放疗支付昂贵的医疗费用。一个月 3000 多元工资的王先生显然无力支付如此高额的治疗费用。

赵女士告诉栏目组，其实家里是有能力支付自己治疗的费用的。她在上一次离婚之后有两套房子，与王先生结婚之后，她卖了其中一套房，用卖房的钱，购买了一套婚房。还剩下一套房子，属于赵女士自己的个人财产，此时可以变卖换钱来治病。但是丈夫王先生出于家庭经济承受能力及孩子的未来考虑，想让赵女士放弃治疗，把两套房子都留给孩子。

王先生说，其实自己根本不是性情凉薄之人，工资卡都是放在妻子那里，自己的生活费和人情来往的花费都是靠在外面做点小工赚点小钱来支付。自从妻子生病之后，王先生找了很多亲戚东拼西凑借钱，现在已经借不到了，王先生还打算找同事借钱，请人给捐款，一门心思就是想要把妻子的病治好，因为孩子还小，不能没有妈妈。而房子的问题上，王先生也没怎么在乎，就在来栏目组调解前一天，妻子就已经签订了卖房合同，王先生也根本没反对，更没有离婚的心思。王先生反而觉得妻子的性格过于孤僻，不愿意跟人交往，容易胡思乱想。希望通过调解打开妻子的心结。

本案从结果倒推回去看的话，妻子的有些说法是站不住脚的，毕竟房子已经签字卖了，丈夫并没有阻拦，这个结果是客观存在的。所以在调解过程中，调解团队运用事实说理法，让事实说话。打消妻子心中的顾虑和担忧，更多地是针对妻子的心理和情绪做工作，让她感受到来自丈夫、来自这个家庭的温暖。同时让丈夫理解病患的心理，尤其是癌症患者的心理，在这样的特殊时刻，丈夫更应该让妻子感到温暖和爱。因为本案双方当事人都比较明事理，所以两人很快达成了一致协议。

调解结果

双方签订调解协议，内容如下：

1. 双方自愿和好，放弃离婚想法，彼此改变，共度难关。

2. 双方均同意改正脾气不好的问题，做到有效沟通。

3. 在女方生病期间，男方应多陪伴、照顾女方，多承担家务，体现夫妻之间的扶助精神。

4. 女方应心态平和，做到少唠叨，多倾听；少猜忌，多信任。

情感点评

人类对于死亡存在原始的恐惧，这种恐惧是与生俱来的。因此，当我们不得不面对死亡时，我们总会通过各种方式，尽可能地避免或者延缓与死亡的直接对话。赵女士因患了癌症，而不得不提前面对关于死亡的思考。统计发现，罹患绝症的个体往往会经历否认、愤怒、协议、绝望、接受这几个情绪阶段。而赵女士还处在前两个情绪阶段，当处于极端的情绪状态之中时，理性思考的成分就会减少。从这个角度看，赵女士希望卖房治病是完全可以理解的行为。单就对生命的渴求而言，这种行为应该被肯定。

至于赵女士与王先生的婚姻关系，这是很多重组家庭都会面临的情况，即对婚姻对象及婚姻本身的不信任。可以说是一种婚姻对安全感的重建没有完成。因为第一次婚姻的失败，显然使赵女士对婚姻和他人都充满了怀疑。由于第一次婚姻失败所带来的创伤并未愈合，这种怀疑就一直留存了下来。在再婚后的生活中，她也一直在印证着自己怀疑的正确性。这种怀疑是赵女士的一种心理防御机制，能够使她免受第二次婚姻失败的打击。当她需要卖房治病没有得到王先生支持时，赵女士的怀疑便有了证据。此时任何解释都是徒劳。

在解决赵女士与王先生之间的矛盾时，应充分考虑赵女士所处的特殊时期，应给予她充分的时间与陪伴，让她度过最初的否认与愤怒情绪期。以她为着力点，便能有效解决她与王先生之间的矛盾了。

5. 怎么原谅你，我的丈夫

【当 事 人】

妻子陈芳：合川打工者。

同居女友沈虹：没有工作，在家带孩子。

男方章利民：曾经是乡村医生，现肝癌晚期。

【调解诉求】

申请人章利民：希望妻子陈芳原谅自己当初的背叛，并且帮助自己抚养孩子。

被申请人陈芳：希望同章利民办理正式的离婚手续。

调解前情提要

2012 年 9 月 23 日，合川区南津街道办事处上什字东路两个中年妇女正在激烈地对骂。吵架的一方名叫沈虹，她说和她吵架的那个人是原来的邻居陈芳。因为十几年前发生了过节，自己就和家人搬离了原来的地方。本来以为搬到城里住了，她便不会再作纠缠，可是没想到陈芳还是找来了。

到底是什么样的过节，让陈芳事隔十几年至今都未能放下呢？

原来两人当初是邻居，陈芳有段时间不在家，家里只有丈夫章利民在，而沈虹的丈夫常年在外面的建筑工地打工，平时较少回家。一来二往，沈虹就和章利民产生了感情。后来，沈虹和丈夫离婚之后便与章利民同居在一起，没多久两人就到重庆主城打工了，音信全无。但章利民一直未和陈芳办理离婚。陈芳最近打听到他们的下落，就带着小女儿来找章利民。

陈芳他们去看章利民的时候，沈虹不在家。一进门陈芳就被眼前的场景吓到了。一个骨瘦如柴，面部蜡黄的男人躺在床上，还不时地发出呻吟。陈芳万万没想到她的丈夫章利民，竟成了这般模样。原来，在 2012 年 6 月 6 日，章利民在合川区人民医院查出肝癌晚期，经复查，依然是这样的结果。他的生命只剩三四个月时间了。面对身患绝症的章利民，陈芳还是不能原谅他当初抛妻弃子的行为，无论如何陈芳也不会原谅他，所以陈芳坚持办理离婚手续。

为了求证陈芳的说法，编导再次找到了沈虹和章利民。沈虹说，她确实没有和章利民结婚，私奔出来后，她和章利民生下了四个小孩，三女一子，最大的今年 10 岁，目前在合川一所小学念四年级，最小的儿子才 2 岁。原来就靠章利民打工撑起这个家，但现在章利民倒下了，就没了生活来源，家里一贫如洗，连章利民的药费都没有。有时章利民疼痛实在难忍，她也只能去买点止痛药。沈虹说，这样的日子不知道还能坚持多久。

正在我们和沈虹交谈时，躺在床上的章利民用微弱的声音说出了他内心的话。他说这一生愧对妻子和两个女儿，更担心与女友生的四个年幼无辜的孩子将来的生活。他说，自己以前抛妻弃女与沈虹同居生子，全是他自己的错，每当想起这件事，就特别的难受，他希望我们帮忙求得妻子原谅，并希望妻子陈芳能够帮帮他与沈虹的孩子们。

本案中的三位当事人，彼此情感纠葛长达十余年，并非简单几句调解的话就可以抹平他们内心芥蒂的。但是本案有一个特殊的地方，就是章利民将不久于人世，这个不幸的事实反而成为本案调解的一个关键点。人死为大，围绕他的一切争纷都应停止，并且沈虹生的四个孩子，跟陈芳的两个女儿也是同父异母的姊妹，上一辈的恩怨不应波及下一代。所以调解团队转移了矛盾的焦点，从下一代的身上展开，给陈芳做工作，最终调解达到了满意的效果。

调解结果

调解团队说服陈芳带着两个孩子再去看望章利民，对其进行临终关怀，表示原谅了章利民。人间真情犹在，看在沈虹的孩子跟自己孩子也有血缘关系的份上，陈芳愿意资助沈虹。同时，陈芳和章利民正式办理了离婚手续。

情感点评

“鸟之将死，其鸣也哀；人之将亡，其言也善。”章利民在生命的尽头认识到了爱是路上的错误，也恳求得到妻子的原谅。从他不幸的遭遇来看，似乎应该原谅他。需要明白的是，请求原谅不过是他临终前寻求内心的宽慰。从他的行为和影响的层面上而言，他不应该被原谅。

然而，不可忽视的是，无论是否原谅章利民，他都会很快离开这个世界，什么都不带走。可是却留下了他曾经抛弃的妻子和孩子，他们所遭受的创伤又该如何来抚平，又由谁来抚平？很显然，现在唯一能帮助他们的就是他们自己，为了自己，为了告别曾经的创伤，为了以新的姿态迎接美好的生活，对这个曾经伤害自己的人进行原谅。这种原谅不是包容他的错误，而是证实自己的成长和坚强。通过这种原谅，为过去的种种画上句号，让自己和孩子更好地开始未来的生活。

【延伸阅读】

1. 论婚姻 [黎巴嫩] 纪·哈·纪伯伦 王 立 译

你们一同出生，而且永远相伴。
当死亡白色的羽翼掠过你们的生命时，你们将会合一。
是的，甚至在神静默的记忆中，你们也在一起。
但要在你们的依偎里留有余地，
让天堂的风儿在你们中间舞蹈。

彼此相爱，却不要让爱成为束缚：
让它成为涌动在你们魂灵岸间的大海。
要斟满每个人的杯盏却不是从一只中啜饮。
将你的面包送给另外一个，而不是从同一片上分食。
一起快乐的唱歌跳舞，但要让你们中的每个人都能独立。
即使是竖琴上的琴弦也是独立的，尽管它们在同一首乐曲中震颤。

给出你的心灵，但不是要交给对方保留。
因为只有生活之手才能容纳你们的心灵。
要站在一起却不能靠得太近：
因为庙堂里的廊柱是分开而立，
而橡树和松柏也不能在彼此的树荫里生长。

2. 关于婚姻的感悟

(1) 对于亚当，天堂是他的家，而他的后裔，家就是天堂。——伏尔泰

(2) 婚姻都会“跑神”，但主要是看你会不会付诸行动，有没有自制。——陈道明

(3) 要想美好地度过一生，就只有两个人结合，因为半个球是无法滚动的。所以每个成年人的重要任务就是找到和自己相配的一半。——马克思

(4) 结婚之前要睁开你的眼睛，结婚之后可要一只眼睛开一只眼睛闭。——富兰克林

(5) 婚姻的难处在于我们是和对方的优点谈恋爱，却和他的缺点生活在一起。——彼得狄雄

(6) 婚姻是一座围城，城外的人想进去，城里的人想出来。——钱钟书

(7) 结婚若是为了维持生计，那婚姻就是长期卖淫。——张爱玲

(8) 婚姻怎么选都是错的，长久的婚姻就是将错就错。——冯小刚

(9) 只有爱不爱，没有合不合。没有人天生为你准备，磨合的过程固然痛苦，但过后的水乳交融却更有意义。中途退出的人，无非是不够爱，却偏偏说不适合，有缘无分之说更是扯淡的借口。真爱，就坚持，没有炼狱般的彼此磨合，哪来心有灵犀的一生浪漫。——涂磊

【思维导图】

(本章思维导图见本书第 336～337 页)

第七章

丧亲之痛，何以疗伤？

爱恨情仇，一体两面。爱之深，恨之切。特别是面临生死问题时，情感的表达往往尤为强烈。

亲人的离去，留下角色的缺位、经济的缺失、情感的缺憾。活着的人，怎样寄托哀思，怎样慎终追远，怎样维系家庭，怎样面对未来？何去何从，总要有个选择。

生死离别，不管是主动面对，还是被动体会，都是人生必修课。我们都是“向死而生”的，都需要懂得敬畏生命、珍爱生命、追思生命。

1. 遗　　恨

【当 事 人】

前婆婆赵荟云：72 岁，耳聪目明，独自租房在南彭镇上生活，带着 5 岁的孙子。

前儿媳张芬林：43 岁，离过两次婚，丧偶一次，3 个孩子分别是 3 个父亲的。目前与男友同居，无业。

前姑子龙铁梅：45 岁，麻将馆老板。

儿子龙铁军：享年 41 岁，生前是工地工人。

现任男友高俊：48 岁，张芬林目前的男友，离异，有两个小孩，在做装修生意。

孙子龙震宇：5 岁，张芬林与龙铁军的儿子。

【调解诉求】

申请人前婆婆赵荟云：要求张芬林接回龙震宇，并妥善照顾。

被申请人前儿媳张芬林：要求前婆家归还属于儿子的 18 万元拆迁补偿款。

一个“克”死了自己丈夫的女人
一个连嫁三次的女人
却是被大儿子称作“伟大母亲”的女人
然而
面对年幼丧父的小儿子
她却不闻不问
甚至百般刁难
她心里的怨气从何而来
死亡留给她的
究竟还有什么

调解前情提要

热线电话是婆婆赵荟云打来的。由于几方当事人都住在一个老镇上，所以在调解之前编导去了几趟，一是了解事情的全貌，二是想把龙震宇的生活状态拍下来，在演播室放给调解团队看。在拍摄期间就不断有邻居过来说张芬林的不是，比如不管孩子之类的，张芬林自己也知道这些说法，但她不太在意。第二次去的时候，编导想和张芬林一起去找村长，没想到在半路上碰见了龙铁梅和赵荟云，几句话不对三个人就在大街上骂起来了，说的话都特别恶毒。为了双方都有时间稳定情绪，栏目组在骂战之后一个多星期才安排的调解。

到头这一身，难逃那一日。

其实每个人从出生就开始了倒计时，但当你以为还有很多很多的时间可以挥霍时，突然被告知剩下的时间屈指可数，脑中的计时器开始“嗒嗒”作响，多少会让人感到措手不及。

死去的人，感受都已清零了。

而活着的人，感受就多了去了。

但是在走这一遭的时候，还是要本着一颗善心，对得起脚下的每一步。

一

72 岁的赵荟云活了大半辈子，从来没想过自己会摊上一个这样的前儿媳妇。

2015 年 7 月底，赵荟云正准备出门买菜，大门就被敲得震天响。开门一看，原来是住在同一条街的前儿媳妇张芬林领着小孙子龙震宇过来了。张芬林说，自己要去走个亲戚去吃酒席，第二天再来接孩子，拜托婆婆先管着，张芬林随身没有带任何孩子的换洗衣服和作业本，想到反正第二天就要把孩子接走，赵荟云也没当回事。

到了第二天，没人来接。

第三天，也没人来接。

这几天赵荟云是等孙子睡了才赶紧洗衣服，好在重庆的八月气温高，衣服晾一整晚到早上就干了，所以龙震宇起床的时候也能穿上干净衣服。

第四天，赵荟云坐不住了，她给张芬林打了个电话：“你回没回来，什么时候接孩子说一声呀？”

张芬林的回答让赵荟云一口气哽在喉咙，半天没转出来。“这孩子我就还给你们龙家了，以后吃穿住都由你们负责。”

赵荟云也是个有骨气的老太太，你不管就不管，我还会饿死自家孙子不成？但接下来发生的事情也实在太奇葩了。

重庆的气候，也是说变就变。在给张芬林打了电话之后没几天，突然就降温了，雨下个不停。龙震宇实在是被冻着了，脚上就一双破凉鞋，迈出门整天都是泡在雨地里，很快就感冒了。于是，赵荟云就带着孙子去前儿媳张芬林家里拿衣服。因为两家住在同一个镇上，只隔着一条街，走路过去最多三分钟。走到单元楼下，赵荟云特意抬头看了看，窗户是开着的，她觉得家里应该是有人的。于是上到三楼，让龙震宇敲门，没有开，接着敲，还是没人开。

赵荟云觉得不对劲，就下楼又抬头看了看张芬林的阳台，阳台上伸出个脑袋，一看就是张芬林，张芬林看到赵荟云，赶紧就又把头缩回去了。

赵荟云这就不干了，又让孙子去敲门，龙震宇有些害怕，使劲地敲门，一边敲门一边喊："妈妈开门，我冷，我要穿衣服。妈妈我冷。"龙震宇敲了足足半小时，到最后张芬林也没开门。临走的时候，赵荟云抬头，张芬林依然在阳台冷冷地看着他们。

当天晚上，赵荟云就把这件事告诉了在楼下开麻将馆的女儿龙铁梅，龙铁梅是个急性子的人，一听就气得不行。第二天就带着侄儿龙震宇上街，买了好几套新衣服，还有鞋子，并且告诉母亲，有困难就开口，龙家血脉，不能受苦。

"那种不要娃儿的女人，会有报应的。"龙铁梅恨恨地说。

报应还没来，更奇葩的事情却来了。

往后一个多月，张芬林一次都没来看过孩子，儿子吃什么穿什么平时怎么过的，她一点都不关心。一晃到了 9 月，幼儿园要开学了，赵荟云拿着女儿龙铁梅给的学费钱，把孙子打扮得精精神神地去报到。报到之后龙震宇就把上学期末留在幼儿园没拿走的书包和作业本带走了。不料第二天放学的时候，张芬林出现了，她到幼儿园来，当着保安的面，把龙震宇的书包带扯断扔了，把书包里的几个作业本也撕烂扔了一地。等赵荟云接到电话赶到幼儿园的时候，只剩下蹲在旁边哭得满脸泪水的龙震宇。

"这个婆娘好凶，撕完东西就走了。"保安说，当时张芬林一边撕课本，一边说，凭什么用我买的东西，要带孙子就自己拿钱买新的。

赵荟云气得浑身发抖，牵着孙子就走到外面的文具店买了新书包和作业本。回家路上遇见了张芬林，张芬林笑嘻嘻的，像什么事情都没有发生过一样，还对儿子说："你就在婆婆家待着，等到了 18 岁，妈妈再来接你。"

这事很快就被龙铁梅知道了。因为都住在一个镇，低头不见抬头见，没几天两人就在街心花园碰见了，对骂的声音一条街都能听见。

"畜生都不会抛弃自己的孩子，你这个畜生不如的，走一家害一家的女人。"龙铁梅恨不得上去撕了张芬林。

"你有什么资格骂我，你们龙家就该养这个孩子，你们自己拿钱养着。养大了我自然会接走。"张芬林也毫不示弱。

……

一场骂战把整条街的人都吸引来了，直到麻将馆的人来把龙铁梅拉走，这场难堪的骂战才结束。

但是赵荟云的难题还远没有结束。

赵荟云的丈夫死了很多年，老家的房子拆迁之后，近两年她就搬到镇上在女儿的麻将馆附近租了一间房子。房间很小，只有十多平方米，除了一张床和吃饭的桌子，就是一个破烂的衣柜，衣服也只能在房间里拉根绳子晾着。赵荟云每个月的社保工资只有900多元，本来日子就过得紧巴巴的，这又多了一个孙子的吃喝，就更显得拮据了。孙子不上幼儿园的时候，赵荟云还得在家手把手地教孩子写数字，这对于一个70多岁的老太太来说，也着实有些为难。与此同时，张芬林时不时地会在幼儿园出现，检查孩子的作业，如果发现写得不好，还会打电话骂赵荟云："你要带孙子就好好带，不要耽误了我孩子的学习，误人子弟。"

作为孩子的亲生母亲，张芬林为什么会有这一系列反常的举动？这究竟是怎么回事，而龙震宇的父亲又在哪里呢？怎么能够容忍孩子的母亲如此乱来？

龙震宇的父亲叫龙铁军，但是已经死了。

在5年前。

二

龙铁军已经死了5年了。

5年前老家拆迁房子，龙铁军心想反正房子也是会被拆的，干脆先把修房子的钢筋拆下来卖钱。钢筋倒是拆下来了，可房梁也垮了，预制板掉下来，砸得龙铁军只剩头和脚在外面。一起干活的人赶紧给龙家和张芬林打电话，等张芬林抱着当时才10个月大的龙震宇赶过来的时候，龙铁军已经死了。

一句遗言都没有留下。

随后赶到现场的龙铁梅看到弟弟惨死的尸体，哭得死去活来。她一早就劝过弟弟不要去拆钢筋，很危险！但是弟弟不听，认为家庭负担大，能捡一些算一些。

"他们结婚的时候，我就知道，这个女人会害他的。正因为养着三个孩子负担大，兄弟缺钱才会去敲钢筋来卖，导致出这个意外，死得这么早。"调解现场的龙铁梅谈到弟弟惨死的事情，眼睛马上就红了。

果不其然，当年赶到现场的龙铁梅抹了一把眼泪，再抬头看时，张芬林已经抱着孩子走了，剩下龙铁军的尸体冷冰冰地躺在灰尘里。这一幕龙铁梅始终忘不了。

怎么会有如此绝情的女人？

其实，张芬林是一个苦命的女人。

张芬林跟龙铁军是三婚，在嫁进龙家之前，曾经嫁过两次，跟第一任丈夫生了一个女儿，因为女儿的父亲嗜赌如命，还有家暴行为，让张芬林无法忍受，于是在女儿 8 岁的时候，她起诉离婚；第二任丈夫同样好赌，这一次张芬林更果断，在儿子两岁的时候，再次起诉离婚，没有半点留恋。

离婚后的张芬林独自带着两个孩子，因为与前夫们关系恶劣，所以前夫们并没有支付过任何的抚养费，甚至都没来看过孩子。张芬林并没有自怨自艾地在痛苦中过日子，而是很坚强地一边打工，一边养大孩子。偶尔过不去的时候，请求娘家兄弟们支援一下，日子就这么过下去了。

不过，这个过程中风言风语却渐渐多起来，说张芬林的男朋友很多，一个男人一个月给点钱，几个男人加起来也够养孩子了。

“那些年肯定苦，孩子都是我带着，他们的父亲都不管，也从来没给过一分钱，我一个女人是很难。肯定有旁人说闲话，但是我都能忍，我拿得起，也放得下。”面对流言蜚语，张芬林眼中没有惧色。

2008 年，经人介绍，张芬林认识了比她大两岁的龙铁军，当时的龙铁军在工地上做工，虽然本事不大，但也有让张芬林无法拒绝的条件。一是没有结过婚，二是挣的钱会全部交给女人。张芬林思来想去，终于决定第三次踏入婚姻殿堂。两人认识几个月就结婚了。

2010 年，张芬林给龙家生下了一个儿子。而龙铁军对张芬林之前的两个孩子也算不错，眼看着生活就要步入正轨了，谁知道命运却开了这么大一个玩笑。

这一次不用起诉离婚了，丈夫直接意外死了。

在龙铁梅眼里，张芬林就是一个不祥的女人。

“这个走一路，就害一路的女人。”这是龙铁梅在调解现场说得最多的话。

当初龙铁梅是非常反对弟弟娶张芬林的，在龙铁梅看来，一个离了两次婚，带着两个孩子的女人，除有很重的经济负担外，肯定心思也不单纯。而自己的弟弟龙铁军忠厚老实，不仅没结过婚，甚至因为经济的窘迫，恋爱都很少谈。龙铁梅担心自己的弟弟吃亏，最后人财两空，也这样劝过龙铁军。但龙铁军却认为，正是因为这些不幸的经历，所以这样的女人才会更珍惜今后的婚姻生活。然而，婚后两人的感情究竟好不好，已经死无对证了。

但是在龙铁梅看来，弟弟婚后过得很不好。在龙震宇还没有出生的时候，龙铁军曾经对龙铁梅说过张芬林都是趁自己在外面打工的时候买好吃的，自己在家的时候饭菜都很简单。还有一次，两人吵架，已经走到了民政局，准备离婚，结果在民政局听人说起龙家房子所在的那一带要拆迁，张芬林立马就不离婚了，拖着龙铁军就往回走。

没多久张芬林就怀了龙震宇。

龙铁梅认为，连好菜都不愿意做给男人吃的女人，可想而知眼里看重的全是钱。

赵荟云也是这样认为的，因为婚后两人是住在婆家，赵荟云担心张芬林偷她的钱，所以只要有可能赵荟云就会把她卧室的门锁上。有一次，赵荟云不小心把张芬林的包包锁在里面了，结果张芬林跟她大打出手，差点把她从二楼的阳台上推下去。也就在那次打架之后，赵荟云就始终担心这个儿媳妇有一天卷款潜逃，所以对张芬林的一切都比较留心。结果，赵荟云对儿媳的处处留心，让她心底滋生出了另外的隐忧。因为，好几次赵荟云都偷听到了张芬林给其他男人打很暧昧的电话。这样的隐忧导致赵荟云更是疑神疑鬼，直到张芬林给龙家生了一个孙子，她才渐渐放下了戒备之心。

结果孙子出生 10 个月，儿子就死了。

白发人送黑发人。

哭干了眼泪的赵荟云觉得自己是一个福薄的女人，丈夫死得早，连儿子都走在了自己的前面。

龙铁军是张芬林的第三任丈夫，两人在一起的时间也并不长。所有人都认为张芬林不会因为丈夫的离世太难过，但张芬林说，她的苦只有自己才知道。

“谁会愿意自己的男人死呢，娃儿才 10 个月大。”张芬林并不希望这段婚姻是这样的结局。

村里见张芬林拖着三个孩子可怜，于是赔偿了 3 万元，龙铁梅办后事花了 1 万元，剩下两万元，赵荟云拿走了 5000 元，张芬林只得到 1.5 万元。张芬林觉得婆家的做法有点过分，在她看来这些钱应该全部给她留着带孩子用。再后来，张芬林想起龙铁军切石头的机器放在农村老家，想拿来卖了换点钱，赵荟云也没有同意。但是不久，张芬林发现赵荟云竟然偷偷把机器拿去卖了。

隔阂越来越深。

龙铁军的后事办完没多久龙震宇就满周岁了。张芬林说，自己没条件大办宴席，就想简单请客吃个饭就行了。赵荟云觉得儿子都死了，孙子不能过得太寒碜，主张拿钱好好办一场。分歧显而易见，如何操办呢？此时，张芬林就坚持，谁出钱就按照谁的意思办，两人为此大吵了一场。到了孩子周岁生日的时候，周岁宴按照张芬林的意思简单地办了一下，这就跟赵荟云想要的隆重酒席场面相去甚远。

彻底闹翻了。

张芬林是一个有脾气的女人，抱着一岁的龙震宇，带上大女儿和大儿子就回了娘家。

从此跟龙家几乎没有了联系。

三

2014 年，是一个好年份。

当初间接导致龙铁军意外死亡的那场拆迁终于落实了，很快赔付款也下来了。龙铁军因为过世了没有得到钱，张芬林因为结婚之后还没来得及把户口迁过来就丧偶了，所以也没有得到钱，但是两人的儿子龙震宇得到了。属于龙震宇的赔偿金额总共有 18 万元。这笔钱在 2014 年 6 月的时候分下来的，当天就被赵荟云领走了。

张芬林当时人在贵州，还是娘家母亲打电话告诉她钱发下来了。人逢喜事精神爽，张芬林当天晚上就坐夜车回来了，并立即以儿子监护人的身份向赵荟云讨要属于儿子的这笔钱。但是，此时张芬林却被告知，这笔钱现在也不在赵荟云手里，而是以一分的月息放在了村支书那里。

张芬林来不及细想，就找到了村支书，村支书出具了一张借条，出款人那里签着龙震宇的名字，张芬林认出那是赵荟云的笔迹。

为什么要把亲孙子的钱放在一个外人那里呢？

在面对前儿媳质疑的时候，赵荟云是这样回答的，因为自己年纪大了，不懂银行的操作，不会把钱放卡里，也不敢存个定期折子放家里，大家都知道老太婆手里有这笔钱，又是住的出租房，招贼！

这样的解释很快就被推翻了，因为赵荟云自己手里也有一笔拆迁款，并且数额不少，但这笔钱赵荟云并没有与龙震宇的钱一起放在村长那里，而是一直由女儿龙铁梅代为保管着。

张芬林的疑惑越来越深：第一，为何在拆迁款刚下来的时候不通知自己这个监护人来领取？第二，既然监护人都已经回来了，为何不归还孩子的钱？第三，如果要妥善保管孙子的钱，为什么不跟自己的那笔拆迁款放在一起保管？

带着疑问，张芬林从 2014 年 7 月开始就不停地找村支书，想要回这笔钱，但是村支书态度十分强硬，坚决不给，并且告诉张芬林，这笔钱在龙家人拿到他这里来的时候就说清楚了，是留给龙震宇长大后娶媳妇买房子用的，要么就是等几年村里的还建房下来了之后，用来购买还建房的，谁也不能动，一分钱的月息也是等到买房子的时候一起支付。

村支书还说，龙家人特意交代了，这笔钱最后也只能由龙家的人来支取，尤其不能给张芬林。

村支书的最后这句话把张芬林气得半死。

“我是孩子的母亲，孩子是我在养着，为什么偏偏我没有资格来领取孩子的这笔钱？”

张芬林想不通，所以只要有时间就会给村支书打电话，但是村支书不接她的电话，去办公室找，也经常找不到人。张芬林找赵荟云，找龙铁梅，没用，龙家上下统一口风，就是这笔钱只能放村支书那里，给孩子留着买房子。

面对张芬林的愤怒，赵荟云觉得自己也很委屈，因为村支书在他们心里是非常有公信力的人。这次拆迁之后，除他们家，村里很多单身汉的钱也是放在村支书手里的，所以这是最安全、最稳妥、最不可能有半点闪失的保管方法。

张芬林起初只是气不过龙家人如此防着自己，后来就渐渐觉得有些不对劲了。因为村里起了一些谣言，说是村支书要出事，要被抓。张芬林整天心里七上八下的，不踏实，她担心村支书有什么三长两短，或者是跑了，这笔钱就算是彻底要不回来了。

“儿子还这么小，以后要用钱的地方还很多，这笔钱拿不回来，谁来赔我，难道指望龙家吗？”

这股怨气，张芬林彻底地撒在了龙家人和龙震宇的头上。

之前，你把我当外人。

现在，你把我当仇人。

张芬林在心里下了决心，从此再不管龙震宇一丝一毫。

四

龙家上下不让张芬林保管孩子的那笔拆迁款是有原因的。

因为一个名叫高俊的男人。

高俊是张芬林的现任男友，48 岁，是做装修的小包工头，离过一次婚，与前妻育有两个孩子。两人认识的时候，龙铁军刚刚去世一年，张芬林的大女儿还在读大学，二儿子读初中，小儿子龙震宇才两岁。张芬林根本无法外出工作，依靠娘家弟弟的支援，在镇上租房居住，照顾三个孩子。张芬林的困难显而易见，但是高俊还是愿意跟她在一起。

“因为她眼里有善良。几年了，我们从来没吵过架。”高俊用“善良”来解释他为什么愿意跟离了两次婚又丧偶的张芬林在一起。

但是在更多的人眼里，这个男人之所以愿意跟张芬林在一起，正是因为拆迁款。因为张芬林和前面两个孩子的户口在娘家，而娘家跟龙家是在差不多的时间里拆迁的，张芬林和两个大的孩子头上都有拆迁款，加起来差不多100万元。也正是因为这样，张芬林这些年才可以这么舒坦地不用上班，就在家带孩子。

“张芬林和高俊两个人加在一起有5个孩子，如果不是盯上了女方手里的拆迁款，怎么可能在一起?”邻居们都这么说。

这样的闲言碎语，很快就传到了张芬林的耳朵里。

但是张芬林并不担心。在她看来，高俊是一个很勤奋的人，在贵州、重庆四处揽活做装修，每年也能挣15万元左右，每次从外地回来高俊都会把身上的钱交给自己。他们在一起的三年多时间里，张芬林从来没动过一分娘家的拆迁款。生活费、孩子的学费全靠高俊支撑。

如果一切的坎坷与灾难都像剧本安排好的一样不可避免，那么生活也总会给我一些有如戏剧般出人意料的幸运吧。

但是邪恶的一面总会露出来，或早或晚。

最先发现问题的是龙铁梅，因为龙震宇跟龙铁梅的小女儿年龄很接近，加上住得近，所以经常到龙铁梅的麻将馆玩，一起写作业。然后龙铁梅就听小女儿说龙震宇经常被那个高叔叔打。龙铁梅自己也去问了龙震宇，才听了一句眼泪就下来了。

“叔叔用那个捆裤子的东西打我。”龙震宇一边说一边在自己的腰上比划着。

那个东西，就是皮带。

后来陆陆续续也有人过来说看见高俊打骂龙震宇，说这个继父心太狠。说话的人自己都一边说一边哭。

“如果不是自己的父亲死得早，这个孩子哪里会遭这些罪。”

怪只能怪龙铁军死得太早了。

龙铁梅跟张芬林很含蓄地提过高俊打人的事情，但是张芬林自有一套说法。“我这个孩子是儿子，父亲死得早，肯定是需要有人来管教的。我觉得高俊没做错。”

而高俊也承认自己对孩子管教严，如果从幼儿园回来没写完规定的字就不准吃饭。对于拿皮带打人一事，他解释只是为了吓唬孩子。

尽管如此，张芬林对这件事情的漠视，让龙家人有些气恼，于是龙家人采取了自己的处理办法。

所以2014年6月，拆迁款下来的时候，恰好张芬林跟高俊去了贵州的工地做事情，龙家上下很有默契地全部选择了闭嘴，不告诉不通知张芬林。私底下领了钱，存在了他们最放心的人手里。

在龙家人看来，如果这笔钱进了张芬林的口袋，那么龙震宇是肯定享受不了的。暂且不论高俊会不会打歪主意，因为张芬林还有个儿子，那个儿子比龙震宇大，性格也更霸道，将来肯定是会先娶媳妇的，张芬林肯定会挪用这笔钱给她的大儿子买房子。小儿子到时候就只有受欺负的份。

张芬林的二儿子也曾对人说过，“妈妈对我们很好，从我有记忆，就是妈妈带着我和姐姐在生活，我从来没见过我的爸爸，后来妈妈嫁给了龙叔叔，有了弟弟，龙叔叔死了，又有一个高叔叔，但是不管怎么变化，妈妈始终带着我们，从来没有抛弃我们。”

基于这些担心，龙家和村支书坚持不把这笔钱交给张芬林。

“我自认是一个爱孩子的母亲，我命不好，遇见的男人不是人渣就是短命，但是我生下的孩子，全部都带在身边，自己养育。你们凭什么认为我会虐待我的小儿子呢?”张芬林想不通。

原来在你们心里，我是个蛇蝎心肠的女人。

那好，既然钱在你们那里，那你们就养孩子吧。

2015 年 7 月，张芬林一怒之下把龙震宇丢给了赵荟云，并且拒不见面，任何衣服书本都不准带过去。总之就是孩子的一切你们龙家人就自己花钱买吧。

但是赵荟云自己并没有占有龙震宇的赔偿款，突然要抚养一个 5 岁多的孩子，她每个月 900 多元的社保工资和她的精力一样都捉襟见肘。短时间还能应付，长此以往肯定不是办法。

“我愿意把孙子养到 18 岁，我担心的是我活不了这么久。”这是赵荟云最担心的地方。

而张芬林扔书包、撕课本、拒不给孩子衣服的做法也着实偏激得离谱，双方矛盾一时间达到顶峰。

一方是捏着钱不撒手。

一方是把孩子丢过去不管。

五

这个家庭矛盾的序幕是从龙铁军的死拉开的。

调解现场，说到龙铁军的死亡，哭得最多的是龙铁梅，这个她看着长大的弟弟就这么走了，龙铁梅整个心里都痛。在她眼里，弟弟就是因为娶了一个负担重的女人，才会死于非命。她把对弟弟的怀念全部转成了对张芬林的恨。

这种恨意很难消除。

赵荟云也是一样的。

而张芬林也有恨，除对龙家人“自私”做法的恨，还有对自身命运的恨，从她对之前两个孩子不离不弃可以看出，这个女人是有着纯朴的母爱的。调解现场让所有人感到困惑的是，以前没钱的时候都把孩子带在身边的张芬林，现在有钱了，为什么反而不要儿子了呢？

是命运的波折让她疲惫不堪，渐渐被“恨”意遮住了双眼，被钱财控制了思想，被戾气消磨了母爱。

现场调解安排在 2015 年国庆节之后，距离张芬林对小儿子龙震宇不闻不问已经三个多月。这三个多月里，双方在大街上不止对骂过一次，而这样的骂战也从来没有避讳过孩子。

这样的生长环境，这样的家庭矛盾，父亲的早逝、继父的殴打、母亲的抛弃……长此以往，很难说孩子长大以后会变成什么样。调解现场，唯独姑姑表态愿意养这个孩子。那么由姑姑抚养又是否妥当？为了商讨出一个方案，让龙震宇健康地成长，调解进入合议阶段。

调解合议现场

婚姻家庭导师李安娜：这个孩子，我觉得不应受到婆婆或者姑姑情感的影响。我觉得要坚持让他回到母亲身边。

高校教师李洋：现在出现这种状况，这个钱由村长保护着，或者说他保管着。这个在法律上是否被认可?

调解员王刚：它是一个约定，是真实合法有效的。从法律上来讲，监护人肯定是母亲，当然母亲可以选择寄养。同样的道理，这个钱也是一样，她可以自己保管，也可以保存在别人那里。

画家侯耘：就事实来说的话，婆婆这边是血浓于水，毕竟是他们家里的血脉，他们愿意去养就养吧。

心理导师周美辰：张芬林她前面的两个孩子不说，因为那个时候离婚，她说是自己提出来的，所以带着孩子她心安理得。但是现在她带着这个 5 岁的孩子的时候，她的心态已经变化了，因为她看到这个孩子，她就会看到他们家婆婆和姑姑的那张脸。因为她一直在说是你们龙家的人，而她的婆婆和她的姑姑从来都是针对她，没有给过好脸色，或者看不起她。所以张芬林就把小儿子龙震宇送回龙家，让龙家来养。

情感导师莫桑：他的继父现场的那种假笑，好像很无所谓的样子，让我不寒而栗，想到他用皮带去打孩子，总体来看，我觉得孩子跟母亲生活在一起，一定是不幸福的。

调解员王刚：征求母亲的意见，她如果不愿意养，我觉得也不应该弃之街头吧。既然姑姑愿意养，那么就由姑姑来养，下面肯定就要谈抚养费的问题，这是理所当然的事情。那么第二个层面的问题，就是这个钱的问题，姑姑可能不太明白，现在银行实际上是有这个业务的，这笔钱由双方共同监管，单方都不能挂失。用两人的姓名去开户，然后一人掌握一个签章，两个签章齐全才能够取到这个钱。可以采用这个方法，我们试探性地建议采用这个方法。

合议方向

1. 孩子的抚养权归孩子的奶奶和姑姑。

2. 属于孩子的拆迁补偿款采用三方共同监管的方式。

因为到场人员众多，包括了龙家所有人、张芬林、高俊，所以单独调解过程一波三折。原本张芬林同意与龙铁梅、村支书建立一个共同账户，待村里还建房出来之后，共同取出来给龙震宇购买住房。龙震宇还是跟随张芬林生活。但是随后张芬林与高俊商量之后突然反悔。

张芬林坚持谁保管钱，谁就养孩子。

但是赵荟云和龙铁梅坚决反对把钱拿给张芬林。

单独调解一时之间陷入僵局。

最终打破僵局的是龙铁梅，她担心即使龙震宇回到了张芬林的身边，即使张芬林掌握了拆迁款，依然会对这个孩子有所怠慢。所以龙铁梅最后站了出来，决定自己做龙震宇的监护人，她来养大这个孩子，钱依然存在共管账户里，约定合适的时候取出来给龙震宇买房子，房子要三室一厅，钱不够的部分由赵荟云和龙铁梅补足。

“龙家的血脉不能受委屈，这个娃儿已经死了父亲，不能再受委屈了。”龙铁梅说的这句话掷地有声。

经过反复思索，调解现场张芬林最终同意把孩子的监护权交给龙铁梅。

调解结果

双方签订调解协议，内容如下：

1. 现双方当事人自愿协商将抚养权交给赵荟云和龙铁梅。

2. 龙震宇的抚养权变更为赵荟云和龙铁梅，抚养人自愿抚养龙震宇至成年，并且承担抚养费，包括生活费、教育费、医疗费等。二抚养人应该依法履行抚养职责，不得遗弃或者虐待未成年人；同时张芬林有探视权。

3. 龙震宇的拆迁安置补偿款 18 万元现保管于村支书侯某人处，由赵荟云、龙铁梅保管，并且只能专款用于支付龙震宇的优惠购房款。二抚养人保证购买三室一厅，不足部分由赵荟云和龙铁梅补足。新购安置房因登记在龙震宇名下，张芬林有权监督。

4. 张芬林三日内将村支书侯某的债权凭证交付给抚养人，逾期交付的该债权凭证作废，抚养人可以直接向村支书侯某凭本协议保管该款项。

5. 张芬林在孩子成长期间也应尽量探视孩子，在大家关系缓和之后，仍需尽到做母亲的职责。

T 调解链接

第一，这是一个相对合理的结果。孩子的钱应该随着孩子走，但现在是孩子随着孩子的钱走。这只是简单说明两者的联系：钱是孩子的，谁抚养孩子，他的监护人就为孩子的抚养合理使用这些钱。孩子的父亲去世后，跟着妈妈过，但婆婆不把孩子的钱给妈妈。协商中，妈妈愿意孩子跟着婆婆和姑妈过，这个母亲索要孩子安置费的矛盾就解决了，而且是一种更简单便捷的方式。处理问题如果有更简单的方式，一般都值得采纳。

第二，不能把抚养人的变化与母子情简单挂钩，好像母亲不直接抚养孩子就是对孩子没有感情，就是没尽到母亲的责任，就应该受到指责。孩子跟婆婆和姑妈过，一有双方自愿，二有金钱制约，三有母亲困难，也就是说，这是母亲可以接受的结果。这样她在今后新建的家庭中所遇到的困难就会少一点。这种抚养关系的变化应该还有两个隐含的原因，一是孩子所拥有的钱可以保证他成长所需，二是婆婆认为孙子跟着他母亲会受委屈。处理问题有些理由是明确的，有些因素是隐含的，只要能解决问题，就可以心照不宣。

第三，母子关系永远在，永远受法律保护。围绕着孩子的成长，母亲和婆婆、姑妈之间应该还有联系，而联系就是矛盾。矛盾有多大，爆不爆发，是否引起冲突或者冲突的程度，一切依赖于孩子是否顺利愉快地健康成长，依赖于婆婆和姑妈对孩子的爱。这方面做好了，大家都相安无事，和平共处，生活会充满爱，会更加和谐。

情感链接 Q

1. 如果龙震宇由婆婆赵荟云抚养，会有什么弊端？

第一，过分溺爱，阻碍成长。

隔代教育下，长辈通常存有补偿心态，会将祖辈的子女当年没有得到的疼爱“变本加厉”地补偿给孙辈。祖辈家长对孩子的过分疼爱与关注，使孩子丧失很多的成长机会，难以发展出独立的人格。

第二，剥夺互动，缺少情感。

母亲在孩子的成长过程中有不可替代的作用。隔代教育中，虽然有祖辈的爱与呵护，但是也会剥夺孩子很多与母亲互动的机会。

第三，引发矛盾，导致隔阂。

在这种教育中，孩子通常会被祖辈纵容、溺爱，继而养成许多生活恶习。于是，在与母亲相处时，母亲与孩子间往往有矛盾，孩子容易出现对立情绪。这种对立情绪不利于维持亲子之间良好的情感，在有冲突时，孩子往往会退缩到祖辈家长身边。长此以往，难免会因为母亲与祖母教育孩子理念的不同而引起家庭矛盾。

第四，理念落后，妨碍发展。

奶奶毕竟年老，教育理念跟不上时代潮流，不利于孩子的身心发展。在教养孩子的时候，祖辈家长会不当地限制孩子的各种探索活动或对孩子作出不当的要求，容易造成孩子不能发展出完整人格。

第五，年龄过大，压力倍增。

祖辈家长年龄偏大，精力和身体状况都不尽如人意。在教养孩子的时候，难以满足孩子的需求。但是，孩子接受新鲜事物很快，随着年龄逐渐长大，自主性和探索性随之增强，祖辈家长便难以应对，不免要承受额外的心理压力和负担。

上述情况下，如果龙震宇由婆婆赵荟云抚养，会使他没有安全感，会认为自己不够好所以母亲不要自己了，有可能会出现超出同龄人少有的听话懂事行为，这又刚好迎合了老年人对判断孩子好坏的标准，但孩子此时是处于一种极度压抑的状态，当压抑状态达到了一定程度或年龄稍长时，就会出现强烈的叛逆行为，许多孩子会为此做出一些过激事情，给自己及亲人造成重大的伤害。

2. 如何解读张芬林对孩子不管不顾，甚至破坏孩子书包文具的做法？

一个人的行为对另一个人在利益上产生一定量的损害或增益，会让后者期待前者也产生不低于该量的利益的损害，或让前者也产生满意的利益上的增益，人的这种反应，称为报复心理。

受害人心理会产生焦虑反应，会产生焦躁不安、愤怒、呼吸不畅、难受等心理反应。这种焦虑反应只有在受害人对伤害人做出相应赔偿或报复了之后，才会消除。每个人都会产生报复心理，它是一种应对外部不利因素的自我防御保护机制。

张芬林认为，龙震宇是你龙家的后代，赵荟云作为婆婆会关心孙子的学习生活，所以采取了上述的种种过激行为来应对龙家及婆婆，对自己应该获得的利益被霸占的行为进行报复。

F 法律链接

1. 张芬林这样对孩子不管不顾的做法是否违法？

父母对子女的抚养义务，是社会所赋予并由国家法律规定的义务，是一项义不容辞的法定义务。根据《婚姻法》第21条规定，父母对子女有抚养教育的义务，父母不履行抚养义务时，未成年的或不能独立生活的子女，有要求父母付给抚养费的权利。

我国《民法总则》第27条规定："未成年人的父母是未成年人的监护人。未成年人的父母已经死亡或者没有监护能力的，由下列有监护能力的人按顺序担任监护人：（一）祖父母、外祖父母；（二）兄、姐；（三）其他愿意担任监护人的个人或者组织，但是须经未成年人住所地的居民委员会、村民委员会或者民政部门同意。"

《民法总则》第31条第1款规定："对监护人的确定有争议的，由被监护人住所地的居民委员会、村民委员会或者民政部门指定监护人，有关当事人对指定不服的，可以向人民法院申请指定监护人；有关当事人也可以直接向人民法院申请指定监护人。"上述法定监护人担任监护人的顺序，是根据监护人与被监护人之间的血缘、组织等关系的远近而确定的。

本案涉及的抚养人中，龙震宇的父亲已经过世，那么他的顺序抚养人就应该依次是：母亲张芬林、祖母赵荟云。张芬林作为龙震宇的第一监护人，从民事责任角度来说，无论出于什么原因张芬林都不应该逃避法定的抚养义务。如果暂时将孩子交由奶奶抚养，张芬林应当支付抚养费，而不是丢给奶奶不管不问。

那张芬林的行为是否会构成刑事犯罪呢？根据《刑法》第261条的规定，对于年老、年幼、患病或者其他没有独立生活能力的人，负有扶养义务而拒绝扶养，情节恶劣的，处5年以下有期徒刑、拘役或者管制。因此情节是否恶劣是区分遗弃罪与非罪的一个重要界限，遗弃行为情节恶劣是指：由于遗弃而致被害人重伤、死亡的；被害人因被遗弃而生活无着，流离失所，被迫沿街乞讨的；因遗弃而使被害人走投无路被迫自杀的；行为人屡经教育，拒绝改正而使被害人的生活陷入危难境地的；遗弃手段十分恶劣的（如在遗弃中又有打骂、虐待行为的），等等。张芬林把龙震宇交给奶奶，只要没有恶劣情节或者造成严重后果一般不构成犯罪；但是如果因为张芬林对龙震宇不管不问而导致上述恶劣情节的，张芬林则可能涉嫌构成遗弃罪。

2. 在拆迁赔偿款下来之后，赵荟云擅自领走龙震宇赔偿款的做法是否违法？

根据我国《民法总则》第20条的规定，不满8周岁的未成年人为无民事行为能力人，由其法定代理人代理实施民事法律行为。《民法总则》第23条规定："无民事行为能力人、限制民事行为能力人的监护人是其法定代理人。”

龙震宇为 5 岁的孩子，属于无民事行为能力人，其母亲张芬林作为其监护人具有法定的民事代理权。监护人应该依据有利于被监护人利益的原则代为处理相关事宜，并有权依法排除他人对未成年人利益的威胁和妨害。其他非监护人无权代理无民事行为能力人对外处理相关民事法律事务。

赵荟云虽然是龙震宇的奶奶，但并非龙震宇的第一顺位法定监护人，张芬林是龙震宇的第一法定监护人。所以，赵荟云领取龙震宇的赔偿款不符合法律规定。即使是在紧急情况下，为了龙震宇的利益而代为接受该利益，也应在紧急情况消除后及时转交给龙震宇的法定监护人。

3. 在张芬林找到村长之后，村长拒绝归还龙震宇拆迁赔偿款的做法是否合法？

前面提及到了，未成年人的监护人的代理权为法定代理权，其代理权未依法定程序取消则不发生消灭效果。张芬林作为龙震宇的法定监护人，其有权代理龙震宇要求村长归还其代为保管的补偿款；至于龙家人在将款项交付给村长时的约定如何，由于该民事行为没有得到张芬林的授权，事后也没有获得张芬林的追认，其对龙震宇不发生法律约束力。虽然龙震宇的奶奶赵荟云出于对龙震宇的利益考虑将补偿款交给村长保管，但是该行为本身在法律上就属于无权代理行为，村长不返还赔偿款的做法也是没有法律依据的，张芬林作为龙震宇的法定监护人依然有权要求村长返还补偿款。

4. 据龙震宇说，继父高俊用皮带打他，如果龙震宇的说法属实，那么高俊是否涉嫌虐待？虐待罪该如何界定？

虐待罪是指对共同生活的家庭成员，经常以打骂、捆绑、冻饿、限制自由、凌辱人格、不给治病或者强迫过度劳动等方法，从肉体上和精神上进行摧残迫害，情节恶劣的行为。虐待罪主要从以下几个方面界定：首先，虐待者与被虐待者需为同一个家庭成员，且往往虐待者对被虐待者有监护、看护职责的义务；其次，虐待者的手段为打骂、捆绑、冻饿、限制自由、凌辱人格、不给治病或者强迫过度劳动等；再次，虐待行为应该是经常性的，而不是一次性的；最后，情节恶劣，这点主要从频率、所用手段以及被虐待者造成的后果进行综合分析。

最高人民法院等发布的《关于依法办理家庭暴力犯罪案件的意见》中将具有监护、扶养、寄养、同居等关系的共同生活的人员界定为家庭暴力犯罪的主体范围。本案中高俊与张芬林并没有结婚，但其与张芬林、龙震宇生活在一起，如果满足虐待罪的其他构成要件，可以以虐待罪追究其刑事责任。

另外，儿童往往缺乏保护自己的能力，所以需要社会更多的关注和保护。依照《刑事诉讼法》第 108 条第 1 款“任何单位和个人发现有犯罪事实或者犯罪嫌疑人，有权利也有义务向公安机关、人民检察院或者人民法院报案或者举报”的规定，被虐待儿童的亲属、朋友、邻居，以及村（居）委会、人民调解委员会、妇联、共青团、残联、医院、学校、幼儿园等单位、组织，发现虐童行为，有权利也有义务及时向公安机关、人民检察院、人民法院报案、控告或者举报。

编导后记

龙铁梅的豪举，是调解之前所有人都没有想到的。因为她自己也有两个孩子，小的才上小学，养育后代的艰辛她肯定知道。而她对龙震宇的感情是复杂的，她埋怨自己当初没有坚持反对弟弟娶张芬林，也恨自己没有坚决地阻止弟弟去拆钢筋。龙铁梅始终觉得自己对弟弟的死有一定的责任。内心对弟弟的愧疚以及对侄儿的怜惜让她站了出来，愿意养育侄儿长大。

就在我写下这篇文字之前不久，赵荟云打来电话，告诉我们因为房价越来越高，怕拖到最后这笔钱不够购买三室一厅的，他们决定现在就取出来购买房子。谈到这大半年来的生活，赵荟云说，龙震宇与龙铁梅生活在一起，跟龙铁梅的孩子相处得很愉快，她也时不时地会过去帮忙做饭。张芬林依然对孩子不闻不问，只是偶尔在街上看见，会拉着孩子的手说很久的话。

希望在顺利购买了房子之后，张芬林可以放下心中的恨，给这个孩子应得的母爱。

2. 一场车祸引发的公媳大战

【当 事 人】

媳妇周红梅：28 岁，与死者陈刚结婚 8 年，有个 8 岁的女儿，目前在重庆与妹妹（双胞胎妹妹）、妹夫在一块。

公公老陈：63 岁，精神状态几乎崩溃，不能接受儿子去世的事实，并且更加不能接受儿媳周红梅的无理要求。

委托人黎洪：31 岁，公公老陈一方的委托人，死者陈刚去世之后，一切事情由他在经管。

【调解诉求】

申请人周红梅：希望带走孩子，卖掉住房抵债。

被申请人老陈：希望能把孙子留在身边，自己跟儿媳一人负担一半的债务。

调解前情提要

2016 年 10 月 6 日，33 岁的陈刚远在广东务工，在当晚凌晨 3 点，陈刚与好友喝酒唱歌之后，开车回家，由于陈刚喝酒酿成了车祸，两死一伤，其中的一位死者就是陈刚。

目前他们面临三个问题：

第一，陈刚厂里赔偿 7 万多元的抚恤金和安葬费的分配问题；

第二，8 岁多孩子的抚养权问题；

第三，陈刚生前有套住房，去年陈刚将房子拿去抵押贷款了 20 万元，目前还有 18 万元的贷款未还。

这三个问题如今根本没办法解决，因为儿媳周红梅的表现让老陈一家人很是愤怒。出事的第二天，儿媳周红梅就从温州飞到广东，不是去殡仪馆看望陈刚的遗体，而是直接去陈刚的宿舍，去找陈刚所有的银行卡。当时银行卡在陈刚父亲手里，所以周红梅的妹夫为了抢银行卡，拿刀来威胁陈家人。最后陈刚父亲给她下跪，这件事才平息了。到了第三天，经法医鉴定陈刚是酒驾，得不到赔偿之后，周红梅立马就飞回重庆了，不仅没给陈家人打声招呼，甚至连陈刚的骨灰都不愿意抱回来。在后来的安葬等事情中，周红梅一直没有出现。对此周红梅解释说，依照当地的风俗，如果女方亲自送陈刚下葬的话，今后会倒霉，娃儿也不好过。同时，周红梅认为陈家人的做法也有些偏激，他们为了逼自己出面，把周红梅的妹夫软禁了，然后让周红梅去换妹夫，后来周红梅报警了，对方才没有轻举妄动。

因为丧事，两家人闹得很不愉快，再提财产就更伤感情了。2015 年，陈刚用他们居住的房子（是陈刚的婚前财产，现在价值 30 万元）去银行办了抵押贷款，贷了 20 万元和周红梅的妹夫一起在广东开烤鱼店。现在一共还欠银行 18 万元，每个月要还 2300 多元贷款。2016 年 11 月 7 日，银行打来催款电话，周红梅的意见是欠款由陈刚父亲一方还，但是老两口基本上没有经济来源，怎么还？要么就是卖房子，但是房子卖了，老两口又住哪儿？所以陈刚的父母希望这个欠款由周红梅来承担，房子今后还是留给陈刚的孩子。

但是周红梅指出，当时陈刚抵押房子的事情，自己就不知情，也没有同意，所以一分钱都不想承担。而陈刚厂里面给了老两口 7 万多元的抚恤金和安葬费，这笔钱也可以用来还账。

而陈刚父亲老陈的想法是，儿子走了，有个孙女在身边，至少有个念想，所以想把孙女留在身边，直到自己不能照顾为止。贷款由周红梅偿还，或者一方还一半。周红梅对此表示反对，她要把娃儿带走，彻底与他们这家人断绝联系，然后把房子卖了用来还贷款，剩下的钱和陈家父母平均分配。

本案的调解是在陈刚过世半年后进行的，双方因死亡产生的悲痛情绪已经不再那么强烈，都比较理性，所以调解团队运用了讲事实说道理的调解法，从法律和人情的角度，建议双方把陈刚的抚恤金进行分配，儿媳妇能分到 3 万元，另外建议陈刚 8 岁的女儿在 10 岁以前都按照原来的生活方式不变，即继续由陈刚的父母抚养，孩子 8 岁到 10 岁会产生一定的抚养费用，建议周红梅放弃 3 万元的抚恤金，作为孩子在爷爷奶奶家的寄养费用。

调解结果

在调解的过程中，由于周红梅要求一定要带走孩子，所以调解失败。调解团队建议双方通过司法途径解决矛盾。

Q 情感点评

从周红梅的行动上看，她与陈刚的感情比较淡漠，对于陈刚家已经不信任很久了，所以事情一发生，就先奔着利益去了。这是积怨很深的一家人，就算没有车祸的事情，迟早也会分崩离析。

周红梅与陈老，已经在利益分配上形成了对立关系，所以根本就不会让步。她无意背起这个家庭的重担，唯一想的就是远走高飞，但是该要到的利益一定要得到，这是一种“弥补损失”的决心。

周红梅根本就不打算协商，想做一次彻底的分割。在这种情况下，已经谈不上家庭的感情，因为没有感情可言了，就只能依靠法律来裁决。

但是丧夫和丧子相比，老年丧子更加绝望。在这场悲剧里，谁都是可怜人，如果媳妇带走了孙女，老人的生命就会很快枯萎，因为明天是没有希望的。孙女就是未来希望的源头，如今老人所有的情感都寄托在孙女身上了，这是生命的延续啊！老人帮忙带孩子也可以让媳妇生活轻松点，更加安心地为孩子的未来努力挣钱。为了让绝望的人看到未来，看到人生的暖色调，我们需要齐心协力去努力，抱团取暖永远胜过互相伤害。

F 法律点评

在我国抚恤金分为伤残抚恤金和死亡抚恤金两种，伤残抚恤金发放给受伤者本人，而死亡抚恤金发放给死者的近亲属。伤残抚恤金一般比较简单不易产生纠纷，而关于如何分配死亡抚恤金往往是各方矛盾的突发点。死亡抚恤金是死者所在单位等给予死者近亲属和被扶养人的生活补助费，含有一定精神抚慰的性质。结合我国《继承法》的相关规定，死亡抚恤金并不属于遗产，因为遗产是公民生前合法取得并在死亡时实际存在的财产。而对死亡抚恤金如何分割的问题我国的法律并无明确规定。

根据我国目前的有关政策，享有抚恤金待遇的人必须同时具备两个条件：一是必须是死者的直系亲属、配偶；二是死者生前主要或部分供养的人。死亡抚恤金虽然不属于遗产，但在处理时会参照遗产继承人顺序进行分配，第一顺序：配偶、子女、父母。第二顺序：兄弟姐妹、祖父母、外祖父母。先由第一顺序继承人参与分配。没有第一顺序继承人的，由第二顺序继承人参与分配。分配份额则参照《继承法》第 13 条的规定进行分配，即同一顺序继承人继承遗产的份额，一般应当均等。对生活有特殊困难的缺乏劳动能力的继承人，分配遗产时，应当予以照顾。对被继承人尽了主要扶养义务或者与被继承人共同生活的继承人，分配遗产时，可以多分。有扶养能力和有扶养条件的继承人，不尽扶养义务的，分配遗产时，应当不分或者少分。继承人协商同意的，分配时也可以不均等。

3. 孩子的遗产

【当 事 人】

幸先生：三婚，有一个女儿（夭折），两个儿子。

徐女士：二婚，有两个女儿，其中小女儿夭折。

【调解诉求】

申请人徐女士：希望分得当初离婚协议中约定给夭折女儿的房产。

被申请人幸先生：不愿意将房产给第二任妻子徐女士。

调解前情提要

幸先生现在家住在南岸，做的是衣物边角料生意，每年收入十几万元，妻子贤惠，家里有一个两岁的儿子，孩子长得虎头虎脑，聪明伶俐。2012 年 7 月中旬，幸先生即将迎来他的第二个孩子，一切看起来都是那么美好。可是，幸先生仍然有一个遗憾，让他这辈子都无法安心，他的大女儿死得不明不白，太冤了。

原来，幸先生现在的妻子并不是他的原配，而是他的第三任妻子。幸先生出生于农家，生活原来很贫困，农家人结婚很早，因此，刚成年不久的幸先生娶了他的第一任妻子。妻子也是一个农家女，不过智力有些问题，日子过了没几年，在外打工的幸先生见识越来越多，他觉得，应该追求自己的幸福，不久后，他与没有生育儿女的妻子离了婚。后来，在幸先生33岁左右的时候，经人介绍认识了大他四五岁的第二任妻子，第二任妻子也是离过婚的，有一个女儿，但是，单身已久的幸先生觉得好不容易能找到一个照顾自己的人，很是珍惜自己的这次婚姻。结婚后不久，2004年，第二任妻子徐女士给幸先生生了一个女儿，这是幸先生生命中的第一个孩子，他格外珍惜这个孩子，什么都给最好的。可是，第二任妻子的脾气很不好，幸先生与她经常争吵，妻子甚至动手打过他，忍无可忍的幸先生在2007年的时候，第二次离婚了。考虑到第二任妻子年龄大，又没有工作，两人约定，孩子跟随第二任妻子生活，孩子和妻子所有的费用都由幸先生负责。幸先生与第二任妻子在渝北有一套三层楼的私房，离婚时开发商正在开发，两人约定，第三楼，103平方米左右归幸先生，剩下的两层归女儿所有，收取的租金等收益全归第二任妻子所有。

2009年，经人介绍，幸先生和第三任妻子冯女士认识，冯女士温柔体贴，赢得了幸先生的心，两人很快就结合在一起了。在婚前，幸先生就和冯女士约定，自己已经有了一个女儿，为了保证女儿的生活，他不打算再要孩子。结婚以后，考虑到自己有了家庭，幸先生就把孩子接到了自己身边。可是，在2009年12月的一天，孩子突然不见了，幸先生当时急得上火，多方寻找孩子，最后，孩子上学的学校告诉幸先生，当时是孩子的亲妈，也就是幸先生的第二任妻子来学校接走的孩子。幸先生赶紧联系上第二任妻子，问她为什么不经过自己的同意就把孩子接走了，第二任妻子说，当时，她的第一个女儿在老家涪陵结婚，所以就直接去学校把孩子接走去参加婚礼了。幸先生听了这话，松了一口气，可接下来，第二任妻子却告诉幸先生一个消息，如同晴天霹雳，孩子已经被淹死了！

第二任妻子告诉幸先生，当时，大家都在忙大女儿的婚事，而小女儿闹着要外出玩耍，于是，外婆就带着孩子到处走走，可谁想到，孩子在跟外婆外出后不久，就有人发现，孩子漂浮在水库的水面上，已经死了。当时，幸先生对孩子的死亡感到怀疑，按照常理，淹死的人怎么可能当时就浮在水面上呢？他怀疑，是不是亲妈害死了女儿，可转念一想，孩子是跟着自己的亲妈、亲外婆一起的，她们肯定不会害自己的亲骨肉，也就接受了这个事实。幸先生唯一的女儿死了，他伤心了好长一段时间。2010年，第三任妻子冯女士生下一个儿子，暂时宽慰了他的失女之痛。他以为这事就这样结束了。

可谁料想，2011 年 11 月 22 日，由于第二任妻子的生活条件不太好，她想到了当初离婚时和幸先生达成的将私房留给孩子的约定。第二任妻子认为既然孩子死了，那么自己有资格分割孩子的遗产，于是，第二任妻子将幸先生告上了法庭，要求分割孩子的遗产。幸先生很是想不通，孩子是你带出去的时候死的，我都没有追究孩子死得不明不白的事，你却还来找我要遗产，那你应该赔我的孩子。2011 年 12 月，幸先生先向第二任妻子索赔，即因为孩子死亡而引起的精神损害赔偿。第二任妻子说，女儿出生时受到了伤害，被评定为二级伤残，脑子本来就有问题，她失足掉进水里很正常，自己一点责任也没有，随后，第二任妻子又向法院申请分割与幸先生的夫妻共同财产。幸先生丧女之痛涌上心头，希望能够通过调解让大家来给他们评评理。

无论孩子死亡的真实原因是什么，作为父母都是悲痛的。在提及女儿的死亡事件时，双方都无语哽咽。因为女方已经起诉，且本案的法律关系清晰，故调解团队从情感入手，着力消除两人之间的芥蒂，为双方接受法院判决成功地做了心理铺垫工作。

调解结果

经过调解，双方的情绪已经有了缓解。因离法院开庭的日子很近了，所以双方决定无论法院如何判决，都遵守判决；并且彼此放下仇恨，算是给不幸夭折的女儿一个交代。

情感点评

一个母亲，对于自己孩子的离开，竟然可以说出“脑子本来就有问题，她失足掉进水里很正常，自己一点责任也没有”的话，只能说她对这个孩子的感情很淡。

有一种可能性，也许是因为孩子的先天不足，第二任妻子感到不满意。她也许把这个孩子的缺陷当成了丈夫离开的理由，就“嫌弃”这个女儿。联想到这一点不免让人感到悲伤，也有可能是幸先生在上一段感情中“欠下的债”。

意外已经发生了，谁也无力回天。猜来猜去也无法求证，只是在这里提个醒，每个成年人要扛起自己幸福的责任。

然而，第二任妻子跳出来分孩子的遗产，用这样的说法推卸责任，确实伤到了幸先生。站在幸先生的角度看，这的确是一个非常痛苦的冲击，失去女儿已经令人非常痛心了，而作为女儿的亲生母亲又要来跟他分割他在女儿生前所承诺的房产更令幸先生难以接受。无论生前的承诺是什么，相信都是基于幸先生对于女儿的爱，所以此时的无助是可以理解的。孩子已逝，其他的都已经不再重要，重要的是幸先生需要从伤痛中尽快走出来，直面以后的生活。对于房产这部分，交由司法去处理。幸先生也要明白，对方现在是以亲人的身份，用一种陌生人的态度来分割财产，这时只能以法律的形式来解决。

F 法律点评

关于孩子的母亲请求继承孩子遗产的这个问题，根据《继承法》及《最高人民法院关于贯彻执行〈中华人民共和国继承法〉若干问题的意见》中的相关规定，离婚协议中约定归孩子的那部分房子在孩子死亡之后成为孩子的遗产，在没有遗嘱的情况下，应当按照法定继承的方式进行继承，而孩子的父母作为第一顺序继承人参与继承。关于继承的份额根据《继承法》第 13 条的规定，同一顺序继承人继承遗产的份额，一般应当均等。对生活有特殊困难的缺乏劳动能力的继承人，分配遗产时，应当予以照顾。对被继承人尽了主要抚养义务或者与被继承人共同生活的继承人，分配遗产时，可以多分。有抚养能力和有抚养条件的继承人，不尽抚养义务的，分配遗产时，应当不分或者少分。继承人协商同意的，也可以不均等。

关于分割夫妻共同财产的问题，根据《最高人民法院关于适用〈中华人民共和国婚姻法〉若干问题的解释（二)》第 9 条规定，男女双方协议离婚后一年内就财产分割问题反悔，请求变更或者撤销财产分割协议的，人民法院应当受理。人民法院受理后，未发现订立财产分割协议时存在欺诈、胁迫等情形的，应当依法驳回当事人的诉讼请求。协议离婚后对于财产的分割反悔的只能在一年内起诉，但如果不存在欺诈、胁迫等情形的，起诉人是不能胜诉的。

另外，根据《婚姻法》第 47 条的规定，离婚时，一方隐藏、转移、变卖、毁损夫妻共同财产，或伪造债务企图侵占另一方财产的，分割夫妻共同财产时，对隐藏、转移、变卖、毁损夫妻共同财产或伪造债务的一方，可以少分或不分。离婚后，另一方发现有上述行为的，可以向人民法院提起诉讼，请求再次分割夫妻共同财产。

4. 拒绝绝路的 18 岁男孩

【当 事 人】

儿子：小李，18 岁，初二辍学，连续换了十几份工作，最近在咖啡馆上了一星期的班，性格内向，对生活没有希望，甚至有轻生的念头。

母亲宋大姐：47 岁，在菜市场卖牛肉，有两个儿子，大儿子 24 岁（未婚），前夫 5 年前车祸意外去世，与现在的男友同居 3 年，对儿子的心态表示不解。只认为儿子懒，不上班，没有上进心。

【调解诉求】

申请人儿子小李：给母亲两个选择，要么他去当乞丐，要么他就轻生，让母亲有个心理准备。

被申请人母亲宋大姐：希望儿子正常积极面对生活，不要再说一些威胁的话。

调解前情提要

家住杨家坪的小李，最近找了份服务员的工作，但是小李感觉自己在梦游一般，感觉这一切生活都不是真实的，内心很是困惑。他声称从 2017 年 9 月开始，每天都是浑浑噩噩地在过日子，不知道生活的意义在于什么，不知道怎么去跟身边的人接触，也不知道自己接下来的生活该如何继续下去。

那么，在 2017 年 9 月，小李发生了什么事情呢？原来 2017 年 9 月，在母亲宋大姐苦口婆心的哀求下，小李决心放下游戏，同时还把手机交给母亲保管，基本上也不联系朋友了。此后，小李觉得没有了游戏，就如同没有精神寄托一般，日子没有了追求。

母亲宋大姐说，小李的人生就是被游戏毁掉的，因为小李从初二下学期开始就每天每夜玩游戏，直到辍学回家，一心玩游戏。之后这几年换了十几份工作，都是因为小李无心上班，被老板开除的。面对堕落的儿子，宋大姐想尽办法挽救，但是都无济于事，最后宋大姐就索性不管了。2017 年 9 月，小李自己突然醒悟过来，觉得游戏对他的人生也似乎没有多大的帮助，再加上母亲的眼泪，小李就与母亲约法三章，不再接触游戏，不再玩手机。但是随之而来的是，小李心理上出现了问题，对工作没有激情，跟母亲也曾谈及有轻生的念头，这样的想法吓着母亲宋大姐了，2017 年 11 月宋大姐曾带着儿子去大坪医院检查，医生没有查出什么毛病，开了一些缓解心理压力的药，但是小李自认为没有用。

小李跟记者谈道，他内心里对母亲有怨，那就是在自己小时候不管自己。小时候的小李与婆婆居住在永川老家，父母在重庆打拼，小李属于留守儿童。同村的孩子带着他去网吧玩游戏，也无人管，小李抵制不了游戏的诱惑，从 8 岁开始就渐渐迷上了游戏。一直到 10 岁的时候来到城里，跟父母住在一块，才渐渐有了收敛，偶尔才玩游戏。但是初二的时候，父亲突然车祸去世，给小李带来巨大的打击，小李明白父亲去世意味着家里的顶梁柱没有了，家里的日子会渐渐艰难起来。从此小李无心上学，整天玩游戏。虽然家人给他在工地上找了份工作，但是他心里面装的全是游戏，并觉得工地上的工作太辛苦，太累。后来连续找了几份在餐厅当服务员的工作，都因为玩游戏，精神状态不佳，被老板开除。连续被老板开除几次之后，小李便更加自卑，不想出去接触社会，害怕再次被人看不起。就这样，小李每天在游戏当中寻求寄托。

而母亲宋大姐表示自己不仅是经济压力大，而且精神压力也大。首先是前夫去世之后，她在 3 年前找了一个男友，因为小李不接受所以没有结婚，其次是看着儿子整天玩游戏，对儿子很失望。她希望通过调解让儿子振作起来。

调解团队运用了正面激励法和单独交流法。针对小李自卑害怕接触社会的心理，采用正面激励的方法鼓励他，首先从一些细节入手表扬他，比如并没有因为父亲的过世一蹶不振，相反也出去打工了，即使被开除了很多次，也依然在继续找工作，等等。让小李看到自己身上的闪光点。其次就是单独交流，让小李体会到母亲不是万能的，母亲也有脆弱的时候，也有希望有人可以依靠的时候，要理解母亲的恋爱。同时调解团队与母亲沟通，让母亲体会到小李丧父后心理的转变和情感的缺失。调解比较顺利，最终双方达成了一致意见。

调解结果

双方签订调解协议，内容如下：

1. 双方要从阴影中走出来，特别是儿子，面对自己现在的情况，不要害怕失败，要告别过去和昨天；把对父亲的思念化为自己前行的力量，做好自己，做一个成年人应当做的事情。

2. 作为母亲，要多与儿子沟通，多关心儿子，了解他的心声，了解他真正需要什么。

3. 母亲应多鼓励儿子找到方向，面对失败不要怕，要勇敢面对人生。

Q 情感点评

孩子幼小的心灵所受到的创伤一直没有修复。6 岁以前作为父母应给予的安全感，归属感，被接纳感，在孩子的心里都是缺乏的，导致小李的童年没有感受到存在的意义和价值感。而父亲的离开，对他来说无疑是更大的打击与创伤。初二的年龄又正处于青春期，这个时期没有父母的陪伴、支持和鼓励，在困惑的年龄让他更加的无助，只有借助游戏来宣泄自己所有的情绪和获得心理的慰藉，小李的内心其实是相当孤独的。这个时候，母亲应当给予孩子更多的陪伴，接纳孩子，和他一起去面对自己内心的脆弱，多给予一些正面积极的鼓励和赞扬，弥补他内心安全感的缺失。这个阶段，对于母亲来讲，也许需要付出得更多，在孩子身上花更多的精力和时间。当然，如果有条件，也建议给孩子寻求专业的心理疏导，帮助其内在价值感的提升。

【延伸阅读】

1.《孝经·丧亲章第十八》

【原文】

子曰：孝子之丧亲也，哭不偯①，礼无容②。言不文③，服美不安④，闻乐不乐⑤，食旨不甘⑥，此哀戚⑦之情也。三日⑧而食，教民无以死伤生，毁不灭性⑨，此圣人之政也。丧不过三年⑩，示民有终也……生事爱敬，死事哀戚，生民⑪之本尽矣，死生之义备矣，孝子之事亲终矣⑫。

【注释】

①不偯（yǐ）：是指哭的时候，哭声随气息用尽而自然停止，不能有拖腔拖调，使尾声曲折、绵长。偯，哭的尾声迤逦委曲。

②礼无容：这是说丧亲时，孝子的行为举止不讲究仪容姿态。

③言不文：这是说丧亲时，孝子说话不应辞藻华美，文饰其辞。文，指文辞方面的修饰，有文采。

④服美不安：孝子丧亲，穿着华美的衣裳会于心不安，因此，丧礼规定孝子要穿缞麻。服美，穿着漂亮、艳丽的衣裳。

⑤闻乐不乐：由于心中悲哀，孝子听到音乐也并不感到快乐。所以，丧礼规定，孝子在服丧期内不得演奏或欣赏音乐。前一“乐”字指音乐，后一“乐”字指快乐。

⑥食旨不甘：这是说即使有美味的食物，孝子因为哀痛也不会觉得好吃。

⑦哀戚：忧愁，悲哀。

⑧“三日”：《礼记·间传》：“斩衰三日不食。”丧礼规定，孝子三天之内不进食，三天之后即进粥食；如果悲哀过度，因为长久不吃饭而伤害了身体，也与孝道不合。

⑨毁不灭性：虽因哀痛而消瘦，但是不能瘦到露出骨头。毁，哀毁，因悲哀而损坏身体健康。《礼记·曲礼上》：“居丧之礼，毁瘠不形。”性，命。

⑩丧不过三年：孝子为父母之死服丧三年。

⑪生民：人民。

⑫孝子之事亲终矣：孝子侍奉父母的本务到此结束了。

【译文】

孔子说：“一个善于孝养父母的儿女，如果一旦丧失了父母，那他的哀痛之情，无以复加。哭得气竭力衰，不再有委曲婉转的余音。对于礼节，也不暇讲究，没有平时的那样有仪容。讲话的时候，也没有平时的那样文雅。人到了这种情形之下，就是有很讲究的衣服，也不安心穿了，听见很好的音乐，也不觉得快乐了，吃了美味的食物，也不觉得香甜了。这是做子女的因失去亲人而悲伤忧愁的表现。父母之丧，三天之后就要吃东西，这是教导人民不要因失去亲人的悲哀而损伤生者的身体，不要因过度哀痛而灭绝人生的天性，这是圣贤君子的为政之道。为亲人守丧不超过三年，是告诉人们居丧是有其终止期限的……在父母亲在世时以爱和敬来待奉他们，在他们去世后，则怀着悲哀之情料理丧事，如此尽到了人生在世应尽的本分和义务。养生送死的大义都做到了，才算是完成了作为孝子侍奉亲人的义务。”

2. 《儿童权利公约》规定的基本权利

《儿童权利公约》（Convention on the Rights of the Child）1989 年 11 月 20 日第 44 届联合国大会第 25 号决议通过，是第一部有关保障儿童权利且具有法律约束力的国际性约定。1990 年 9 月 2 日生效。截至 2015 年 10 月，缔约国为 196 个。该公约旨为世界各国儿童创建良好的成长环境。

《儿童权利公约》共 54 条。公约将“儿童”界定为“18 岁以下的任何人”。《儿童权利公约》强调，各国应确保其管辖范围内的每一儿童均享受公约所载的权利，不因儿童或其父母或法定监护人的种族、肤色、性别、语言、宗教、政治或其他见解、国籍或社会出身、财产、伤残、出生或其他身份等而有任何差别。

《儿童权利公约》认为：儿童具有的最基本的权利可概括为四种：生存权、受保护权、发展权和参与权。

3. 我国未成年人在家庭中的主要权利

早在 1991 年，我国就制定了《未成年人保护法》，并经过 2006 年和 2012 年两次修订。我国《未成年人保护法》吸纳了联合国《儿童权利公约》中有关规定，明确提出了“儿童优先”和“儿童最大利益”原则，确认未成年人享有生存权、发展权、受保护权、参与权和受教育权等基本权利。下面介绍几项未成年人在家庭生活中应享受的最主要的权利。

（1）出生登记权。未成年人出生后有权获得登记，且监护人应向户籍管理部门为其申报户籍的权利。

（2）获得监护的权利。法律规定，父母为未成年人在家庭生活中最主要的权利监护人。如果父母死亡或失去监护能力，法律还规定了相关人员和单位的监护责任。如果监护人不履行监护职责或严重侵害未成年人权益，轻则对父母或监护人进行批评教育，重则追究其刑事责任和撤销其监护人资格。

(3) 生活获得照顾的权利。指未成年人在衣、食、住、行以及心理、医疗、卫生等方面有获得监护人指导、帮助、照顾的权利。法律规定，监护人的监护职责包括保护未成年人的权益、照顾被监护人的生活。同时，为了更好地使未成年人获得父母的照顾，法律还规定未成年人的父母或者其他监护人，不得让不满十六周岁的未成年人脱离监护单独居住。

(4) 生命健康权。指未成年人的生命得以维持及身体与心理健康不受非法侵犯的权利，有权免受虐待、遗弃、体罚、变相体罚、性侵害等侵害行为。

(5) 受教育权。未成年人有接受学校教育和家庭教育的权利。受教育权是未成年人最基本的权利之一，家庭、学校和国家应当保障未成年人接受教育。家庭必须使适龄未成年人按照规定接受义务教育，不得使在校接受义务教育的未成年人辍学。

(6) 获得良好家庭教育和家庭环境的权利。父母或者其他监护人应当创造良好和睦的家庭环境，依法履行对未成年人的监护职责和抚养义务，应当以健康的思想、品行教育未成年人，引导未成年人进行有益身心健康的活动。我国《反家庭暴力法》第12条也做出规定，未成年人的监护人应当以文明的方式对未成年人进行家庭教育，不得实施家庭暴力。

(7) 拒绝早婚的权利。父母或者其他监护人不得允许或者迫使未成年人结婚，也不得为未成年人订立婚约。

(8) 财产权。法律规定未成年人的财产由监护人保管，监护人对未成年人的财产必须采取妥善管理和保护的措施，除为被监护人的利益外，不得处理被监护人的财产。

(9) 继承权。法律对未成年人的继承权进行了特殊规定。分配遗产时，应当对未成年人等缺乏劳动能力又没有生活来源的人予以照顾。父母立遗嘱必须对缺乏劳动能力又没有生活来源的未成年人保留必要的遗产份额，如果没有保留，那么所立遗嘱部分无效。

法律规定，未成年人平等享有上述权利，不因未成年人或者其监护人的民族、性别、家庭出身、宗教信仰、教育程度、财产状况、病残、父母婚姻状况等而有任何差别。

【思维导图】

（本章思维导图见本书第338页）

第八章

离婚，一段感情之殇

离婚，是一段爱情的休止符。痛苦，纠缠，无奈，决绝，五味杂陈。

曾经的海誓山盟，曾经的无怨无悔，究竟是什么时候变成了恶言相向，拳脚相加，恨如仇雠。

有缘千里来相会，今生有缘缔结婚姻的，确实缘分不浅。当缘已尽，情不在，痴缠终归无济于事。

有时候，也许放手，会意味着双方的凤凰涅槃，浴火重生。

1. 死亡婚姻该如何终结?

【当事人】

妻子章蕙：45 岁，工人，调解时正处于失业中。

丈夫曾福：50 岁，身体长期抱恙，20 年未工作。

【调解诉求】

申请人章蕙：希望与丈夫离婚。

被申请人曾福：希望妻子先处理好儿子的监护问题再离婚。

妻子出轨
丈夫知情但毫无责备之心
多年分居
其中暗藏玄机
悲愤与绝望
当一个女人的所有希望被现实彻底打碎
她将对命运做出怎样的抗争

调解前情提要

来调解之前，章蕙在电话里的话并不多，她问了两件事，一是调解大概需要多长时间，因为她担心丈夫曾福的身体坐久了受不了；二是可不可以现场拟离婚协议。当得知协商一致后可以拟定时，她就没有再问别的话了。曾福就不一样，絮絮叨叨说了很多，关于自己的病，关于儿子的病。当我告知他章蕙的调解诉求是离婚时，他在电话那头轻轻叹了一口气，就没有再说别的话了。

张艺谋拍过一部电影，叫《秋菊打官司》。

在这部电影中的农村，人情是联系人们关系的最大纽带。电影里的秋菊，想要通过现代秩序，法律程序来解决一个乡土内的问题。她要的是一个说法，不是钱。但是乡土社会看重的面子，法律上并没有这东西。

那么，这样一个人情社会，怎么普法?

下面的案例告诉你，人情社会也可以通过调解来普法。

一

假如没有空气，人将无法呼吸而死去；假如婚姻里没有爱情，人心也会因无法呼吸而枯萎。

来到调解现场的时候，45 岁的章蕙脸上有明显的窒息般的痛苦。

“我想离婚，因为我们两个感情不好。”这是章蕙开口说的第一句话。

调解当天，章蕙和 50 岁的丈夫曾福分居刚好 6 年。6 年间，章蕙居住在离丈夫车程半小时的地方。她平时在服装厂里上班，流水线上的工作很忙碌，当丈夫偶尔生病，给她打电话寻求帮助的时候，她下班后会搭车过来，匆匆见上一面，把家里的家务料理一下，做顿饭，然后很快又搭车离开，从不过夜。

没有夫妻之实，形神都不具备。

“呼吸是一种围绕着死亡的行为。当你呼出时，你必须吸入等量的空气，不然就会死。”——电影《呼吸》

然而婚姻中如呼吸般等量吐纳的情感，章蕙已经很久都没感受到了。

6 年前，两人的分居是曾福提出来的。曾福当时身体有病，时常感到腹痛，因为经济困难，所以在痛起来的时候就随便去药房抓点药吃着，稍微好一些就不管了，没有去医院做彻底的检查。腹痛难忍的时候，章蕙在一旁的走动或者说话，对曾福而言都是莫大的干扰。有一次睡到半夜，章蕙翻身不小心碰到了曾福的腰，曾福整个下半夜都睡不着，痛得一身的冷汗。

后来情况甚至严重到连平时在家走动，如果章蕙不小心碰到了曾福，曾福都会觉得不舒服。

没过多久，曾福就以此为由提出了分居。为了丈夫能有个安静休息的环境，章蕙随即搬到离上班的工厂比较近的地方租房居住，留下曾福和儿子住在原来的出租房里。

这一分居就是好几年。

曾福没有工作，这几年里，章蕙一个人在工厂打工，刚开始的时候一个月工资 1000 多元，2015 年之后涨到了 3000 多元，章惠就靠着这份工资供着一家三口的吃穿及两边房屋的租金。

“我们虽然没住在一起，但依然是彼此在世上最亲的人。”章蕙是这样形容两人之间关系的。但曾福却觉得两人之间已经渐渐地冷漠下去了，“我们很少说话，各吃各的饭，最多说说儿子的事情。没有其他可以聊的。她打工很累，没心情说话，我身体也不好，有多的时间也只想休息。”

这样的状况一直持续到分居的第 5 年。

那是 2015 年，章蕙在网上认识了一个比她年长几岁的男人，那个男人名叫宋成刚。

“没想到要交往，只是聊天，聊了过后，就相互产生了好感。”调解现场面对主持人的提问，章蕙很坦诚。

宋成刚离婚了很多年，家住的地方离章蕙打工的工厂很近，两人时常见面。在章蕙心里，这个叫宋成刚的男人就好似皑皑白雪之中的一抹阳光，战胜了天地间的孤寒，也战胜了她内心的孤寂。

随着交往的深入，这些年章蕙心里那些濒死的情和爱又重新活过来了。

毫无意外，章蕙出轨了。

而爱之中必有互相伤害。

半开玩笑半当真，章蕙把这个事告诉了丈夫。

曾福完全没想到多年来默默扛起了家庭重担的妻子，会给自己来上这么当头一棒。

“我一直都当她是在开玩笑。”曾福的这句话里饱含着诸多无奈。

作为一个男人，一个病人，在这样的玩笑面前，内心里也是肯定不好受的。何况曾福并不傻，从妻子的言行举止中，他慢慢发现，或许妻子在外面是真的有了一个男人。

调解场上的曾福确实有着不好开口的原因。因为他患有慢性直肠炎，一旦有了夫妻生活，这个病就要复发，所以两人很早以前就分房睡了，也有很多年都没有正常的夫妻生活了。

“当时知道后还是有点生气的。可能也是家庭负担太重了，她要出去找（男人），这个事情我真的阻止不了。”曾福是这样说的。

曾福一定有他的无奈，有他的愤怒，但他连一个男人最基本的尊严也放下了。其实看似是在成全女方，这种成全，看上去有种“大无畏的牺牲精神”，但是这种成全本身也是一种自我伤害。

活生生逼出内伤。

没有任何经济来源的曾福有些害怕章蕙提出离婚，但意外的是，当向丈夫坦白完出轨的事情之后，章蕙并没有提出离婚。

“因为宋成刚以前也没叫我离婚，他说大家在一起，把这个家庭责任承担下来。”章蕙是这样解释的。

宋成刚不叫章蕙离婚，其实是有原因的，因为他根本就没敢把恋爱这件事告诉自己的家人。他清楚，如果被母亲和女儿知道他找了一个没离婚的，还是拖着一个有病丈夫的有夫之妇，全家上下肯定会强烈反对。

宋成刚一直都隐瞒着家人，偷偷地和章蕙在一起。

章蕙很明白，即使自己离婚，也是不可能嫁给宋成刚的，所以在爱情之外，她依然尽着一个妻子的义务，尽可能地照顾病中的丈夫，承担着家里的所有经济开支。

这当中当然有宋成刚的资助，或多或少。

只是这样的日子过了一年，宋成刚就不太乐意了，他不愿意自己爱的女人时不时还会回到另一个男人身边，并且那个男人还用着自己的钱。宋成刚下了最后的通牒——不离婚就分手。

一边是死水般的婚姻和割不断的亲情，一边是新鲜的爱情和世俗道德的鞭挞。可如果抛开所有的顾忌，唯有宋成刚，才是章蕙情感里的那个呼吸机，也唯有他，才能给章蕙作为一个女人最渴望得到的未来——健康的婚姻与家庭。

这一年春节之后，章蕙打工的织布厂就倒闭了，章惠也一直没有再找到合适的工作。养家的重担让章蕙有些喘不过气。

最终，章蕙还是做了一个艰难的决定，离婚。

当她提出来时，曾福是这样回答的："我接受，只要你把孩子照顾好，你愿意跟哪个结婚你干脆就去，娃儿你带去。"

二

——我累了。

——我也累了。

——你变了。

——是的，我变了。

平静，或许就是感情濒临死亡的状态，坐在调解场上的章蕙和曾福总会时不时地陷入沉默以对的状态里。

尽管在调解一开场就表达了离婚意愿的章蕙，却在中途曾福想上厕所时，急急地起身搀扶，并时不时地提醒其喝水。毕竟在一起生活了20多年，很多东西都成了习惯。

这个习惯里，还包括曾经的快乐。

章蕙和曾福年龄相差5岁，当初是媒人做的媒。曾福年轻的时候挺帅气，而章蕙则是一个朴实的姑娘，见面之后，两人对彼此都比较满意。于是很快结婚，第二年，就生下了儿子小曾。

曾家只有曾福这一个儿子，孙子小曾是独苗，很受爷爷奶奶的宠爱。而章蕙是个勤劳的女人，婚后一直住在婆家，包揽了大部分的农活和家务，爷爷奶奶也很喜欢这个儿媳妇。那个时候的曾福在重庆主城打工，每个月无论挣多挣少，都会拿回来给章蕙，曾福当年的脾气性格都非常好。章蕙觉得这样的生活很幸福，她以为会一直这样，侍奉老人，照顾幼子，直到自己渐渐老去，儿孙绕膝。

如果生活会给你打开一扇窗，那么在打开之前，它绝对不会让你知道窗后面是什么。

1997 年，在章蕙 26 岁的时候，生活给她推开了一扇悲剧的窗。

那一年，曾福同时得了甲亢、乙肝、直肠炎。随时都会腹痛难忍。当年年底，曾福就已经无法打工了，回到农村也不能再做任何体力活，只能在家做点饭，身体不舒服的时候，甚至连饭也没力气做。

也就是说，早在 20 年前，章蕙就挑起了整个家的重担。

章蕙是个很乐观的女人，她总觉得丈夫是会好起来的，所以她很努力地做工，挣钱给丈夫看病，并尽量给儿子好的生活。好在公公婆婆在生活上很照顾曾福和孙子小曾，所以这期间章蕙还很放心地去广州打了几年工，因为那里的工资高一些。

“每个月哪怕多几百块钱对我们这样的家庭来说，就不得了了。”回忆起那几年背井离乡在广州的打工生涯，章蕙不仅没有半丝埋怨，甚至还有些满足。她觉得凭自己的一双手，能让家人过得更好，是一件值得骄傲的事情。

“那个时候春节回来，儿子也常说，妈妈等我长大了就跟你一起去打工挣钱。”儿子小曾的懂事让章蕙很欣慰。所以无论是在广州，还是因为思念家人最终又回到了重庆，章蕙都在积极努力地生活着。而这些努力过的痕迹，都深深地刻在了她的脸上。

章蕙的脸上有深深的皱纹，皮肤被晒得很黑，颧骨处又有着一些高原红。在调解场上，嘉宾莫桑说了这么一段话。“其实女方一坐到场上，我看到她皮肤的颜色，尤其是她脸部的肤色，我知道她一定是靠自己的能力，饱经沧桑，经历了很多寻常女人可能从来没有经历过的事情。她要去养这个家，她很不容易。”

然而章蕙的不容易，并没有换来生活的容易。

因为整日待在家里与年迈父母为伴，再加上不减反增的病痛，曾福的脾气也一天坏过一天。章蕙偶尔休假回家，想跟丈夫聚聚，开心地待上几天，但是曾福非但没有笑脸相迎，反而是无尽的抱怨，对自己，对家庭，对生活。这个男人的斗志在这些年里早已被消磨殆尽，剩下的只有那一团发黑的怨气，积郁在胸腔里，无法散去。

回忆那段时光，章蕙言语中有些疲惫，她说“曾福一点小事情就可以拿来吵架。比如，他不舒服要睡觉，我在家看电视就把他吵到了，可是我上中班，下午四点钟才去，上午在家做了家务不看电视又能干什么呢？他就是脾气不好，长期找些事来吵架。”

但是那个时候的章蕙没想过离婚，一是想着儿子将来上班了，两个人来维持这个家，压力就不会那么大了；二是跟曾福之间还有感情。

但是曾福病中暴躁的脾气和不好的情绪让章蕙感到压抑，两人经常为了一些小事争吵。随着儿子小曾长大住校后，渐渐地，章蕙回家的时间也少了，她把所有的时间和精力都花在了打工上，每个月按时把钱寄回来。只在春节的时候回来待一段时间，过了节又回到工厂继续打工，吃住都在厂里。

章蕙只有一个信念——丈夫的病总会治好的，儿子总会长大的，一切苦难都会过去的。

这样的日子从 1997 年，一直持续到了 2007 年。

2007 年，章蕙存了一点钱，就干脆在城里租了一套房子，把曾福接过来方便随时就医。或许是换了地方，曾福的心情也明显好了一些，所以在身体允许的情况下，曾福也时常做饭等章蕙下班回来一起吃。两人的感情渐渐开始升温。

章蕙有时会有一种错觉，觉得自己已经把一辈子该受的苦都受了，只要熬过去，以后就都会是好日子了吧。

唐僧师徒取经，九九八十一难，灾难簿哪有那么容易就翻完！

苦海的前面，是苦海。

2012 年，曾福和章蕙的儿子小曾被确诊为精神分裂！

三

小曾确实很懂事，家庭的窘迫他是看在眼里的，很早就知道母亲章蕙的辛苦。所以在高中毕业之后，小曾决定不再念书，而是外出打工挣钱，一来可以减轻母亲的负担，二来也能给父亲存一些看病的钱。

他是这样想的，也是这样做的。

自从 2010 年进了西永微电园的一家电子工厂之后，小曾就没日没夜地加班，春节也没有回家，只是偶尔给父母打打电话，汇报一下自己的工资又涨了多少。

2012 年的“五一”劳动节之前，小曾突然打了一个电话给章蕙，说自己想回家休息几天，过个劳动节。于是 4 月 30 日那天，小曾就回来了，回的是章蕙那边的出租屋。章蕙很开心，还专门请了一天假回来给小曾做饭。

到了晚上章蕙就觉得有些不对劲了。因为小曾整晚不睡觉，拿手机发信息，一会儿哭一会儿笑。第二天就是“五一”节，小曾一大早起床就要跑出去，章蕙不准，他就哭，哭了又要跑，因为门被章蕙反锁了，打不开门的小曾就又跑回他的房间去床上躺着。章蕙从来没见过儿子这样的情况，就赶紧给曾福打了一个电话。

“我说你快点过来，娃儿好像不对头，精神方面有些问题。我说好像出了点问题。他身体那阵好瘦好瘦。街上有大卡车这么开过来，他就跑去撞。他爸爸回来后，就赶紧带孩子到西南医院精神科去挂号。”那个劳动节发生的事情，章蕙直到现在都记得很清楚。

“挂号完，他一看到挂号的单子上面写的神经科，马上就发脾气了，旁边有个垃圾桶，他顺手就把那个垃圾桶提起来。垃圾桶旁边站着个人，他就去打那个人，我就赶紧把他拉着，保安打电话叫来了医生。医生说不行，他说我们医院看不了他这病，要我们送到歌乐山精神病医院去，我们就把他送到那里去了。”

当天医生给小曾的诊断是：精神分裂症，立即住院。

“住了院以后医生给开药，吃了一个月之后，就让他出院了，感觉他回家后，状态有些好了。”回忆当时发病的情景，曾福是这样陈述的。

但是，曾福不知道，那个时候的他和章蕙犯下了一个致命的错误，而这个错误，一直到4年后到了调解现场，听到心理嘉宾的分析，他们才意识到。但是已经无力回天。

“你孩子的病，原本也不会这么严重的，也是你们缺乏常识造成的。焦虑症这种还比较轻一点的精神疾病，它都有个要点，就是要坚持服药。看起来很严重，你只要坚持服药一个星期，就跟正常人一样，很多人就认为我好了，但是只要一停药，它就一定会复发。不坚持吃到半年一年，它一定会复发。如果复发两次到三次，就包括当初很轻微的抑郁症，以后基本上就得终身吃药了。”

嘉宾李安娜的话让章蕙和曾福后悔不已，细想之下，小曾病情的发展也正如嘉宾所言。

自从在歌乐山精神病院待了一个月出院以后，小曾就拒绝吃医院开的药，他认为自己没有生病，并且指出那个药吃了有副作用，会出现水肿，脸上长痘痘，所以回家没几天就彻底停药了。停药之后，小曾很快就返厂上班了，结果上了还不到一个月问题就出现了。厂里的领导给章蕙打电话，告诉他们小曾在厂里不吃饭不睡觉，让家里赶紧把人接走。

章蕙和曾福去接小曾的时候，小曾就站在那个工厂门口的马路上，已经不知道该往哪个方向走了。回忆起这一幕，曾福很心酸。

“他认得出我，我喊他在那里不要走，等我。但是他好像没有什么意识了，不清楚了。”

小曾被接回家之后，只在家里待了两个晚上，就被张蕙送到了歌乐山精神病院。小曾在医院里住了两个多月，花了一万多元，12 月中旬又被张蕙接出来了。不过，这次出院却是小曾的意思，他让医护人员给章蕙打电话，说自己好了，必须出院。

章蕙去接小曾的时候，觉得他似乎长胖了一点，精神也好了一些，于是同意并办理了出院手续。出院之后小曾又吵着要出去上班，章蕙联系了鱼洞的一家火锅店让小曾去打杂，结果第四天就接到老板电话，让把人领走。

火锅店的老板说，小曾头脑不清晰，做任何事情精力都不集中，切了一次菜，就把手指头切了一条口，实在没办法再用他了。于是给了 400 元工资，打发小曾走了。

看着得了精神分裂症的儿子，章蕙很痛苦，因为丈夫曾福同样没有工作能力，那么儿子的未来怎么办？自己和丈夫过世之后，还会有谁来照顾他？这些问题时时刻刻盘旋在章蕙的头脑里，日日夜夜折磨着她；另外，儿子的病情没有丝毫好转的迹象，甚至还出现了暴力的倾向。当第一次被神志不清的儿子殴打之后，章蕙哭了很多天。

她哭不公的命运，更哭苦命的儿子。

医生要求小曾每天吃两颗药，那个药 8 元一颗，小曾觉得太贵了，每天只吃一颗，甚至有的时候一颗都不吃。如此下去，病情也不可能好转。

而章蕙和曾福早在 2010 年就已经分居，因为每天都要上班，所以生病后的这些年小曾就跟父亲曾福住在一起。曾福的身体毫无起色都自顾不暇，更无力监督儿子吃药，有时候甚至曾福自己都没有力气做饭，又舍不得花钱下馆子，只能给章蕙打电话，让章蕙抽时间回来做饭。

曾福力所能及的事情，就是监督小曾，防止他突然跑出去，然后找不到回来的路，另外就是督促小曾按时吃饭。

“如果没人做饭，或者催他吃饭，他可以一直不吃，直到饿死。”曾福无奈地摇摇头。

于是从 2012 年底到 2016 年，章蕙就这样奔波在打工和这两个生活自理能力都极差的男人之间，毫无起色和希望的生活一天天令她绝望。她曾问过曾福，以后打不了工了怎么办？曾福说，以后如果你也打不了工的话，就回农村老家跟父母住一起吧，毕竟家里还有几分地，好歹能糊口。

“那父母过世了怎么办？我们也老得种不了地了怎么办？”

“……”

曾福无言以对。

章蕙也曾苦苦思索儿子为什么会得这样的病。在小曾稍微清醒一点的时候，她也多次地询问，是不是打工的时候受人欺负了，或者工作压力太大了？但是小曾只是笑笑，什么都不说。

后来亲戚中有跟小曾年龄相仿的人，告诉章蕙，2012 年曾在小曾的 QQ 留言里看见小曾说自己失恋了，对方是一个工厂打工的女生。但是小曾已经不再记得自己的 QQ 号，而自从生病之后，小曾的手机也没有任何女生打来过电话。

章蕙只能望天长叹，命运捉弄人。

穷并不可怕，可怕的是看不到希望。

丈夫患病之后，章蕙撑了 20 年，儿子患病之后，章蕙依然撑了快 4 年，没有哭天抢地，没有离家逃避，她勇敢地选择了和命运抗争。甚至在遇见宋成刚的时候，她也希望宋成刚能够帮助他们这个家庭，帮助她的丈夫和儿子。

她的出轨，是应该背负骂名更多，还是得到理解更多？

我相信是后者吧。

四

处在谷底的人，憧憬的是绝处逢生。

可往生的路，并不好走。

宋成刚提出了继续恋爱的条件，那就是章蕙必须离婚。在情爱与背叛的煎熬中挣扎太久的章蕙，终于作出了离婚的决定。尝过太多真切的苦痛，章蕙把离婚当作了一次自我的救赎。她希望所有的悲伤都可以在离婚中得到释放。

所幸的是，曾福没有丝毫为难她，他理解并尊重妻子的决定，很快就同意离婚。

但是现实的问题并不是通过离婚就能变好的，比如，曾福的病就好不了，再如，小曾的精神分裂也很难完全治愈。

于是曾福说出了自己的考虑，因为他时常发病，连饭都做不了，而且每次当儿子犯浑的时候，他使出全身力气都很难拖住儿子。所以曾福觉得儿子跟着章蕙是最合适的。

“因为我肯定会比章蕙死得早，儿子最终还是会跟着章蕙。”曾福在这件事情上看得要远一些。

但是这样的安排对于需要日日打工维持生活的章蕙来说，是非常不符合实际的。因为章蕙的工作一上班就是十几小时，三餐都在工厂里面吃，只能晚上回家睡个觉，根本没有多余的时间和精力照顾到儿子。在章蕙看来，离婚之后的曾福依然没有任何经济来源，也必须依靠她打工生活。所以曾福以后的生活费、医药费，她同样会靠一己之力承担。

离婚只求心的解脱，让自己可以正大光明地跟另外一个男人恋爱，并不是对曾福的厌恶与逃避。

但儿子监护权问题，恕我实在无力一人承担。

章蕙对曾福的建议明确表示拒绝，正是小曾的监护权问题两人无法协商，所以决定前来调解。

在调解团队看来，两人的现状确实堪忧。道德终究不能够代替法律。就这个婚姻而言，事实上，它已经名存实亡了。婚姻关系的解除，并不能影响双方对儿子的监护和管理。对儿子经济上帮助的职责，双方都要尽到义务。那么至于谁陪伴儿子，或者谁去监管和看护，那可能就要看双方的身体状况了。

就身体状况而言，男方很显然并不适合。

那么，他们面临的问题，又该如何来解决呢？

调解合议现场

调解员王刚：现在男方已经是这么一个现状了，关键是女方，现在又要摆脱这一段婚姻，如果说要这么做的话，肯定需要把有些事情处理好。

心理专家李安娜：在这里，我可以说我是真的支持女方去重新组建一个家庭，但是去组建新家庭，她并没有说要抛弃她的这一任丈夫和儿子，我觉得就作为一个女人来讲，她做得就已经够多了。

画家侯耘：不能让所有的人都不幸福，能让一个人去幸福的时候，我们真的要让一个人去幸福。就是这个孩子，是你们共同的，现在放到丈夫那边，有经济上给予丈夫帮助，我觉得这是可以操作的。

调解员王刚：这个儿子他是有肢体暴力的，如果说男方他作为监护人，肯定控制不了，从他的身体状况来看，他就连和老婆过个夫妻生活，都没办法。如果出现什么暴力事件，发生什么社会危害，他肯定是阻止不了的。

情感导师莫桑：其实我赞成男方带着孩子，从场上，他们讲的整个过程，其实男的对他儿子的病情，比他母亲了解得多，把孩子就丢给女方的话，女方估计是嫁不了了。

媒体人士陈锐：女方重新去组建家庭，我担心会多一个伤害她的对象。丈夫和儿子，已经成为她很重的思想负担了，如果再拖一个人进这个圈子，她和这个人之间，会有新的恩怨，而不是我们大家想象的甜蜜生活。

心理导师周美辰：我也觉得孩子可以跟着爸爸曾福。曾福想回老家，跟 80 岁的老人生活在一起，这样曾福就会彻底地弱下去。如果儿子跟着这个妈妈，妈妈没办法正常工作，成天守着这个孩子。有一天妈妈崩溃了，其实所有的问题最后还是会扔给社会。

媒体人士陈锐：当前最大的两个难点，一个是这个男人的受害者心理，自己给自己的心理暗示，造成了自己能力的不断衰退。第二是这个娃儿的安置问题，而且女人在这个时候选择离婚，无疑是致命的一击。

心理专家李安娜：如果像你这么说，人生比这个大的打击多的是，他如果连这个打击都无法接受，那这个男人还有什么救呢?

调解员王刚：我归纳一下，离婚的事：第一，双方都有这个意愿，但是我觉得女方的出发点是想用非常低的成本来解决她现在的一个困境，她这个方法可能还是有欠妥的地方。第二，离婚的话孩子到底归谁，或者说，在孩子发病期间，谁来监护和管理? 我们调解团队合议的意见并不一致。我的看法是，男方的病确实严重，否则女方不可能忍受这么久，所以我是要坚持抚养权由女方来承担的。因为女方现在有这个能力去承担，而男方目前的身体状况是无法承担的。第三，如果离婚，女方可以解决婚姻的问题，并不一定马上去结婚，但至少可以解决伦理道德和法律的问题。

合议方向

1. 双方可依照自愿协议离婚。
2. 在儿子的监护问题上，双方需摆正心态，本着对儿子负责的态度进行协商。
3. 章蕙在再婚的问题上，需要理性对待。

单独调解十分顺利，只是在儿子小曾的监护权问题上，两人起了争执。曾福觉得自己命不久矣，希望儿子能跟着章蕙。但章蕙要上班，也无法整天照顾儿子。所以调解团队耐心给曾福做了思想工作，让曾福暂时跟儿子居住在一起，而章蕙则要在生活费上对他们两人负责，并且当儿子有需要时，随时回到儿子身边。

对于调解团队的建议，曾福和章蕙都表示接受。

调解结果

双方签订调解协议，内容如下：

1. 当事人系夫妻关系，双方因长期分居导致情感破裂，双方自愿离婚。

2. 虽然儿子已经成年，但是患有疾病，需要监护，故男女双方依然系儿子的法定监护人。男方暂时同意同儿子一起生活，女方每个月支付生活帮助费 800 元，用于男方及儿子的生活费。根据男方的身体状况，女方同意实时变更儿子的抚养权，承担抚养责任和监护责任。

3. 女方同意与男方居住在同一行政区域，每个月探视儿子两次；儿子生病时，女方应该与男方共同监护照顾送医治疗，并且由女方承担治疗费用。

4. 儿子的疾病治愈后，男女双方的监护责任终止。

5. 婚姻关系存续期间，无共同财产，无债务债权。

T 调解链接

本场调解的主要调解思路是什么？

不要对重负下的女人求全责备。

一个女人面对丈夫的病，面对儿子的精神分裂症，出轨了，最终与丈夫离婚。但她担起了为前夫和儿子提供生活费、为儿子治病的责任。这个女人有很善良的一面，也有不道德的一面，离婚了，心里还是放不下前夫和与前夫一起生活的患有精神分裂症的儿子。她人性中的闪光点，可以作为分析问题的出发点。

第一，这是一起被困难摧毁的婚姻。一对朴实的夫妻，因丈夫的病，导致 6 年分居，因儿子的精神分裂，导致经济压力。这双重的压力，把一个女人逼向了仅靠自己的力量无法支撑的困境。生活如果到了苦不堪言，苦不胜苦的时候，就只剩下挣扎了。不要去描绘苦日子对爱情的价值，当人们重新开始对生活必需品的追求时，人性的弱点将不可阻挡地重新泛起。

第二，这个女人与婚外的男人同居，无论怎样都是要受谴责的，这是不道德的。“贫贱不能移”是做人的气节。但这个行为又为她帮助丈夫和儿子解决了一些经济困难，我们对这个行为就乐于保持沉默了。这为她肩负起对丈夫和儿子的责任，多少增添了一些力量。没有切身感受到她肩上的担子和内心的压力，就不要过度评价这个女人的委曲求全。我们对某些陷入困境的人可以去降低一个标准来要求她。

第三，调解看上去找到了解决问题的途径，女方既守住了底线，又获得了自由。自由就是离婚了，底线就是要承担治疗孩子的费用和生活费。而且比想象还要乐观的是，她还视前夫的父母为自己的亲人，单从这一点上看这个女人是一个善良的形象。但我们不能总以善良要求她，要知道，她背后还有一个男人，还有她儿子的病情的不确定性。所以，我们只应该期待她不辱母亲的责任，只要她愿意帮助儿子或者最终治好儿子的病，让儿子能自食其力，那么，就不适宜赋予善良的她更多责任。当然善良的人更应当尽到责任，善良的人也更有可能做出感动人的事。

情感链接 Q

1. 分析章蕙从婚内出轨到决定离婚的心理变化。

丈夫长达 20 年的病痛和儿子的精神分裂症的反复发作，让章蕙承担了常人难以想象的生活压力，她也处于崩溃的边缘。章蕙的压力是离婚的外因。她的内心其实是想离开现在的家庭的，现实的压力，与丈夫的无感情、无性生活的婚姻是其作出决定的根本原因。但是她即使离开这个家也是愿意承担前夫与儿子的生活费用的。她的出轨、她的离婚不仅是为了寻找爱情，也是在寻求一种帮助。

2. 为何曾福可以平静地接受妻子出轨一事？

一个原因是他通情达理，自己不能尽丈夫之责，就允许妻子在外面找人来满足；另一个原因是自己的能力有限，如果提出不能接受，可能会使妻子更快地离开，自己有病，没有生活来源，没有人来照顾，只能委曲求全。

F 法律链接

1. 章蕙如果起诉离婚，她是否属于过错方，在法律上要负什么责任？

首先，关于婚姻中过错方的认定，《婚姻法》第46条规定："有下列情形之一，导致离婚的，无过错方有权请求损害赔偿：（一）重婚的；（二）有配偶者与他人同居的；（三）实施家庭暴力的；（四）虐待、遗弃家庭成员的。"上述四种行为被法律认定为婚姻中的过错行为。《最高人民法院关于适用〈中华人民共和国婚姻法〉若干问题的解释（一）》第2条对"有配偶者与他人同居"作出了解释："婚姻法第三条、第三十二条、第四十六条规定的'有配偶者与他人同居'的情形，是指有配偶者与婚外异性，不以夫妻名义，持续、稳定地共同居住。"如果章蕙、宋成刚二人符合持续、稳定的共同居住这一情形，曾福就可以《婚姻法》第46条中"有配偶者与他人同居的"为由要求离婚，并可以向章蕙要求损害赔偿。章蕙在和曾福婚姻关系存续期间与宋成刚同居，属于法律规定的过错方。生活有磨难并不代表法律允许在婚姻存续期间与他人同居。如果章蕙起诉离婚，曾福是可以要求章蕙支付损害赔偿的。

其次，在夫妻共同财产分割方面，并不因为章蕙属于上述过错方就会必然少分或者不分财产。根据《婚姻法》第47条的规定，离婚时，一方隐藏、转移、变卖、毁损夫妻共同财产，或伪造债务企图侵占另一方财产时，对隐藏、转移、变卖、毁损夫妻共同财产或伪造债务的一方，可以少分或不分。这一条款规定的不分或少分夫妻共同财产的法定情形并不包括《婚姻法》第46条规定的过错行为。因此不能想当然地将《婚姻法》第46条规定的过错，认定为不分或少分财产的依据。

2. 如果小曾在进厂打工之前人是正常的，那么在工作期间得了精神分裂症，单位是否需要负一定的责任？

我国《工伤保险条例》分别列举了应当认定工伤的情形和视同工伤的情形。小曾在工作期间患精神分裂症，除非有证据证明是工作原因引起的，否则一般不认定为工伤，单位和社保部门不需要承担相应的赔偿责任。但是按照《劳动合同法》的规定，单位不得随意解除与小曾的劳动关系，并且应该妥善处理与小曾的劳动关系。

根据劳动部《关于贯彻〈企业职工患病或非因工负伤医疗期规定〉的通知》（劳部发〔1995〕236 号）相关的规定：首先，单位要给予小曾适当的医疗期。关于特殊疾病的医疗期问题，根据目前的实际情况，对某些患特殊疾病（如癌症、精神病、瘫痪等）的职工，在 24 个月内尚不能痊愈的，经企业和劳动主管部门批准，可以适当延长医疗期。其次，单位应该给小曾发放病假工资。职工患病或非因工负伤治疗期间，在规定的医疗期内由企业按有关规定支付其病假工资或疾病救济费，病假工资或疾病救济费可以低于当地最低工资标准支付，但不能低于最低工资标准的 80%。最后，单位还应该发放给小曾医疗补助费。劳动者患病或者非因工负伤，经劳动鉴定委员会确认不能从事原工作，也不能从事用人单位另行安排的工作而解除劳动合同的，用人单位应按其在本单位的工作年限，每满一年发给相当于一个月工资的经济补偿金，同时还应发给不低于 6 个月工资的医疗补助费。

编导后记

这是一个有点压抑，又有点温暖的故事，但这也是一场令人心酸的调解。当章蕙与曾福在演播室的时候，小曾就在演播室外的沙发上坐着，蜷缩成一小团玩手机，很安静。我给他买了水和饼干，他时不时拧开喝一口水，吃一块饼干。4 个多小时的调解时间，他一个人坐在沙发上，不吵不闹。

小曾并不知道就在这 4 个多小时的时间里，父母已经达成了离婚协议。当调解结束三人离开电视台的时候，小曾走在父母的中间，章蕙挽着他的一只胳膊，三个人的背影看上依然和谐。

调解结束后没几天，重庆已然进入了炎热的夏季，我在电话中得知章蕙与曾福送小曾回农村的爷爷奶奶家避暑，于是前去探望。

曾家很穷，住的还是石头砌成的房子，仅仅只有一个底楼。曾福的妈妈患有精神分裂症，一直在喃喃自语，曾福的爸爸一双老眼非常浑浊，谈到媳妇就掉眼泪，他觉得自己一家对不住这个媳妇，媳妇人很好，就是命太苦。小曾拿把扫帚在门前扫地，一把一把地扫，很用力，也很认真。

章蕙和曾福在调解之后的第三天就去民政局办理了离婚手续，但是至今为止曾家没有任何人知道他们离婚了。章蕙也不愿意老人们知道离婚的事情，她还是一样地照顾他们，并愿意侍奉终老。

“娃儿该怎么负担就怎么负担，我努力，反正尽最大的努力，虽说是把离婚证办了，但是我心里面还是放不下这一家人。”

这是章蕙对我说的最后一句话。

一如海明威所言："这世界会打击每一个人，但经历过后，许多人会在受伤的地方变得更坚强"。

唯有祝福他们一家人的未来能够变好。

2. 妹妹的守护者

【当 事 人】

哥哥叶先生：45 岁，做饲料生意。

妹妹叶俊：40 岁，卖过保险，打过临工，卖过衣服，现在无业。有轻微的精神问题。

妹夫杨洪：41 岁，在重庆开出租车，跟叶俊育有一个 18 岁的儿子。

【调解诉求】

申请人杨洪：希望哥哥不再插手自己家里的事，让自己可以如愿离婚。

被申请人叶先生：希望妹夫负担起照顾家庭的责任，即使离婚，也要在经济上承担责任。

调解前情提要

在重庆打工的杨洪给栏目打来热线电话，说自己结婚 20 多年，自己长期在外地，妻子叶俊在武隆，两人很少相聚，所以他想跟妻子离婚，但是妻子的哥哥叶先生从中作梗，这个婚始终没离成。

叶俊的哥哥叶先生谈起妹妹叶俊的婚姻很是痛心，他说 20 年前，妹妹顶替父母去了厂里上班，就认识了杨洪。杨洪对叶俊一见钟情，用了各种装死寻短见的方法最终博得叶俊的同情，很快两人就同居了。叶俊未婚先孕，肚子大起来之后被家人发现，无奈之下同意了两人的婚事。但是这门亲事结得很隐蔽，叶先生还是从父母口中才知道妹妹结婚了。

婚后不久，杨洪的坏脾气就爆发出来了，在哥哥叶先生的印象中，妹夫杨洪经常打妹妹，三天一小打，五天一大打。加上妹妹叶俊的脾气也不是一般的倔，所以两人经常在家打得热闹，为买件衣服也能打架。到了 1999 年，厂里效益不好，很多工人都下岗了。杨洪也离开家去了外地打工，只在节假日回来，可就算是回来短短几天，两人也会打架。到了 2008 年，同样下岗的叶俊在老家开起了服装店，可杨洪嫌她挣的钱少，非要她一起远去浙江打工。当时叶俊的娘家人不放心，怕两人闹起矛盾来叶俊要吃亏，这时杨洪给叶俊的娘家人做了保证，不再打叶俊。结果两人一到浙江就又开始打架。2009 年春节两人从浙江回来了，叶俊让哥哥叶先生去帮忙调解一下夫妻感情，结果没想到，几句话不对，叶先生就和杨洪打起来了。关系彻底闹翻之后，杨洪就从老家武隆到了重庆开出租车，并把儿子也转学到了重庆读书，杨洪负担了儿子的读书生活费用，但是一分钱都不再给叶俊。

就是从那一年开始，叶俊的精神状况和身体状况开始变得有些糟糕，时常神神叨叨的，自然服装店的生意也没法做了，只能靠哥哥叶先生的接济过日子，生活质量一日不如一日。

2014 年，杨洪起诉离婚，后来因为儿子反对，所以又撤诉了。杨洪说最近两年，他想休息的时候回武隆看看，回家休息几天，可是每次妻子都要打电话报警，污蔑他打人，他根本就是有家回不了。不仅如此，妻子叶俊还翻他的手机，发现了他公司老总的手机号，然后还给公司老总打电话说他的坏话。让他十分为难。

杨洪觉得这样的日子过不下去了，他希望离婚。但是叶俊的哥哥认为，杨洪隐瞒了财产，他听说这几年杨洪在重庆另外买了房，希望杨洪把房子都给孩子，然后使用权给叶俊。在叶先生看来，叶俊的精神问题，就是这两年被杨洪提离婚的事情给刺激的，现在外面人人都说叶俊有些不正常，只要稍微刺激一下，精神就会出现问题。叶先生觉得杨洪在重庆站稳脚跟后就想抛弃妻子的做法实在卑鄙，希望能通过离婚分割财产来好好弥补。

这个案例看起来是夫妻矛盾，其实还包括了妹夫与大舅子的矛盾，并且三方矛盾积累了快 20 年，调解具有一定的难度。调解团队先通过善良感召法，唤起杨洪内心的善良，让他意识到妻子属于弱势群体，哪怕不站在丈夫的角度，也应该对叶俊的遭遇饱含同情与怜惜，更何况两人之间还有一个儿子。在调解妹夫和大舅子矛盾的时候，用了缓冲矛盾法，因为这个矛盾主要是叶先生不满杨洪提出离婚导致的，所以做工作让杨洪暂时把离婚的事情放一放，等叶俊身体好转起来再商议，同时让叶先生认识到婚姻问题主要还是得靠夫妻两人来解决，旁人掺和可能会起到适得其反的效果。所以这样把主要矛盾缓一缓、放一放，关系缓和了，再根据情感走向来商榷离婚事宜。

调解结果

在调解合议的最后，调解团队达成了一致意见：劝说哥哥放开管控的手，让妹妹学会自己处理家务事；再者就是让妹夫杨洪在婚姻存续期间尽量多关心妻子。

Q 情感点评

亲兄妹的感情很深，妹妹会成为哥哥心里永远的担心，其实深层次里还隐藏着哥哥对妹妹能力不足的预判。当年妹妹仓促地和妹夫在一起时，哥哥就认为妹妹没有头脑容易被人骗，事实证明夫妻双方确实不和谐，在几十年的相处中没有形成良好的沟通机制，反而经常采用打架的方式。但是哥哥强烈地干预也没能让妹妹的婚姻幸福，反而使妹夫非常反感从而使双方夫妻感情受到很大影响。

多年的两地分居会让感情变淡，夫妻两人的身心都不能得到满足，长期在婚姻中感受不到彼此的爱和关心，男方变得暴戾而自私，女方变得偏执而多疑甚至于精神都有些障碍了。这样无质量的婚姻无异于煎熬，渐渐只会让人失去耐性。婚姻中的男女是最特殊的人际关系，夫妻的事情必须由两个人共同面对，要用心去维护。出现矛盾时需要尽量克制，冲动地吵架只会伤害彼此的感情，时间久了就会渐行渐远，要学会宽容、妥协和让步，学会温柔以待才能相守到老。

F 法律链接

本案中妹妹精神有些问题，那么在法律上，类似于本案中妹妹这样的当事人一旦面临离婚，应该怎么处理？

首先根据《婚姻法》的相关规定，我国离婚分为协议离婚和诉讼离婚两种方式，而协议离婚的前提是双方要就离婚事宜达成一致意见，且该一致意见是双方的真实意思表示。而被法律认定为无民事行为能力人或者限制行为能力人，不能对离婚问题正确表达自己的意思，所以不能协议离婚，只能是由法定代理人代其进行诉讼离婚。

起诉离婚时，首先应当确定对方是否是无民事行为能力人或者是限制民事行为能力人，如果最终确定为无民事行为能力人或者限制民事行为能力人，根据对被监护人有利的原则，法院一般都会指定无民事行为能力人或者限制民事行为能力人的父母作为他的法定代理人参与诉讼。另外根据《最高人民法院关于人民法院审理离婚案件如何认定夫妻感情确已破裂的若干具体意见》的规定，婚前隐瞒了精神病，婚后经治不愈，或者婚前知道对方患有精神病而与其结婚，或一方在夫妻共同生活期间患精神病，久治不愈的，视为夫妻感情确已破裂。一方坚决要求离婚的，经调解无效，可依法判决准予离婚。

3. 我那陷入传销的丈夫

【当 事 人】

丈夫秦胜：48 岁，传销组织成员。

妻子胡秀：43 岁，工厂女工。

女儿秦晓丽：20 岁，美容师，秦胜和胡秀的大女儿。

婆婆：76 岁，秦胜母亲。

【调解诉求】

申请人胡秀：希望丈夫不再痴迷于传销，能够承担家庭责任。如果仍不脱离传销，就离婚。

被申请人秦胜：如果妻子不支持自己做事业，就分清财产，然后离婚。

调解前情提要

家住含谷的胡秀给栏目打来热线电话，说自己的丈夫为了所谓的事业，两年时间卖光了家里所有能卖的东西，她十分伤心，希望通过调解让丈夫回头。

胡秀和丈夫秦胜如今居住的是一个月租金不到 500 元的一间临街的底楼房子，房子里甚至连热水器都没有安装，洗澡都成问题。而这样的日子，胡秀直言，就是丈夫秦胜造成的。因为丈夫秦胜从 2013 年开始，就逐渐变卖了家里的财产，把家里的挖掘机、铲铲机、推土机全部都卖了。此后不仅一分钱没拿回来，甚至还常常伸手向家里要钱，胡秀如果不给钱，就会挨打。胡秀忍无可忍，在大女儿的鼓励下，终于下定决心离婚。而家里唯一拆迁赔偿下来的两套房子，也不准丈夫秦胜带走。

那么丈夫秦胜究竟做了什么事业呢？据秦胜自己说，这是大事业，不卖任何东西，全国连锁，网络经济，只要努力就可以成为老总，早他几年从事该事业的朋友如今都买好几套别墅了。秦胜从 2013 年开始就去湖南干这个事情，直到 2016 年才从湖南回来，他想把自己 19 岁的大女儿弄到里面去工作，但是女儿秦晓丽一口拒绝了，因为她知道这是传销！

说起传销这个事情，不仅女儿深恶痛绝，妻子胡秀泪如雨下，甚至连秦胜 70

多岁的老母亲都老泪纵横，痛斥这个儿子的不争气。老母亲也支持媳妇离婚。

从 1995 年结婚，到 2013 年之前，胡秀和秦胜都是在广州打工，两人还算勤劳，也挣了一点小钱，在打工 7 年之后，秦胜就自己做起了小老板，承包工程，房子一栋接一栋地建。但是从 2013 年之后，秦胜的工地生意渐渐地不好了，甚至没有了，那些机械放在外面日晒雨淋也快生锈了，这时焦头烂额的秦胜听朋友介绍了湖南这个传销事业（当然他自己并不认为是传销），在去湖南考察了几天之后，秦胜觉得这是个翻身的好项目，于是一不做二不休，三下五除二就卖掉了在广州购买的所有用来做工地项目的机械、车之类的，抱着一摞现金就奔湖南去了。

从 2013 年到现在 2016 年都过了近 4 年了，秦胜最好的状况也就是得了点一日三餐的盒饭钱。最差的状况是连吃饭的钱都没有，得向妻子伸手要，不可能有余钱寄回家里养两个孩子。胡秀当初为了支持丈夫，还找婆婆借了 5.5 万元的拆迁过渡费拿去给丈夫，但是通过几年观察，胡秀觉得这是个无底洞，再不制止可能连家里拆迁赔偿的两套房子都要赔进去。痛定思痛，趁着丈夫这次身无分文从湖南回来讨钱，胡秀提出了两个条件：第一，不准再伸手要钱，做不做传销随你；第二，如果继续施暴，并不拿钱回来养家，那么就离婚，房子必须都得留下。

胡秀的决定让秦胜很受伤，秦胜觉得一个男人做事业要想成功，必须得到的就是家人的支持，如果连家里人的支持都没有，那么不仅事业没有成功的希望，而且这个家里也就失去了存在的意义，所以秦胜表态愿意离婚。

两人的大女儿十分支持两人离婚，在她看来，自己父母的感情一直都不好，胡秀的膝盖上还留着打架受伤之后缝针的印记。因为两人还有一个不满 8 岁的小儿子，所以在离婚事宜上，双方都希望能谨慎对待财产和孩子的抚养问题。

调解团队考虑到两人还有一个不满 8 岁的男孩，所以告诫双方离婚需谨慎。在调解过程中，嘉宾们感到其实两人的感情并没有完全破裂，正是因为男方加入的传销组织让家里的经济产生了危机，继而导致了婚姻危机，所以调解的重点就是针对男方所谓的“大事业”进行法律的解读和规劝，望其回归正途。只要男方能意识到自己做的“大事业”是违法的，能悬崖勒马，那么这个家庭还是可以挽救的。调解团队在对男方的打拼精神进行了肯定之后，再推心置腹地对传销的危害进行分析，使男方终于认可了调解团队的观点，并表示愿意放弃“事业”，恢复正常的工作。

调解结果

秦胜同意远离传销组织，回归家庭，重新修复夫妻感情，建立父女、父子之情。而秦胜的家人也表示愿意接纳他。

Q 情感点评

不断改善家庭经济条件，营造更好的客观环境，是所有夫妻共同的愿望。如果一方在不断为这个共同愿望努力，而得不到另一方的支持，这将是一种什么样的感受？

秦胜对传销的痴迷（暂不评价传销的对错），初心也是希望能改善家庭环境，他的妻子胡秀起初也是支持的。而当他为了这个美好目标不断付出时，曾经支持他的家人却开始反对他，甚至以离婚相要挟。要知道秦胜之所以这样做，完全是为了有更美好的婚姻生活，现在却适得其反，对于他而言一定是怀有深深地不解与疑惑。

显然，传销并不是改善家庭经济条件的办法，它是法律明令禁止的，对于传销的罪恶大家也是有目共睹的。可为什么秦胜还是会对传销执迷不悟呢？除去传销组织者的营销手法，传销参与者本身的学历、经验水平等因素外，最为重要的原因就是参与者对自身经济状况改善的迫切愿望。以秦胜为代表，之前靠打工谋生，后来虽然生活有所改善，但整体经济环境的改变又使他的生活面临着困难。所以当他找到这么一个能改善自己生活的"绝佳"机会时，他才会如此全情地投入这个"大事业"中。而这个"事业"一旦成功，受益的不仅仅是他，还有他的家人及整个家族。

说得更直白一点，让秦胜对传销执迷不悟的，主要是他自己求财心切和暴富心理作祟。他的妻子和家人当初对他的支持也助长了他的信心。秦胜家人对金钱和物质的看重，才会给秦胜形成压力，去寻求改善经济状况的最快捷的办法。这种分析不是要划分责任，而是使秦胜的家人们能够了解，让他们承担起情感上的责任，这对他们纠纷的解决，也许能起到一定的积极作用。

4. 荒唐的夺夫

【当 事 人】

妻子王英：进城务工人员，与丈夫育有两个女儿。

丈夫张华：水泥工，与妻子和女友共育有 3 个孩子。

第三者杨玉：油漆推销工，与张华非婚生 1 个儿子。

【调解诉求】

申请人王英：向丈夫追讨赔偿款 10 万元。

被申请人张华：希望妻子能够答应离婚。

调解前情提要

2015 年初，我们调解了一场特殊的纠纷，因为身为第三者的杨玉已经为有妇之夫的张华生下了一个儿子，并且在调解之前 5 个月，杨玉和张华带着他们出生仅两个月的儿子一起远赴贵州打工。而令张华的妻子王英想不通的是，就在这之前，杨玉还独自挺着个大肚子去医院产检，甚至连杨玉生产时张华都没有陪同。这个剧情扭转得太快，让王英十分痛苦。

据了解，张华是一名泥水工，王英跟着打杂，家里买了两套房屋还有些许存款，王英和张华都对这样的日子很满意。但 3 年前，一次意外的相遇改变了原本平静的生活。

杨玉是一名油漆推销工，杨玉当时也是有夫之妇，也有个孩子。杨玉来推销油漆，张华见杨玉长相清秀，便试着问杨玉为何从事销售工作，告诉她一个女孩从事这样的工作容易吃亏。而杨玉本就与丈夫不和，再加上丈夫的软弱无能，不得已出来推销油漆挣钱养家，生活过得十分艰难。见眼前这位素不相识的大哥如此关心自己，不免心里多了几分好感。杨玉将自己的不幸和盘托出，这样杨玉与张华及王英就算相识了。

没过几天杨玉再次上门推销，这次张华的妻子不在，张华竟大胆地摸着杨玉的手，边摸边说一些同情杨玉的话。起初杨玉还有所顾忌不停地往后退，但终究还是没能抵住张华的攻势。在杨玉心中，本就对眼前这位长相不错的大哥有几分好感。杨玉觉得如果自己和张华在一起，张华有一门过硬的手艺，自己就不用这么辛苦奔波，也算是有了靠山。于是半推半就中，杨玉接受了张华的示爱。

面对丈夫的出轨王英既无奈又无助，但是王英相信自己毕竟与张华结婚 20 多年了，只要自己不让位，第三者就没有上位的机会。杨玉与张华交往了两年，两年中杨玉与前夫离婚，一心等着张华也与王英离婚，然后与自己组建新的家庭，可杨玉单身后张华这边却没有一点离婚的动静，杨玉于是着急了，只好绞尽脑汁想办法逼宫让位。她使出了“杀手锏”——为这个男人生一个儿子，而且必须得是儿子。因为张华是农村人，很看重香火，杨玉觉得只要自己生出了儿子，一切问题都可以迎刃而解。

打定主意之后，已经与张华偷情两年的杨玉怀了孕。张华本就没有想过给杨玉一个未来，只是为了寻找刺激而和杨玉在一起，这下还弄出个孩子怎么了得。

张华提出让杨玉堕胎，但杨玉哪里肯。张华只想玩一玩却遇到了一个当真的情人，于是张华选择远离杨玉。而张华的态度更让杨玉坚信只有儿子能够拯救一切。如杨玉所愿，这一胎是个儿子，而这个儿子的到来改变了杨玉岌岌可危的地位，助她彻底打了一场翻身仗。

调解当中张华说，他从未想过离婚，更不曾想过会和情人结婚。可偏偏杨玉生下的是个儿子，这一切都是命中注定。在得知杨玉生的是儿子之后，张华立即改变了态度，经常去看望杨玉。在儿子出生后两个月，张华正式向妻子提出离婚。可王英哪里肯，于是张华就带着杨玉离家出走了。

在丈夫出走 5 个月后，王英终于想到了一个能够骗回丈夫和情人的办法。王英在电话中告诉丈夫，自己同意离婚，但条件是丈夫净身出户。虽然王英提出的条件苛刻，但杨玉却想着这以后自己就能彻底告别第三者的身份。为了坚守了 3 年的爱情，为了襁褓中待哺的孩子，再苛刻的条件也要答应，只为获得自由身。

可让杨玉万万没想到，这竟是王英的计谋。回到家后，王英反悔不同意离婚。因为王英觉得，丈夫张华之所以改变态度与情人私奔，都是因为杨玉生下的这个孩子。杨玉生下的是个男孩，王英之前生了两个都是女孩，王英认为丈夫是为了这个男孩要与自己离婚，而不是为了这个第三者。因此王英要想再次改变张华的心意，就只能从这个男孩入手。

王英告诉张华，杨玉生的这个孩子可能根本就不是张华的，希望张华与杨玉不要再来往。这下杨玉坐不住了，因为张华如果真被王英说动，自己就无计可施了。为了确保张华不再左右摇摆，也为了达成逼宫的最终目的，杨玉这边也动起了脑筋。几天之后她抱着儿子去河边，上演了一出为爱殉情的戏码。最终张华赶到救起了准备跳河的杨玉，并答应与妻子王英彻底分手。同时张华决定带杨玉生下的这个男孩做一次亲子鉴定。

张华说："由亲子鉴定结果做决定，如果儿子是我的，我只有离婚和杨玉在一起；如果不是亲生的，我就会和杨玉分手。"

调解现场，张华坐在两个女人的中间，张华说他很无奈，他没有想到事情会发展到这个地步。但这一切的发生都不是自己一人造成的，他将原因归结为生活的不和谐。

20 多年前，张华与王英相识，张华家的条件比王英家差很多，张华就到王英家做了上门女婿，也许是家庭的优越感，让王英变成一个强势的女人。

20 年后，两人都已 40 多岁，张华依然有自己的性需求，可作为农村妇女的王英，根本不懂什么情调，更不懂如何讨丈夫的欢心。王英对丈夫的需求粗暴处置，甚至面对丈夫的求爱，王英做出了粗鲁地推开丈夫并且吐口水等行为。张华对此心生反感，但也无可奈何。

可这些问题在杨玉出现之前，张华都能容忍。但就是这个温柔可人的第三者，让张华感受到了从未有过的征服感与满足感。于是张华一步步陷入杨玉的温柔乡，无法自拔。

亲子鉴定的结果出来了，张华与杨玉的儿子是亲生子的关系。面对犹豫不决的丈夫，垂死挣扎的妻子，生育儿子的第三者，看似理不清的复杂关系，在场的几位调解员却心如明镜。他们提醒这位妻子再也不能纵容丈夫和第三者，应该拿起法律的武器保卫自己的合法权利。

可妻子王英此时却异常冷静，她说自己不会这么做，为了两个女儿，她不会告女儿的父亲。王英认为放下是最好的解决办法。于是在调解阶段，王英向张华和杨玉提出了补偿要求，经过一番讨价还价，补偿费最终敲定为 10 万元。张华和王英的两个女儿归王英抚养，张华每月给王英 3000 元抚养费。王英在得到这笔 10 万元的补偿款后，与张华办理离婚手续，张华净身出户。

最后签订调解协议后，走出场外的王英异常轻松，最让人意外的是王英竟走过去抱着张华和杨玉的儿子，此时王英的眼中没有一丝仇恨，她笑着说："我现在终于轻松了，我回去会告诉我的女儿们，这是她们的弟弟。"

至此，王英终于放下了，她也彻底解脱了。

Q 情感点评

性，是一段完整婚姻关系中必不可少的部分。性除具有生育功能外，更为重要的是，它是婚姻关系的晴雨表与黏合剂。良好和谐的性关系，往往也意味着同样良好和谐的婚姻关系。而糟糕或失调的性关系，也就意味着婚姻关系面临危机。

在王英与张华的婚姻关系中，王英可能因为各种原因（对性的认识、不佳的现实性体验、童年经历、性格等）出现了对丈夫性需求的漠视甚至是攻击。她作为妻子，未能完全尽到在与张华婚姻中妻子的义务。这也成了张华出轨的一个借口。

导致张华出轨更为深刻的原因，还是他们婚姻关系中的不平等地位。因为两个原生家庭有较大的经济差距，当新家庭成立时原生家庭的经济基础决定了他们在新家庭中的地位。强势的王英与弱势的张华，让原本应该有的幸福体验逐渐变味。当一个柔弱第三者——杨玉出现时，张华找回内心平衡的机会也就出现了。

一段良好的婚姻关系的维系，需要建立有效的沟通机制。当婚姻维系过程中出现任何问题时，当事双方都能开诚布公地对问题进行讨论和交换意见，才能保证爱情的巨轮在正确的航道上前行；否则，问题逐渐累积，积少成多，就像是泰坦尼克号，撞到了冰山，也是说翻就翻的。

5. 砍不断的 20 年恩怨

【当 事 人】

前夫王成：45 岁，在农村养猪为生，性格内向，顾全大局。

前妻张琴：44 岁，无业，租房居住，性格暴躁，情绪容易激动。

【调解诉求】

申请人张琴：希望前夫赔偿 20 万元青春损失费。

被申请人王成：希望前妻不再骚扰自己。

调解前情提要

今年 44 岁的张琴突然向离婚 20 多年的前夫王成索赔 20 万元的赔偿款。两人都已经离婚 21 年了，这位张琴女士跟前夫之间究竟有着什么过节，直到今天都还没能了断呢？

据了解，张琴目前租住在一间不到 10 平方米的房间里，这里没有厕所和厨房，一日三餐都必须到外面去吃，张琴告诉编导，她和前夫在 1993 年就已经办理了离婚手续。根据离婚协议，在她还未再婚之前，她可以一直居住在前夫家。然而就在 2014 年 7 月，前夫用一纸协议将她扫地出门，扬言断绝关系，自此张琴就在外面租起了房子过着饱一顿饿一顿的生活。然后奇怪的是，在 2014 年 7 月签订的这张协议上，清楚明白地写着，前夫一次性付给了张琴 5 万元钱，既然离婚 20 多年了，前夫为何还要再付给张琴这笔款项，而奇怪的是，目前张琴仍然坚持要让前夫再支付 20 万元，名为精神损失费！

原来两人 20 岁的时候就结婚了，但婚后不到 4 年就因为性格不合离婚了，顾忌年幼的孩子一直离婚没离家，这 20 多年中张琴依然住在前夫家里。张琴声称，这 20 多年的时间里，前夫数次把她打出家门，然后又动用女儿数次把她叫回来。两人也各自在外与不同的人谈情说爱，但始终没能找到再婚对象，所以两人之间就一直这么牵扯不清。这样的日子持续到了 2014 年 7 月，两人爆发了激烈冲突，张琴再也受不了这样的精神折磨，于是找前夫要了 5 万元决定离开。然而没想到前夫转眼就勾搭了一个寡妇，这个消息传到张琴耳朵里，张琴就发誓要找前夫要个说法，追讨20万元的精神损失费。

因为在张琴看来，自己这两年帮前夫搞起了养猪，效益还不错，现在眼睁睁看着别的女人来摘劳动果实，这口气实在咽不下去。那么前夫王成果真是一个过河拆桥的人吗？支付的这5万元，又是个什么名目呢？编导随即赶到了张琴的前夫王成家了解情况。

没想到当编导提起这5万元时，王成就红了眼，他指着手臂上一条触目惊心的刀疤说，这就是张琴在拿钱的时候用菜刀砍的，一共缝了10多针。当时被砍的还有王成年迈的母亲，母亲的手指也被张琴砍成残疾。当时他答应给这笔钱是抱着拿钱买平安的想法。因为这离婚的20多年来，王成也算是吃尽了苦头，这位前妻没有工作，时不时地会外出跟别的男人鬼混，混不下去的时候，又接着回家。离婚的20多年里，两人争吵不断，前妻在他家住着也没交任何的生活费，孩子虽说是判给前妻的，但这20多年是由自己这个父亲抚养长大。一直到2014年7月，前妻估计是在外欠了赌债，于是死活要在他这里拿5万元，答应只要给了钱就不再回来。于是王成就把两人共同养的猪拿去卖了一半，凑齐了5万元，并叫来张琴的大姐当见证人，拟定协议与张琴一刀两断。然而就是在签订协议的时候两人又爆发了冲突，张琴提刀砍了王成的手臂一刀，王成的母亲也被砍了一刀。自己住院之后，张琴没有半句关心的话，拿着5万元就消失了。

王成原本以为过上了太平日子，为了女儿着想，他也没去起诉张琴。可没想到的是一年之后张琴又找上门来，开口就要20万元，否则要么同归于尽，要么就威胁要毒死王成养的猪，让他血本无归。王成实在没法，只得偷偷把家里养的猪全部拿去变卖了，同时为了避免更大的矛盾发生，王成也只得跟新谈的对象分手。

张琴却觉得因为前夫一直跟她牵扯不清，自己在这20年里错过了很多再婚的机会，现在自己人老珠黄，连个住处都没有，这个责任得归到前夫头上。而前夫给她的5万元钱，她并非赌博输掉了，而是拿去做了整容，希望自己能看上去更年轻一点，方便找对象。张琴也希望能跟前夫通过这次调解了清所有恩怨，从头再过新生活。

王成希望通过调解打开张琴的心结，不要纠结于以前的恩怨，既然已经离婚，王成希望前妻能够放下过往，自己好自为之。

本案中的女方当事人张琴性格偏执，为调解增加了难度。了解到离婚后的这些年其实她也过得颠沛流离，现在之所以如此纠缠前夫索要钱财，也是由于对未来生活的不确定和没有信心造成的。对此调解员采用了信心塑造法，让张琴意识到自己作为成年女性，是有能力养活自己的，也有能力通过努力过上好的生活。因为对前夫的“恨意”太重，张琴情绪一直有些激动，也不利于调解的顺利进行，使本案调解结果有些遗憾。

调解结果

调解员提出了三个方案，即和好，彻底分开，走司法程序解决砍人一事。但是三个方案张琴都不选择，她坚持要向前夫索要20万元用于买房子。王成表示他没有多余的钱给张琴，打算把猪全部卖完之后，就一走了之，到外地去打工。为了避免事情向极端的方向发展，王成最终选择报警，走司法程序解决砍人一事。

Q 情感点评

一个“性格不合”的夫妻，能做到离婚不离家，想必“给孩子完整的家”只是一个借口，肯定还是对对方有需求。这个需求，不管是物质上的，还是精神上的，总之是他们分不开的更深层次原因。

勉强维系的“家”，肯定是充满着冲突，其实给孩子也是不好的示范。是什么力量能让一个女人动手打一个曾经喜欢的男人呢？只能是由爱生恨，忍无可忍的一种发泄。

就是这样的家暴，还能把丈夫拉回来，只能说是两个人对这个家，对对方这个人还有期待，还有感情。只不过，这种感情是用暴力的方式表达的，最终造成的是伤害的结果。这也是为什么两个人不分开，也谈不好下一段感情的原因。

然而，当前夫找到了一个可能的对象，前妻意识到前夫有可能离开的时候，便开始了情绪上的爆发。这是因为前妻意识到了他们之间这种共生关系要被打破，不光是金钱的问题，也是生存的难题。

前妻之前认为，她还有“家”可回，如果前夫真的开始一段婚姻了，她也就无“家”可归了，失去了生存下去的希望。这是她坚决不能接受的，也无法容忍的。

前妻这种暴力的方式表达了其内心也有不舍得的爱，却因为得不到而生的恨。她不愿意面对现实，期待着用强烈的方式保住这段关系。只有看到这一点，我们才能理解这个女人心中的苦与恨。

F 法律点评

1. 如何理解本案中的5万元和20万元赔偿款？

本案中张琴和王成已经协议离婚，但是还在一起同居，在我国同居是不受法律保护的，双方可以随时解除同居关系。如果同居期间存在共同的财产按照按份共有进行分割，在这种情况下依照法律规定并不能主张精神损失费。这 5 万元，如果同居期间有共同财产可以视为对同居期间财产的分配；如果没有共同财产，这 5 万元则视为王成对张琴的赠与。另外，张琴采用威胁恐吓的方式索要 20 万元，可能会构成敲诈勒索罪并承担相应的刑事责任。

2. 张琴持刀砍人是否违法？

根据《侵权责任法》第 16 条的规定，侵害他人造成人身损害的，应当赔偿医疗费、护理费、交通费等为治疗和康复支出的合理费用，以及因误工减少的收入。造成残疾的，还应当赔偿残疾生活辅助具费和残疾赔偿金。造成死亡的，还应当赔偿丧葬费和死亡赔偿金。张琴的砍人行为给他人造成了人身损害，主观存在过错，应当承担相应的侵权责任。但是人身受到伤害要求赔偿的诉讼时效是一年。被侵权人应当在受伤之日起一年内要求赔偿，否则对方以时效抗辩，被侵权人可能承担败诉的风险。

另外，如果受伤者的伤情达到轻伤以上的，可能还会构成故意伤害罪，承担相应的刑事责任。

【延伸阅读】

1. 论婚姻与爱情 ［法］蒙田

婚姻是一种交易，在婚姻里，情歌日益深沉，而不再是那么癫狂。爱情不愿意男女双方不靠它而靠别的东西维系在一起，当它混在以其他名义——比如婚姻——建立和维持的关系中，它就变得无精打采。因为在婚姻中，财产的分量与风韵、容貌同等重，甚至更重。

不管人们是否愿意承认，人们结婚并不是为了自己，而主要是为传宗接代，为家族而结婚。婚姻的用处和好处关系到我们的世系，远甚于关系到我们本人。所以，这种事情由第三者来操办比自己亲手操办更好，按别人的意思办比按自己的意思办更合适，这一切与爱情的常规真是大相径庭。

有些人自以为将爱情和婚姻连在一起便能为婚姻增添光彩，其实这样的做法与那些要为抬高德行的身份便认为高贵身份即是美德的人毫无二致。

婚姻与爱情、德行与高贵之间有某种相似，但却有很多不同，没有必要搅乱它们的名字和称号，把它们混为一谈对两者都不好。出身高贵是一种长处，把它列入考虑的因素是对的，但这种长处取决于他人，而且可能降落在一个品质恶劣、毫无能力的人身上，故而它远不及美德受人敬重。如果要说它是一种美德，那么它是一种人为的、表面的美德。它取决于时间和命运，并随地域的不同而变换形式。它有活力，但并非不朽，它来自出身，正如尼罗河来自发源地；它属于整个家族谱系，因而为某些人所共有；它有连续性，又有相似性；它重要，又不很重要。博学、强健、善良、美貌、富有等长处都能进入人们的交往，而高贵的出身只能自己受用，对他人毫无用处。

婚姻是一种温馨的共同生活，充满忠贞、信赖以及无数相互间的有益而实在的帮助和责任。任何女人一旦品尝了这种婚姻的滋味，任何女人一旦由婚姻之烛把她和所爱的男子结合在一起，便不再愿意处于丈夫的情人或女伴的地位。当她作为妻子在这个男人的感情上占据一定地位，那么她的地位是体面的、稳固的。

美好的婚姻之所以让人们向往、羡慕，那是因为它很罕见。假如好好缔造、好好对待，婚姻实在是我们社会再好不过的构件。我们少了它不行，然而我们又贬低它、践踏它。如同鸟笼一样：笼外的鸟儿拼命想进去，笼内的鸟儿拼命想出来。苏格拉底被问及什么更合适，娶妻还是不娶妻，他回答说："不管娶妻或不娶妻，总会后悔的。"这种看法成了一种俗套，与其相应的还有所谓"人之于人，不是上帝，便是豺狼"的说法。要缔结美好的婚姻，需要汇集很多良好的品德。当今世上，婚姻更适合头脑简单者与平民大众，因为他们的心灵没有被享乐、好奇和无所事事的生活搅得如此之乱。

爱情与婚姻是两条相互平行的直线，各有其不同的轨迹，永远无法交融。一个女子可能委身于某个男人而又绝不肯嫁他，并不是因为财产地位，而是因为男人本身的问题。很少有男人娶了原来的女伴而不后悔的。

伊索克拉底说，雅典城令人赏心悦目，如同男人出于爱慕而追求的一位贵妇。人人喜欢来这儿散步，消磨时光，但没有一个爱她是为了娶她，就是说，在那儿扎根和定居。

婚姻的好处在于它的功利性、合法性、体面性和稳定性，它给予的欢乐是平淡的，但却更无所不包。爱情仅仅建筑在男欢女爱的基础上，它给予的乐趣确实更销魂，更强烈，更刻骨铭心，而且因难于得手而变得更炽热。爱情需要刺激，需要烹调，没有箭和火的爱情就不再是爱情了。婚后的女人给予得太慷慨，以致夫妻间的感情和欲望磨得迟钝了。

男人因钟爱女色而想方设法，千方百计诱骗女人，挑逗女人，他们不断煽动和刺激她们的想象，而后又大呼：淫荡！老实说，在男人中，几乎没有一个不是害怕妻子行为不轨给他带来耻辱甚于怕自己道德败坏而丢脸的，没有一个不是关心妻子的良心甚于关心自己的良心的，没有一个不是宁愿自己是小偷、渎圣者，或妻子是杀人犯、异教徒，也不愿妻子的贞洁程度稍逊于自己的。

有人说，美满的婚姻要由瞎子女人和聋子男人缔成，这句话充分讲明了缔造美好婚姻的难度。

一个年轻人问哲学家帕纳提乌斯，圣贤坠入情网是否恰当，他回答说："别管圣贤的事，只谈不是圣贤的你和我吧，我们自己不要卷入这种令人过分激动的事，它会把我们变成他人的奴隶，还会使我们自轻自贱。”哲人的话有道理，谁若没有足够的勇气承受爱情的冲击，谁若不能用事实驳倒阿格西劳斯那句“理智与爱情不能并行不悖”的名言，那么他就别去体验爱情这种急风暴雨似的东西。

谁让爱情主宰生活的时间愈短，谁的生命就愈有价值。看看那些被爱情主宰的人们的行径吧，完全像弱智。谁不知道，受制于爱情的人行事是多么违背条理和秩序？在学业、训练和机能的运用上都变得无能了。爱情是受没有生活经验者统辖的天地。诚然，充满意外和混乱的爱情更令人神魂颠倒，连其中的过失和事与愿违的结果也是奇妙的、令人回味无穷的。只要爱得强烈，爱得如饥似渴，理智和谨慎都无关紧要了，你看爱情像醉鬼般摇摇晃晃、跌跌绊绊、疯疯癫癫。谁若用明智和巧计引导它，便是给它戴上镣铐；谁若要它听从老年人的教诲，便是限制它神圣的自由。（摘自《蒙田随笔全集》）

2. 离婚男人说离婚

（1）如果说婚姻是一种结构的话，这种结构本身就存在很多问题，它不科学、不人性，但是我们人类又找不到更好的安放自己灵魂和身体的方式，所以结婚成了绝大多数人的必需——虽然婚姻是爱情的坟墓，单身并不比结婚好，孤魂野鬼更加可怜。（42 岁，离婚 1 年）

（2）在 40 岁那年离婚，现在离婚 3 年了。这 3 年我也思考了很多，我们原本很恩爱的一对，为什么就走到了离婚这步田地呢？想来想去，大概是因为——在平淡的生活里，无法激起人的爱的欲望和渴望，必须要有波折，才会有爱。很遗憾我们的生活水平如镜，连吵架都没有。说实话我还挺羡慕那些吵架的夫妻的，有很多人都是在吵架后才发现自己很爱对方的。（42 岁，离婚 3 年）

（3）人的一生都在逃离。因为单身让人不舒服，所以以恋爱的方式来逃避单身；因为恋爱不可靠，所以以结婚的方式来逃离单纯的恋爱，为的是一种安全感；因为婚姻让人喘不过气来，觉得生活百无聊赖，所以以离婚来逃避婚姻；最后因为活着已经没有了激情和动力，以死亡来逃避生命。（44 岁，离婚 2 年）

（4）从表面看起来，是因为我的不忠（后面她也有了情人）但本质上还是我们的婚姻出了问题，所以才在外面找人透透气。现在我离婚了，也跟情人分手了，对比了一下，情人在任何一方面都比不上前妻，但当时就是觉得情人更有魅力，这不能简单地归结为不懂得珍惜。我想，最本质的原因，是因为我们的婚姻，让两个人失去了自己的空间，失去了距离感。这就像你在外面很想家，但是你在家待久了你也想出门。家倒是可以自由出入，但婚姻不是，我接受这个，我也不后悔。（45 岁，离婚 1 年）

（5）很多夫妻经常吵架，甚至想离婚，他们——尤其是男人们，把这一切的原因归咎为没有钱。但事实上，就算有了钱，他们两口子的感情也不会好。我就是典型的过来人，有了钱，两口子的感情甚至会更差。(45 岁，离婚 3 年)

（6）几千年以来，人们还没有找到甜蜜之后厌倦的解决办法，所以很多写恋爱的小说，结局就是在一起，或者结婚，结婚以后只有琐事，没有故事。所以像我跟我前妻一样，一开始爱，确实是爱，可是到后来，感觉都在配合对方演出。(45 岁，离婚 6 年)

（7）离婚是非常艰难的，尤其是签字的时候，我们俩都抱头痛哭。但是在一起，真的是太累了，离婚后我确实很难过，有时候也很孤独，但这种感觉未必比我没离婚的时候更糟糕。(46 岁，离婚 1 年)

（8）我儿子也到了谈婚论嫁的年纪了，有时候我希望他能跟自己心爱的女孩儿结婚，这似乎是人之常情，因为没有爱情的婚姻非常可怕；但有时候我又希望他不要跟自己心爱的女孩结婚，毕竟，婚姻会消磨掉原本浪漫的爱情。但是不管怎么样，我还是希望他尽快结婚，不结婚长不大。(48 岁，离婚 5 年)

（9）我过 50 岁生日的时候，朋友们都说给我过 50 大寿，我当时真的哭了，人还是对抗不了时间，也对抗不了爱，更对抗不了不爱。最近几年，听到女权主义的呼声挺多，我很支持。女性必须解放，要不然男人也不好过，婚姻也不会好。现在很多人的婚姻，依然还是用责任、义务、道德这些东西撑着，要不然早离婚了。我离婚十多年了，跟我前妻一直有来往，我没结婚，她结了，但我跟她相处得一直很好，就像故乡一样。(50 岁，离婚 15 年)

（真实采访。摘自李弯弯：《离婚后，你有什么不一样的感受》）

【思维导图】

（本章思维导图见本书第 339 页）

第九章

重组家庭那些事儿

重组家庭，是带有过去家庭经验的两个人，重新在一起磨合，组成一个新的家庭。

重组家庭和普通家庭一样，都需要考虑夫妻的相处，整个家族的相处，家庭目标，家庭经济，孩子教育问题，等等。唯一不同的是，两个人都有过家庭的实践经验，对于未来家庭有了更实际的期待和要求，往往不太容易协调和让步。

重组家庭的夫妻关系，首先要保证两个人的感情稳定，然后处理经济问题，随后讨论家庭目标和孩子教育，尽可能地达成共识，这样才能走得更远些。

1. 老冉的复婚风波

【当 事 人】

父亲冉光海：76 岁，地质队退休工人。

继母谭丽琼：58 岁，家庭妇女。

大儿子冉军：53 岁，地质队工人。

三女儿冉梅：43 岁，个体户，做汽车上牌照生意。

【当事人诉求】

申请人冉光海：希望孩子们支持自己与老伴复婚。

被申请人冉梅：希望父亲合理安排自己的财产，不要轻易复婚。

再婚 30 年的夫妻
突然领取了离婚证
这背后究竟有何蹊跷
是子女的逼迫
还是老人精明的计算
一场起于 30 年前的斗争
因一纸离婚协议
再次拉开了序幕
调解也由此开始

灰姑娘问：你为什么要如此待我？
恶毒的继母说：因为你年轻，纯洁，善良。
何为嫉妒？
羡慕别人有一样好东西而我没有，
强烈的羡慕煽起恨的火苗，
发展为嫉妒。
是的，
她终于长成了自己小时候讨厌的那个人的样子。
从受虐者变成施虐者，
从屠龙者变成恶龙。
每个生命的艰难侧面，

都不足为外人道。
所以，善恶分明、疾恶如仇、惩恶扬善，
并非是行走这个世界的唯一标准，
“理解”才是善行天下的锦囊。

调解前情提要

这个调解案例最开始是2016年初接到的，到调解的当天，中间隔了大半年。最先打电话来的是冉光海的邻居，说是小区里有这么一对老年夫妻被子女生生拆散了，他们看着都可怜，让我们帮忙去调解调解。联系了子女之后，先是冉四妹不愿意出面，后来没多久，冉四妹又打电话说要征求其他兄妹的意见，后回话说全部的子女都要来调解室。他们内心原本都很迫切地需要这样一个平台，来说出自己30年的委屈，包括早已在北京定居的三女儿和五妹。但当时五妹即将临盆，所以大家就商量着等生了孩子再一起来调解。结果五妹在月子当中伤口感染，不能轻易走动，但是调解时间已经不能再拖了，于是到了约定的调解时间，能来的子女就都来了。

一

你以为不可失去的人，原来并非不失去。

而你流干了眼泪，自有另一个人逗你欢笑。

后来的谭丽琼在她的宿命中行走时，慢慢地明白了这些道理。

谭丽琼说话很早，不满3岁就能跟大人流利地对话。虽然说过些什么，如今58岁的她早已不记得了，但是有些片段在她脑海里，仍然模糊地存在。母亲温暖的手掌，暗沉但慈爱的目光，因为消瘦而显得过于宽大的棉布衣裳，以及最重要的，那些语气里面包含着的浓浓的爱。

正是这些不曾消退的温暖记忆，让她在后来穷困不堪的日子里可以一天天挨下来，并终于等来了柳暗花明。

当然这是后话，因为在最终的光明来临之前，命运还会给出很多的考验。

谭丽琼3岁的时候，她的父母就死了。

饿死的。

在丰都的农村，那个颗粒无收的年代，这样的情景并非谭丽琼一家才会发生。你会眼看着田坎上的人走着走着就倒下了，再也爬不起来了。可是你不会惊讶也不会悲伤，因为你也不知道什么时候，那个一头栽下去的人会是自己。

没有食物，有的只是眼前无穷无尽的荒凉与内心深处的绝望。

父母双亡之后，3 岁的谭丽琼迈着蹒跚的脚步，真正踏入了生活的激流，遭遇着命运抛来的一个又一个的旋涡。

没有父母怎么办？

当然是靠政府。

谭丽琼随即被送往丰都县上一个公办的孤儿院性质的机构住下。因为谭丽琼模样很乖巧，也会说话，跟人交流没有问题。所以很快，当一个残疾军人和他的妻子来这里领养孩子的时候，他们一眼就喜欢上了谭丽琼，领走了她。

有了新爸爸新妈妈的谭丽琼很开心，她被新爸爸送到了幼儿园，过上了县城孩子们过的生活——一种不会饿着肚子，也有合适衣裳可以穿的生活。

但是这样的好日子并没有持续多久，谭丽琼幼儿园还没有上完，她的养母就怀孕了，当养母有了自己的亲生孩子之后，对谭丽琼就变了一副嘴脸。而随后不久，养母弟弟家因为贫困，也把自己的孩子过继到这个家里来。谭丽琼转眼从家中独女，变成了三个孩子中最不受欢迎的那一个。

日子一天天过去，谭丽琼的继母惊喜地发现，其实家里是还有一个现成的劳动力可以开发，这个人就是谭丽琼。于是，从那个时候起，谭丽琼上幼儿园的同时就开始做家务，凡是做得动的都做，做不动的创造条件也要做。年龄越大，继母使唤得越顺手。

做得好，是应该的；做得不好，就不给饭吃。

打骂更是常事。

如果这个成长故事里，还有那么一点点温情的话，就是残疾的养父一直对她很好。但一个老实巴交的残疾男主人，怎么管得住一个怀有恶意的成年女人和另外两个孩子的所有行为。

如今的谭丽琼有一只耳朵是聋的，完全听不见声音，她说十几岁的时候就变成这样了。

当年在谭丽琼身上发生过什么事情，是可想而知的。

谭丽琼出落得还算漂亮，17 岁的时候，她的养父托关系给她找了一个工作，在国营供销社里的小卖部卖生活日用品。这是那个善良的养父力所能及为她做的最后一点事了。

18 岁一到，谭丽琼就谈恋爱了。对方是跟养父一样有着好脾气的姓冉的年轻男子，不嫌弃她的养女身份。谭丽琼 20 岁结婚，22 岁生了女儿冉霞。

终于有了自己的家，终于可以不再回到继母的身边。

一丝笑容爬上了谭丽琼的嘴角，属于她的时代终于到了，她终于迎来了自己这辈子真正的生活。

可笑容很快就僵硬了。

26 岁还没满，谭丽琼就成了寡妇。一场白血病夺去了她丈夫的生命。

这算是哪门子事啊！

谭丽琼举目四望，没有前车可鉴。养父除安慰外，不可能提供任何帮助。她唯有守着那个能给自己带来工资收入的岗位，等待未知的命运。

当寡妇第一年，谭丽琼的小卖部旁边进驻了一个地质队。

当寡妇第二年，有人给谭丽琼介绍男朋友，男方就在地质队里上班。

介绍的这个对象叫冉光海，大谭丽琼 18 岁，前妻一年前死于脑出血，留下 5 个孩子，最小的 11 岁。

这个苦命的男人，同样也是两岁就死了父母，被养父母带大。加入地质队工作之后，他在工作附近的农村娶了乡下的妻子，妻子因为从小总受欺负，所以一直想多生儿子，好多出几双拳头来对付别人，所以一连生了 5 个孩子。可惜除了大儿子，后面 4 个全是女儿。生活压力大了之后，身体也渐渐不好。终于有一次冉光海出完差回家，发现妻子状态不对，送到医院检查之后发现是脑出血，没隔几天就过世了。

这个不幸的农村妻子留给冉光海的是 5 个孩子。

光是孩子的数量就把谭丽琼吓傻了。

再加上相亲时冉光海土得掉渣的穿着，在谭丽琼的内心泛不起半丝涟漪，她明确地表示了拒绝。但是冉光海对她一见钟情，被拒绝之后很快就亮出了自己的绝活。

文采和书法。

冉光海给谭丽琼写了一封信。

在这封信里，冉光海声情并茂地讲述了自己的过去，表达了自己要做一名好丈夫的决心。

冉光海同是养子的身世让谭丽琼有些感慨，另外，这个男人跟她的前夫一样，都姓冉，这意味着再婚之后，女儿也不必改姓。就这样，谭丽琼决定跟了冉光海。

飘摇的风雨中她终于给自己和女儿找了一个依靠。

谭丽琼做了一个让自己永不后悔的决定：认识 3 个月后两人结婚。

《诗经》里说："今夕何夕，见此良人。"这就是见对了。隔着各自的山丘，本不是最好的时间却遇见最好的人，也能成为最好的爱情。

二

常言道：人生有三大不幸：幼年丧父、中年丧偶、晚年丧子。

冉光海很倒霉，占了两个。

如今再谈起前妻，冉光海的记忆已经不太深刻了，说来说去只是那几句话："叫她不要生，她非要生那么多。就是想生儿子啊，害了她。"这个给他生了5个孩子的女人，终究是薄命的。

在妻子突然过世之时，冉光海曾有过一刹那的恐慌和失神，但是很快，这个男人就整理出了头绪。因为大儿子当年20岁出头，已经在地质队上班了。剩下的几个孩子，二妹18岁，三妹15岁，四妹13岁，幺妹11岁。冉光海索性把工资都交给了二女儿，由二女儿当家操持一切家务。然后自己该上班上班，该出差出差。

在冉四妹的回忆中，母亲过世之后，家里一度沉浸在悲痛中，但很快悲痛就被铺天盖地的鸡毛蒜皮的事情给冲淡了。当年四个女孩子当中，三妹在大哥工作的地方读初中。剩下自己和幺妹全靠二姐带着，在这个没有母亲，也等于没有父亲的家里，什么都需要她们自己操办。

但是那个时候，快乐终究还是多过不快乐。父亲不出差在家的时间里，还会带她们三姐妹去看电影。姐姐妹妹们手牵手跟在父亲后面走向电影院，留下一串串欢声笑语。冉家住在长江边上，打捞鱼捕虾更是她们童年的常事，哪怕只捕上来了一条小鱼，都能让她们快乐很久。

彼时13岁的冉四妹没想到的是，几个月之后，她就将迎来一个可怕的、狡诈的"敌人"。这个"敌人"甚至逼得她在这个捕鱼的地方，跳水自杀了3次。而她需要历经艰难险阻，才能取得最后的胜利。

这个在很长一段时间里都令她痛不欲生的人，恰好正是她父亲往后一生的挚爱。

开场音乐起，幕布拉开。冉四妹就眼睁睁看着这个比她父亲年轻18岁的女人，牵着另一个女孩的手，在冉家登台了。

好了，冉家的女儿们，打起精神吧，战斗就要开始了！

十几天以后，冉家二女儿被逼回丰都农村老家，一个人坐车回去，甚至连随身行李都没有。

30年后，提前两天坐车从农村老家出发来到调解现场的冉家二女儿，用了一句话形容她的继母："心比狼毒，心很烂。"

当年18岁的冉家二女儿被谭丽琼差使去江边拿一些抄手皮回来卖，结果因为下雨，背篼没遮好，抄手皮淋了雨水变软了，回家之后因为这事被谭丽琼狠狠地羞辱了一顿。极度羞愤之下，冉家二女儿第二天就回了农村老家，这辈子再没踏出过农门。

这个在继母进门后仅仅十几天就被逼回到农村的二女儿，如今的生活状况是所有兄弟姊妹里面最贫困的。她在农村落地生根，一个人做农活，结婚生子，都是一个人承担着，父亲再没有回去看过她。来调解的时候，冉家二女儿穿着的是90年代流行的那种，如今地摊上最多只卖十几块钱一件的白T恤，一张被阳光暴晒过的过早衰老的女人的脸。

心理嘉宾莫桑在现场说了这么一段话："我们经常看到的场景是父母那一辈是农村的，他们穿着打扮气质，各方面都是农村的那种感觉。但是今天我们在现场上看到的事实恰好相反。在现场你看父亲就是一个典型的、那个时代的老职工。你再看一下他的二女儿和他的大儿子，你感觉时空交错了。这就是我觉得最不合理的地方，这就是事实，我们不用去猜测当年发生了什么事情。"

第一回合，继母胜。

接下来第二回合，冉家三女儿上场。

在生母过世之后，冉家大儿子为了减轻家里的负担，就把这个妹妹弄到他上班的地方，绵阳下面的一个镇读书去了。直到继母进门几个月之后，三女儿初中毕业才回到这个家。不过，也仅仅回来了几个月，三女儿也离家出走了。

至于为什么15岁的三女儿会离家出走，调解现场冉光海轻描淡写地说了一句："她说冉霞给冉四妹碗里吐了一口痰，这个阵仗就搞起来了，就为这个事情搞起来了，搞起来了我这个三女儿就跑了。"

三女儿跑了之后，冉光海去重庆找过，没找到，之后也就不了了之。独自乘船从丰都到了重庆的三女儿坐在街边等来了一份保姆的工作。就这样也活了下来。

第二回合，继母胜。

上场吧，冉四妹，躲是躲不掉的。

调解现场，说到两个姐姐走后自己的生活，性格并不软弱的冉四妹曾几度哽咽。笔者觉得任何的语言描述都不会太准确，还是贴出调解现场当事人自己说的话好了。

只有寥寥几句，却是对那段岁月最真实的写照。

冉四妹说：二姐走后，当时就还剩下我和小妹两个人，我们这个阿姨，在我们吃饭的时候永远不准我们两姊妹上桌子，永远不准我们夹她说的那几个菜。那个时候就是她炒得稍微觉得可以的菜都不准我们吃，就更不要说肉了，肉是绝对不准我们沾的。

我们爸爸就这么一夹，冉霞你最小，你来吃点。冉霞说妈妈你吃点，三个就全部搞完了。我们都是自己早上起来煮剩饭吃。到了第二天吃剩的油汤汤都不准我们拿来煮饭。她的女儿每天早上吃什么呢？糍粑块儿，就是油条馒头，吃不完她们悄悄拿来藏了，在哪里扔了。千万不能给我们看到。还有水果等其他任何东西，我们只能看到皮，看不到吃的。

冉四妹说，那个时候他们几个冉家的孩子基本上是饭都吃不饱的。物质上的东西或许都是次要的，毕竟那样的年代，谁家都不富裕。但是精神上的折磨才是最狠的，杀人不见血，它像搅拌机一样，慢慢粉碎了冉四妹对这个家的最后一丝留恋。

眼看一个聋了一只耳朵的女人嫁给了自己的父亲，眼看她计谋攻心夺取宠爱，眼看她鞭挞良善，眼看父亲心里渐渐只有她。

当然也只能是这样了，能看明白就行。

熬了两年，初中毕业了。15 岁的冉四妹走在了人生的分岔路口，是像二姐一样离家出走，还是留在这个家里继续和继母生活在一起？这个问题日夜折磨着她。但是很快，冉四妹就想开了，也不困惑了。因为当了两年保姆的冉家三女儿托老乡带回来一个口信："这里有一家人需要找保姆，你愿意出来做事吗？"

"当保姆我是非常乐意的，能够离开这个家是我求之不得的事情。"调解现场的冉四妹回忆到这里，嘴角挂着一抹苦笑。

冉四妹很快就去做了保姆，帮人带小孩。

第三回合，继母胜。

就还剩冉五妹了。

用冉四妹的话来说："我们五妹最小，在那个家里待得时间最长，被虐待最惨。"于是，在五妹初中毕业之后，当时还在给人做保姆的冉四妹回了一趟丰都，接出了冉五妹。

一个 17 岁的小姑娘能给一个 15 岁的小小姑娘安排什么未来？

当然还是做保姆。

"我们出来全部都是做保姆，我们家女儿的命运就是这样。"调解现场冉四妹有些无奈地笑了。当年的冉四妹把五妹同样安顿在一户人家做保姆。

好了，除去在绵阳工作的大哥和在农村的二姐，剩下的三姐妹都聚齐了，我们都是自食其力的保姆了，我们都在一个城市，我们抱团给彼此温暖吧。

但是五妹并不让人省心，在原先的家庭环境中苦闷压抑得太久，突然来到这活色生香的城市里，终于适应之后，五妹很快就投身到了这新鲜的世界中。她跟社会小青年来往频繁，并辞职去了广州，成了一名真真正正的小太妹。

当时的冉家三女儿已经去了北京生活，并且认识了部队的一名军官，结婚定居，生活得稳定又幸福。冉四妹在电话里跟姐姐商量之后，就跑去广州找到了冉五妹，并亲自把她送到了北京冉家三女儿家里，在军区的大院里对其进行管束，再也不允许出去混社会了。

冉五妹最终在北京嫁人，再未回过重庆。

在刚接触冉家人这个调解案例的时候，冉五妹正值怀孕期间，编导曾经想给冉五妹打电话询问当年情况。冉家三女儿思索良久，说算了，怕她回忆起当年的事动了胎气，好事变坏事。

当年的一切，可想而知。

最后这个回合，继母胜。

有时候，屈辱地活着，比悲壮地死去更需要勇气。

因为生命之路是一条有着相同的起点终点，而中间却神秘、坎坷，又深不可测的路。没有妈妈的孩子，这条路会更艰辛。在这条道路上，没有帮手，没有导师，你不知道什么时候会成功，不知道什么时候会失败，甚至不知道什么时候应该放弃。

当年心里揣着姐姐的口信，走出丰都，沿着江水逆流而上的冉四妹，在船头眺望远方的城市，此前从未踏出县城一步的她，只觉得，远处的城市，像神话中的魔宫，紫霞笼罩，充满了无数可能。

会找到生路的，冉四妹坚信这一点。

她在姐姐介绍的雇主家带孩子，因为把孩子带得很好，雇主很满意，所以又推荐她去了另外一家。另外一家也很满意，又推荐去她了下一家。那家的主人说，你这么聪明能干的小姑娘做点什么不好呢，怎么可以一直当保姆？于是介绍她去了朝天门的一个服装店卖衣服。就这样从卖衣服到做装修再到后来开长安车搞承包……冉四妹就这样一步一步走出来了。

好日子再晚，总还是来了。

在继母进门后的10多年里，冉家四姐妹都逐渐结婚生子。但是没有一个人办过结婚酒、满月酒，因为她们在内心都觉得自己是没有娘家的人。而在女儿们人生中的这些重要当口，她们的父亲从不关心，虽然通信逐渐便捷起来，但他们的父亲没有打过电话，也没有一声问候。

“其实以前我们是有父爱的，只是后来没有了。因为我父亲的爱有限，那些原本给我们的爱，都被那个女人夺走了。她霸占了全部的爱，从此父亲的心里再也没有我们几个子女了。”冉四妹是这样解释的。

三

每个人都觉得自己是好人，可每个人又都在伤害着别人。爸爸爱妻子没错，妻子要丈夫的爱也没错。然而，有时候让人变坏的最大力量，恰恰是爱。

冉四妹是这样形容谭丽琼的：“我这个继母是一个极其自私的女人，因为她的耳聋，所以看上去性格特别温柔，话也不多，所以很少有人会发现她的恶，也没有人发现我们受到了虐待。”

绵里藏针，笑里藏刀。

谭丽琼这个由继母带大的女孩，终于在 28 岁的时候，成了别人口中的恶毒继母。

谁不希望做一个集宠爱与爱戴于一身的女主人呢？谭丽琼又何尝不知道冉家的四个女儿们想要有怎样的母爱。但是自己的丈夫每个月只有 41 元的工资，要养活一家 7 口人，这对家里的女主人来讲不得不说是一件难事。

而有两个人，又是她必须要保护的。一是女儿，她唯一的血脉，丧父为孤，更需要呵护。二是丈夫冉光海，他是一家的顶梁柱，是重新给了她家庭生活的人，又年长她 18 岁。丈夫的身体是不能垮的，是必须要照顾妥当的。她深爱着这两个人，所以当面对仅有的生活资料时，就必须做出一些选择。

没办法，首先她是一名母亲，其次是妻子，最后才是继母。

在调解现场，当听见冉家的女儿们以如此不堪的言语形容她时，谭丽琼的表情一如既往的淡定。她指出，自己刚来的时候对冉家的孩子们都很好，从来没有让她们做过一餐饭。自己生病了，也没让几个姑娘们烧过一口开水，到饭点依然会把一日三餐做好，她并没有虐待她们。

最多就是怠慢吧。

所以，请原谅我仅仅只是一个普通的女人吧。当年 28 岁的我，根本没有经验与能量做 4 个十多岁的女孩的妈妈，也没有办法顾所有人的周全。

为了改善家庭经济环境，婚后的谭丽琼自己承包了小卖部，多多少少为家庭增加了一些收入。虽然力量薄弱，但是也是有一点一滴的贡献的。后来的冉光海在单位做起了管理，不出差了，每顿饭都在家里吃。谭丽琼基本上每一顿都能够保证桌上有 3 个菜，其中还有油炸花生米和豆腐干，让丈夫每天都能有下酒菜并小酌两杯。这样的主妇不能不说是能干的，更是爱丈夫的。如果没有爱，生活也不会安排得如此井井有条。

谭丽琼午夜梦回的时候，偶尔也会梦见童年寄人篱下讨生活的场景，她还是会在醒来的时候掉眼泪。在她与冉光海结婚后，她的继母也慢慢在衰老，谭丽琼在冉光海的劝说下，婚后这些年也放下了对继母的仇恨，继母去世后下葬，谭丽琼也出人出力了。

“我不太记仇，有条件了对她好点也没什么，毕竟养父对我有恩。”

过去的恩怨都埋葬了，那么现在的呢？

2001 年的时候，冉光海的单位再次搬迁，搬到了重庆机场附近，谭丽琼跟冉霞也都一起搬上来了，住进了单位的福利房。挥别了过去，在重庆主城安居乐业的谭丽琼和冉光海，觉得一切都在渐渐好起来。冉霞不久后嫁去了成都，安居生子，很少回来。而冉家的其他几个子女也都早与老两口不相往来了，这个家多多少少是有一点点空虚的。

倔强的老冉开始回顾自己过去的做法，“确实没顾着他们什么”。但是他把这一切都归结于那个时代造成的——因为贫乏。另外，他有着维护妻子最好的理由，18 岁的年龄差，原本这样的婚姻就亏欠了这个女人。而冉霞又是最小的，当然该她吃好的，该她享受所有的宠爱。

老冉开始跟子女们联系，偶尔通通电话。唯一还在重庆的冉四妹发展得挺好，在这个城市购买了好几栋别墅。对于是否要跟父亲恢复亲密关系，当时的冉四妹不是没有犹豫，“因为以前确实被伤得太深了，饭都没吃饱过。”但是最后亲情压倒了一切，冉四妹掏钱请继母和父亲出去旅游，到台湾、新疆、青海，等等观光。每次父亲生病住院，她都率先支付了所有的医药费，而父亲医保报账后的钱都归父亲所有。

冤冤相报何时了，真正的相处之道是宽容和人道，从来如此。

冉光海的确成为老冉了，虽然他依然还是年轻时候的大嗓门，说起话来中气十足，但毕竟是 76 岁的老人了，这个时候的人总是会不由自主地考虑一个问题。

养老。

老冉还多思考了一点，那就是他的小妻子该如何养老？旁人或许都忽略了一个问题，当年有 5 个子女的老冉能够在第一印象极差的情况下发生逆转，娶进门了一个小他 18 岁的女人，并且婚后 30 年相敬如宾恩恩爱爱，说明老冉是一个花了心思深爱着这个小妻子的人。

四

养老从来都是一个沉重的话题。

因为我们从小被灌输的思想是自给自足，靠天靠地不如靠自己。而人却不得不老，越老越没有生活能力。对于生命衰退的惊慌，对于临终时刻的恐惧，让“养老”这个词语看上去又显得悲壮了一些。

那么，老冉的“老”该如何来养呢？

他动起了脑筋。

因为他比谭丽琼大 18 岁，所以肯定是先走的那一个，而谭丽琼的女儿冉霞在成都，没法照顾母亲。如果谭丽琼去了成都，生活肯定也不会习惯。所以到了 2015 年年底，老冉瞅准一个内部职工子女招聘的机会，让在外待了 16 年没工作的冉霞回来了。

一起回来的还有女婿和外孙女。

冉霞没有房子，回到重庆之后就和丈夫一起住在老冉的房子里。原本的两室一厅瞬间就拥挤了起来，老冉只得在客厅拉了一幅布帘子，给外孙女隔了一间小屋睡觉。这下连走路都只得轻轻的，外孙女又闹腾，老冉原本每天都爱写写画画，这下也没法静心弄自己的爱好了。这样的日子过了几个月，老冉开始给冉四妹打电话哭诉。

哭诉了几次之后，老冉委婉地提出了自己的想法：“冉霞需要另外买套房子，但是她没钱，她丈夫也没有钱。你能不能借她 20 万元？”

冉四妹听清楚了这句话，她也做出了自己的真实反应。

“你有没有搞错！要我借 20 万元？给冉霞！绝无可能的事。”

“那要不这样，你借 20 万元给我？”老冉头脑袋转得挺快。

冉四妹反应更快：“借给你？你根本没有偿还能力好不好！”

不欢而散。

“那对母女应该不会善罢甘休吧。”挂了电话的冉四妹这样想。

事情的发展也正是这样的。几天之后老冉再次给冉四妹打了电话，告知最新的决定。

“我要离婚。”

四个字如雷贯耳，振聋发聩。

冉四妹笑得差点没背过气去。都快 77 岁了，离哪门子婚？事实再次证明，没有做不到，只怕想不到。挂了电话后没几天，一张离婚证书就摆在了冉四妹的面前。

离婚的最终推动者是谭丽琼，因为在前不久的一次争吵中，老冉的几个亲生子女透露，将来如果老冉走了，他们无论如何也不会让谭丽琼得到这套房子，谭丽琼听后气愤不已，随之坚持离婚。

离婚协议只有一个重点，就是 2004 年两人婚后购买的单位两室一厅的集资房，估价 40 万元，留给谭丽琼，谭丽琼再给老冉 20 万元作为补偿。

离婚之后，房产证的名字改成了谭丽琼。但实际上却是冉霞一家人和谭丽琼住在里面。老冉在外租房居住。一个月之后谭丽琼去看望老冉，只见他衣服都是脏兮兮的，床上的被子一个月没有更换，散发出一股陈旧的臭味。

看着眼前这个瘦了好几斤的老人，谭丽琼突然泪流满面，尽管已经离婚了，但是在谭丽琼心里，这个年长自己 18 岁的男人早已成为自己身体割舍不掉的一部分，余生是绝对不能再分开了。

老冉很快退掉了租的房子，回到老房子附近找了一个安静的楼梯房，租下来，跟谭丽琼继续生活在一起。老冉对自己的子女声称，离婚之后冉霞给了他 20 万元，租房和生活的钱正是从这 20 万元当中来的。

冉四妹让父亲把 20 万元拿给大哥和二姐帮忙保管，作为以后的大病支出费用。而平时的生活费就由冉四妹供给。但是老冉不同意，他觉得冉四妹是想把他的钱据为己有。

大哥和二姐得知此事后，也到重庆来闹过，他们闹父亲的偏心，都已经黄土埋到脖子的人，居然还这么维护着继女，甚至大孙子也从绵阳赶过来加入骂战，责怪爷爷为什么不将房子留给他。一家人彻底地撕破了脸皮。事情到了这个局面，老冉有些撑不下去了。因为一是他是离婚的身份，也没有房子，难免会面临人财两空的局面，二是与子女关系如此恶劣，将来的养老问题又该如何解决？所以老冉急切地想复婚，并且这个复婚他想得到子女们的支持，同时希望能跟子女们恢复到有来往的状态。

于是老冉就托邻居拨打了栏目热线，期望通过调解解决家庭矛盾。

五

一场技术性的离婚。

一对忘年恋的离异夫妇。

一群自称被虐待长大的孩子。

从谭丽琼进门的 30 年时间里，他们从来没有在这样的场合里待过，也没有这样赤裸裸直白地表达自己的感受。调解的 4 个多小时里，三方矛盾不断爆发，场上场下语言攻击，甚至因为无法控制好情绪，差点爆发肢体冲突，调解几度中止。但无论现场状况如何，自始至终没有一个人愿意离开调解室，血缘之爱犹在，大家都有对亲情的渴求。抓着这样的一个点，调解进入合议阶段。

调解合议现场

调解员马善祥：两个老伴儿，怎么来恢复这个婚姻关系，也让这个父子的感情缓和下来，确确实实大家还要费心思量。下面听听嘉宾的意见。

高校教师何智慧：如果说真的哪一天，冉光海走了，实际上这 5 个子女肯定不会养这个继母。然后就剩下冉霞，而这个冉霞自身又没有能力活得那么好，也无力赡养她母亲。为使她的晚年有一个保障，冉光海就做出了离婚把房子留给妻子谭丽琼的决定。我觉得这个是可以理解的。谭丽琼和她自己生的女儿冉霞一家人住在里面。从小被宠爱的冉霞，可能就在大树底下好乘凉，就越不能干，冉霞都几十岁的人啦，还依靠父母。所以说这是一个特别不明智的做法。

情感导师莫桑：我觉得今天解决他们母子关系，或者跟继母的关系，这是不太现实的。因为这是几十年累积下来的问题。我觉得今天我们只解决一个问题，就是怎么保障冉光海的这个钱。

心理导师周美辰：台下大女儿说了一句话，就说继母图了她父亲一辈子的钱。好，那这句话是不是让这个老父亲心里很难接受的？但凡我们说骗婚的那些骗子，她要骗你的东西，她肯定是花个两三年，她要算她的成本。她的青春耗到你身上划不来，我要赶快骗完你再骗下一家。他的父亲跟他的儿女们相互对立，是因为他们之间互相不理解。如果这个老父亲还是要跟这个继母在一起，那么可能他们这个家庭还是矛盾重重。今天要想一个办法，解决老人的养老问题。

心理导师周永胜：反正他的钱他去规划，至于以后他惨不惨，或者什么，是他的人生，他自己负责。

画家侯耘：第一，老两口要复婚，这是他们迫切需要的。肯定要复婚。第二，冉霞搬出去，老两口搬回他们原来那个房子去住。冉霞不能住在里面，就是因为冉霞住才有矛盾。冉霞不能房子也占了，钱也拿了，那不行。

情感导师莫桑：我觉得冉光海根本就没得那个 20 万元。

画家侯耘：你看那个老人维护那个冉霞维护到什么程度了，那个钱不可能是冉霞给的 20 万元。冉霞如果有那 20 万元，她早就自己去买房子了，不至于赖在老两口的房子里。冉光海简直是维护女方没有底线了。我觉得真的不能太护冉霞了。

调解员马善祥：我们这个节目作为一个公平地引导社会舆论的节目，应该尊重他们的婚姻选择。这一点是肯定的。第二点就是要跟这个当父亲的冉光海讲清楚，处理问题要注意做到公平，否则孙子都要怪这个爷爷啦。第三点要跟子女们说，现在还是要让老人的情绪转变了，可能他就很好处理问题了。我们甚至乐观地预测一下，父亲良知发现过后，确实觉得儿女有点亏了，干脆这20万元就拿给儿女管，然后儿女给他提供住房。

情感导师莫桑：他不可能，他这个钱没拿。

心理导师周美辰：子女们有这个顾虑，就是说，父亲是要找子女们拿钱，子女们给父亲用可以，但是如果还要给继母甚至继母女儿一家人用，子女们是不愿意的。

情感导师莫桑：确实太不公平了。

合议方向

1. 希望老冉与谭丽琼复婚，并根据这个思路做子女的思想工作。

2. 在房产问题上不过多纠结，但强调老冉可以把部分钱拿给子女保管，这样可以保障未来的养老。

在单独调解的过程中，因为老冉一再强调冉霞给了他20万元，所以调解团队试图说服老冉拿出其中的10万元给大儿子和二女儿代为保管。而冉四妹也愿意拿出40万元来给老冉养老，但前提是必须把这20万元拿来给子女保管。刚开始老冉同意这样的安排，但是很快又反悔了。冉四妹及其他子女在得知老冉的选择之后，表示理解，并且依然愿意承担父亲的养老一事，只是在对待谭丽琼的问题上，子女们依然有很大的情绪，一时之间难以缓解。但对于两人的复婚，子女们表示不再反对。

调解结果

双方签订调解协议，内容如下：

1. 两位老人同意复婚，儿女们表示尊重老人的选择；

2. 两位老人认可今后不增加儿女的经济负担，自己凭工资收入和存款解决问题；

3. 老冉的20万元自己妥善保管，有计划地开支，注意保证资金的安全；

4. 老冉及儿女过去有不少误解，大家都要积极努力消除误解，恢复亲情。

冉家子女们和父亲最终签署了调解协议，并表示愿意按照协议约定处理家事。30年累积产生的隔阂，要在一朝一夕之间完全消除，是不现实的事情。希望这场调解能为双方的情绪宣泄打开一个出口，让彼此学会换位思考，放下过往的怨气，都多一些体谅，多一份尊重，多一份感恩，不要让父亲的晚年留下遗憾。

调解链接

本场调解的主要思路是什么？

冉光海是一个 76 岁的人，再婚老伴谭丽琼 58 岁。两人再婚已过 30 年，最近离婚了，之后又来找《凡人有事》栏目调解，最后又复婚了。这个折腾中有大量的变故包含其中，对此我有几条感受：

第一，做事要留有余地，不要走极端。老冉有一套产权房，儿子建议归一半到他孙子名下，老人不愿意。他担心今后早去了老伴遭罪，立即下定决心要把房产过户给老伴。两人商量去离婚，然后写了分割财产的协议。老冉的房产过户给谭丽琼，谭丽琼付给老冉现金 20 万元（由女儿冉霞付给）。两人办了离婚手续，房产过户手续办完了，老冉也得了 20 万元，两人短暂分手几天又到外地租房子去了。老房子由谭丽琼的亲生女儿居住。房子瞬间没了，离婚后的两个老人租房居住，这 20 万元又租得了多久呢。更何况，老冉的子女都怀疑冉霞根本没有支付这 20 万元，一致认为这是继母的算盘。但老冉十分呵护老伴，所以调解现场仇人相见分外眼红。

这启发我们处理矛盾最好不要用极端的方式，否则，失去了回旋的余地，矛盾很难化解。

第二，这个继母是受益者，尤其她的亲生女儿是受益者，但整个现场调解的过程，继母很少说话也不争论，除了解释，并无攻击性语言。所以，缺少继母存主观恶意，想骗取房屋的事实依据，更能说明老冉的主观动机就是要让老伴获得房产。所以，指责继母，是儿女们的一种盲目仇视，情绪失控，继母不应该被贴上贪婪、恶毒、阴险的标签。

当然，从高尚的角度讲，她不应该接受老冉的这种安排。但这不失为一个为亲生女儿解决住房问题的最好机会，这时她是有私心、偏心的，亲生女儿的利益被最大化了。老冉对自己亲生儿女们的利益欠考虑，确实也有不妥之处。

第三，生米煮成熟饭，无可挽回，但可以挽回的是两位老人的婚姻。冉光海的亲生子女们担心今后父亲老了，又与亲生子女有矛盾，房子也没有了，好处都被别人得走。冉家的亲生子女除了恨继母外，似乎也毫无主见。其实，稍微冷静下来就明白，最好的弥补就是让两位老人再次复婚。一时的恨将可能会让继母与父亲彻底疏远，甚至断绝关系，这样最惨的就是老父亲。

后来两位老人复婚了，又恢复了从前的生活，仿佛什么都没有发生过，但儿女们心中认为发生了天大的事，房子没有了，他们与继母的矛盾已是不可调和的，但老冉和老伴却恩爱照旧。

第四，这起矛盾，既无输家，也无赢家。老冉对老伴几十年的奉献，一直怀着感恩之心，在老冉眼里，老伴勤劳善良、善于体贴人，是他的终生依靠。他不同意儿女们把当时整个时代、整个生活陷入困境的某些原因归咎于老伴，他从这个女人身上得了很多温暖，尤其是进入老年生活之时。

所以他把房产过户给老伴也是心甘情愿的，既是对她的报答，也是对她的保护。这个女人得了房子，在老冉的眼里是合法的，是她几十奉献的结果，是她应得的回报。

子女们与此完全相反的结论，只能使老冉更加坚定信念。他通过离婚了却了晚年最大的一个心愿，这是他唯一能做的有利于这个女人的最大事情，他无怨无悔。

这是我得出的第四个结论：很多看起来不可思议的事，还是有很多理由支持的，一个人要得到他人不遗余力的保护，这个人在他心中是一定有分量的。

情感链接 Q

1. 谭丽琼当初为何最终愿意嫁给冉光海？

谭丽琼在前夫去世后内心是渴望有一个异性来填补的。当一个经历和自己有些相似，甚至姓氏都与前夫一样的异性主动来追求她的时候，她也会心动。如果嫁给他，女儿没有了改姓的尴尬，也可以避免了在其他人面前没有父亲的自卑。这可能是谭丽琼觉得和冉光海最初的缘分，后来老冉声情并茂的一封信，述说了自己身为养子同样可怜的出生，“同是天涯沦落人”的感情油然而生。谭丽琼内心很同情这个男人的遭遇，觉得老冉有了这段经历会更加珍惜家庭。女人之所以选择比自己大很多的男人是因为其潜意识里需要有个人来疼爱自己，而同年龄的男人一般很难做到这点。再加上谭丽琼认为老冉自己有 5 个孩子，所以肯定会觉得对自己有所亏欠，会对自己更好的。综合考虑，谭丽琼毅然决定了嫁给这个大自己 18 岁的男人，带着最初的感动和希望走进了这个家。

2. 继母的存在对冉家几个孩子的人生造成了什么影响？

几个儿女遭受的是差不多一样的遭遇，但是由于年龄的差距，感受可能差很多，对他们的影响也是不一样的。大儿子当年已经 20 岁出头，离开父亲在外工作，可以选择不回家，却始终充满了因为自己力量有限而不能保护好几个妹妹的无力感。二妹 18 岁刚成年，因为继母埋怨馄饨皮弄软了就选择决绝地离开，宁愿回到农村艰苦度日，也不能忍受父亲的漠视，内心一辈子都无法真正原谅父亲。三妹 15 岁正值青春叛逆期，因为说了句实话就被无情打压，父亲选择去帮没有血缘关系的冉霞，她就离家出走了，青春期所受的伤害是永恒的记忆，远嫁他乡其实也是潜意识逃离父亲和继母的表现。四妹 13 岁，和父亲继母生活的时间比较长，苦难的岁月成就了四妹的坚强与隐忍，她在生活磨炼中成长起来，所以在给别人当保姆的日子里才会表现那么出色。当四妹有一定经济能力时还是选择回报父亲，她也是父亲和继母在经济上主要依赖的一个孩子。幺妹 11 岁，与父亲继母生活的时间最长，也是压抑最多的一个孩子。所以后面被姐姐接到城里后，选择了以混社会的方式来发泄内心的不满，这也是童年阴影最深的一个孩子，很容易就会滑向犯罪的边缘。还好三姐给了五妹正确的引导和关爱，虽然让她有了正常的人生，但是她仍然无法面对来自受到父亲和继母的伤害，无法忘记童年阴影里那些永远无法触碰的往事，所以她选择再也不回重庆了。

3. 作为同样是被后妈养大的谭丽琼，她应该很清楚失去母亲的孩子需要的是什么，但为何偏偏不给予孩子这样的母爱呢？

谭丽琼在早年生活中曾经受过创伤，所以她的行为中有一部分是创伤的结果，比如对冉家姐妹的态度，这是一种置换，再现了她当年曾经受过的伤；还有就是动物的本能，就是在困难的时候，为了自己的生存需要，尽量让大孩子出去赚钱，尽量减少家里的开支，以提高自己活下去的可能性；还有一种可能是情感的利己，即这是我的家，我就要做主，我就要偏袒呵护自己亲生的女儿。她的文化不高受的教育不多，所以，本能的东西就要表现得多一些。

4. 老冉是否清楚几个女儿成长期间的遭遇，作为一个父亲，他有没有失职？

老冉没有保护好自己的子女，肯定是没有尽到父亲的职责。正因为他没有体验到父母的关爱，所以，对亲情过于淡薄；当然这其中也有强迫性重复，让悲剧在自己的家庭中再度重演。而且，老冉自己也是丧亲之后被养父母养大的孩子，他在学习如何给予父爱的这个方面，是有缺失的，所以这个对他后来维系父子情、父女情，是有一定影响的。

5. 谭丽琼为何会对丈夫和继子女们如此区别对待呢？

在谭丽琼的人生际遇里，认为血缘的亲情才会是无怨无悔的付出，任何没有血缘的感情都是为了生活而勉强维持。对于没有血缘的老冉孩子，她只能做到普通人能做到的不让她们饿肚子就行了，更多的要求和关爱确实无法给予。而丈夫是自己的依靠，是自己的经济支柱。谭丽琼的爱以丈夫为重，这样的行为也是可以理解的，人在现实面前有时很难做出超出常人的无私。

6. 老冉是否对亲生子女和继女存在偏心现象，对于这种“偏心”亲生子女是怎么看的？

老冉说的是实在话，也并不完全是偏心，是一种善良。

一家 8 口人中有 6 个孩子，在经济有限的情况下，能全部活下来就已经不容易了。在困难时期，老冉必须出去挣钱，谭丽琼必须照顾好家。这个过程中，势必会有一些考虑不周，兼顾不到的地方。儿子们因此积累了很多怨恨，那也是没有办法的。

前妻病逝后留下 5 个孩子，老冉内心肯定也希望有一个完整的家。有个女人愿意跟他一起照顾孩子，不管照顾得怎么样，他自然会心存感恩。这也是人之常情，可见老冉心地善良。

关于亲生子女会怎么看，他们也许会认为是“偏心”，认为老人家是被蛊惑了。毕竟，他们亲身体会到了继母的“恶行”，但却很难体会到父亲的不易。

7. 谭丽琼对老冉是一种什么样的感情？

谭丽琼对老冉是充满感激的，几十年的风风雨雨一起走过来，她很坚信当时嫁给他的决定是正确的，因为他一直宠着她爱着她护着她。老冉倾其所有在为谭丽琼和她的亲生女儿打算，为了维护她，他甚至得罪了所有的亲生子女，为了保全她的利益，他甚至以离婚来逼子女就范。

她知道，这个男人在用最后的力量，尽一个丈夫的责任，为自己谋求一份保障。她明白，老冉这么做，是在弥补当初她的不易和付出。她感动，就算是老冉的子女这么反对，这个傻老头还是愿意对自己好，为自己着想，这份情是真的很深。

这就是为什么都离婚了，谭丽琼还愿意照顾老冉的原因，因为同甘共苦这份深情在，内心抹不掉。同时谭丽琼对老冉也有深深的不舍和眷恋，因为年龄相差 18 岁，不出意外老冉会先走一步，而留下来的她却注定是独孤寂寞，所以她对未来有很大的不安全感。

F 法律链接

老冉和谭丽琼的离婚是否属于假离婚？老冉离婚的目的究竟是什么？他的目的又能否通过离婚达到呢？

假离婚是个社会俗语，但不是法律术语。现实社会中，假离婚是指婚姻双方的夫妻感情并没有破裂也没有分开单过的本意，而是因为夫妻感情以外的其他因素促使双方办理了离婚登记以达到夫妻双方的共同目的。在法律层面，没有假离婚一说，只要双方办理了离婚登记手续，则双方的夫妻关系解除，同时对孩子的抚养问题、夫妻共同财产分配问题所做的约定也会产生法律效力。本案中，老冉与谭丽琼在离婚时，都是具有民事行为能力的公民，双方依法办理了离婚手续，从那时起，他们之间的婚姻关系，在法律上已经消灭了，所以老冉的离婚是法律层面的真离婚。

老冉的离婚目的是个复杂的问题，更多地可以体现为对谭丽琼的关心和爱，希望帮助谭丽琼保住该套房产以便在老冉百年后谭丽琼能有个安稳晚年。离婚的方法确实是可以帮助谭丽琼保留住该套房。遗憾的是，这样的手段未免有些激进，也会产生较大的负面影响，会明显降低夫妻双方的幸福感和生活质量，也会因此衍生出其他诸多的麻烦和问题。当然老冉对于自己的财产有处分的权利，如果想要将财产进行自主分配，老冉可以通过合法合理的遗嘱方式得以实现。

编导后记

调解之后，冉四妹打来过几次电话，我们对冉家调解后的生活也有了一些了解。

抱成团成长的早年丧母的冉家几姐妹，是不幸的，但也是幸运的。因为他们父母一早就给了他们人生最好的礼物——手足之情。尽管成年之后，他们分散在不同的城市，但是当五妹在北京生孩子时，几姐妹全部聚集在北京帮忙照顾。这样的温情是独生女冉霞，或者按他们的说法是“独得了所有宠爱”的冉霞，根本体会不到的。

冉光海，也是幸运的。他有幸得到了谭丽琼30年无微不至的照顾。谭丽琼对冉光海也有感恩的成分和几十年来累积的情分。经过调解，我们可以确定，两人之间的那份深情是可以维系整个晚年的。

过去的恩怨很难一笔勾销，但是希望在吐出心中的郁结之后，他们都可以放下。放下之后，重拾亲情，这样未来的相处，也才能更和谐。

2. 永川的初恋

【当 事 人】

妻子孔连：41岁，家住永川，有两个孩子，大儿子被拐卖，至今还在寻找，小女儿7岁，在永川县城读一年级。

丈夫涂二：43岁，家住永川，有个儿子已经成年。

【调解诉求】

申请人孔连：希望留在永川，方便孩子读书。

被申请人涂二：坚持回到农村老家，如果妻子不同意，就离婚。

调解前情提要

2015年，孔连和涂二结婚不到两年，但就已经闹起了离婚。

据了解，两人在20多年前就认识。因为两人的老家相隔10多公里。1991年，涂二从上海打工回来的休假时间里，老家的亲戚给他介绍了一个女孩，而那个女孩正好是孔连的闺蜜。前两次涂二与那相亲对象都是单独见面，两人互相稍有好感。在第三次见面时，孔连就被闺蜜拽着一起去见涂二，闺蜜的想法一是为了好搭个伴，二是想孔连帮忙参谋一下涂二这个对象是否合适。

作为参谋的孔连很是称职，仔细观察着闺蜜未来的对象，也被涂二的英俊的外表所吸引，不自主地会多看几眼，三人玩得很开心。

在涂二心里的主角配角移了位。在一次饭后，涂二酩酊大醉，立马下桌跑向橘子树，扶着橘子树大吐，孔连闺蜜立马跟了出去试着拍着涂二的背，而已经酒醉的涂二一甩手把她给支开，口中隐约叫着孔连的名字。从那时开始，孔连的心就放在了涂二身上。

一年之后，涂二和孔连的闺蜜分了手。当时孔连也已成年。两人因害怕流言蜚语而没有走到一起。涂二继续在上海打工，孔连也开始为了生活奔波，去了广东打工。涂二曾多次想去找孔连表达情意，诉说衷肠，然而由于那时候通信不太发达，没有了联系方式，音信就此断了。

孔连24岁那年回到了家乡。她选择嫁给了当地镇上一个较富裕的家庭。然而这却是她命运的转折点。嫁过去后，夫妻间相处很融洽，丈夫对他很好。正是因为丈夫对她太好，引起了婆婆的嫉妒，就是在孔连怀孕时都是打骂不断。好不容易熬到生下了儿子，婆婆对她更凶了，坐月子时都受到了虐待。而孔连的丈夫却没有制止他母亲的行为。忍无可忍的孔连只得选择和第一任丈夫离了婚，儿子被判给了对方。

一个多月后，正在县城打工的孔连收到了一个消息，她的儿子被拐卖了。这突如其来的打击，让孔连彻底崩溃，也顿时乱了方寸。但是她没有在第一时间报警，等到后来想起报警时，孩子却再也找不到了。10多年来，她只要身上存够1000元，就会出去寻找孩子。只要听到哪儿有一点线索，她就拿着孩子未满一岁时的照片前去辨认。因为寻子心切，有一次出去钱还被骗了，她在贵州沿路乞讨过，街边睡过，桥洞下住过，和流浪汉一起住过，饿了就买馒头吃，渴了就喝自来水，用了将近一个月时间才回到重庆。孔连回到重庆时已经面目全非，父母都差点没认出她来。几年的寻找历程，让孔连身心俱疲，支撑她生活下去的信念就是一定要寻找到儿子。尽管她也想过去寻找涂二，但是因为现实并不允许，所以就放弃了。

听了家人和亲戚朋友的劝解，孔连选择了再次结婚。再婚之后，第二任丈夫对孔连比较照顾，也很关心她。因为孔连继续寻找儿子的缘故，两人还是有些分歧。原本是想结婚再生育一个小孩，而几年时间过去了，孔连肚子却一直没有动静。

孔连觉得自己与家无缘，便放弃了家庭，而在这时老天却跟她开了一个莫大的玩笑。2008年8月21日，就在刚与第二任丈夫办理完离婚手续的当天晚上，孔连回到家后，小肚子无缘无故地痛起来，还见了红。第二天去医院检查，被告知她怀孕了。几个月后，孔连的女儿出生。女儿的出生，为孔连的失子之痛带来了些许安慰，也给孔连带来了很多麻烦。母女俩相依为命，日子过得更加艰难。

孔连在过去的 10 多年里，经历过两段不幸婚姻，还忍受着失去儿子的痛，而在这段时间里，涂二又有着怎样的生活呢？涂二说自己 22 岁结的婚，但心里最爱的还是孔连，所以婚姻比较勉强。婚后的家庭琐事，让夫妻二人矛盾不断。涂二觉得不是因为爱情走到一起的婚姻，也就不用花力气来挽救了，于是结束了第一段婚姻。

离婚之后的涂二再次到处打听关于孔连的消息，还是没得到任何回音。过了一段时间后，涂二与第二任妻子相遇，并结了婚。直到听人说起孔连的状况，他才义无反顾地与第二任妻子离了婚，选择追求孔连。

经历了 20 多年的分离之后，两人最终走到了一起。两人相亲相爱，半年之中从未拌过嘴、红过脸。2014 年 1 月 18 日，涂二与孔连两人去民政局办理了结婚证。2 月 14 日，两人在涂二的老家，也就是两人初次见面的地方办了结婚酒宴，邀请了很多亲朋好友见证他们的爱情。婚礼办得很热闹，跟初婚一样，办了许多嫁妆。在孔连心里这一次才是她真正出嫁。那一天也是她感觉这辈子最幸福的一天。

婚礼之后几天，孔连不管吃什么东西都想吐，这一症状，跟她之前的怀孕很相似。她就在涂二的陪同下去医院检查，结果让他们夫妻很是高兴，因为孔连怀上孩子了。经历了 20 多年的分离，到中年再相聚，时年 40 岁的孔连，还是决定和涂二要一个共同的小孩。一来为这个爱情故事画上一个圆满的句号，二来也可以增进他们之间的感情。因为两人都没有稳定的收入来源，只能靠打散工挣钱养家，所以新婚不久的涂二又要远赴海南打工挣钱，留下孔连在家里忍受着怀孕带来的种种反应。涂二每个月都要从海南回来一次照顾孔连。第一次回来时，还为孔连洗脸洗脚，亲自给她喂饭。第二个月回来时，涂二的嘴里就颇有微词了，他看不惯孔连一直待在床上，感觉一副病怏怏的样子。而在此时孔连却发现涂二的改变不是无缘无故的，因为涂二跟前妻联系上了，甚至再次住到了一起。两人为此闹得很不愉快。

为了证明自己的清白，涂二从前妻家回来之后，第二天一早还与怀孕六个月的孔连同房。当时的孔连，遇到这种情况，也不知所措，结果直接导致了流产。

这对两人之间的感情造成了无法挽回的伤害。孔连把全部的经历用来照顾自己的女儿，结果两人又因为女儿的教育问题产生分歧。孔连希望女儿就在永川城里接受较好的教育，而涂二却想回到老家农村去。一来两口子相聚时间更多，二来可以省去很多不必要的开支。

针对这对爱慕20多年，结婚两年的夫妻到底是分是和，我们的嘉宾团队最初的投票结果也是3∶3。随后调解员采取了单独调解的方法，分别与两人推心置腹地交谈，了解到两人对对方都还怀有期待和感情，最终确定了以“和”为主的调解思路。经过数小时的努力，最终孔连与涂二达成了一致意见。

从一而终不易，真爱相守太难。青丝红颜携手到白发苍苍，才是最浪漫的事。

调解结果

双方签订调解协议，内容如下：

1. 双方愿意继续维持婚姻关系，愿为幸福家庭，改正自己的不足之处。

2. 男方拿出1000元作为女方回老家的生活费，给予女方体贴，关心她的身体健康；并多给养女关爱。改变对妻子的强硬态度。

3. 女方愿意回老家生活，多关心体谅男方工作的辛苦。

4. 双方都正确处理前段婚姻的关系，履行夫妻忠实义务，为和谐家庭共同努力。

Q 情感点评

为什么最难忘的是初恋？因为初恋是我们情愫的首次萌动；因为初恋是我们还没学会现实的比较仅仅凭借内心的冲动而产生的向往；还因为初恋往往都没能成功！当与初恋对象分开之后，他（她）的形象会不断地出现在脑海之中，我们不断地对这个形象进行填补，使之变得越来越丰满，甚至趋近完美。毕竟这个形象只存在于我们脑海中，没有任何的现实束缚，因此这个形象可以无限接近，甚至超越完美。随着时间的流逝，原本应该模糊的印象却变得更加清晰，甚至是超越事实的清晰，对这个形象的感情也就不断地累积、发酵。当我们无法把这个理想中的形象，与往日的初恋分开来时，便一相情愿地认为，初恋对象就是这个样子，就是如此的完美，自己对他也就是有着这样的情感。这样的情感虽然是虚幻的，但我们的感受却是无比真切的。这就是为什么，对于初恋我们很多人都很难自拔。

孔连与涂二，就是被自己心中的这种情愫牵扯了20多年。这20多年里，每当回忆起那个让自己心动的人时，那个人的形象就不断地被自己丰满起来。尤其是自己遭受了不幸和打击的时候，更是需要这么一个鲜活的形象来给自己以安慰和支持。于是，他们两人就这样毫无关联地，又在精神上彼此支持（实际上是自己支持这自己）着度过了漫长的岁月。

当他们再次相遇时，理想中完美的形象成了现实中的人物，这么多年情感累积一下子爆发出来。两人排除了所有困难，在现实中和自己理想中完美的对象结合到了一起。然而现实和理想毕竟是两个不同的世界。长时间的相处和生活，使他们逐渐意识到对方并不是自己一直思着、念着的那个人，开始也许会否认，但最终会接受这个现实，进而还会表现出对对方这个不完美或者善变的人的厌恶（因为正是有了这个真实的人的存在，才使内心完美的形象被打破）。

孔连与涂二在婚后生活中都感到了彼此细微的变化，这就是彼此心中完美形象破灭后的直接表现。最令人惋惜的，便是那个还未降生的孩子。两人都是成年人，也不是初为父母，也都知道孔连存在胎盘前置的问题，在孔连怀孕 6 个月时两人还发生性关系。无论是什么原因，从精神分析的层面讲，是他们俩合谋将这个孩子带走的（因为对方导致了自己内心完美形象的破裂，因而产生了对对方的厌恶，而这个孩子是和一个不完美的对象，一个破坏自己内心完美形象的"罪人"的结晶，因此不要这个孩子便是对对方的一种惩罚和报复，也是给自己的一种解脱）。

当然，他们之间是有感情的，只是这种感情掺杂了太多主观的臆想，而自己蒙蔽了自己。

3. 二婚老公与亲生儿子，孰轻孰重?

【当 事 人】

妻子何大姐：56 岁，服装厂退休工人，与前夫育有一子。

丈夫王大哥：67 岁，退休工人，与前妻育有一女。

【调解诉求】

申请人何大姐：把这些年两人的经济付出算个账，然后多退少补，离婚。

被申请人王大哥：坚决不同意离婚。

调解前情提要

家住渝北区的何大姐和王大哥是一对已经结婚 10 年的二婚夫妻，但是就在最近，何大姐不仅要把这 10 年来，两个人在家里花的钱全部算了一遍细账，还要跟王大哥离婚。他们究竟遇到了什么问题呢?

原来何大姐跟前夫生的儿子去年结婚后一直在外租房子居住，何大姐觉得不忍心，因为何大姐现在住的房子是自己购买的，所以何大姐想把房子让给儿子住，然后跟丈夫王大哥一起在外租房子。但是王大哥坚决反对。王大哥在几年前把单位分的小房子卖了12.5万元，何大姐想让王大哥把这笔钱拿出来给她儿子当首付买房子，但是王大哥也反对，王大哥觉得当儿子的都已经是20多岁的年轻人了，应该自己学会自力更生，家长不应该再帮忙了。而何大姐最后又提出要求让王大哥拿几万元给儿子买车，也被拒绝了。三次被拒绝的何大姐被逼到了愤怒的边缘，她提出了离婚。

何大姐的这个举动让王大哥很伤心，因为王大哥已经是67岁的老人了，这个年纪被扫地出门又该去哪里？王大哥觉得何大姐就是太顾着她的儿子了，对此他也无可奈何。

据了解两人是在各自离婚后经人介绍认识的，当时的何大姐45岁，在服装厂上班，一个月工资有2000多元，后来慢慢涨到4000多元。王大哥当年55岁，是国有企业的下岗职工，认识女方后就再也没打工了。两人从恋爱到结婚一直都是何大姐在外挣钱，她把自己的工资卡全数上交给了王大哥，王大哥就包揽了家里的所有采购和家务。用王大哥自己的说法是何大姐跟她儿子基本上过的就是饭来张口，衣来伸手的生活。而王大哥跟前妻离婚之后，跟女儿的关系很糟糕，基本已经没有来往了。所以王大哥觉得自己对何大姐的儿子做得已经够多了。而何大姐的儿子又是个典型的月光族和啃老族，所以现在王大哥就不愿意再付出了。

奇怪的是，既然王大哥没有工作没有收入，家里的一切开支都是何大姐说了算，那为什么何大姐还不能做主给儿子钱呢？原来2011年的时候王大哥退休了，因为工龄比较长，王大哥的退休工资有4000多元，而何大姐的退休工资只有800元。所以两人在家里的地位就慢慢发生了变化。而转折发生在2013年，何大姐为了自己做事方便，便向王大哥要回了自己的工资卡。从那之后，两人就渐行渐远了。发展到这半年，王大哥是想走就走，想留便留，也不跟何大姐打招呼。何大姐就要求王大哥拿钱出来，但是王大哥不愿意，所以何大姐觉得应该把家里的账算清楚，这些年到底谁付出得多，然后多退少补，两人一拍两散。但是王大哥因为卖了房子，没有去处，所以也不愿意离婚，他希望何大姐不要太顾着儿子了，要念及自己10年来对这个家庭的贡献。

这是一起典型的因为经济导致婚姻危机的案例，这种现象在再婚家庭当中十分普遍。在调解中嘉宾们试图通过重新塑造家庭经济模式的方式，让两人恢复感情。但是因为何大姐坚持要在房子问题上顾及自己的儿子，要么借钱给儿子买房子，要么把自己住的房子让给儿子，并且要求男方每月拿2000元给自己做生活费，另外还要帮自己和儿子交保险费。而王大哥对这两方面的要求都坚决不同意。双方各不让步。于是调解团队停止了关于经济方面的调解，让两人回忆10年来情感上的点滴，调解团队坚信，只要情感恢复了，两人自然能自己找到化解矛盾的方法。

调解结果

虽然双方没有签订调解协议，但是何大姐表示不会离婚，希望继续给老伴做工作。实在做不通的话，她还是希望儿子可以自立，让自己少操一点心，可以跟老伴过幸福的晚年生活。

Q 情感点评

当事人双方的情感都能理解，作为母亲不忍心孩子在外租房住，作为父亲（继父）认为孩子长大成人理应自己照顾自己，在这一点上两个人的想法都没有错，只是观点不一致而已，而因为观点不一致导致一定要走向离婚的地步，却是不值得的。俗话说，少年夫妻老来伴，虽然当事人双方不是原配夫妻，但是再婚10年，这个年龄也应是相互依伴的时候，其实当事人双方都渴望得到对方的理解、爱和接纳，所以观点层面的不一致是可以调整的，建议两位进行一次更深层次的沟通，在爱的层面相联结。相处10年也很不容易，两人可以将各自的观点都调整一下，共同商讨出一个双方都能接受的结果，毕竟余生是要老两口一起走过的，而不是跟孩子一起走过，且行且珍惜！

【延伸阅读】

《呻吟语·伦理》　（明）吕坤　叶玉泉译

【原文】

宇宙内大情种，男女居其第一。圣王不欲裁割而矫拂之，亦不能裁割矫拂也。故通之以不可已之情，约之以不可犯之礼，绳之以必不赦之法，使纵之而相安相久也。圣人亦不若是之亟也，故五伦中父子、君臣、兄弟、朋友，笃了又笃，厚了又厚，惟恐情意之薄。惟男女一伦，是圣人苦心处，故有别先自夫妇始，本与之以无别也，而又教之以有别，况有别者而肯使之混乎？圣人之用意深矣，是死生之衢而大乱之首也，不可以不慎也。

【译文】

天下有各种各样丰富的感情，其中男女之间的关系居于首位。圣王不想也不能斩断或改变这种感情，因而用正确的方法来引导、约束，人们不去犯法，让那些已犯法的人受到制裁，使人们相互之间长期和睦相处。圣王对男女之间关系这件事，也不操之过急。所以在五伦中，父子之间要有亲情，君臣之间要尽仁义，兄弟之间要有次序长幼，朋友之间要有信用。都要笃定纯厚，不要让人们的情意淡漠了。只有这男女之间的关系一事，圣人是煞费苦心的，所以男女有别，先从夫妇开始。本来夫妇是无别的，但又教化他们男女有别，何况那些本应有别的男女，岂能让他们相混呢？圣人的用意深远。这是生死的大门，是大乱的首要，不可不慎重啊！

【原文】

亲母之爱子也，无心于用爱，亦不知其为用爱。若渴饮饥食然，何尝勉强？子之得爱于亲母也，若谓应得，习于自然，如夏葛冬裘然，何尝归功？至于继母之慈，则有德色、有矜语矣。前子之得慈于继母，则有感心，有颂声矣。

【译文】

亲生母亲对于儿女的爱，是自然而然的爱，不是为爱而爱。就像渴了喝水饿了吃饭那样，何尝有勉强之意？儿女得到亲生母亲的爱，是自然而然的事，如同夏季穿单衣冬季穿裘皮大衣一样，哪里还需归于功德？至于继母的慈爱，则是品德高尚心地善良的表现，前子得到继母的慈爱，心中就会产生一种感激之情，言谈话语中就会充满赞扬。

【原文】

“隔”之一字，人情之大患。故君臣、父子、夫妇、朋友、上下之交，务去隔。此字不去，而不怨叛者，未之有也。

【译文】

隔阂是人们交往中的一大障碍，所以在君臣、父子、夫妇、朋友、上下的交往中，务必要去掉隔阂。不去掉隔阂，就会出现怨恨、背叛的事。

【原文】

家长，一家之君也。上焉者使人欢爱而敬重之，次则使人有所严惮，故曰严君。下则使人慢，下则使人陵，最下则使人恨。使人慢未有不乱者，使人陵未有不败者，使人恨未有不亡者。呜呼！齐家岂小故哉！今之人皆以治生为急，而齐家之道不讲久矣。

【译文】

家长是一家之主。好的家长受到子女的敬爱和尊重，较好的家长使子女感到严肃而有些害怕，人们叫作严君。不好的家长遭到轻视或凌辱。最差的家长被子女所痛恨。家长被轻视的家庭没有不混乱的，家长被凌辱的家庭没有不破产的，家长被痛恨的家庭没有不亡家的。治好一个家庭难道能说是件小事吗？现在的人们都为谋生而奔波，很久没有人讲治家之道了。

【思维导图】

（本章思维导图见本书第 340～341 页）

第十章

百善孝为先，尽孝须及时

家有一老，如有一宝。老人的生活经验丰富，对于生命和家庭问题有更深的体会，有些时候给出的建议，会更具有长远意义。

现在社会的节奏太快了，压力也越来越大，老人跟不上节奏，反而成了年轻人的“经济负担”，情感上的需求也容易被忽略。

老人也需要为自己的生活寻找到足够的安全感，为自己安排舒服的环境和生活，可能也会做出一些让子女不理解的决定。主要的原因就是，父母总是试图理解儿女的困难，儿女却难有耐心去倾听父母的需求。

精神赡养与物质赡养一样重要。

1. 死亡背后的神秘女人

【当 事 人】

幺爸张世海：享年68岁，两度离异，膝下无儿无女。

侄儿张恒：50岁，自己经营一家驾校。

护工王萍：45岁，离异，有一女。

张恒母亲陈青莲：71岁，两度离异。

【调解诉求】

申请人护工王萍：希望张恒归还死者张世海留给自己的遗产。

被申请人侄儿张恒：希望王萍支付张世海的丧葬费15,000元，并且重新调解分配遗产。

凌晨离奇身亡的老人
死者身边的神秘女人
一纸遗产赠与的协议
短短10天
这个单身女人成了
这起“死亡”事件的唯一受益者
是“蓄意的谋杀?”
还是“巧合?”
调解团队抽丝剥茧
竟发现了背后的凄凉真相

调解前情提要

2015年12月，广州曝光了“毒保姆”杀害雇主一案，犯罪嫌疑人何天带涉嫌以肉汤下毒，尼龙绳勒脖子等方式杀害8名雇主。

该案件引发全国震动。

仅仅为了早拿几千元工钱，就杀害风烛残年的老人，如此残忍和丧尽天良的做法实在令人毛骨悚然。

2016年5月4日上午，广州市中级人民法院作出一审判决，何天带被判处死刑立即执行。

“毒保姆”事件，让社会再次审视养老问题。

而就在“毒保姆”曝光的前两个月，重庆珞璜也发生了一例老人突然死亡的事件。

一

家住重庆珞璜的杀猪匠刘生从来没想过，他会见证一位老人的死亡。

那是 2015 年 10 月 19 日凌晨 3 点，刚打完麻将回到家的刘生十分疲惫，想到 5 点多又要去菜市拉猪肉，所以他没有进卧室睡觉，而是在客厅沙发上合衣而眠。迷迷糊糊睡了一会儿，刘生听到有人敲门，事后刘生和他的妻子回忆时，曾说：“敲门声很小，很轻，敲了两次。”第一次敲门的时候，刘生以为是楼下那个总是酗酒的醉汉，没有在意；第二次敲门的时候，刘生看了看表，时间是凌晨 4 点。瞌睡被打断，刘生虽有些气恼，但还是起来开了门。门一开，后面发生的事情就完全出乎刘生的意料。

门外站着一个女人，刘生认识，她叫王萍，是专门照顾 7 楼那个独居老人张世海的。王萍告诉刘生，说刚才她起床上厕所，发现老人张世海摔倒在厕所里，后脑勺摔了一个口子，血流不止。王萍希望刘生能够帮他把老人从厕所里抬出来。并且王萍表示，她已经拨打了“120”和张世海侄儿张恒的电话。

当刘生跑到楼上时，厕所门大开着，平时看着身体还壮壮的张世海头朝里倒在厕所里，地上明显有冲洗过的痕迹，并没有太多血迹，便池上有些大便，张世海还有体温，但已经毫无动静。见此情景，刘生心里也没底，赶紧让王萍拿出一床棉絮铺在厕所门口，然后两人合力把张世海抬出来，放在棉絮上。这个时候，刘生摸到，老人的后脑勺有一道口子。

在等待 120 救护车到来的期间，现场很快又来了一个人，这就是张世海的侄儿张恒。随后 120 救护车到来，紧急将张世海转送到医院抢救，随后，医生宣布抢救无效，张世海死亡。

当医生宣布死亡的时候，王萍让医生在死亡证明书上写是因为鼻咽癌过世的。不过，此举立即遭到了张恒的强烈反对。张恒说，张世海的鼻咽癌是在 4 个月前诊断出来的，并没有严重要立即致命的地步。根据张世海前段时间的状态来看，也没有发病的迹象。张恒让医生将死亡证明写为“因摔倒过世”。

随后，张恒给亲属打电话通知了这个噩耗，因为有些亲戚居住在重庆主城，赶到珞璜还需要一定的时间。这个时候，王萍表示，不要等了，直接火化，并且不待张恒表示同意，就通知了火葬场的工作人员来拉张世海的尸体。

“死因都没弄明白，迫不及待就急着火化。”

毁尸灭迹的节奏？

就在张恒跟王萍争执之时，张家的亲戚陆陆续续赶到，在听到张恒转述之后，都坚决不准火化，要求验尸。双方情绪激烈，发生冲突。眼见事情要闹大，王萍从随身的包里拿出了一张纸。她原以为这张纸的出现能让所有人闭嘴，但是她没想到的是，正因为这张纸，激起了张家人对她莫大的仇恨。

这是一张遗产赠与协议，是死者张世海在 10 天前签署的，遗嘱主要内容有三点：

第一，王萍负责给张世海养老送终；

第二，张世海身后的一切事宜由王萍处理；

第三，张世海所有遗产由王萍继承。

换句直白的话说，如果该协议生效，那就意味着在签署协议之后仅仅 10 天，王萍就得到了所有的遗产，这其中还包括一套住房。急于拿出这份遗嘱的王萍低估了人性的恶，也高估了其他人的契约精神。

因为在拿出这份遗嘱之前，所有人在意的就只有一件事情，那就是张世海为什么会突然死了？

而拿出这份遗嘱之后，所有人在意的就是另外一件事情了，那就是在王萍得到全部遗产和老人签署协议 10 天之后一命呜呼之间，究竟隐藏了什么秘密？

在未得到明确答复之前，聚集得越来越多的张家人将王萍控制在医院一间闲置的病房里，严加看守，不准其吃饭上厕所。王萍身上所有关于死者张世海的证件和协议原件通通被搜走。事件惊动了院方，“110”警车很快赶来。

因为考虑到王萍所得到的那套房产的市场价值为 20 万元左右，且实际照顾死者时间过短，所以最终的调解结果是：遗产依照老人意愿归王萍所有，但老人的丧葬事还是由张家人负责，王萍需要支付 1.5 万元的丧葬费。因为王萍身上没有钱，所以给死者张世海的侄儿张恒写了一张 1.5 万元的欠条。双方这才散去。

几天之后，张家人花费 6 万元，在江津老家按照当地的习俗将享年 68 岁的张世海隆重土葬。

俗话常说，“入土为安”，然而张世海的入土却并未带来安宁。“独居老人凌晨暴毙，单身女人引发遗产风波”，这样的话题如果放在网络上是能引发网民大范围讨论的。

独居老人和这个单身女人究竟什么关系？

老人死因究竟又是什么呢？

在张世海去世当天，张家人让王萍交出房产证，却被告知，房产证已上交到房管局。等下葬之后老人的亲戚去房管局查证时发现，原来在10月8日签订遗赠扶养协议的当天下午，王萍就带着张世海去房管局办理了过户手续。房子已经改名换姓。

而第十天，老人暴毙。

这个事件中的每一处都充满了疑点。

“毒保姆”案例中，何天带为了提前拿到做保姆的工资，不惜杀害无辜老人，而死者张世海的境遇看上去如出一辙。房子过户之后，已经得到了绝大部分既得利益的王萍，还会精心照顾老人吗？

如果真是这样，那么这些被金钱扭曲的灵魂该如何安放，而伦理、道德、法律的底限又在哪里？

二

事件远远没有结束。张恒依然扣押着那份遗嘱和老人的所有证件，拒不归还给王萍。王萍也拒绝支付1.5万元的欠款，而急于得到遗产的王萍在得知老人下葬之后，随即给栏目打来求助电话，希望再次调解。

那么，王萍究竟是一个什么样的女人？老人为何如此信任她？他们之间究竟是什么关系？

这一切显然不是这么简单。

2009年，王萍和她的丈夫带着孩子到珞璜打工，租了张世海的一间屋子，两家人合住在一起。

“2009年的时候在他那里租房子，看到他是个残废人，脚杆得了类风湿，得了十几年了，行动又不方便，上下楼梯都走不动，一个单身老头，既没有儿子，又没有女儿，平时从来没有谁来看望过他，我们就觉得他很可怜，他这个人本来很朴实很善良。”

“朴实善良”是王萍对张世海的第一印象，但是在很多人看来，这四个字其实合起来就是一个词——“好骗”。

因为王萍几乎就没交过房租。

但是在王萍的回忆中，她并没有占张世海的便宜，相反还给予了张世海很多经济上的帮助。

“他是农转非的户口，2009年的时候一个月的社保钱只有600多元，连2001年离婚时欠下的6000元外债都没能还清，又是个残废人。所以只要吃肉吃菜这些做得好点，我就喊他一起吃。他也很随和很善良，一喊就老实来吃了。他本来有类风湿，洗衣服这些不行，我就帮他洗。时间一长，他觉得我们一家人对他很好，就决定干脆认成一家人，认我为干女儿。”

2010 年，张世海拟定了一份收养协议，将王萍认做了义女，之后，王萍再没交过房租。因为张世海住的 7 楼是顶楼，常年漏水，王萍随后拿 2000 元出来就把房顶修好，又花了 4000 元给房子安装了热水器。

这应该是一个充满了温情的故事，一个离婚之后蜗居陋室、苦熬残年的残疾老人，遇上了一对朝气蓬勃、乐于助人的年轻夫妻，双方抱团取暖，互助互爱，从此应该可以安享晚年了吧？

安享晚年，直到暴毙的那天吗？

王萍一直称呼张世海为“幺爸”，这个称呼是跟着张恒叫的。而张恒对王萍这种攀亲戚的做法非常反感。

张恒说：“那些是假的，我给你讲句话嘛，我们幺爸在这里拿点钱，那里拿点钱，我们有几个阿姨，他的生活很不错的。我都不好意思说，怎么叫干女儿，我现在说老实话，我都没认她是干妹妹这些。她老公长期在外面打工，她女儿在外面读书。起码有个想法的，来做你的干女儿。”

收养协议在张恒眼里，只是一个带着些许暧昧色彩的笑话和阴谋。你这样的女人，一定是带着目的来的。果然，遗产最终是属于你的。

调解之前，为了弄清楚两人的关系，编导到珞璜当地进行了走访。张世海老人在珞璜居住了几十年，左邻右舍都是老邻居，提到这对“干爹干女儿”，人们都笑了，但都笑得有些不自然。

“他们两个关系不正常，她这边窗子没关，对面房子那边就能看到，两边房子基本上是平行的。本身这个女人也是一个不正常的女人，可能就是为了财产吧。”老人楼下的住户这样说。

“邻居个个都觉得她有问题，看她这些动作，有些就在怀疑，怀疑有这些事。”杀猪匠刘生的妻子这样说。

“她老公打工去了，一出去就是几个月。”老人家附近居住的居民这样说。

“原来大部分的时间都是王萍在家里陪那个老头，反正她老公没在屋里头。”跟老人同住一栋楼的居民这样说。

然而，当这些邻居的采访在调解现场播放出来时，王萍却并不吃惊，她坦言，这些流言蜚语她早已听说过，她并不是太在意。

有人的地方就有江湖，你哪能管住别人的嘴，管住自己的心就好。

王萍出生在重庆周边一个贫困县的农村，跟丈夫相识之后很快结婚，两人随即结伴打工。王萍当过保姆，做过超市的临时工。丈夫在外面跑工地，有时候几个月才回来一次。王萍就这么一分一分地把打工挣来的钱积攒起来。到了 2013 年，王萍在大渡口按揭购买了一套两室一厅的新房，很快举家搬了过去。

40 多岁，总算在这个城市有了属于自己的房子，生活还是不容易的。

王萍把新家装饰得很漂亮，跟张世海老人的屋子完全是天壤之别。那么王萍搬走了，那个原本以为能够跟他们一起幸福快乐热热闹闹共度晚年的老人张世海又该怎么办呢？

王萍并没有忘记这个在协议中称呼她为干女儿的老人，很快就给张世海办理了大渡口区的暂住证。时不时地会将张世海从珞璜接到大渡口来居住，逛逛周边的几个公园。

“我认识王姐，她是我们这里的业主。经常照顾一个 60 多岁的老人，那天晚上一起高高兴兴地回来，玩得比较高兴。”王萍小区的保安这样说。

你待我如女儿，那我也将敬你如父。

王萍大渡口的新家里有好几本厚厚的相册，相册里满满的全是两人合影。所有的合影都是在公园里拍的，通过衣服的变化能看出，有些拍于夏季，有些拍于冬季。相片中的张世海是一个壮壮的、神清气爽的老人，每一张都笑得很开心，王萍在他旁边，两人或搂肩、或站立、或挨着坐，如同小女儿依偎着慈祥的老父亲。

张世海在相片中洋溢的快乐是真的，或许他也知道这样的待遇，这样的快乐，是必须用仅有的财产来交换的。

有一张照片背后，张世海很认真地写了一行字：2013 年春节。

两年之后，王萍离婚了。

为了了解王萍离婚的真相，主持人在调解现场拨通了王萍前夫的电话。此处贴上当时的对话同期声。

调解合议现场

主持人：先征求一下你的同意，我想给你的前夫打个电话，主要是问一下你们离婚的原因是什么？可以吗？

王萍：好。

电话拨通……

主持人：杨老师，你和你的老婆离婚是因为什么？你能告诉我们吗？我们这边有一些调解，需要了解一些信息。

王萍前夫：我们离婚这个事情你怎么知道呢？

主持人：你老婆在我们现场的。我们是重庆电视台《凡人有事》节目。

王萍前夫：她在你们节目做什么？

主持人：她那个干爹去世了，你知道吗？

王萍前夫：她是找的一个野男人，我们才这样离婚的。

王萍：（赫然起立）你不要血口喷人，你要负法律责任的。你把这个离婚判决书拿来看，要是你说了假话要负责的。

主持人：你先不要激动，你坐回去。

王萍前夫：我婚离都离了，不关我的事。

主持人：杨老师我姓张，我叫张铮，你在电视上可以看到我，你放心。我们不是有什么其他的意思，只是想咨询一下，您和王萍离婚是因为什么？

王英前夫：她在屋头乱来我才离婚的。

主持人：她和谁乱来？

王萍前夫：那个谁知道呢？我长期都在外面的。

主持人：那你既然不知道，你为什么要说她在屋里乱来呢？

王萍前夫：已经离婚了，就不谈那些事情了。

主持人：你们当时没离婚的时候，你老婆一直在照顾她的干爹，你知不知道？

王萍前夫：就是为了那个闹矛盾才离的婚。婚离都离了，过去的事情就不谈了。就这样吧，拜拜了。

前夫的电话让调解现场的王萍分寸大乱。她坐立不安，几次欲打断主持人与其前夫的通话，情绪难以自控。

或许是自己的猜测终于得到了证实，此时坐在王萍身边的张恒脸上有一丝不易察觉的笑容。他随即拿出了一张纸。

底牌往往在最后才会亮出来。

你有协议，又如何？

我也有。

这是一份名为“解除收养关系的声明”。如果把王萍手中的那份收养协议比作一个合同的话，那么张恒手里的这份声明就相当于解除合同的声明。2012 年张世海写好后，亲自上门交给张恒的。

“幺爸怕他过世后，这个女人拿着之前的收养协议来夺财产，所以专门写了这个声明，让我保管好。”

王萍怀疑这份声明的真实性，因为声明中的日期的确有明显修改过的痕迹。而此事本身也充满了迷惑性，仅仅相隔两年，张世海就签署了收养协议和解除收养关系的声明，他们的关系在这两年期间究竟发生了什么变化？

谁在撒谎？

抑或谁都没有撒谎。

这一切只有天堂的张世海才知道。

三

在人类发展史上相当长的时间内，丧失劳动能力的老人往往被视为社会的负担。在部落社会，每当出现灾荒的时候，老年人往往面临被遗弃甚至被杀戮的命运。一些老人“能动一天就得干，不能干就躺下等死”，甚至一些农村老人，为了不增加子女的负担，在彻底丧失劳动能力之后，无奈选择自杀。

在本案例解除收养关系的声明中，有一个细节，那就是张世海自述患有严重的风湿病，生活不能自理。王萍对此是这样描述的：他一只腿大，一只腿小，走路需要拐杖；爬楼梯回家，必须爬一层就歇一会儿；别人扔在楼道里的炉子、床头柜这些，他就用纸来垫着坐一下；洗衣做饭都比较困难，生活确实不能自理。

而张世海是一个无儿无女的离异老人，他的养老问题似乎更显得无奈。

张世海猝死的时候，王萍第一个电话是打给张恒的，说明张家人中，对张世海最上心的亲戚就是这个侄儿张恒。

这么多的侄儿侄女中，为何张恒跟张世海的关系最为密切？

因为张恒并不完全是张世海的侄儿，他们还有另外一层关系。

张恒的父亲张世峰是张世海的同胞哥哥。张世峰跟妻子陈青莲生了两个儿子，一个是大儿子张恒，一个是小儿子张河。婚后家里很穷，加上成分也不好，两人的父亲张世峰不甘就这样过日子，出门做起了小生意。在张恒读小学的时候，张世峰就因为投机倒把被判无期徒刑。因为婚后张世峰对张恒的母亲并不好，所以当时的大队长就提议让张恒的母亲跟张世峰离婚。

那个时候是 60 年代，离婚之后陈青莲举步维艰。张世海当时也才 20 岁多一点，看到两个年幼的侄儿没人照顾，加上亲戚们也常在张世海的耳边嘱咐，要他把两个侄儿带好一点，于是就经常过来帮忙。一来二去到了 1973 年，张世海干脆就跟陈青莲结了婚，一起抚养张恒、张河整整20年。直到1992年，连张恒弟弟张河的小儿子都读幼儿园了，这时两兄弟才分家出去了。

所以，张世海对于张恒兄弟来说，既是幺爸又是继父。

有了这样的渊源，就很好理解为何在张世海突然死亡之后，所有的后事都是由张恒两兄弟来料理了。

儿时你曾给过我如山父爱，如今我自当亲手送你入土。

但是从头至尾，这个故事似乎都遗漏了一个至关重要的女人，这个嫁给了前夫兄弟的女人，她为何没有出现在张世海猝死的现场，甚至没有出现在王萍所出示的张世海的亲笔所写的遗嘱中呢？

因为早在1992年，他们就离婚了。

陈青莲，一个瘦小、苦命的女人。

一生嫁了两次，又离了两次。

丈夫们是一对同胞兄弟。

陈青莲说："张世海又在外面去耍起朋友了。他就跟我们旁边那个队的女人耍在一起了。耍起了过后，他就要跟我离婚，深更半夜回来。跟那个人耍起，拿刀准备来砍我，如果不是我们妇女主任的话，他那个刀就真的砍下来了。妇女主任就喊了一句：'你要犯法！'就这样没有砍下来。后来就离婚，离就离嘛，哪个离不开哪个嘛。庄稼我自己种。"

在与张世海的矛盾闹开了之后，陈青莲一不做二不休，离了婚。

但她的这次离婚是颇受争议的。在旁人看来，张世海帮你养大了两个儿子，在你最困难的时候迎娶了你，如今你这么做显然不地道。

付出所有青春年华，养大了兄弟的儿子，到头来自己却没有子嗣，甚至没有家庭。已经40多岁快50岁的张世海决定一切从头开始，离婚两年之后他找了一个30多岁的女人结婚，心想这次婚姻应该可以有一个自己的孩子了吧。事与愿违。

二婚妻子是带着跟前夫所生的儿子过来的。或许这个婚姻失败的女人图得更多的是张世海有稳定的经济收入，压根就没有想过给张世海生孩子。更不幸的是婚后，张世海的风湿病越发严重，走路都不太利索了，需要拐杖，二婚妻子就有些嫌弃他了。等到几年之后，孩子考上大学，二婚妻子就火速与张世海离婚了。

那是2001年，那年张世海54岁。

8年之后，张世海遇见了前来寻租的王萍。

“既然你身边一个人都没有了，那就让我来照顾你吧。”

四

自从得知张世海身边有了王萍这个女人，张恒心里就不踏实，他始终觉得王萍有问题。

既然不信任对方，为何不自己来照顾老人呢？

现实的问题是，张恒自己开着一所驾校，还要亲自带学员，平时很忙，确实也没办法对张世海做到事无巨细的照顾。而张河经济较差，疲于打工，更不可能时时陪伴张世海。

即便是看到了收养协议和解除收养协议的声明，看到了张世海和王萍关系的时远时近，千回百转，听到了周围人对这对“伪父女”的种种猜测与取笑，张恒也无计可施。

只要你开心，怎么开心怎么来吧。

但是到了2015年5月底，张世海身体不适，张恒带他去了珞璜当地医院做检查，没查出什么；随后张恒又带他去了大坪医院，一周之后结果出来了，鼻咽癌。

张恒很担心，他希望自己的母亲可以照顾张世海，但是陈青莲表示自己当初被张世海伤透了心，不愿意接手照顾，所以这件事情就耽搁了下来。再加上鼻咽癌并不是立马致命的病，看着张世海身体并没有特别的变化，张恒也就不是太在意了。

到了2015年9月，张世海的身体就不太好了，张恒再次征求了母亲的意见，陈青莲依然拒绝照顾。于是，张恒赶紧就去了珞璜周边的养老院考察，张世海一个月1000多元的社保工资刚好能够支付养老院的费用。考察之后，趁着2015年国庆节大家都放假的空当，张恒召开了一个家庭会议，专门讨论张世海的养老问题。

所有亲戚都赞成送张世海进养老院，让专业的护士进行照顾，如果张世海需要大额的医疗费，那么就由张恒帮忙把张世海名下的房子卖了，用以支付张世海的医疗费。如果钱花光了，还不够，那么就大伙凑。

商量得挺好，可是半路杀出了一个程咬金，坚决反对进养老院。

这个程咬金就是张世海自己。

张世海提议让王萍来照顾自己，因为他觉得王萍曾经照顾了他这么多年，大家都比较熟悉了；加上王萍房子有按揭，又离了婚，经济上有困难，所以张世海决定把每个月交给养老院的那笔1500元的生活费，变作交给王萍的工资，这样双方都能互补。

张恒听到这里，就没有再坚持进养老院的事。

“这个还是得他自己愿意才得行，我们说再多，他不乐意。他愿意谁来照顾他就谁来，这才是最合适的。”

家庭会议之后的第二天，张恒就接到了王萍打来的电话。王萍说，张世海告诉她从现在开始支付一个月 1500 元请她做保姆。张恒表示已知情了，就让王萍尽快过来签订协议。

10 月 6 日，王萍如约来到了张世海家里，双方签署了协议。10 月 8 日，张世海将此协议一式六份拿到张恒家的时候，张家人集体傻了眼。

这份协议就是张世海猝死的那天上午在医院里，王萍拿出来的那份。上面根本没有提及 1500 元的工资，是一份遗赠扶养协议。

只要你陪我到死，我的所有都是你的。

张世海想表达的，就只有这一个观点。

面对这份有违张家人本意的协议，调解现场的王萍是这样解释的：“我过来，他对我说，不照张恒他们说的 1500 元来，他的社保工资都交给我，我来安排两个人的伙食费，他的房子以后都是我的。”

不过奇怪的是，两年前就搬到大渡口居住的王萍原本有一份在超市收银的工作，工资近 2000 元，如果来照顾张世海，不仅会失去那份工作，而且两个人仅仅靠张世海 1000 多元的社保工资过日子，明显也是不够的。但是王萍不在意，她说自己当时还有些存款，所以拿来贴补生活也够了，而且她也一直挂念着张世海，能够名正言顺地来照顾他，并且有这这份协议做保证，她很乐意。

那为什么会这么着急地过户房子呢？

王萍说，她并没有催促张世海，是张世海怕他死了之后侄儿他们争这房子，所以在签了协议之后，两人直接就去房管局过户了。但是张恒后来去房管局查到王萍当初过户的时候写的是买卖合同，意思是房子是以买卖关系过户的，并非赠与。王萍声称，那是因为张世海想继续治病没有钱，她借了 4 万元给他，所以张世海作为报答，就提前过户了房子。

但是当调解员询问这 4 万元钱来历时，王萍的回答却十分闪烁。她声称这钱是女儿向朋友借的，但是却丝毫不知道这位好心朋友是男是女，姓甚名谁；并且张恒指出，他查过了张世海的账户，并没有 4 万元的入账。王萍对此的解释是，过了两天，张世海没用这笔钱又还给我了。

凭空出现又凭空消失的 4 万元，在场上场下的张家人听来就是一个拙劣的笑话。但是有一个人不这么认为。这个人姓刘，跟张世海同岁，是张世海过世前两年结交的好友。

当时刚搬到大渡口的王萍经常把张世海接到新家附近的公园游玩，有一次张世海和刘大爷坐在公园的同一条长椅子上，张世海发现刘大爷咳得很厉害，于是就上前询问，当得知刘大爷也住在附近时，就约定第二天去刘大爷家里帮他刮痧，两个老人家就这么相识了。刘大爷很感激张世海，见他穿得破破烂烂的，也经常给他买衣服。

刘大爷认为，王萍和张世海两人生活拮据，但是王萍对张世海很好。他说，张世海曾在他面前抱怨过，说把两个侄儿养大了就离婚了，什么都没得到，侄儿根本就不管他，自己一年只能吃上侄儿三顿饭，也就是春节、国庆和自己的生日。过年的时候，侄儿就像打发小孩子一样给他几百元的红包。提到这些事情的时候，刘大爷说张世海的神情很悲凉。

在刘大爷的口中，张恒对这个将他养大的老人极其不负责任，根本没有给予起码的亲情和温暖；相反，这个从上场开始就备受质疑的王萍才给了老人最好的陪伴和照顾。

五

“好死不如赖活着”，有些老话是很有道理的。不管多深的情，多重的缘，死了，就真的是死了。

现在张家人和王萍之间，就只剩两个矛盾，并且都和钱有关。

遗赠扶养协议签订之后，仅仅 10 天，张世海就暴毙了，老人的突然过世，给有双重身份的侄子和最后的陪护者王萍之间埋下了一个巨大隐患。而随着房子的悄悄过户被发现，张家人开始不依不饶，并提出了丧葬费和重新分配房子的方案，不过捏着协议在手的王萍毫不退让。

到调解之前，张世海老人的后事是由张恒两兄弟操办的，进行的土葬，大约花费了 6 万元。他们希望由王萍归还这笔费用，但是王萍不认可，因为在她看来协议上写的是要火化，张恒两兄弟违背了老人的遗愿，怀疑他们选择土葬是为了收人情钱。

调解现场，双方情绪都比较激动。利益的冲突、情绪的对抗、调解嘉宾对死因的质疑，对赡养过程的质疑……整个调解环节很难推进。在掌握了事情的基本经过之后，调解员决定调解进入合议阶段。

调解合议现场

调解员王刚：这边（张家人），应该说开始的时候，是表示接受遗嘱的。后面逐步逐步地被这个女人，应该说逼到墙角之后，才提出要这个房产。

情感导师莫桑：开始张家人就是提的这个，1.5 万元给出来，老人后面有一个抚恤金，张家人这边得。抚恤金也是 1.5 万元，他的意思是女方总的付出来就是 1.5 万元。

心理导师周美辰：当这个老人能够把这一份协议，一式六份，并且分别送到他侄儿家中去的这个行为，已经证明他不是在家中被那个女人，在神志不清的状态下写了协议并按了个手印的。

情感导师莫桑：那是老人的真实意思，而且房子已经过户了，张恒这边想拿回来已经不可能了，张恒他们一开始也是这么想的。

媒体人士江伽加：这个女的态度太坚决了，在房子问题上一毛不拔，真的是一毛不拔。

调解员王刚：陪伴应该不是最主要的，她和老人之间，应该是产生了一定的爱慕关系，说白了，就是说像两个人谈恋爱一样。不一定要你照顾我，我照顾你。当然，我可能也愿意送点什么礼物，就有点那种感觉。所以如果把事情的真相还原的话，应该是这样的。

情感导师莫桑：所以才会在那个 2012 年的时候，两个人感情闹矛盾了，那我就不收你做干女儿了。

心理导师周美辰：解除恋爱协议。

法律人士周毅：我还是想把遗赠扶养协议当成合同来看。养老首先是一个条件，你把我养好了，我死了之后，我再把财产给你。我觉得这就是一个附条件的合同，10 天后我就得一套房子，但是如果按法律来看的话，那个显失公平，我觉得也靠得上，就是因为她只照顾了 10 天，根本没把老人照顾好。

调解员王刚：可以不适用合同法，可以适用民法通则，也可以撤销吧？但是，现在你有撤销的理由吗？就是因为她只照顾了 10 天？不！实际上他们之前，2010 年就在一起了。你要明白这个意思，因为毕竟是老人晚上起夜，你不可能叫她不睡觉。保姆也不可能 24 小时伺候，出了意外也是有可能的。

心理导师周美辰：我们现在就相当于在帮她完成协议里安葬这一部分。至于之前那个是不是意外，很难讲，因为亲生父母都有睡着了把自己小孩子压死的故事。

调解员王刚：他说（张家人）这个注意义务我们不能加大，你时间上是半夜的凌晨，睡着之后，然后空间上他是在另一个厕所，慢慢地扶着这样摔下去的，有可能没声音，对吧。当然，也有（张家人）说的那种可能性，比如，说她（王萍）看到这种情况，消极对待，对不对？有可能发生。这个举证责任在谁？肯定在侄儿这边，你作为监督人你要举证。但是现在并没有证据。

情感导师莫桑：所以侄儿才不火化嘛，他留着那个棺材，随时准备着。

调解员王刚：现在火化没有?

情感导师莫桑：没有，他是土葬的，还在木头棺材里，土葬就是为了留个尸体。

调解员王刚：现在已经，说实话到这个时间了，我估计（有）十几天了，很难说有鉴定的条件了。

合议方向

1. 老人已经入土，不再纠结其死因问题。
2. 妥善处理老人的遗产问题。
3. 说服王萍按照之前在派出所签的协议，支付给张恒 1.5 万元丧葬费。

在调解合议庭里，尽管嘉宾们对协议的看法不太一致，但是在单独调解过程中，张恒表示，自己其实并没有要分得幺爸张世海房子的打算，只是希望王萍能够拿出一部分安葬的费用来，不足的部分都是张家人出。张恒觉得“毕竟是近 70 岁的老人，应该有一抔薄土安葬”。

调解团队认为，王萍手中的遗赠扶养协议是真实合法有效的，但是鉴于她的实际照顾时间过短，所以调解员建议，王萍应按照之前在派出所签订的欠条，支付给张恒 1.5 万元的丧葬费用，张世海老人遗留下来的其余所有钱财都归她所有。

令人唏嘘的是，王萍在听到这番解释之后，问的第一句话却是：“死者这个月的工资本里面有 1400 块钱该我得，是吧?”

如果死者有灵，或许会长叹一声，这就是你对我的惦记吗?

有些事情，就让张世海一个人知道，就好了。

调解结果

双方签订调解协议，内容如下：

1. 张世海生前于 2015 年 10 月 8 日与王萍签订的协议，属于遗赠抚养协议，合法有效，张恒和张河予以认可。现王萍已履行协议义务，故张世海遗产全部由王萍继承，包括位于重庆市江津区珞璜镇华新路的房屋。

2. 被申请人张恒垫付的丧葬费用 1.5 万元，由王萍承担；同时，张世海抚恤金不属于遗产范围，应由近亲属张恒和张河享有。

3. 王萍在 10 日内，将 1.5 万元丧葬费支付给张恒和张河，同时配合张恒和张河领取抚恤金。

经过跌宕起伏的调解过程，在反复地劝说后，王萍终于同意支付1.5万元的安葬费用。分段调解虽然成功，但这样的结局却令人唏嘘不已，声称待老人如同亲生父亲的张恒和王萍，却在老人死后的10天里为了区区1.5万元的安葬费闹得不可开交，也令死者无法安息。王萍甚至连老人最后剩下的仅仅1000多元的社保工资也锱铢必较，她嘴里的亲情难道就如此廉价吗？这真的是莫大的讽刺。唯有尽快履行协议，还死者一个尊严，也给自己留一份尊重。

调解仅仅涉及的是对民事部分的处理，在这个事件中，涉及的有关刑事部分的认定，以及刑事责任的承担问题，将另行处理。

T 调解链接

一个68岁的孤老让一名不沾亲带故的女人帮扶养老，写遗嘱将房产赠与，之后马上就到房产管理部门以4万元买卖房屋为由，将房屋产权转移到了女人身上。意外的是，老人10天后就摔伤死亡，他的侄儿与这个女人发生了尖锐的矛盾，我们通过调解平息了这个矛盾，觉得有以下启示。

第一，世间会有一些机遇性的事件。机遇是人和运气共同作用的结果，并不能完全归于运气，也不能完全归于人的决定。比如，这起矛盾的当事女方，人们都会认为她赚了，只承担了10天的义务就获得了一套价值20多万元的房子；但反过来想，如果这位68岁的老人要活10年或20年呢？那时人们就可能认为她亏了。所以，看待问题，不能只看机遇，对某些人获得某种机遇想不通，而要看待机遇背后的道理，一切机遇最终都是有道德支撑的。

第二，这起矛盾的一般道理是：如果老人死亡，又没有其他亲人，这个侄儿就是他房产的继承人。现在这房产转移到那个女人头上，侄儿当然想不通。但侄儿不知道，老人将房产有条件地过户给女人，注定法律会给予认可。所以每个人都有依法行使权利的自由，必须受到尊重。至于这种行使合法权利的结果，已经不值得深究。

第三，这个侄儿今天懊悔了，这个女人2009年就租住他叔叔的房子从未离开，外面有非议，侄儿说她勾引迷惑了自己的叔叔。那么，侄儿又做了什么让老人动情的事呢？有时候在人的关系上会出现这样的状况：亲人变为陌生人，而陌生人变为亲人；正常的变为不正常，不正常的变为正常。这些根本取决于对方的感受。在老人的感受中，这个女人超过侄儿胜似亲人。这就得出一个最简单的结论：要赢得人，就要让人愉快，让人感动；要赢得老人，就要让他有所依靠。如果侄儿当初这样做，老人的房产可能就归他了。

第四，我们调解人员也为这位老人感到遗憾，只有68岁，身体还好，怎么在家摔了一跤就不治身亡了呢？这个女人作为帮扶人是不是真正用心用情在帮扶他呢？这难以定论。正因如此，老人赠与财产与帮扶养老挂钩的事情要慎重处理。我曾经为一名肠梗阻手术后，腰间挂个便袋的82岁的老人，拟定达成了这样一份帮扶协议：帮扶人照顾老人生活一年，得房产10%，活两年得20%，活三年得40%，三年之后多活一年加20%，并且无条件为老人养老送终，这样的条件两方都接受。现在帮扶的女方把这个老人照顾得很好，老人说，如果他早早就把房产转移给女的，她就可能随便摆弄我，使我死得更早。这叫话丑理端，意思是处理这类问题要留有回旋余地。

情感链接 Q

1. 王萍为什么会称呼张世海为幺爸？她为什么会不在意别人的流言蜚语？

从称呼可明显看出：王萍是把自己弄小了一辈。从普通意义上讲，这个小辈与长辈的一个关系，可以认为他们在一起是照顾与被照顾的关系，这个关系的合法性在大众面前不应受到多少异议或者怀疑的。

之所以不在意“别人的流言蜚语”，外面的层面上，因为有这样一个“关系”支持，这个在普通人眼里就有了“合法性”，加上如果是长期的孤男寡女的特别情况，他们彼此熟悉程度，在油盐菜米的具体生活中，他们可以“陶醉”在彼此关系里，完全不去在意或者理会其他人的说三道四。这就是我们对这对男女关系的理解。

2. 张世海对王萍究竟是一种什么感情？

从现实的背景条件分析：张世海对王萍感情稍微有点复杂。最开始租房子，张世海是兴奋——孤独时刻就要过去了；对中年人王萍这样的家庭主妇，感到亲切和温暖，有人在生活上需要他，自己的生活有了生气和希望。因为张世海长期单身，加上残疾，人生和生活基本在社会的最底层。底层人是没有人关注的，这样一个女性常常给自己一些帮助，使他心里有了温暖的感受。由于王萍丈夫出去打工时间长，客观环境就给张世海和王萍在租房期间有了身心和肉体表达感情的机会。跟他们常年一起的邻居的说法可以间接解读二者的关系。这时他们的关系可能就是情人或者暧昧的男女关系。

3. 调解现场，在主持人与王萍前夫电话连线的时候，王萍为何会方寸大乱？

王萍前夫的话语，直击王萍与张世海彼此的关系问题，连其他夫妻矛盾都没有提及一字。这个又恰好是街坊邻居、张家亲人等的指责之处。一点掩饰都没有，加上从现场王萍的“愤怒”情绪和动作（从座位上极速起身），这个不淡定的言语及其非言语的行为可以证明，前夫对自己的评价对王萍的冲击力很大。

前夫的说法，从另一个侧面证明了世人对王萍和张世海彼此关系的猜测或者预测。这个离婚本身就是由于张世海、王萍的关系最终导致的结局。婚姻和目前官司的情况有某种契合。这是王萍此刻乱了方寸的根本点。

4. 陈青莲离婚时是什么心态?

根据所看到的背景材料判断,陈青莲离婚那刻,是因为张世海与其他女人有外遇了,同时因为张世海有拿刀威胁到自己的人身安全之事,带着被张世海情感抛弃和自己生命安全受到严重威胁的恐惧,才以决绝的心态选择离婚。

F 法律链接

1. 张世海与王萍签订的遗产赠与协议有没有法律效力?要签署这类有法律效力的协议,需要具备哪些条件?

孤寡老人可以在临终前与法定继承人以外的其他自然人或有关组织签订遗赠扶养协议来保障自己生前的赡养问题。

我国《继承法》第 31 条第 1 款规定:“公民可以与扶养人签订遗赠扶养协议。按照协议,扶养人承担该公民生养死葬的义务,享有受遗赠的权利。”根据上述法律规定和本案情况看,张世海与王萍签订的是遗赠扶养协议,就是遗赠人与扶养人为明确相互间遗赠和扶养的权利和义务而订立的协议。它以照顾孤寡老人为目的,只要双方意思表示真实,且不违反国家法律规定、不损害社会公共利益、不违背公序良俗的遗赠扶养协议即具有法律约束力,双方均必须遵守并切实履行。扶养人切实履行扶养义务,即可在被扶养人死亡后取得受遗赠的财产。

作为一种特殊的协议,《继承法》对遗赠扶养协议的生效没有作出特别的规定,很多人认为遗赠扶养协议须经公证才能生效,这个认识是错误的。虽然遗赠扶养协议不以公证作为生效的条件,但是对遗赠扶养协议进行公证可以证实遗赠扶养协议的真实性、合法性,能很大程度上避免遗产纠纷的发生。根据《遗赠扶养协议公证细则》的相关规定,要想办理遗赠扶养协议的公证,必须注意以下问题:

第一,遗赠扶养协议的扶养人可以是公民也可以是集体所有制组织,同时扶养人没有法定的扶养义务。

第二,遗赠扶养协议必须采取书面形式。

第三,遗赠人和扶养人具有完全民事行为能力。

第四,遗赠的财产属遗赠人所有,产权明确无争议;财产为特定的、不易灭失的。

第五,遗赠人对债权债务应当有明确的处理意见。

第六,遗赠人有配偶并同居的,应以夫妻共同为一方签订协议。

第七,扶养人有配偶的,必须征得配偶的同意。

需要提醒的是,即使并未打算进行公证,在签订遗赠扶养协议时,仍应该注意上述事项,以避免遗赠扶养协议出现效力和内容上的瑕疵。

2. 张世海突然去世之后，其家属在医院里控制王萍的行为是否违法？

张世海死亡之后，家庭成员之间应当本着公平合理的原则来处理遗产问题。

我国《宪法》第 37 条规定：“中华人民共和国公民的人身自由不受侵犯。任何公民，非经人民检察院批准或者决定或者人民法院决定，并由公安机关执行，不受逮捕。禁止非法拘禁和以其他方法非法剥夺或者限制公民的人身自由。……”张家人采取控制王萍的方式来争夺遗产，很显然是违法的，严重侵犯了王萍的人身自由权。

我国《刑法》第 238 条第 1 款规定：“非法拘禁他人或者以其他方法非法剥夺他人人身自由的，处三年以下有期徒刑、拘役、管制或者剥夺政治权利。具有殴打、侮辱情节的，从重处罚。”根据《治安管理处罚法》第 40 条的规定，非法限制他人人身自由、非法侵入他人住宅或者非法搜查他人身体的，处 10 日以上 15 日以下拘留，并处 500 元以上 1000 元以下罚款；情节较轻的，处 5 日以上 10 日以下拘留，并处 200 元以上 500 元以下罚款。

张世海过世之后，其家属将王萍控制在医院一间闲置的病房里，严加看守，不准其吃饭上厕所。这一行为不仅触犯了《治安管理处罚法》，而且还有可能构成非法拘禁罪。

3. 王萍在签订的遗赠扶养协议中约定会照顾好老人，但是老人却有了意外死亡的事实，王萍是否存在过失？并且因为王萍是遗产的唯一受益人，她是否存在为了尽早得到财产而消极对待老人的摔跤，拖延致死的情况？甚至会不会存在故意杀人？家属如果存在这方面的怀疑，又应该如何取证？

张世海的意外死亡并不导致遗赠扶养协议的失效，只要扶养人王萍履行了赡养义务，就应当享有取得遗赠财产的权利。王萍与张世海之间存在合法有效的遗赠扶养协议，王萍应该按照协议的约定认真履行赡养义务。王萍在张世海意外死亡事件中是否存在过失或者放任死亡结果的发生，属于刑事侦查的范畴，其亲属在存疑的情况下应当第一时间保护好现场，同时向公安机关报案，由公安机关进行侦查并作出结论。

4. 张世海跟王萍签署的收养协议，有没有法律效力？哪种收养协议才具有法律效力？对收养人和被收养人各自有什么要求？

张世海与王萍私下签署的收养协议不具备法律效力。根据我国《收养法》第 15 条第 1 款的规定，收养应当向县级以上人民政府民政部门登记。收养关系自登记之日起成立。我国法律在收养关系上实行的是登记制度，没有经过县以上民政部门登记的收养关系是无效的。

收养人应当同时具备下列条件：

第一，无子女。

第二，有抚养教育被收养人的能力。

第三，未患有在医学上认为不应当收养子女的疾病。

第四，收养人只能收养一个孩子。收养孤儿、残疾儿童或者社会福利机构抚养的查找不到生父母的弃婴和儿童，可以不受收养人无子女和收养一名的限制。

第五，收养人收养与送养人送养，须双方自愿。收养年满 10 周岁以上未成年人的，应当征得被收养人的同意。收养人要求保守收养秘密的，其他人应当尊重其意愿，不得泄露。

第六，收养人在被收养人成年以前，不得解除收养关系，但收养人、送养人双方协议解除的除外，养子女年满 10 周岁以上的，应当征得本人同意。

第七，收养人不履行抚养义务，有虐待、遗弃等侵害未成年养子女合法权益行为的，送养人有权要求解除养父母与养子女间的收养关系。送养人、收养人不能达成解除收养关系协议的，可以向人民法院起诉。

被收养人存在以下几种：

第一，不满 14 周岁的未成年人。

第二，无父母的孤儿。

第三，查找不到亲生父母的弃婴或儿童。

第四，生父母有特殊困难无力抚养的子女。

另外，《收养法》第 7 条规定，收养三代以内同辈旁系血亲的子女，可以不受生父母有特殊困难无力抚养子女、被收养人不满 14 周岁和无配偶男性收养女性的，收养人与被收养人年龄相差 40 周岁以上的限制。

L 律师点评　解除收养的声明到底有没有法律效力？

收养关系的成立与解除需经法定程序才能发生效力。

根据我国《收养法》的规定，当事人解除收养关系应当达成书面协议。双方可以协议解除收养关系；不能达成协议的，可向人民法院起诉。收养关系是经民政部门登记成立的，应当到民政部门办理解除收养关系的登记；收养关系是经公证证明的，应当到公证处办理解除收养关系的公证证明。如果双方协商不成，可向人民法院提起解除收养关系的诉讼，由人民法院判决。

单就解除收养声明而言，达不到解除收养关系的法律效力。结合本案的整体情况，张世海与王萍之间根本不存在合法的收养关系，也就谈不上解除收养。

F 法律链接

1. 张世海娶了张恒的母亲之后，他在法律上跟张恒两兄弟是什么关系？

在古代，丈夫有变故，妻子转嫁给丈夫之兄弟被称为转房，这一习俗根源于旧社会的封建传统观念，在现代社会，女方嫁给其丈夫的兄弟若系男女双方自愿，则法律并不禁止；反之，既违反公序良俗，又违背婚姻自由原则。

张世海与张恒母亲缔结婚姻关系没有违背双方意愿，并不被法律所禁止，因此，张世海与张恒母亲结婚后，张世海与张恒两兄弟是继父子关系。

值得注意的是，虽然张恒两兄弟与张世海形成了继父子关系，但是其与生父之间的权利义务关系并不消灭。张恒两兄弟与其生父张世峰之间仍然存在父子的权利义务。两兄弟仍有义务赡养生父，同时也有权利继承生父的遗产。

2. 张恒两兄弟对张世海有没有法律上的赡养义务？

根据《婚姻法》第 27 条第 2 款的规定，继父或继母和受其抚养教育的继子女间的权利义务，适用本法对父母子女关系的有关规定。《婚姻法》第 36 条第 1 款规定："父母与子女间的关系，不因父母离婚而消除。离婚后，子女无论由父或母直接抚养，仍是父母双方的子女。"

张世海与陈青莲结婚后，张世海便成了张恒两兄弟的继父，其抚养了张恒两兄弟 20 余年，形成了抚养、教育关系，是拟制血亲，享有父母子女间的各种权利，承担相应的义务。父母子女间的关系不因父母的离婚而解除，同样，形成抚养关系的继父母或继子女之间的权利义务关系也并不因为继父与生母离婚而归于消灭，双方之间仍有相互扶养义务。因此，张恒两兄弟对张世海有法定的赡养义务。

3. 王萍签署遗赠扶养协议之后就提前过户房子的做法是否违法？

张世海与王萍在遗产赠予协议中约定：第一，王萍负责给张世海养老送终；第二，张世海身后的一切事宜由王萍处理；第三，张世海所有遗产由王萍继承。根据遗赠扶养协议的约定，扶养人需履行义务，并于遗赠人死后取得其遗产。王萍名为买卖房屋实为提前转移登记房屋的做法不符合上述协议的约定。在张世海死亡前，王萍将房屋转移登记在自己名下的行为，违反了协议的约定。

在本案中，张世海将房屋通过买卖方式过户给王萍，王萍已实际取得房屋的所有权，如果买卖合同关系不存在，那么这一过户行为实质上属于赠与行为。赠与行为如果属于双方真实意思表示，也是合法有效的。张世海有处分自己财产的权利，他可以选择在王萍履行赡养义务之后将房产作为遗产遗赠给王萍，也可以选择将房产直接赠给王萍，法律尊重当事人的自由意志。

4. 张家人有没有权利对遗赠抚养协议内容进行更改？

我国《继承法》第 5 条规定："继承开始后，按照法定继承办理；有遗嘱的，按照遗嘱继承或者遗赠办理；有遗赠扶养协议的，按照协议办理。"遗赠扶养协议是有偿、互附条件的，体现了权利义务的对等性，相对于继承和遗赠的无偿性，遗赠扶养协议的效力更高。在有遗赠扶养协议的情况下，应按照协议内容办理遗产事宜。因此，张家人没有权利要求变更协议，对于遗产不能按照法定继承办理。张世海的意外死亡并不影响遗赠扶养协议的效力，只要扶养人王萍履行了赡养义务，就应当享有取得遗赠财产的权利。如果张世海的亲属认为王萍未尽扶养义务，或者以非法手段谋取被扶养人的财产，可以请求人民法院剥夺扶养人的受遗赠权。

编导后记

张家人和王萍坐在《凡人有事》调解室里是 2015 年 11 月 1 日，距离张世海的死亡时间仅仅过去了 10 天。应该算是尸骨未寒吧。

王萍从头到尾情绪稳定，没有一丝悲伤。只是在听到前夫电话和看见张恒拿出那张解除收养关系的声明时，王萍才明显激动，甚至腿脚有些抽搐。

调解结束后，刘大爷和王萍并肩走出了调解现场，他们的背影恍惚间很像一对父女，但是又说不出是什么滋味。刘大爷也是独居老人，有房子。

同样的事情会再次发生吗?

当今社会竞争激烈，生活节奏加快，人们压力剧增，子女忙于工作难以照护老人，请护工、保姆便成为家庭养老的主要方式。老人身心羸弱，自理能力差，需要全程陪伴，雇主希望找质优价廉的保姆，但保姆希望工资高条件好，不同的要求和观念导致需求双方出现巨大差异，请一个可心的保姆实在是难上加难，这也是“蛇蝎保姆”行走多户人家却无滞碍的原因。

个别“保姆”成为“蛇蝎”，固然有其冷酷暴戾、爱财如命等个性原因，但养老资源缺乏、家政行业乱象纷呈却是不容小觑的普遍状态。从广东的“毒保姆”一案，到张世海暴毙一事，我们看到混乱无序的养老生态，让人们心情沉重，也为社会敲响了警钟。

希望独居老人，失能老人都能有一个安全的、幸福的晚年。希望人们也都能善待家中老人。

2. 我多付出的 30 年不可以一笔勾销

【当 事 人】

邓老二：在朝天门当“棒棒”。

邓老幺：个体户。

【调解诉求】

申请人邓老幺：希望分得父母房子的赔偿款。

被申请人邓老二：希望其他兄弟姊妹都尽到赡养父母的义务。

调解前情提要

邓家老幺给我们栏目打来热线电话，说住在二哥家的九旬老父，前几天独自出门时摔伤了，脸上全是伤痕，但是二哥一直不带父亲去看病，非要其他姊妹带父亲去。老幺说这已经不是第一次了，关键就是二哥不愿意给父母花钱，都是拖着等其他几姊妹实在看不过眼了拿钱出来，他才会带父母去医院。老幺对此十分气愤。

据了解，邓家父母已经和老二一起生活了将近 30 年，30 年前是先分家，父亲把财产划分清楚后，才又和二哥住在一起的。当时大家都觉得因为老大残疾，自己生活都不便利，老幺又是上门女婿，要照顾岳父岳母，家里的两个女儿都出嫁了，所以两个老人跟着老二最合适，随后父亲的社保和志愿军抚恤金也都由二哥来支配，以前是 1000 多元，现在已经有 2000 多元了。后来老二外出打工，就留下二嫂在家照顾两个老人。就这样一直到 8 年前，老二把二嫂也接到了重庆居住，来了重庆以后，父亲的脑子越来越糊涂，有了轻度老年痴呆，前几天下雨自己跑出家在路上摔倒，受了较重的伤，还是警察打电话通知老二的。

而且在老幺他们看来，二嫂对父母非常不好，前面的 20 多年，父母不仅自己做饭来吃，还要种地，二嫂从来没搭过手。现在到重庆来了，二嫂从来没帮八九十岁的父母洗过一次衣服，母亲手痛，洗了铺盖没办法拧干，让二嫂帮个忙，二嫂都不同意。母亲节约舍不得倒剩饭剩菜，二嫂就只给他们吃剩饭剩菜。前几天母亲想吃新的稀饭，但是二嫂不同意，就要让他们吃剩饭，就和母亲吵起来，还把母亲推倒了，手里的稀饭也撒了。现在二哥二嫂想要大家来轮流照顾父母。但是其他姊妹认为，最近父母的地被政府征用，如果大家一起来轮流照顾父母，那就应该来平分这笔征地补偿款。

可是二哥一家认为，当初自己接手父母的时候就说好了由自己继承所有的遗产，当时根本不知道还有拆迁款，自己也不是为了图钱才来照顾的，现在自己照顾了父母 30 年，如果几个姊妹平分那笔钱，那前 30 年自己不是白照顾了吗，没这个道理！

二哥认为即使要来分钱，也应该根据照顾父母的时间长短按比例分，这样其他姊妹又不赞同，他们认为父母和二哥生活的 30 年身体不错，基本不需要人服侍，所以二哥并没有多付出多少。一家人的矛盾就这么起来了，希望能通过调解解决。

面对九旬老夫老母的赡养问题，调解团队采用了善良感召法，通过回顾父母当初的养育之恩，激起子女心中的报答之情。让他们意识到，为了一点医药费而拖延送父母就医的行为是十分可耻的，并且遗产的分配问题，法律自有公断。子女们应该把精力放在照顾父母的晚年生活上。基于这个调解方向给邓家的几个子女做工作，取得了较好的效果。

调解结果

除去有残疾的老大外邓家其余子女，都轮流赡养父母，等父母去世之后，再通过法律手段解决遗产一事。

情感点评

两位老人辛苦一辈子，养了这些孩子，可以想象当初有多难，也不会想到现在是这般景象。老人只有病到一定程度，才有人过来照料一下，还要扯皮是谁的责任。

父母对子女的养育之恩这么大，子女都觉得父母是应该的吗？这是中国付出型父母的一个典型悲剧。子女们常常把赡养父母与最后的财产分配联系起来，这是真心爱老人吗？还是担心自己的利益损失呢？这个谁也说不清。

真正心寒的是邓老两口子。没有这笔钱，大家也许还能团结一下，生病的时候看看老人；多了这笔钱，如果以后分配不平衡，甚至连子女的面都有可能见不到了。这就不是养老问题，而是家庭经济利益权衡的问题。

老人是真正的弱者，90 岁的老人，肯定希望能安稳地落叶归根。这个时候怎么决策都会有不满意的一方，因此老人就不要去权衡了，不要再牺牲了，先保证自己的温饱是第一位的。

3. 由赡养引发的经济纠纷

【当 事 人】

唐大姐：是罗家老二媳妇，49 岁，赋闲在家。

罗家大姐：65 岁，退休人员，在家带孙子。

【调解诉求】

申请人唐大姐：希望罗家其他兄弟姊妹尽一些赡养老人的义务。

被申请人罗大姐：希望自己能够分得一份父亲的房产。

调解前情提要

家住李家沱的罗家老二的媳妇唐大姐给栏目打来电话，说嫁进罗家 7 年了，她一直都在伺候自己的公公婆婆，几年前瘫痪的婆婆去世之后，唐大姐便一直伺候生病的公公，而让唐大姐最气愤的是，这 7 年来，罗家大姐和罗家老幺，面对重病的父亲，两人不仅没有来看望过，甚至连一分钱都没有出过，然而最近公公的还建房要办理房产证了，此时罗家大姐和罗家老幺却争先恐后地出现了，提出要在房产证上加他们的名字。姐弟俩的做法，让唐大姐不能接受，所以希望栏目组能够还她一个公道。

据了解，唐大姐与罗家老二是对二婚夫妻。7 年前两人在浙江打工时认识的，尽管彼时的唐大姐还没有离婚，但她对丈夫的家暴早已深恶痛绝，用唐大姐的话来说，她的前夫就像是有“间歇性精神病”。所以在跟罗老二谈恋爱之后，她便先后两次起诉离婚，最终如愿以偿摆脱了第一段令她窒息的婚姻。随后便带着小儿子嫁进了罗家，那时是 2009 年。

唐大姐嫁进罗家不久，两人便从浙江回来了。因为罗家老二一直没有结婚，所以户口一直没有和父母分开，而罗家大姐和罗家老幺早已分出去。此时恰逢罗家父母的还建房分下来了，得了一个三室一厅的房子，登记在罗家老二和父母名下。在接下来的时间内，罗老二夫妇和父母一直生活在一起。据唐大姐说，她一进门就伺候早已瘫痪多年的罗家母亲直至去世，随后又担负起伺候罗家父亲的责任至今。

到了 2012 年，罗家老幺提出把父亲接到他们家中去住一年，可一年之后，罗老幺又把父亲送回来了，在唐大姐看来，老幺之所以要把父亲接过去住，就是因为看中了父亲身上的 10 万元，他认为把父亲接过去，就可以把这笔钱据为己有，但事与愿违，父亲并没有把这笔钱交给他，只给了他 1 万元的生活费，于是他便把父亲又送回来了。

从那以后，唐大姐就再也没有见过罗家大姐和罗家老幺过来看望父亲，甚至连父亲摔了跤，住了院，姐弟二人都没有来看望过父亲一眼，也没给过一分医药费。到了 2016 年，还建房开始办理房产登记了，姐弟二人又出现了，要求在房产证上面把他们的名字加上，这就惹恼了唐大姐，她认为既然两人从来没有照顾过父母，没有尽到赡养的义务，凭什么现在又要来分父母的财产。

那么罗家大姐为什么又理直气壮地提出，父母的房子她才应该有一份呢？原因有三：一是父母被占的房子，是当时罗大姐拿钱修的。二是她认为老二媳妇嫁进来就是图这个房子，而且又没有给罗家生一儿半女，所以没有资格分老人的房子。三是罗家大姐认为老二媳妇对老人不好，怀疑自己的母亲是被唐大姐虐待死的。罗大姐说有一次，老二媳妇出去耍了 10 多天，居然没有给其他两姊妹说一声，把父亲一个人丢在家里，衣服都发臭了，最后还是老幺过去照顾了几天，并且平时父亲在家里也是饱一顿饿一顿，现在连两姊妹想去看一下父亲，老二媳妇连门都不给开，同时父亲的工资卡之类的东西全都是老二媳妇在保管。去年的时候，老二媳妇想让她把父亲接走，但老二媳妇又不交出父亲的社保卡，因此两人发生了激烈争吵。

整个赡养事件中，罗家老二都没有站出来说话，用罗家大姐的话说，这个兄弟已经被兄弟媳妇牢牢控制住，所以也希望通过调解让兄弟看看媳妇的嘴脸。

本案看似大姑子与兄弟媳妇的矛盾，实则是家庭的赡养纠纷。而这个纠纷是基于大姑子对兄弟媳妇的极端不信任引起的。只要解决了信任问题，赡养问题自然能化解。于是调解团队采用了吃亏让步法，让大姑子罗大姐多体谅兄弟的婚姻和具体情况，在经济上稍微让让步，这样兄弟媳妇心里的气顺了，自然会对老人的赡养多用心。毕竟赡养这件事也一直是兄弟媳妇在做。罗大姐接纳了调解团队的意见，调解也得以顺利进行。

调解结果

双方签订调解协议，内容如下：

1. 罗大姐与罗老二系姐弟关系，姐姐同意多探望父亲，尽到赡养的义务；同时也以此为契机修复姐弟情感。

2. 母亲于 2010 年 1 月 2 日去世，建筑面积 88.6 平方米的位于重庆市的房屋，系安置给父亲、母亲、罗家老三，因此其中 30 平方米建筑面积属于母亲的遗产，法定继承人有父亲、罗家老二、罗家老三、罗家大姐，故每人应分得 7.5 平方米建筑面积。

3. 罗家大姐放弃 7.5 平方米建筑面积的继承权；罗老二在本协议签订之后的 12 日内，支付 37,500 元的对价；罗大姐协助罗老二办理不动产登记所需要的全部手续。

Q 情感点评

清官难断家务事。原因是，每个人都有自己的道理，谁都觉得自己是对的，觉得自己是对这个家最好的。这是从局部的角度看整体，那么，整体的角度是怎样的呢?

从赡养这件事上看，首先要听老人怎么说、怎么看、怎么评判。我们却总是自说自唱，说自己的付出，却没人关心真正受益者的体验。老人真的有这种被赡养的体验吗? 其次，从客观角度上要看老人身体的健康程度、生病的次数、精神状态等。最后，每个人为此事付出的“成本”，以及最后经济补偿（遗产）的分配。

可是，老人还没走，就已经被谋算“遗产”了。大家不光是自己要得到，别人还不能占便宜，为了达到这样的目的，就开始互相埋怨、互相指责。这就像一堆没喂饱的孩子，谁多吃一口，其他人就要挨饿。

希望“利益”纠扯完，这一大家子人能真正坐下来，把话说开，把事挑明，不要把这一代的怨恨带给下一代。血缘之亲，如果就这样形同陌路，就真的可惜了。

4. 姑嫂矛盾引发的赡养危机

【当 事 人】

刘洋：27 岁，工厂工人。

大姑刘叔会：56 岁，退休在家带外孙。

小姑刘叔丽：40 多岁，工地包工头。

刘洋父亲刘叔清：52 岁，李家沱工厂打工做计件。

刘洋母亲龚由会：50 岁，无业在家，偶尔种地。

刘洋的婆婆：86 岁，身体还算硬朗，但骨质增生严重。

【调解诉求】

申请人刘洋：希望母亲和姑姑能够和好。

被申请人刘叔会、刘叔丽：希望刘洋的母亲龚由会能够好好地孝敬老人。

调解前情提要

27 岁的江津小伙子刘洋给栏目打来热线电话，希望能调解自己大姑和妈妈之间的矛盾。在他看来，这一切的起因都是自己的妈妈不对，是自己妈妈天性懒惰，但是性格又极其好强，并且贪图老人钱财，所以才引发了这场家庭大战。

这件事情还得从 30 年前刘洋的妈妈嫁进刘家的时候说起。刘洋的妈妈当年嫁进刘家（农村）的时候，刘家有三姊妹，大姑刘叔会已经成家嫁到城里了，家里除公公婆婆之外，还有个在外读高中的小姑刘叔丽，不过小姑刘叔丽很少回家，所以家里基本就是公公婆婆和刘洋父母一家。然而矛盾就从这个时候开始了，大姑刘叔会从那个时候开始就非常看不惯刘洋的妈妈，她觉得这个兄弟媳妇是个不正经的女人，动不动就回娘家，根本就没安心在婆家生活。等于就是把土地就扔给婆婆一个人种，自己跑回娘家享福，而且只要是看病吃药就找公公拿钱，甚至在外面到处借钱，然后叫公公去还，理由就是公公婆婆在当家，自然应该拿钱给儿媳妇看病。更气人的是，这还不消停，在大姑的记忆里，结婚几年后，刘洋都两三岁了，这个兄弟媳妇还整天地闹离婚，嫌婆家父母给的钱少，甚至还把娘家的人找来一起闹。无奈之下，公公婆婆只得跟儿子分了家，两间瓦房给儿子一家住，老两口住两间草房，只是可怜了当时还在读书的刘洋的小姑刘叔丽，也被赶了出来，跟着父母住了草房。

住进草房没两年，公公就过世了，再后来小姑也嫁人了，就剩下婆婆一个人住在草房里。

不过，这一切在刘洋的母亲龚由会看来，却是另一番场景。她觉得自从自己嫁进刘家以来，这个大姑就没给过自己好脸色，总是觉得自己长得不好看，配不上他们刘家。而这些年，说是分了家，但是实际上婆婆的生活都是她在管，没种粮食的时候，也是自己在拿米给婆婆吃，婆婆的地很多时候也是自己在帮着种，婆婆生病之类的全是自己在跑腿；相反，这些年从来都没看到两个姑姑和两个姑爷帮着婆婆做一点事情。

到了 2010 年元旦的时候，婆婆也已经是 82 岁的高龄了，也不太能种地了，而且开始有了骨质增生，洗衣服做饭都需要人帮忙了。姑姑们建议把老人送到养老公寓，但是孙子刘洋坚决反对，他认为既然有儿有女为什么还要进养老院，这是让人看笑话，所以当时刘洋拟定了一个协议，说婆婆在三家人之间轮流转，每家吃一个星期或者一个月，由婆婆决定从哪家开始，这个协议都得到了大家的认同。

然而到了第二天，大家都等着看婆婆选择从哪家开始的时候，婆婆却反悔了，她要求刘洋把她的社保本子、存折等通通还给她。从那之后这个卡就一直放在大姑那里。所以刘洋的母亲觉得这一切都是大姑在背后捣鬼，因为三家人里面，就是大姑最穷，所以她就在背后操纵老母亲。于是这份由孙子牵头拟定的协议就此作废，再没实施过。婆婆依然还是一个人住草屋。

这事过去了两年之后，到了 2012 年，刘家的土地房子被占，涉及补偿问题，矛盾就更明显了，因为老房子的房产证上写的是刘洋父亲刘叔清的名字，所以分下来的新房子肯定就是归刘洋父亲的，那么连草房都没得住的婆婆自然而然就跟着儿子了。可没想到，刚住进儿子家，刘洋的妈妈就让婆婆交一个月 400 元的生活费，交了两个月，刚好那两个月刘洋的父亲在家，所以婆婆还有饭吃，到了第三个月，刘洋的父亲去重庆打工了，刘洋的妈妈就一天到晚地打麻将，所以婆婆还得自己弄饭吃，就没再交生活费。于是这姑嫂间的梁子就结得更深了，刘洋的妈认为这都是大姑在捣鬼，不让婆婆交钱，于是刘洋的妈妈就更不照顾婆婆了。

现在，这一拖就拖到了 12 月，婆婆的骨质增生更严重了，送去医院之后，大姑和刘洋的妈妈一见面就因为赡养的事情大吵，12 月 21 日，婆婆当天因为骨质增生严重住院，是大姑送去的，第二天大姑从医院看完老母亲返家途中，在大街上遇见刘洋的妈妈，多年的仇恨一触即发，大姑当街大骂刘洋的妈妈，说她没孝心，不照顾婆婆，不给饭吃，两人甚至差点打了起来。刘洋的妈妈一看架势不对，立马就逃走了。没想到之后大姑一不做二不休，到处说刘洋妈妈的坏话，还说刘洋的性格跟他妈妈一个样，也没孝心，结果这话就被刘洋女友的家人听了进去，于是刘洋的恋爱彻底告吹。

刘洋的妈妈觉得因为占土地的事情，刘洋的大姑也是得了不少好处的，包括现在婆婆也还有钱存在大姑手里，刘洋的妈妈要求大姑把这些钱都拿出来说清楚。如果大姑非要她的这个新房子，她也可以让出来，但是大姑就必须给她 15 万元。先把钱说清楚了，再去说赡养的问题。

而婆婆本人是不愿意跟着两个姑姑的，她觉得女儿是嫁出去的人，再跟她们住一起会看女婿脸色。而儿子那里，婆婆也是不愿意去住了，婆婆想一个人住，但是身体状况又不允许。

栏目组帮扶调解团队此番要解决的问题不仅仅是打开姑嫂的心结，还要给婆婆的晚年安排一个合适的去处，确定赡养方法。现在几个孩子都把目光放在房子问题上，但这个赡养问题并不仅仅是房子问题，还是子女究竟有没有孝心的问题。因为拆迁补偿都是按照法律规定进行的，所以调解团队让子女们对此不要再有争议，应该把矛盾的焦点转移到安排母亲的实际生活方式中来。调解团队采取了矛盾搁置的方法，让他们暂且放下房子问题，只从子女的角度协商一个切实可行的赡养母亲的方法出来。几方当事人情绪稳定之后，也提出了自己对赡养的建议，使调解能够顺利进行。

调解结果

几方当事人签订调解协议，内容如下：

1. 鉴于三个子女的赡养能力与赡养条件，结合母亲的意愿，经充分协商，以一个月为周期，三个子女轮流照顾母亲。

2. 小女儿因为工作原因，无法亲自照顾护理母亲，自愿每月支付1000元的护理费；该笔费用支付给跟随母亲生活的子女。

3. 负有照顾责任的子女，应当耐心并陪伴母亲生活，照顾好母亲的生活起居。

4. 如果母亲生病产生无法报销的费用，由三个子女均摊。

5. 所有子女应当对老人尽精神抚慰的义务；子女们应当修复亲情，让母亲安享晚年。

情感点评

俗话说：富人家里规矩多，穷人家里是非多，傻子家里欢乐多。

这一大家子的事情，都是因为经济问题而引起，各自都有自己的算盘，都很精明，自然是非就多了。各执一词，各有各的道理，都是在争夺自己的利益。说的都是自己付出，其实在意的是自己的回报。

孙子跳出来主持公道没成功的原因：首先，辈分在那里，轮不到一个孙辈管理父辈甚至祖辈，自然没人愿意遵守这样的约定；其次，父辈和祖辈的互动状态，已经习以为常，矛盾根深蒂固，不是说改变就能改变的；最后，祖辈年龄太大，已经无力平衡这个局面。

最好的局面，也只能是，老人为了安享晚年，寻找一个妥当的养老方式。最寒心的也是老人，为了这一群孩子倾尽所有，却在老了的时候把自己当成皮球踢来踢去。一旦这个皮球还有剩余价值，就立即要榨取干净。

随着这笔“意外之财”分配的尘埃落定，这家人也就真正“分道扬镳”了，只有陈年往事的恩怨，再也无须干扰别人家当下的生活，各过各的日子。

一个没有经历过金钱（经济）洗礼或考验的家庭或者感情，都不能证明其真正的团结和恩爱。

【延伸阅读】

1.《呻吟语·伦理》 （明）吕坤 叶玉泉译

【原文】

人子之事亲也，事心为上，事身次之。最下事身而不恤其心，又其下事之以文而不恤其身。

【译文】

儿子侍奉父母，最重要的是体恤他们的心，其次才是照料他们的身体，再次一点是只照料饮食而不体恤父母的心，最不好的是只说空话而连父母的身体也不照料。

2. 劝孝歌——（清）徐熙

孔子著孝经，孝乃德之属。父母皆艰辛，尤以母为笃。
胎婴未成人，十月怀母腹。渴饮母之血，饥食母之肉。
儿身将欲生，母身如在狱。惟恐生产时，身为鬼眷属。
一旦儿见面，母命喜再续。爱之若珍宝，日夜勤抚鞠。
母卧湿簟席，儿眠干被褥。儿睡正安稳，母不敢伸缩。
儿秽不嫌臭，儿病身甘赎。儿要能步履，举止虑颠状。
哺乳经三年，汗血耗千斛。儿要能饮食，省口姿所欲。
劬劳辛苦尽，儿年十五六。慧敏恐疲劳，愚怠忧碌碌。
有善先表扬，有过则教育。儿出未归来，倚门继以烛。
儿行千里路，亲心千里逐。孝顺理当然，不孝不如禽。

3. 劝孝歌——（清）王中书

孝为百行首，诗书不胜录。富贵与贫贱，俱可追芳躅。
若不尽孝道，何以分人畜？我今述俚言，为汝效忠告。
百骸未成人，十月怀母腹。渴饮母之血，饥食母之肉。
儿身将欲生，母身如在狱。惟恐生产时，身为鬼眷属。
一旦见儿面，母喜命再续。一种诚求心，日夜勤抚鞠。
母卧湿簟席，儿眠干裀褥。儿睡正安稳，母不敢伸缩。
儿秽不嫌臭，儿病甘身赎。横簪与倒冠，不暇思沐浴。
儿若能步履，举步虑颠覆。儿若能饮食，省口恣所欲。
乳哺经三年，汗血耗千斛。劬劳辛苦尽，儿至十五六。
性气渐刚强，行止难拘束。衣食父经营，礼义父教育。
专望子成人，延师课诵读。慧敏恐疲劳，愚台忧碌碌。

有过常掩护，有善先表暴。子出未归来，倚门继以烛。
儿行十里程，亲心千里逐。儿长欲成婚，为访闺门淑。
媒妁费金钱，钗钏捐布粟。一旦媳入门，孝思遂衰薄。
父母面如土，妻子颜如玉。亲责反睁眸，妻詈不为辱。
人不孝其亲，不如禽与畜。慈乌尚反哺，羔羊犹跪足。
人不孝其亲，不如草与木。孝竹体寒暑，慈枝顾本末。
劝尔为人子，孝经须勤读。王祥卧寒冰，孟宗哭枯竹。
蔡顺拾桑椹，贼为奉母粟。杨香拯父危，虎不敢肆毒。
如何今世人，不效古风俗？何不思此身，形体谁养育？
何不思此身，德性谁式谷？何不思此身，家业谁给足？
父母即天地，罔极难报复。天地虽广大，难容忤逆族。
及早悔前非，莫待天诛戮。万善孝为先，信奉添福禄。

【思维导图】

（本章思维导图见本书第 342 页）

附：

目录
1 筑牢基本功
2 勤练七大绝招
3 见招拆招——应对主流门派功法的化解招式

1 筑牢基本功

无讼
德为先，和为贵，法为上。
注重文化传承。
和为贵
无讼
人民调解

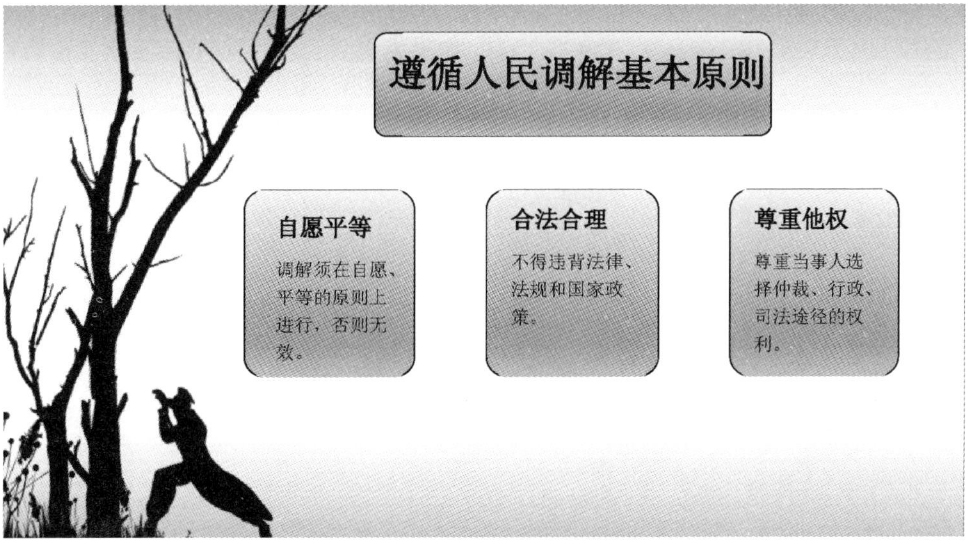
遵循人民调解基本原则
自愿平等
调解须在自愿、平等的原则上进行，否则无效。
合法合理
不得违背法律、法规和国家政策。
尊重他权
尊重当事人选择仲裁、行政、司法途径的权利。

制作调解协议

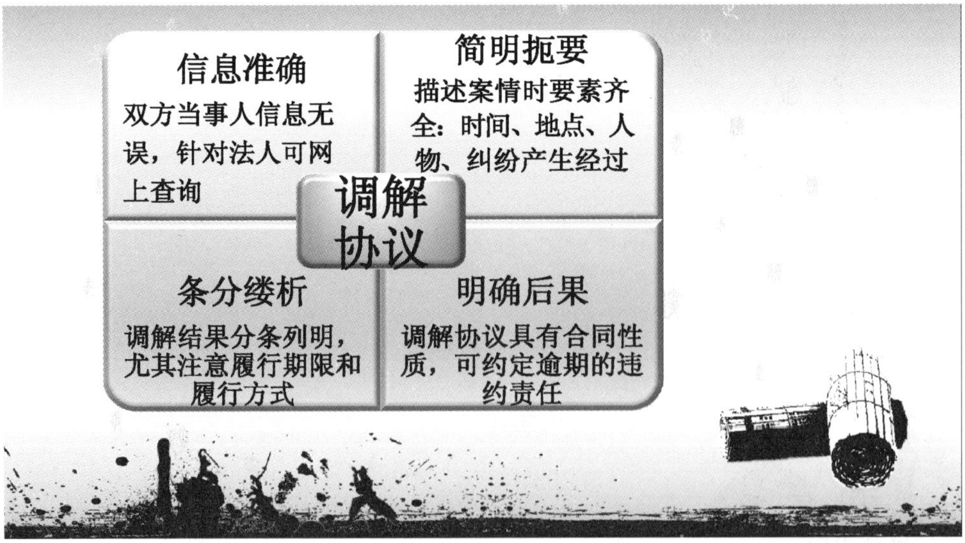
信息准确
双方当事人信息无误，针对法人可网上查询
简明扼要
描述案情时要素齐全：时间、地点、人物、纠纷产生经过
调解协议
条分缕析
调解结果分条列明，尤其注意履行期限和履行方式
明确后果
调解协议具有合同性质，可约定逾期的违约责任

功法使用禁忌
刑事案件
行政案件
婚姻关系，身份关系确认案件

2 勤练七大绝招

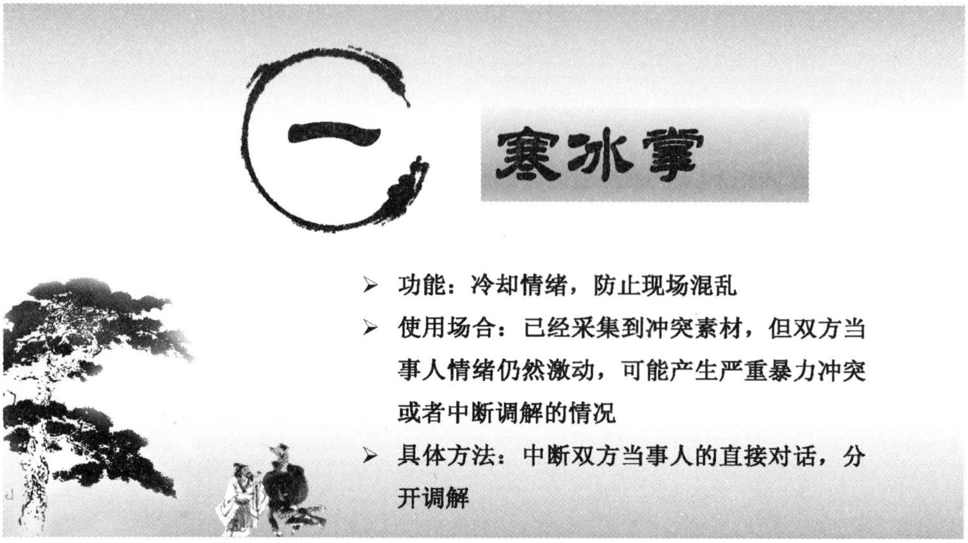
一
寒冰掌
➢ 功能：冷却情绪，防止现场混乱
➢ 使用场合：已经采集到冲突素材，但双方当事人情绪仍然激动，可能产生严重暴力冲突或者中断调解的情况
➢ 具体方法：中断双方当事人的直接对话，分开调解

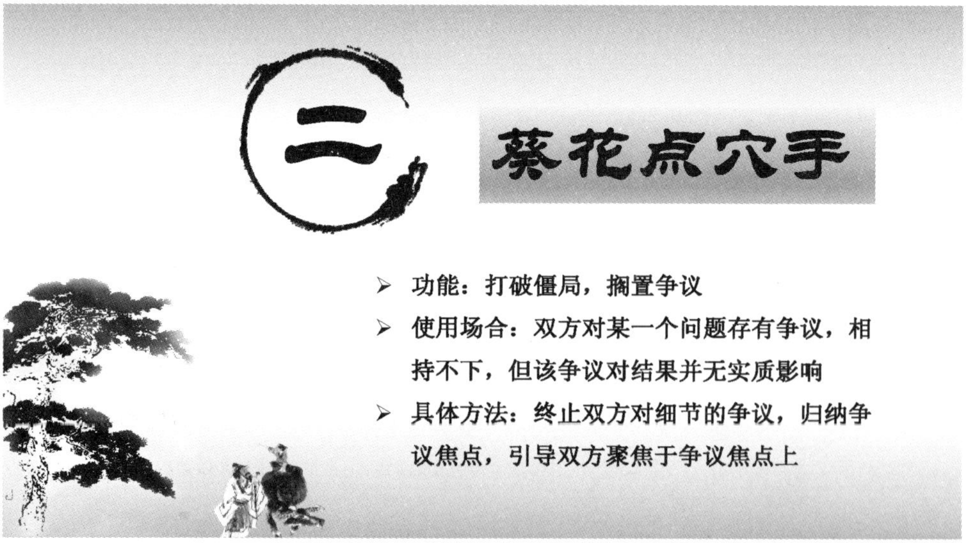
二
葵花点穴手
➢ 功能：打破僵局，搁置争议
➢ 使用场合：双方对某一个问题存有争议，相持不下，但该争议对结果并无实质影响
➢ 具体方法：终止双方对细节的争议，归纳争议焦点，引导双方聚焦于争议焦点上

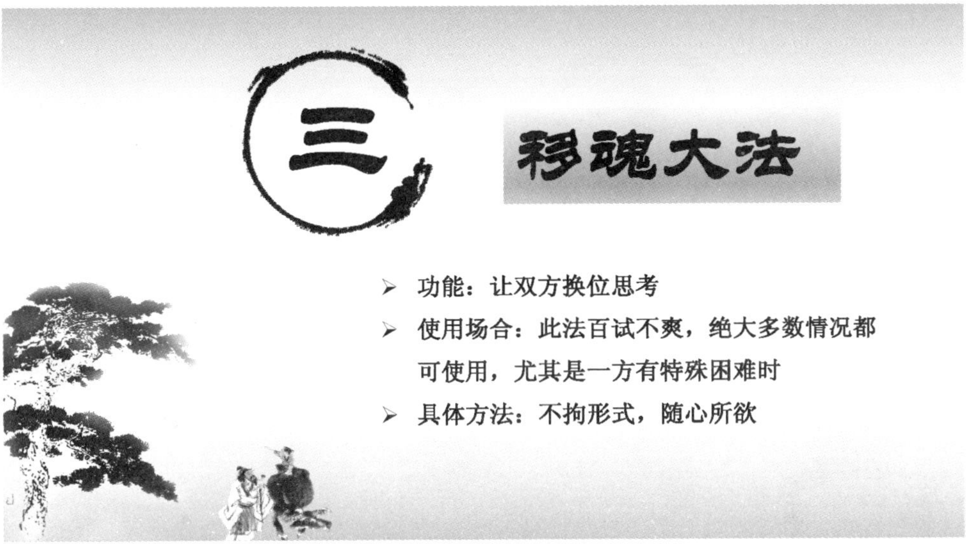
三
移魂大法
➢ 功能：让双方换位思考
➢ 使用场合：此法百试不爽，绝大多数情况都可使用，尤其是一方有特殊困难时
➢ 具体方法：不拘形式，随心所欲

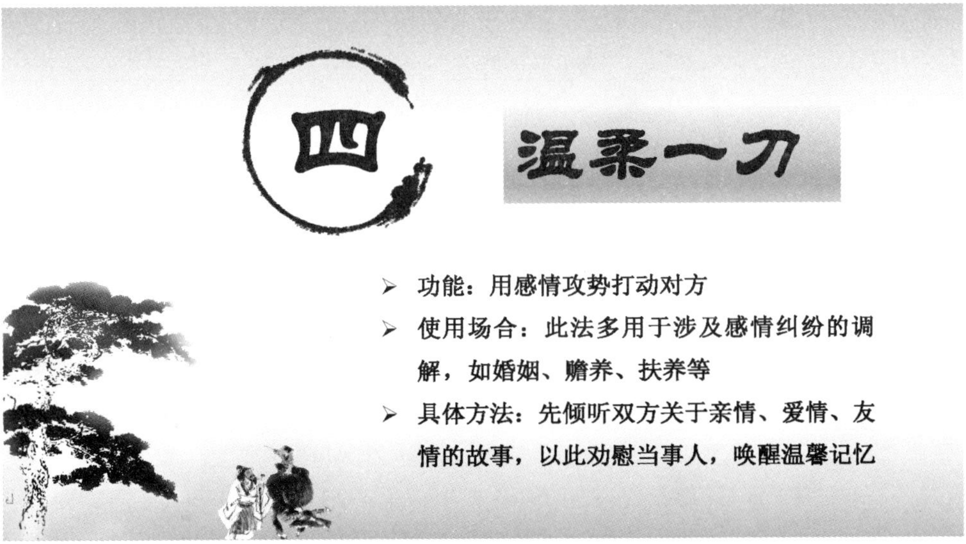
四
温柔一刀
➢ 功能：用感情攻势打动对方
➢ 使用场合：此法多用于涉及感情纠纷的调解，如婚姻、赡养、扶养等
➢ 具体方法：先倾听双方关于亲情、爱情、友情的故事，以此劝慰当事人，唤醒温馨记忆

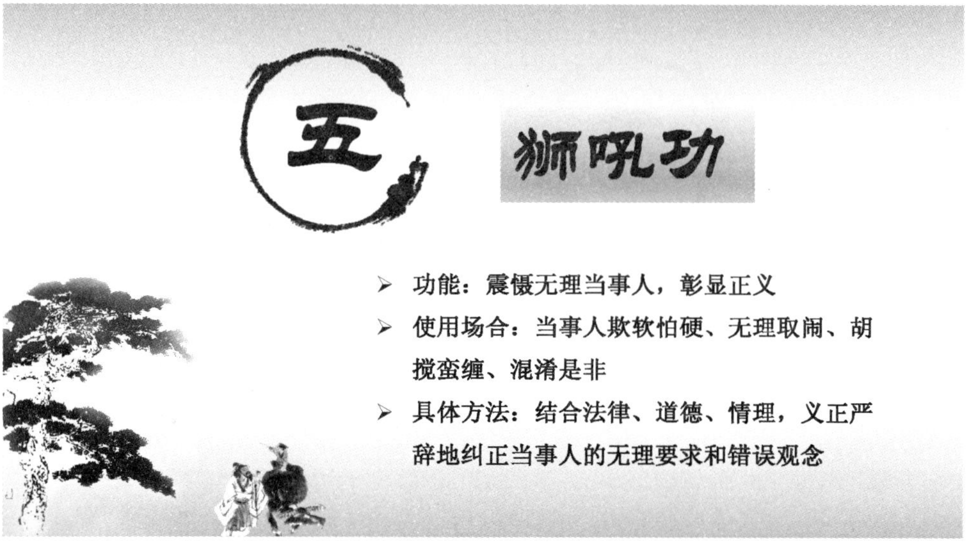
五
狮吼功
➢ 功能：震慑无理当事人，彰显正义
➢ 使用场合：当事人欺软怕硬、无理取闹、胡搅蛮缠、混淆是非
➢ 具体方法：结合法律、道德、情理，义正严辞地纠正当事人的无理要求和错误观念

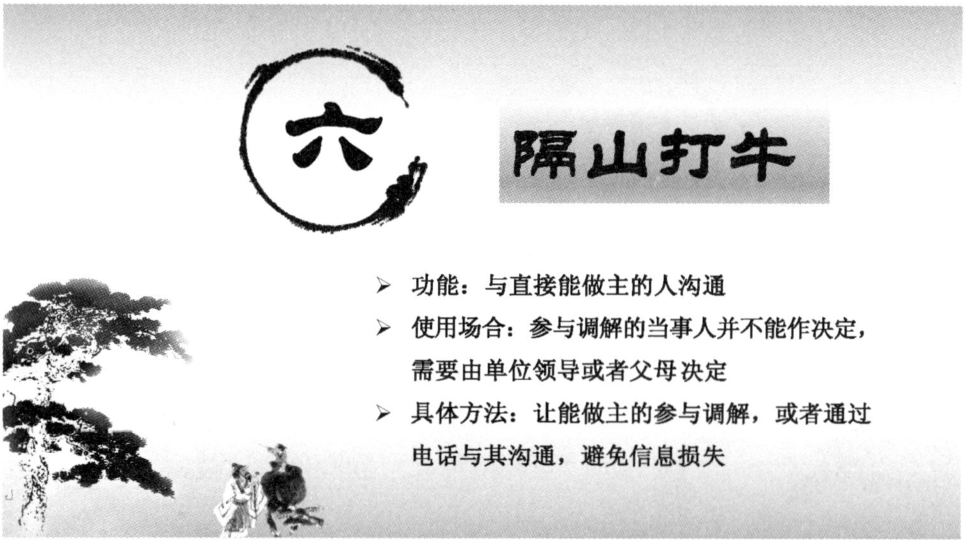
六
隔山打牛
➢ 功能：与直接能做主的人沟通
➢ 使用场合：参与调解的当事人并不能作决定，需要由单位领导或者父母决定
➢ 具体方法：让能做主的参与调解，或者通过电话与其沟通，避免信息损失

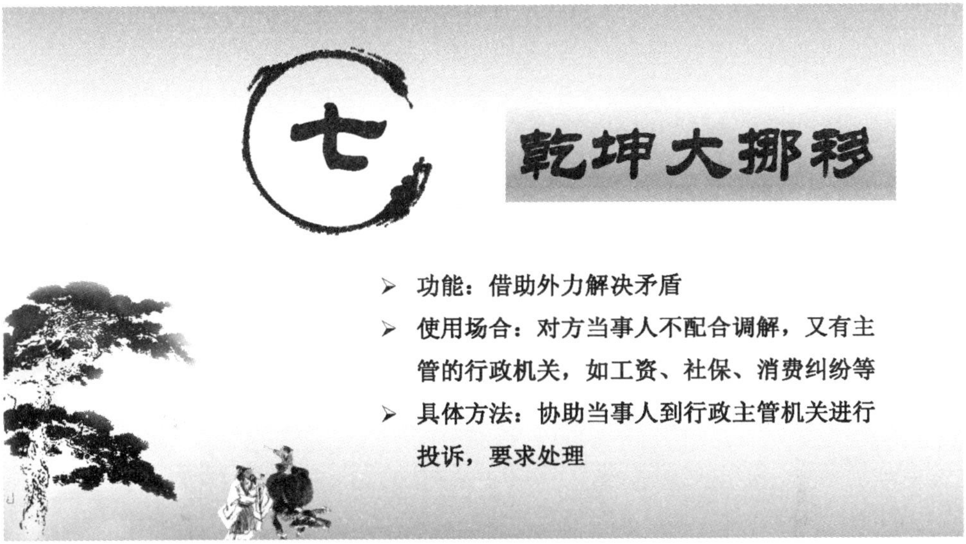
七
乾坤大挪移
➢ 功能：借助外力解决矛盾
➢ 使用场合：对方当事人不配合调解，又有主管的行政机关，如工资、社保、消费纠纷等
➢ 具体方法：协助当事人到行政主管机关进行投诉，要求处理

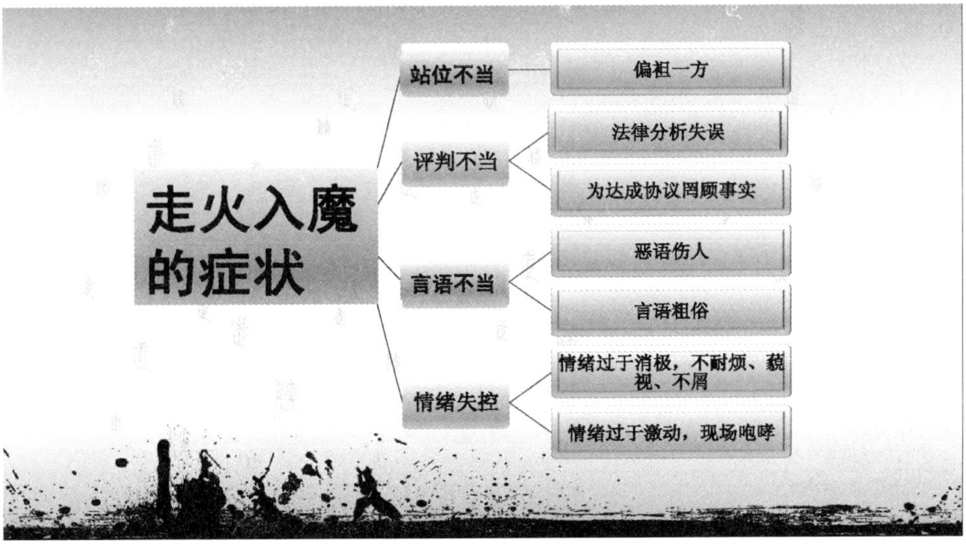
走火入魔的症状
站位不当
偏袒一方
评判不当
法律分析失误
为达成协议罔顾事实
言语不当
恶语伤人
言语粗俗
情绪失控
情绪过于消极，不耐烦、藐视、不屑
情绪过于激动，现场咆哮

3 见招拆招
——应对主流门派
功法的化解招式

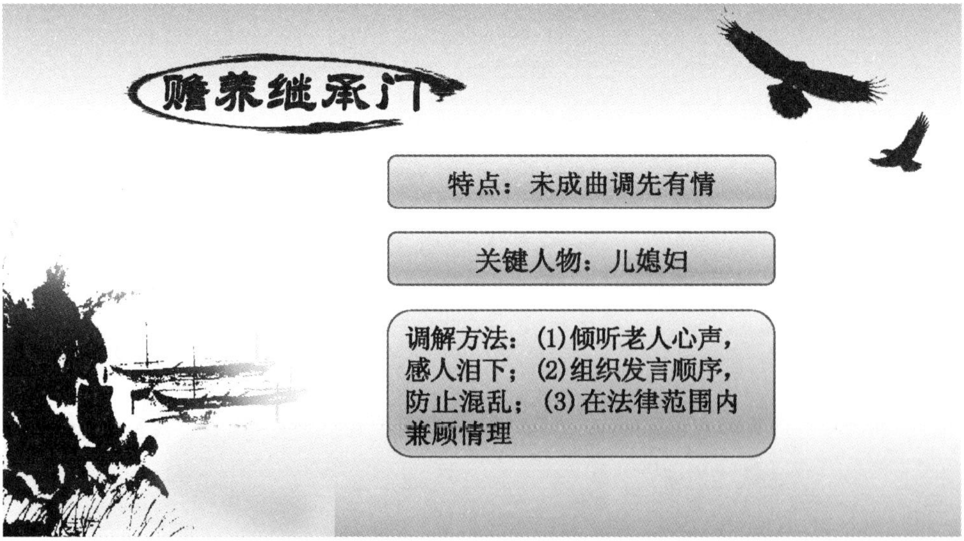
赡养继承门
特点：未成曲调先有情
关键人物：儿媳妇
调解方法：(1)倾听老人心声，感人泪下；(2)组织发言顺序，防止混乱；(3)在法律范围内兼顾情理

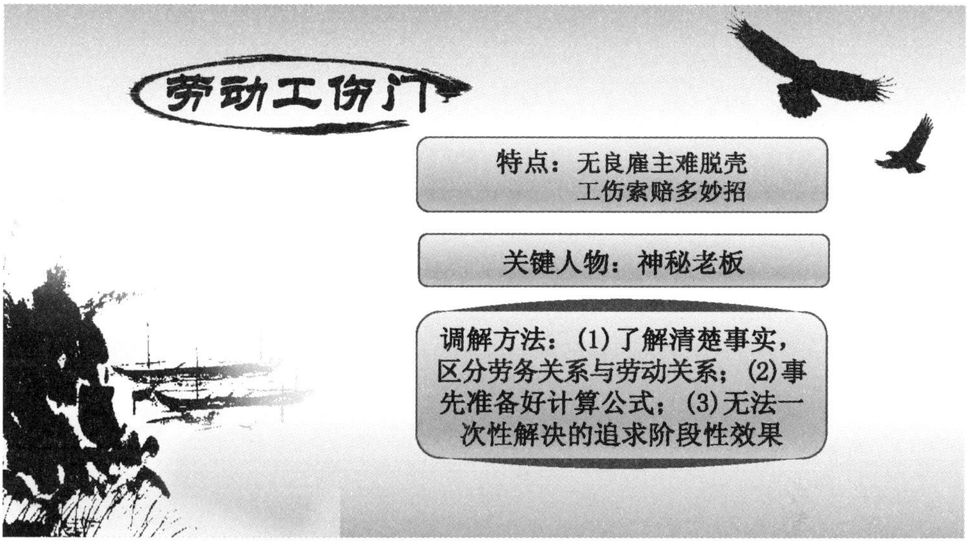
劳动工伤门
特点：无良雇主难脱壳
工伤索赔多妙招
关键人物：神秘老板
调解方法：(1)了解清楚事实，区分劳务关系与劳动关系；(2)事先准备好计算公式；(3)无法一次性解决的追求阶段性效果

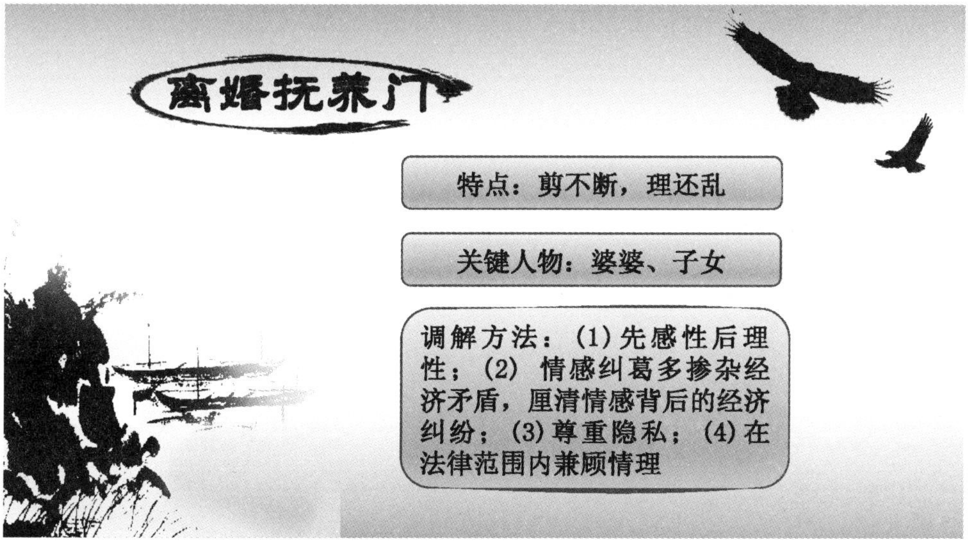
离婚抚养门
特点：剪不断，理还乱
关键人物：婆婆、子女
调解方法：(1)先感性后理性；(2) 情感纠葛多掺杂经济矛盾，厘清情感背后的经济纠纷；(3)尊重隐私；(4)在法律范围内兼顾情理

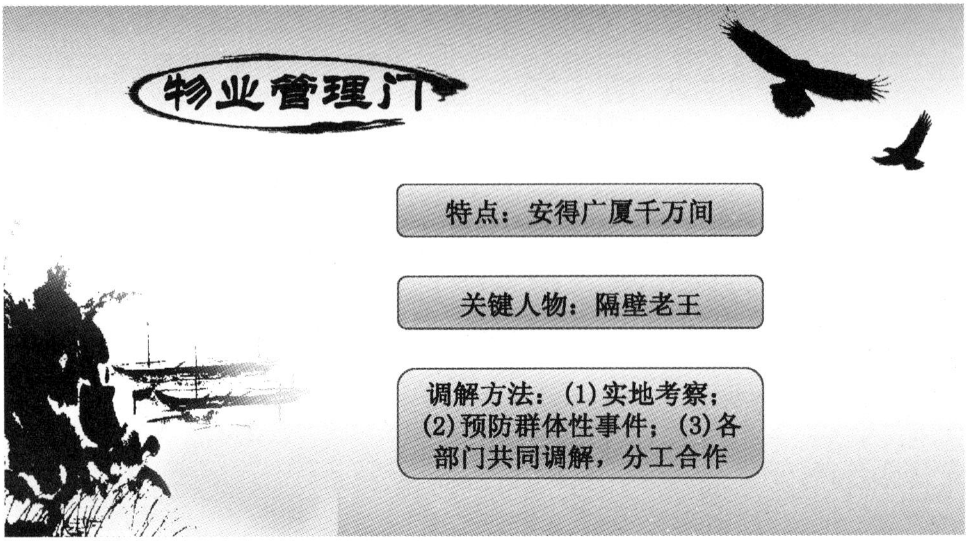
物业管理门
特点：安得广厦千万间
关键人物：隔壁老王
调解方法：(1)实地考察；(2)预防群体性事件；(3)各部门共同调解，分工合作

青山绿水
后会有期

思维导图 1. 一个人的性格养成

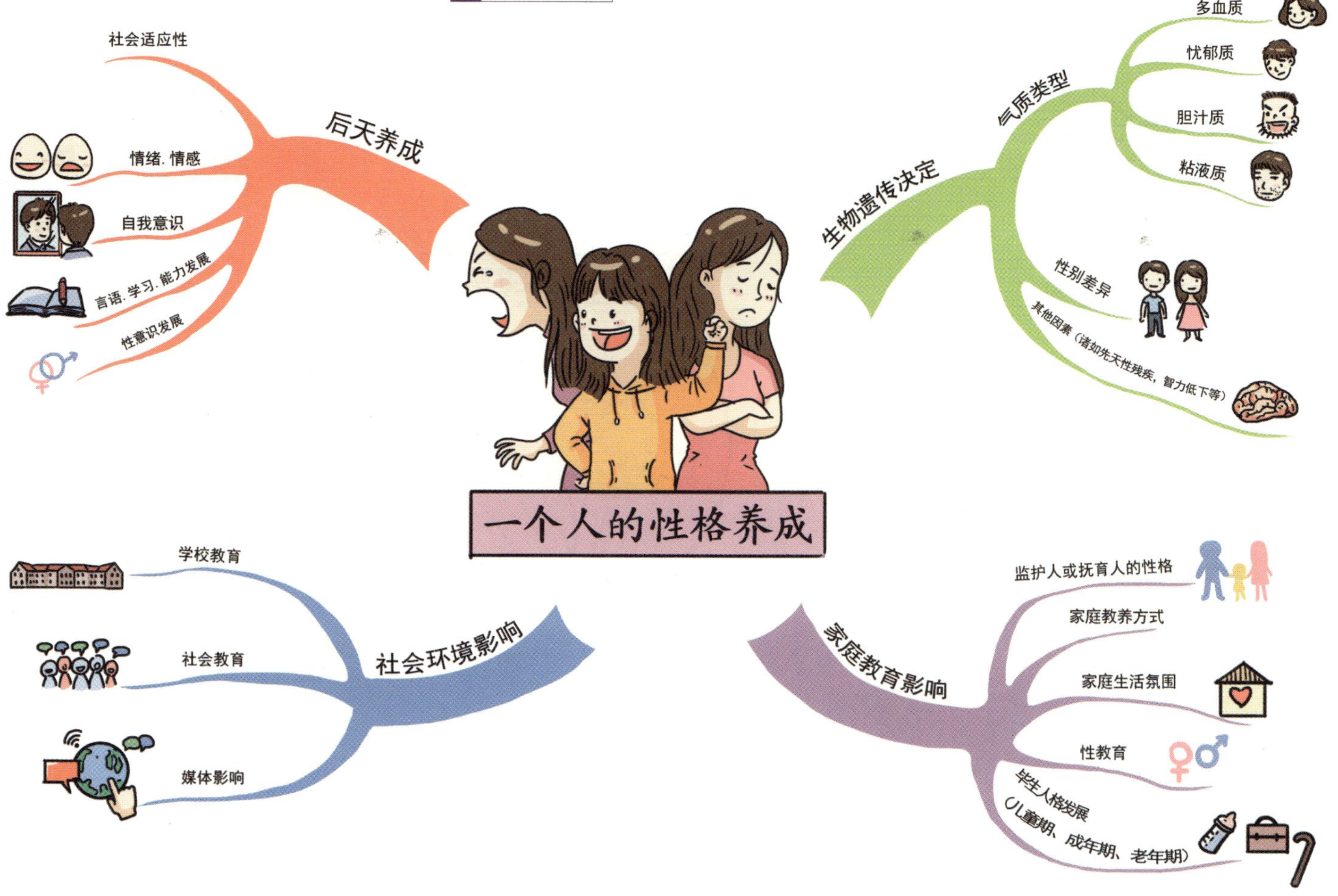

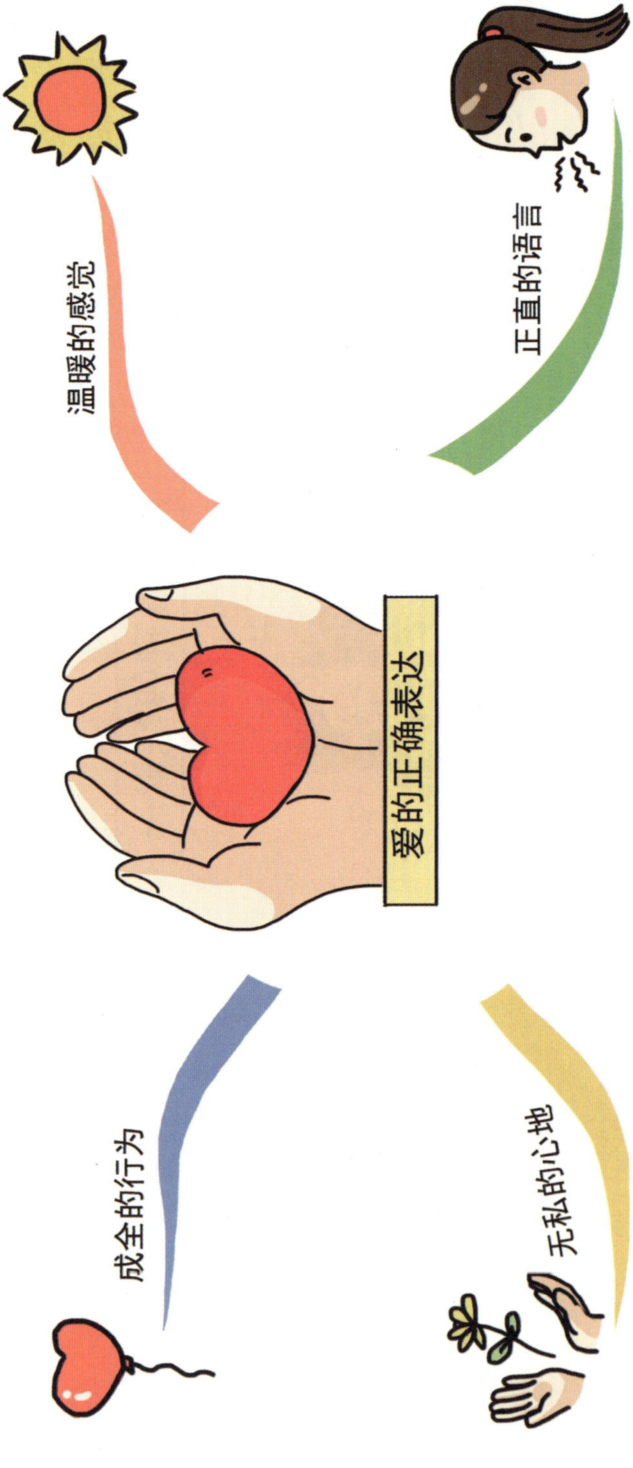

2. 爱的正确表达

思维导图

1. 结婚时需要做好哪些心理准备？

2. 婚姻经营之道

思维导图

1. 如何建立有效的亲子关系？

2. 孩子需要纠正的行为

3. 应该避免的代理父母类型

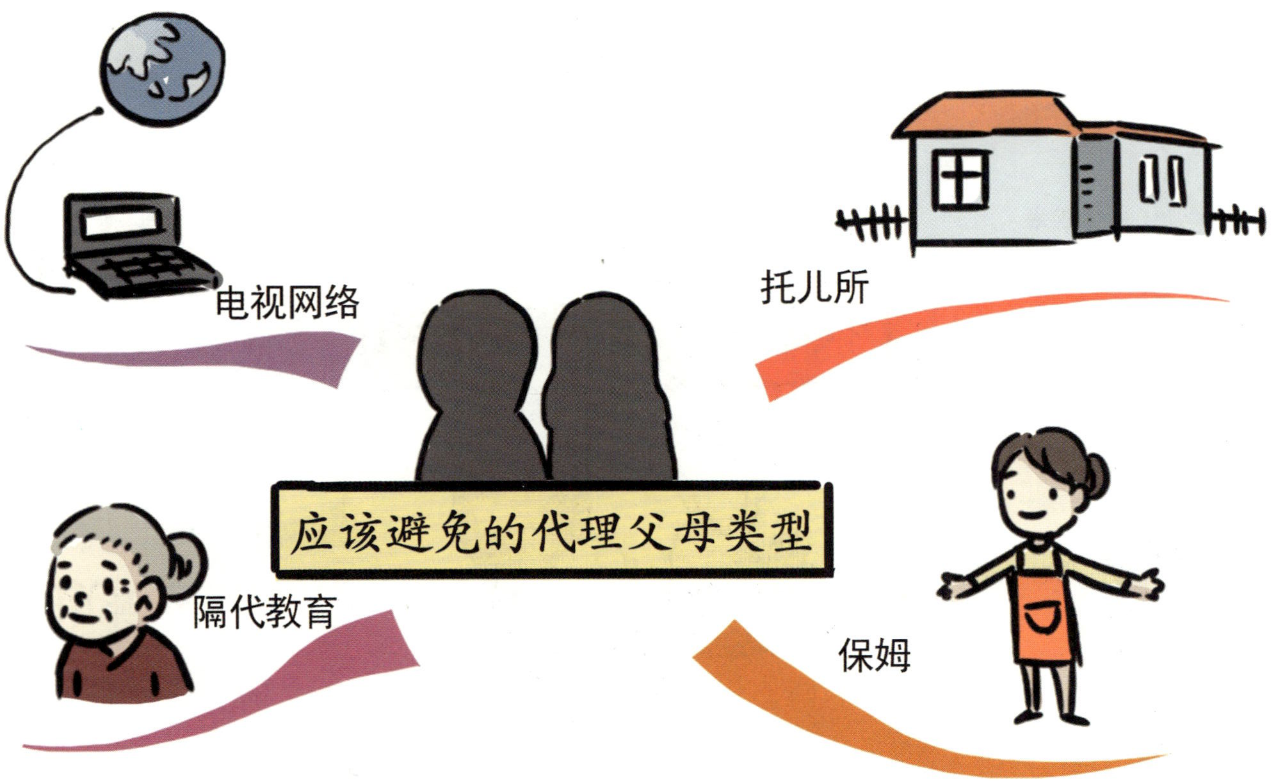

4. 培养孩子孝道的方法

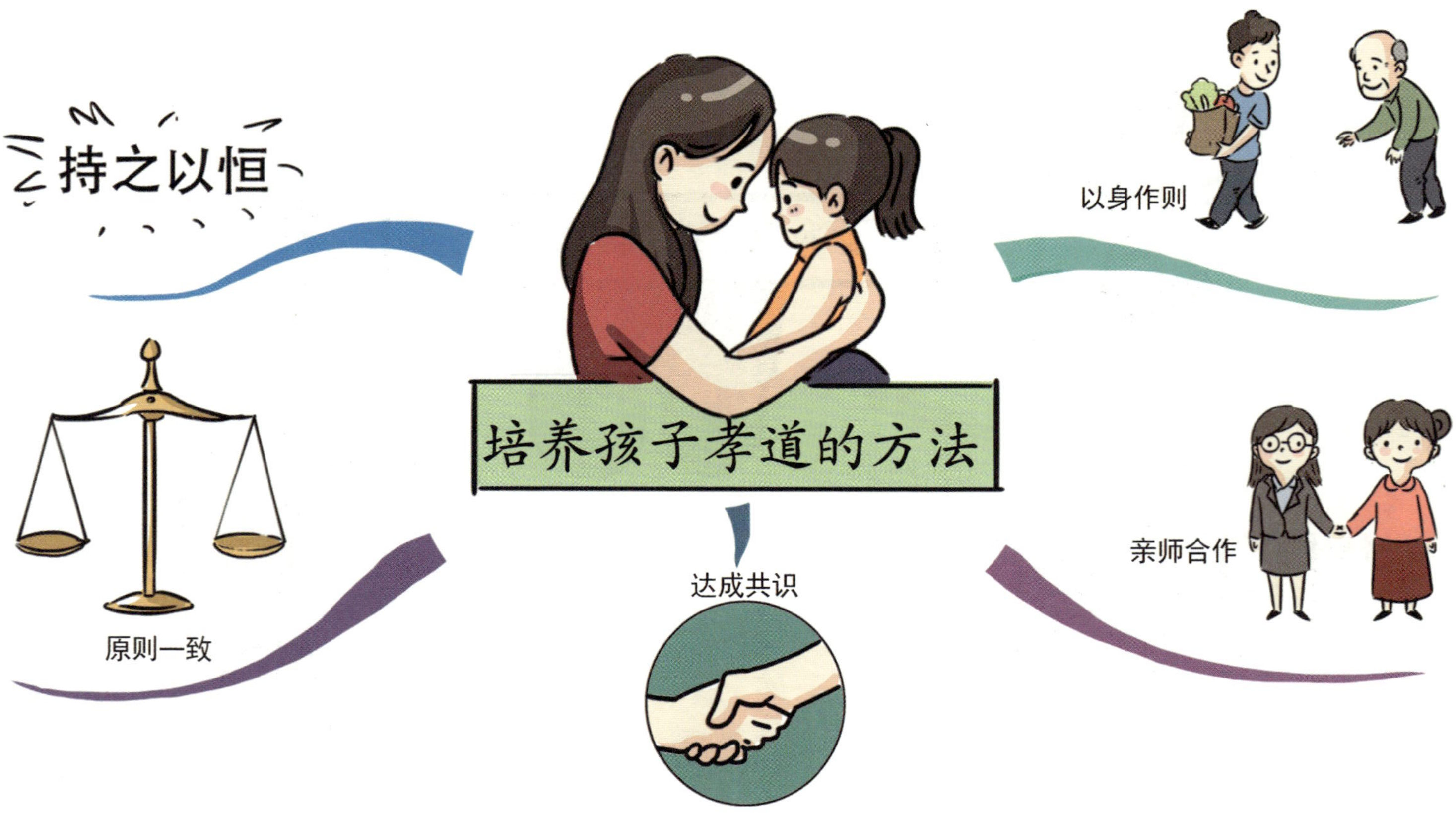

5. 亲子关系模型

亲子关系模型
教育的目的
培养真正的人
家长手中最重要的八个工具
爱
表扬
鼓励
确认
理解
陪伴
制定规则
批评
教育的思路
引发孩子的成长动力
孩子成长的六个核心精神软件
自尊心
自信心
责任心
进取心
同情心
良好习惯
高压线
忽略孩子的存在
强迫
破坏性的批评
陷阱
有条件的爱
输不起的心态

思维导图

如何建立和谐家庭？

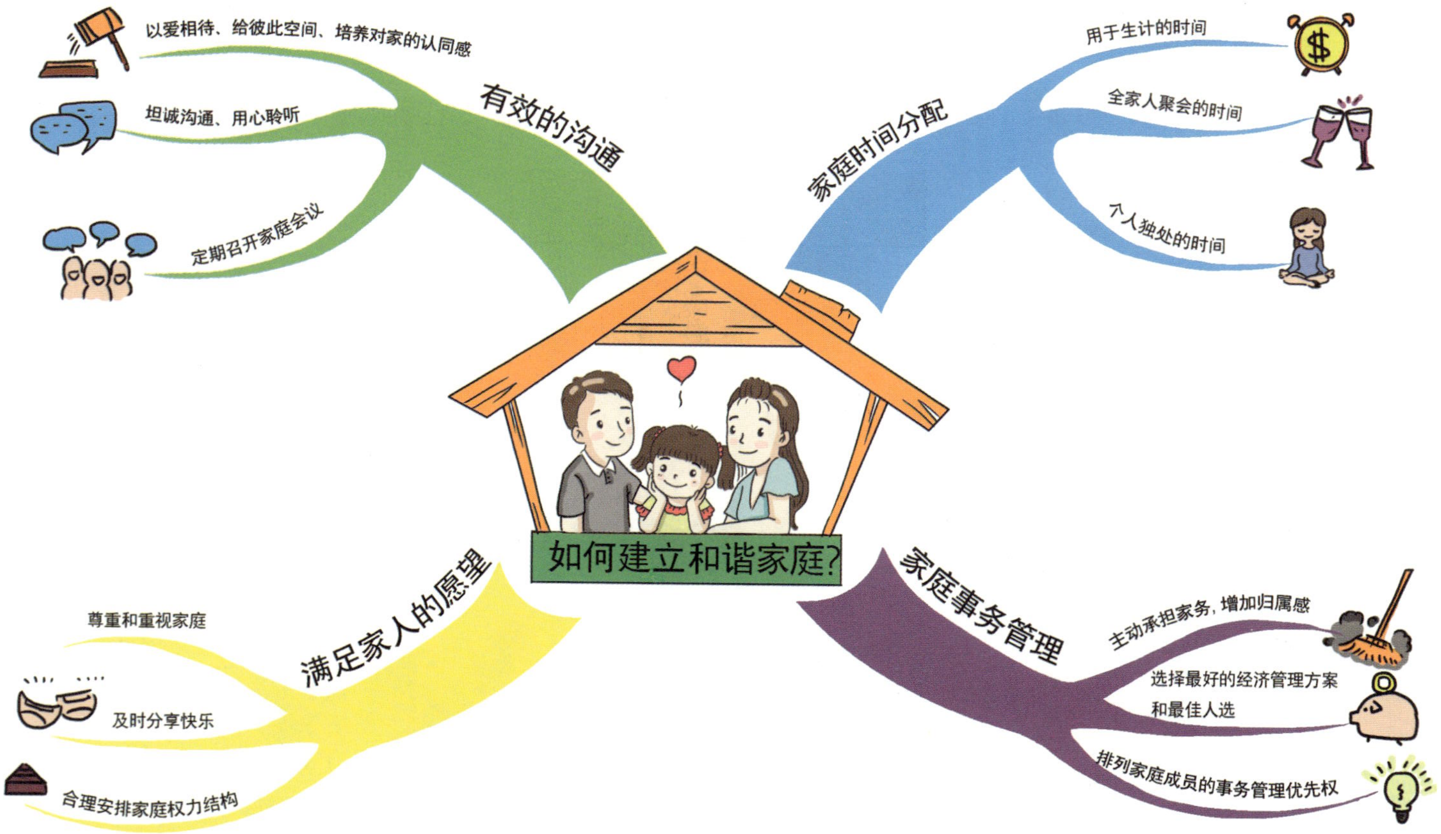

思维导图　1. 常见的成瘾行为

2. 成瘾行为是如何形成的？

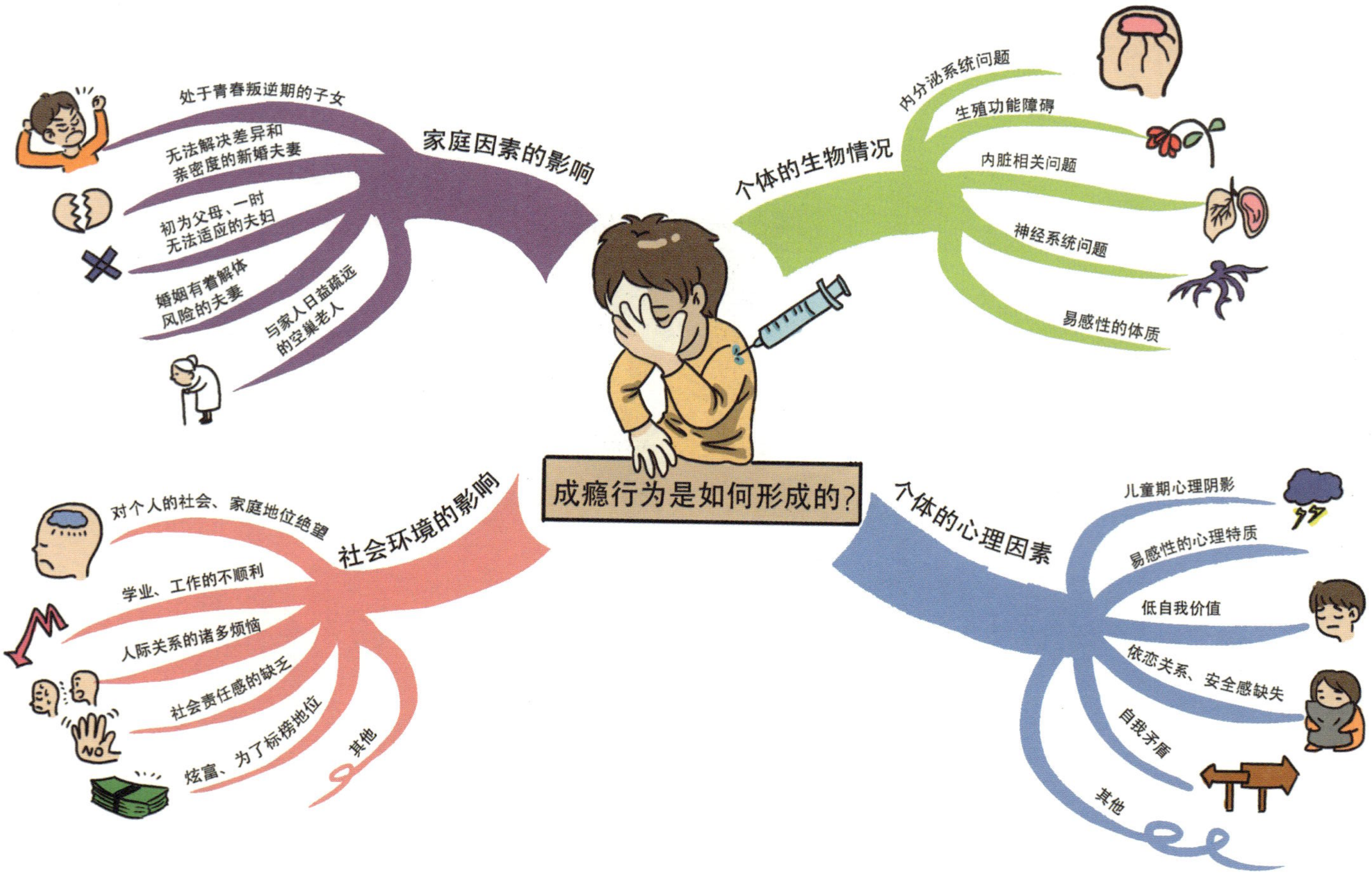

3．成瘾行为如何治疗？

成瘾行为如何治疗？
药物治疗
寻求精神心理科专业医生
心理治疗
认知疗法
更正成瘾者的价值观、态度
对成瘾行为本身要有正确认知
说服和刺激成瘾者
行为治疗
系统脱敏
代替疗法
厌恶疗法

思维导图 1. 规劝别人

规劝别人
取信
赢得信任
存心
利他、非控制
坚持
耐性
时机
私密空间、察言观色、
条件成熟
方法
理事圆融、厚积薄发
态度
和颜悦色、轻言细语

2. 人生重大抉择

思维导图 应对丧亲之痛

应对丧亲之痛
面临的危机
心理
对亲人死亡的不适应
对下一次丧亲的恐惧
很难建立新的亲密关系
经济
遗留债务问题
遗产分配
经济能力的大幅削弱
赡养或抚养
新的家庭关系的不适应
赡养压力增大
养育压力增大
应对策略
心理
学会接受和认同死亡
重新调整家庭机构
主动寻求支持和安抚
合理宣泄负面情绪
经济
开源节流
家庭成员分工协作
寻求亲友及社会相关救助机构支持
人际关系
鼓励安抚未成年人及需要赡养的老人
积极参与社会活动，走出阴影
客观面对未来
SOS

思维导图　正确面对离婚问题

思维导图 1. 建立和谐的重组家庭

2. 保持心理平衡的要诀

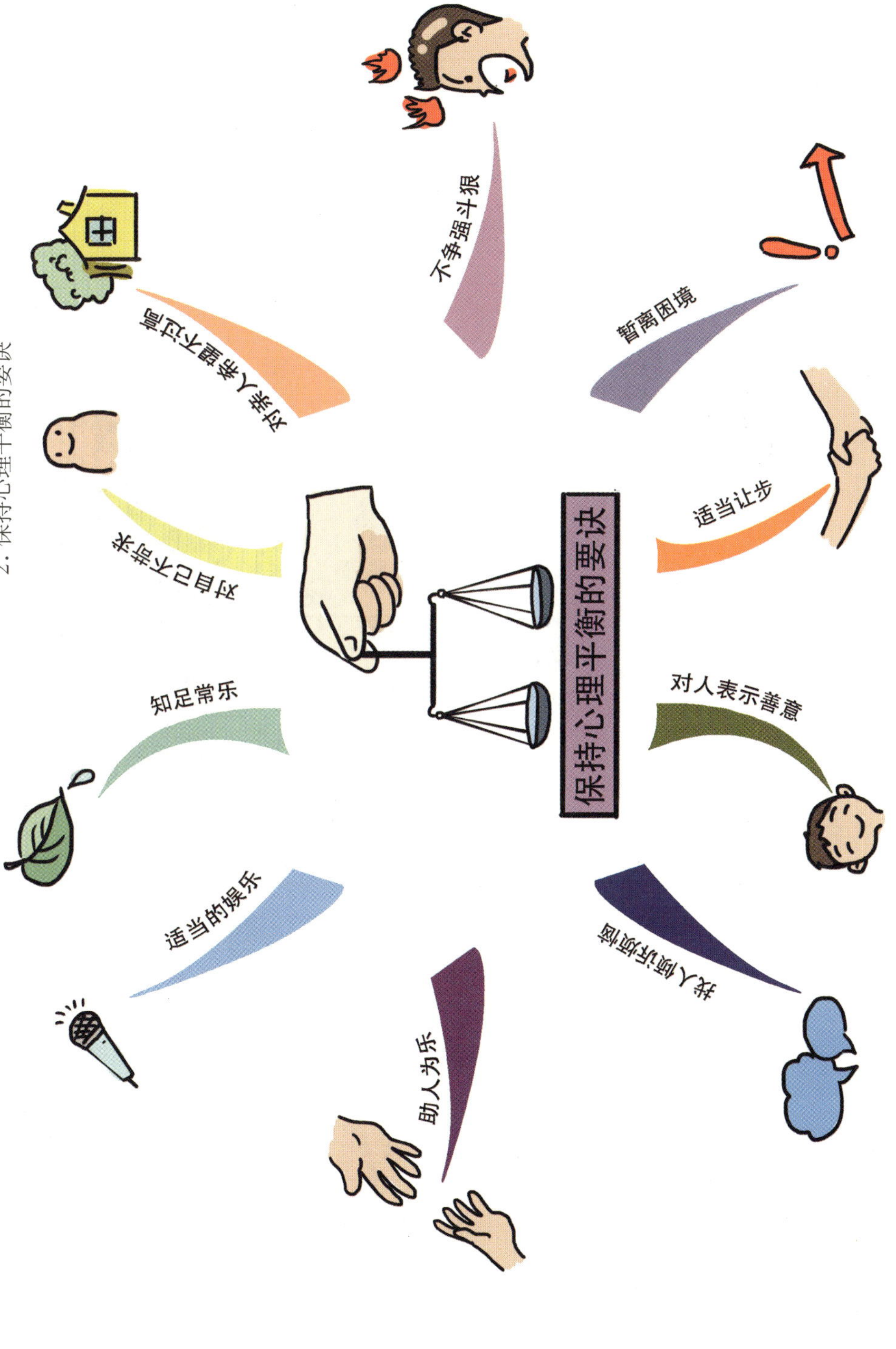
保持心理平衡的要诀
不争强斗狠
暂离困境
适当让步
对人表示善意
找人倾诉烦恼
助人为乐
适当的娱乐
知足常乐
对自己不苛求
对亲人希望不过高

思维导图 关注父母的需求

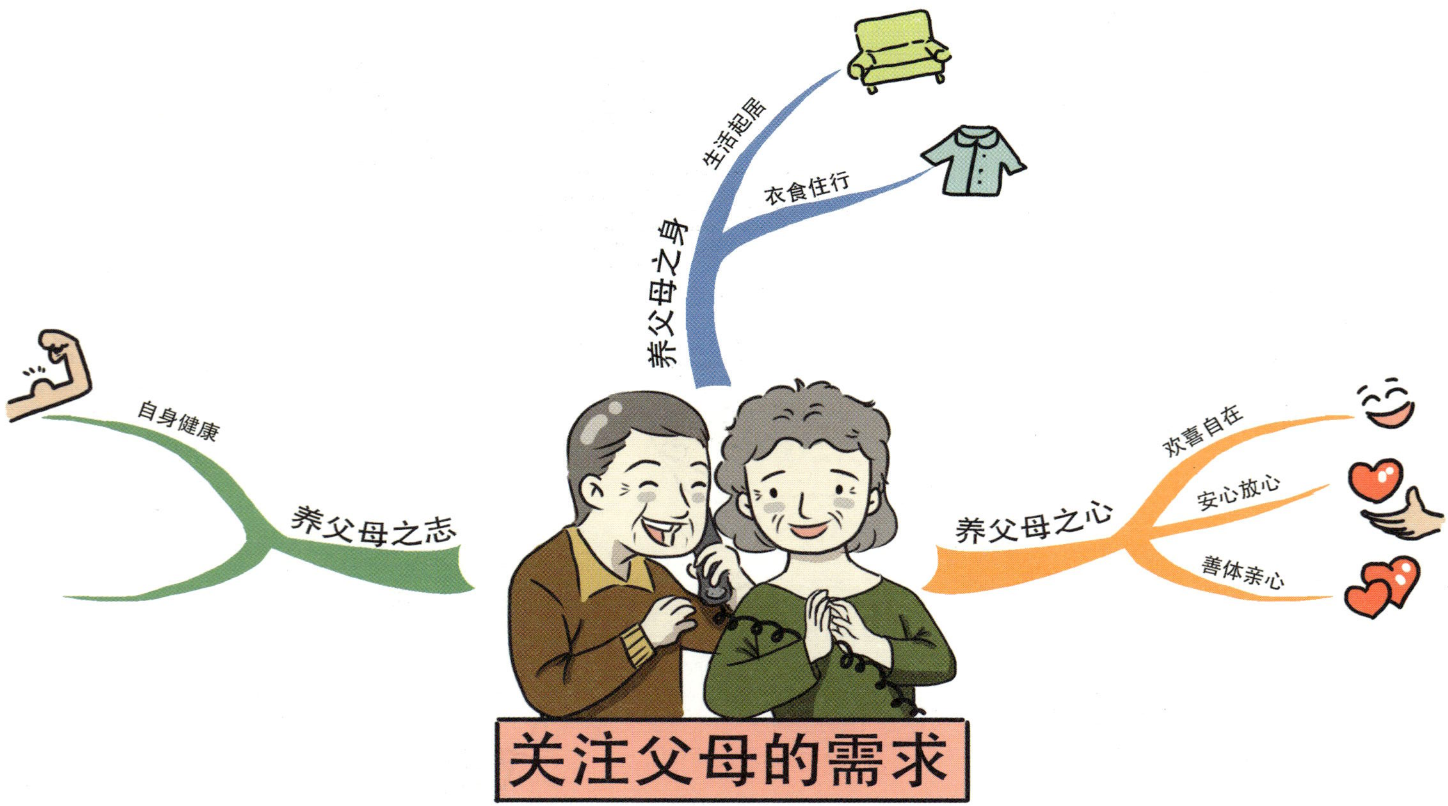

图书在版编目(CIP)数据

幸福密码 : 调解进行时 / 韩咏秋主编. -- 北京 : 法律出版社, 2018(2018.12 重印)
(人民调解工作辅导丛书)
ISBN 978-7-5197-2579-2

Ⅰ. ①幸… Ⅱ. ①韩… Ⅲ. ①民事纠纷-调解(诉讼法)-中国 Ⅳ. ①D925.114.4

中国版本图书馆 CIP 数据核字(2018)第 182217 号

幸福密码
——调解进行时
XINGFU MIMA
—TIAOJIE JINXINGSHI

韩咏秋 主编

策划编辑 刘秀丽
责任编辑 刘秀丽
装帧设计 汪奇峰

出版 法律出版社
总发行 中国法律图书有限公司
经销 新华书店
印刷 天津嘉恒印务有限公司
责任校对 李景美
责任印制 张建伟

编辑统筹 独立项目策划部
开本 720 毫米×960 毫米 1/16
印张 22.25
字数 406 千
版本 2018 年 9 月第 1 版
印次 2018 年 12 月第 2 次印刷

法律出版社/北京市丰台区莲花池西里 7 号(100073)
网址/www.lawpress.com.cn
投稿邮箱/info@lawpress.com.cn
举报维权邮箱/jbwq@lawpress.com.cn
销售热线/010-83938336
咨询电话/010-63939796

中国法律图书有限公司/北京市丰台区莲花池西里 7 号(100073)
全国各地中法图分、子公司销售电话:
统一销售客服/400-660-6393
第一法律书店/010-83938334/8335
重庆分公司/023-67453036
深圳分公司/0755-83072995
西安分公司/029-85330678
上海分公司/021-62071639/1636

书号:ISBN 978-7-5197-2579-2
定价:68.00 元